EL FRAUDE DEL SIGLO

TOM WRIGHT

BRADLEY HOPE

EL
FRAUDE
DEL
SIGLO

conecta

El fraude del siglo
*Cómo un joven empresario logró estafar más de 5 mil millones de dólares
justo debajo de las narices de la industria financiera mundial*

Título original: *Billion Dollar Whale*
Publicado por acuerdo con Hachette Book Group, Inc.

Primera edición: marzo, 2019

D. R. © 2018, Tom Wright y Bradley Hope

D. R. © 2019, derechos de edición mundiales en lengua castellana:
Penguin Random House Grupo Editorial, S. A. de C. V.
Blvd. Miguel de Cervantes Saavedra núm. 301, 1er piso,
colonia Granada, delegación Miguel Hidalgo, C. P. 11520,
Ciudad de México

www.megustaleer.mx

D. R. © Penguin Random House, por el diseño de cubierta
D. R. © iStock by Getty Images, por la fotografía de portada
D. R. © Alejandra Ramos, por la traducción

ISBN: 978-607-317-689-7

Impreso en México – *Printed in Mexico*

El papel utilizado para la impresión de este libro ha sido fabricado a partir de madera procedente
de bosques y plantaciones gestionadas con los más altos estándares ambientales, garantizando
una explotación de los recursos sostenible con el medio ambiente y beneficiosa para las personas.

| Penguin
Random House
Grupo Editorial |

Para mamá, Nina, Julia y Laurence
—TW
Para Farah, Joumana y Sufiyan
—BH

Índice

PRIMERA PARTE
LA INVENCIÓN DE JHO LOW

SEGUNDA PARTE
MULTIMILLONARIO DE LA NOCHE A LA MAÑANA

TERCERA PARTE
IMPERIO

Nota de los autores

En 2015 empezamos a informar sobre un fondo soberano de inversión, justo después de que empezaran a acumularse rumores respecto a sus crecientes deudas y tratos sospechosos. Era una historia intrigante. Goldman Sachs obtuvo ganancias inconmensurables al ayudarle a dicho fondo a recolectar dinero, y el escándalo subsecuente alrededor del destino de los recursos amenazaba con derrocar al primer ministro de Malasia. Sin embargo, no se trataba de un caso ordinario de corrupción en otro país en desarrollo. Los reportes de los medios y de las fuentes con las que empezamos a conversar sugerían que Jho Low, un hombre poco conocido de 27 años, socio del primer ministro, había tomado el dinero. Se hablaba de tal vez cientos de millones de dólares, si no es que miles, que el hombre usó para fundar una empresa productora en Hollywood, encargar uno de los yates más grandes del mundo y ofrecer salvajes y decadentes fiestas por todo el planeta. De ser cierto, el asunto Low representaba uno de los golpes financieros más grandes de la historia.

¿Pero quién era Jho Low? ¿Y cómo surgió de la oscuridad para convertirse en la supuesta mente maestra de un fraude de miles de millones de dólares realizado en las narices del ámbito financiero? Nos dispusimos a develar su verdadera identidad, y lo que descubrimos fue asombroso. Detrás de la apariencia llana y los agradables modales de este individuo había un fabulista serial que había descifrado cómo funcionaba el mundo en realidad. Era amigo de todos, pero muy pocos lo conocían más allá de la reputación que tenía como uno de los mayores despilfarradores de dinero que la clase del *jet-set* había visto en toda una generación. No se trataba nada más de una loca historia que involucraba a banqueros de Wall Street, celebridades y un estafador con labia. El mero éxito de Low, en esencia, estaba profundamente arraigado en los fracasos de la economía mundial del siglo XXI. Su capacidad para robar tanto, engañar a los bancos de Wall Street, a los auditores y los reguladores; su éxito para aprovechar una riqueza incalculable y usarla para ir comprando la amistad de los actores y modelos más famosos del mundo; y la facilidad con que hacía creer a todos que pertenecía a ese ámbito: todo esto hace evidente que Low era producto de una sociedad preocupada por la riqueza y el glamour.

Nos dimos cuenta de que la asombrosa vida de Jho Low era demasiado increíble para caber adecuadamente en las páginas de *The Wall Street Journal*. Esperábamos que escribir un libro nos permitiera mostrar a detalle cómo lo logró, pero también qué lo motivó y cómo logro salirse con la suya durante tanto tiempo. Estuvimos de acuerdo en que ese retrato más amplio del capitalismo y la desigualdad, contado a través de su vida, tendría un valor perdurable.

El material que se presenta en estas páginas es resultado de tres años de investigación. Entrevistamos a más de 100 individuos en más de 12 países, desde la diminuta ciudad de Willemstad, en la isla de Curazao, hasta Shanghái, en China. La mayoría de la gente mencionada en el libro estuvo de acuerdo en hablar con nosotros, ya fuera de manera directa o a través de un representante legal, aunque hubo una pequeña cantidad de personas que se negó a hacerlo. Muchas de nuestras fuentes insistieron en mantener el anonimato porque tenían miedo a sufrir daños físicos o legales. Todas las anécdotas se basan en los recuerdos de muchas fuentes, y en algunos casos están respaldados por fotografías, videos y otros documentos. Hemos revisado decenas de miles de papeles, incluso los registros públicos de la corte, documentos de investigación confidenciales y registros financieros, así como cientos de miles de correos electrónicos provistos a las autoridades durante el curso de investigación del caso. También nos apoyamos en los alegatos oficiales contenidos en los casos civiles de falsificación de bienes del Departamento de Justicia, así como en los procesos judiciales en Singapur y los reportes oficiales de las autoridades suizas.

Hasta hoy, julio de 2018, no se han presentado cargos públicos por ofensas criminales en contra de Jho Low ni de casi ninguno de los personajes que aparecen en este libro, excepto por el antiguo primer ministro malayo Najib Razak. Sólo un puñado de banqueros de Singapur pasó un tiempo en prisión, y ahora que estamos terminando nuestra labor en este libro el Departamento de Justicia se encuentra en medio de una investigación criminal descomunal alrededor de Jho Low y de otras de las personas en el centro del caso. Las autoridades de Malasia, Suiza y Singapur continúan investigando.

Todos los personajes principales de este libro negaron haber cometido crímenes y sostuvieron que las transacciones fueron legales, sin embargo no nos ofrecieron una explicación más rigurosa de sus operaciones. En particular, Jho Low hace énfasis en el hecho de que jamás se le ha acusado de ninguna actividad criminal en ninguna jurisdicción, y en que en ninguna corte se han presentado pruebas de ofensas criminales. Otras de las figuras que los lectores podrán conocer, entre las que se encuentran Patrick Mahony y Tarek Obaid, empleados de una empresa petrolera suiza llamada PetroSaudi International, y el primer ministro malayo Najib Razak, sostienen a través de sus abogados que no hicieron nada malo. Cualquier error es nuestro.

El reparto

La familia Low

Low Taek Jho, "Jho Low"
Low Taek Szen, "Szen Low", su hermano mayor
Low May-Lin, su hermana mayor
Goh Gaik Ewe, su madre
Low Hock Peng, "Larry Low", su padre
Jesselynn Chuan Teik Ying, novia de Jho Low

Los socios de Low

Jasmine Loo Ai Swan, asesora legal en 1Malaysia Development,
    Berhad o 1MDB, un fondo de inversión del Estado malayo
Casey Tang Keng Chee, director ejecutivo de 1MDB
Seet Li Lin, amigo de la escuela Wharton y vicepresidente de
    Jynwel Capital, la empresa de Low en Hong Kong
Eric Tan, el Gordo Eric (Fat Eric), individuo fiestero y socio de
    Low
Nik Faisal Ariff Kamil, director de inversiones de 1MDB
Hamad Al Wazzan, un amigo kuwaití

MALASIA

Najib Razak, primer ministro de Malasia
Rosmah Mansor, esposa de Najib
Riza Aziz, hijo de Rosmah, producto de un matrimonio anterior; cofundador de Red Granite Pictures
Mahathir Mohamad, antiguo primer ministro y némesis de Najib
Anwar Ibrahim, líder de la oposición

GOLDMAN SACHS

Timothy Leissner, presidente, Sudeste Asiático
Andrea Vella, director de negocios financieros estructurados de Goldman en Asia; más adelante fue codirector de banca de inversión, Asia
Lloyd Blankfein, director ejecutivo
Gary Cohn, presidente

PETROSAUDI INTERNATIONAL

Príncipe Turki Bin Abdullah Al Saud, cofundador
Tarek Obaid, cofundador y director ejecutivo
Nawaf Obaid, hermano de Tarek
Patrick Mahony, director de inversiones
Xavier Justo, director de la oficina de Londres

ABU DABI

Khadem Al Qubaisi, presidente de IPIC
Yousef Al Otaiba, embajador de Emiratos Árabes Unidos en Estados Unidos

Mohamed Badawy Al Husseiny, director ejecutivo, Aabar Investments

Jeque Mohammed Bin Zayed Al Nahyan, príncipe coronado de Abu Dabi

Jeque Mansour Bin Zayed Al Nahyan, hermano del jeque Mohammed y director de IPIC

Khaldoon Khalifa Al Mubarak, director ejecutivo de Mubadala Development

BSI

Hanspeter Brunner, director ejecutivo, Asia

Yak Yew Chee, banquero principal de relaciones para Jho Low y 1MDB

Yeo Jiawei, banquero especializado en gestión de patrimonios que se va para trabajar para Jho Low

Kevin Swampillai, director de gestión de patrimonios

AmBank

Cheah Tek Kuang, director ejecutivo

Joanna Yu, banquera a cargo de las cuentas del primer ministro Najib Razak

Falcon Bank

Eduardo Leemann, director ejecutivo

Hollywood/Entretenimiento

Joey McFarland, amigo de Low; cofundador de Red Granite Pictures
Paris Hilton, *socialité*
Leonardo DiCaprio, actor
Jamie Foxx, actor, músico
Kasseem Dean, "Swizz Beatz", esposo de Alicia Keys, productor musical
Busta Rhymes, músico
Noah Tepperberg y Jason Strauss, propietarios del imperio de clubes nocturnos Strategic Hospitality Group
Miranda Kerr, modelo
Prakazrel Samuel Michél, "Pras", músico
Kate Upton, modelo
Martin Scorsese, director de cine
Elva Hsiao, cantante taiwanesa y novia por algún tiempo de Low
Nicole Scherzinger, cantante

PERIODISTAS

Clare Rewcastle-Brown, fundadora de *Sarawak Report*
Tong Kooi Ong, propietario de *The Edge*
Ho Kay Tat, editor de *The Edge*

FBI

William "Bill" McMurry, director del escuadrón internacional anticorrupción, Nueva York
Robert Heuchling, agente principal del FBI en el caso 1MDB
Justin McNair, agente y contador forense del FBI del caso

Roba un poco y te lanzan a la cárcel.
Roba mucho y te hacen rey.
BOB DYLAN, "Sweetheart Like You"

A veces te involucras tanto en las cosas que lo anormal
parece normal y lo normal parece un recuerdo distante.
JORDAN BELFORT

Prólogo

Aproximadamente a las 6:00 p. m. de una cálida y despejada noche de noviembre, Pras Michél, antiguo miembro de Fugees, el trío de hip-hop de los noventa, se acercó a una de las suites Chairman en el quinto piso del hotel Palazzo. Tocó a la puerta y, cuando ésta se abrió, apareció un hombre robusto de esmoquin negro y sonrisa cálida. El hombre, a quien sus amigos conocían como Jho Low, resplandecía ligeramente por el sudor y hablaba con una suave cadencia común entre los malayos. "Aquí está mi muchacho", dijo, al tiempo que abrazaba al rapero.

Las suites Chairman costaban 25 mil dólares y eran las más opulentas que ofrecía el Palazzo. Tenían una terraza con alberca, vista a la franja comercial de Las Vegas conocida como el Strip y modernos interiores en blanco que incluían una habitación con karaoke, sofás envolventes y paredes acolchadas. Sin embargo, el anfitrión no pensaba pasar mucho tiempo en la habitación esa noche: tenía preparada una celebración mucho más ostentosa para su cumpleaños número 31. Ésta era solamente la fiesta previa que había organizado para su círculo íntimo de amigos que llegaron en jet de todas partes del mundo. Alrededor de Low, los bulliciosos invitados, una mezcla ecléctica de celebridades y parásitos, engullían champaña. La gente no dejaba de llegar. Swizz Beatz, el productor de hip-hop casado con Alicia Keys, conversaba animadamente con el anfitrión. En algún momento llegó Leonardo DiCaprio con Benicio Del Toro para hablar con Low sobre algunas ideas que tenían para una película.

¿Qué opinaban los invitados de su anfitrión? En la opinión de muchos de los asistentes, Low era un individuo misterioso. Venía de Malasia, un pequeño país del Sudeste Asiático que a muchos occidentales les costaría trabajo señalar en un mapa. Usaba lentes y tenía un rostro redondo con rasgos aniñados, mejillas rojizas y apenas algún rastro de vello. Su ordinaria apariencia iba bien con su torpeza y esa dificultad para conversar que las hermosas mujeres que lo rodeaban confundían con timidez. Era educado y amable, siempre parecía estar ausente del momento y con frecuencia interrumpía una conversación para tomar una llamada en alguno de sus seis celulares.

A pesar de la apariencia modesta del anfitrión, corría el rumor de que estaba forrado de dinero, que tal vez era multimillonario. Los invitados murmuraban entre sí que apenas unos meses antes la empresa de Low había adquirido una porción de acciones de EMI Music Publishing, y se especulaba que él había puesto el dinero para la película más reciente de DiCaprio, *El lobo de Wall Street*, la cual se seguía filmando. Los tímidos modales ocultaban una ambición acérrima como esas que rara vez se ven en el mundo. Si se le observaba más de cerca, era obvio que Low no era un individuo tímido, sino que más bien evaluaba en silencio, como si estuviera encontrándole la lógica a cada interacción humana para calcular lo que le podría ofrecer a esa persona frente a él, y lo que ella podría hacer por él a cambio. A pesar de su edad, tenía una seriedad peculiar que le permitía mantenerse en control en medio de un salón lleno de canosos banqueros de Wall Street o personajes consentidos de Hollywood. Llevaba años cultivando metódicamente la amistad de la gente más adinerada y poderosa del planeta, y lo que le permitió colocarse en su órbita y conseguirse un lugar ahí en el Palazzo, fue su audaz estrategia. Ahora era él quien repartía favores.

Esa noche en el Palazzo marcaba la cima del ascenso de Low. La lista de invitados a su cumpleaños incluía estrellas de Hollywood, los banqueros más importantes de Goldman Sachs y poderosas figuras de Medio Oriente. Tras la crisis financiera de Estados Unidos, todos querían un pedacito de él. Pras Michél, por ejemplo, perdió su lugar bajo los reflectores después de la disolución de los Fugees, pero tenía la esperanza de reinventarse como inversionista de capital privado, y de que Low lo financiara. Algunas celebridades habían recibido cientos de miles de dólares por concepto de honorarios que Low les pagaba solamente para que asistieran a sus eventos, y por supuesto, estaban ansiosas por mantenerlo feliz.

Swizz Beatz pidió silencio a los asistentes en la suite del hotel antes de presentar un costoso equipo de DJ ornamentado con imágenes de un panda que le ofreció a Low como regalo. La gente estalló en carcajadas porque así era como le llamaban al anfitrión algunos de sus amigos más cercanos debido a su complexión rolliza y a esa apariencia que hacía que le dieran a uno ganas de abrazarlo: panda. *Kung Fu Panda* le había gustado mucho, y cuando apostaba con sus amigos cercanos de Malasia, todos fingían ser un personaje de la película. A pesar de todo, ni siquiera estrellas como Pras o Swizz Beatz, que habían recibido miles de millones de dólares por aparecer en los eventos y por participar en otros tratos de negocios de Low, podían decir que conocían su historia. Si hacías una búsqueda en Google con las palabras "Jho Low", no aparecía gran cosa. Algunos decían que era un traficante de armas asiático, otros afirmaban que era amigo cercano del primer ministro de Malasia, o que tal vez había heredado miles de millones de dólares de su abuelo chino. Los operadores de clubes nocturnos y casinos se referían a sus jugadores más importantes como "ballenas", y algo definitivamente cierto respecto a Low es que era la ballena más extravagante que la gente había visto en Las Vegas, Nueva York y Saint-Tropez en mucho tiempo, o tal vez jamás.

Algunas horas más tarde, poco después de las 9:00 p. m., los invitados de Low iniciaron su viaje al evento principal de la noche. Para evitar a los paparazzi se desplazaron por las áreas destinadas exclusivamente para uso del personal, incluyendo la cocina, y luego salieron a un túnel de concreto que conducía al estacionamiento cubierto del hotel. Una flotilla de limusinas negras ya los esperaba con los motores encendidos, un acuerdo especial que el Palazzo les permitía solamente a sus huéspedes más lucrativos.

Cada movimiento parecía obedecer a un guion sin interrupciones: las puertas se abrían en el momento preciso y detrás aparecían jóvenes mujeres sonrientes que señalaban el camino. Cuando las limusinas avanzaron por la zona conocida como el Strip, se hizo evidente que no se dirigían al desierto como algunos de los invitados creían que lo harían. En lugar de eso, se detuvieron en algo que parecía un gigante hangar de aviación construido con un propósito específico, en una zona baldía. Ni siquiera los invitados VIP tenían idea de adónde se dirigían. Los automóviles atravesaron varios puntos de seguridad antes de detenerse en una entrada con alfombra roja llena de fornidos guardias de seguridad de traje negro y del primero de varias veintenas de grupos de jóvenes modelos con vestido rojo que, en algunos casos, ofrecían bebidas y alimentos, y en otros, de acuerdo con el crudo lenguaje de los clubes nocturnos, fungían como decoraciones "de ambientación".

Ésta fue la manera en que llegaron los súper VIP, pero la mayoría de los aproximadamente 300 invitados se había registrado más temprano en el club nocturno LAVO del Palazzo o en un puesto de seguridad, sosteniendo sus invitaciones color rojo brillante que decían "Cumpleaños todos los días" en elegantes letras doradas. En ese punto firmaron acuerdos de confidencialidad que los obligaban a ser discretos, y entregaron sus celulares antes de abordar minibuses para el breve trayecto al salón. Entre ellos se encontraba Robin Leach, quien en su papel de anfitrión del programa de televisión *Lifestyles of the Rich and Famous* llevaba décadas haciendo la crónica de la forma en que gastaban su dinero raperos, estrellas de Hollywood y miembros de dinastías que siempre tuvieron fortunas. Eso había sucedido en las décadas de los ochenta y los noventa, sin embargo, no hubo nada que lo preparara para la intemperancia que atestiguaría esa noche. Leach escribía la columna de chismes de *Las Vegas Sun* y era parte de los poquísimos invitados que lograron averiguar algunos detalles de lo que se avecinaba. "Rumor EXCLUSIVO: Britney Spears vuela a Las Vegas mañana para ofrecer concierto secreto, la fiesta más costosa ofrecida entre los más ricos", tuiteó.

La invitación de Leach contenía un requisito intrigante: podía escribir sobre la fiesta, pero no nombrar al anfitrión. El columnista había construido su carrera con base en el deseo que tenía la gente rica de presumir su opulencia, pero entonces ¿qué hacía que este individuo quisiera gastar tanto dinero y permanecer en el anonimato?, se preguntó. Leach era un veterano de la vida nocturna, pero aun así quedó asombrado al contemplar la audacia de la construcción del lugar. Mientras escudriñaba el arco del terreno donde se llevaría a cabo la fiesta —una estructura suficientemente extensa para albergar una rueda de la fortuna, un carrusel, un trampolín de circo, una sala para fumar puro y afelpados sofás blancos diseminados por todo el lugar—, hizo algunos cálculos. En una mitad imperaba el tema circense, y la otra había sido transformada en un club nocturno ultra chic. La iluminación y los artefactos que lanzaban explosiones de fuego al aire periódicamente, hacían que, más que un evento privado, pareciera un concierto magno.

"Debe haber costado millones", pensó Leach. Ahí estaban los nuevos amantes Kanye West y Kim Kardashian, acaramelados debajo de un dosel; Paris Hilton y el rompecorazones River Viiperi, susurrando junto a una barra. Los actores Bradley Cooper y Zach Galifianakis se estaban tomando un descanso de la filmación de *¿Qué pasó ayer?* Parte 3 y reían mientras observaban la escena a su alrededor. Fuera de las entregas importantes de premios, era muy raro que tantos actores y músicos de primera línea se reunieran en un evento. "Estamos acostumbrados a las fiestas extravagantes de Las Vegas, pero ésta era la celebración *máxima* —dijo Leach—. Nunca había asistido a algo así."

Mientras los invitados conversaban, entre ellos pasaban artistas como los del Cirque du Soleil en zancos, y algunas acróbatas en lencería se columpiaban en aros colgados del techo a gran altura. Había varios camiones monstruo estacionados en los extremos y una compañía de aproximadamente 20 enanos vestidos como los Umpa Lumpa de *Charlie Wonka y la fábrica de chocolate* que se desplazaban insistentemente entre los invitados. En un área VIP acordonada, Low sostenía una reunión con DiCaprio y Martin Scorsese, quien en ese momento dirigía *El lobo de Wall Street*, pero a medida que avanzó la noche se les unieron otros invitados como Robert De Niro, Tobey Maguire y el medallista olímpico Michael Phelps.

No todos los asistentes eran celebridades, pero Low tuvo la delicadeza de no soslayar a sus amigos y contactos de negocios fundamentales, aunque no fueran tan conocidos. Entre ellos se encontraban Tim Leissner, un banquero alemán, estrella de Goldman Sachs para cerrar tratos en Asia, y Mohamed Al Husseiny, director ejecutivo de uno de los fondos de inversión más nutridos de Abu Dabi. Entre los banqueros de Wall Street corrían rumores sobre las enormes ganancias que había estado obteniendo Goldman en Malasia: cientos de millones de dólares generados a través de la colocación de bonos para un fondo estatal de inversiones que, sin embargo, todavía no llegaban al Hollywood insular. El séquito de costumbre de Low también estaba presente, incluyendo a Fat Eric, a quien el malayo conocía del ámbito de los clubes nocturnos de Malasia; su primo Howie, y Szen, su hermano mayor.

Las meseras entregaban botellitas de champaña con popotes. Los *bartenders* permanecían detrás de la barra de hielo de poco más de siete metros y repartían licor de la más alta calidad y flautas de Cristal. La multitud ya se encontraba bastante animada para cuando Jamie Foxx comenzó el espectáculo con un video proyectado en las pantallas gigantes. Al parecer varias personas de todo el mundo habían ayudado a realizar un video sorpresa de cumpleaños para su buen amigo Low, en el que aparecían bailando un fragmento de la famosa canción "Gangnam Style". Los banqueros de la empresa de inversiones de Low establecida en Hong Kong aparecieron bailando en una sala de conferencias. Al Husseiny salió sobre una moto acuática en Abu Dabi. Para ser honestos, el video era, en parte, idea de Low, y al igual que todos los demás aspectos de la noche, del color de las flores a las bebidas del bar, había sido cuidadosamente orquestado bajo su batuta. Aunque esa parte de la fiesta no fue una sorpresa para el anfitrión, se le veía feliz.

Cuando terminó de proyectarse el video, Psy, el cantante surcoreano que ese año se catapultó al estrellato con "Gangnam Style", cantó la canción en vivo ante una multitud enloquecida. En la siguiente media hora hubo actuaciones de Redfoo and the Party Rock Crew, Busta Rhymes, Q-Tip, Pharrell, Swizz Beatz con Ludacris y Chris Brown, quienes estrenaron la canción "Everyday Birthday". Durante la presentación de Q-Tip, DiCaprio subió ebrio al escenario y rapeó con el artista. Luego introdujeron en el escenario un pastel de bodas falso en un carrito, y apareció súbitamente Britney Spears con un revelador atuendo dorado. Rodeada por sus bailarines, cantó "Happy Birthday" para Low mientras un grupo de mujeres empezó a repartir rebanadas de un pastel de chocolate de verdad. Cada uno de los artistas que se presentaron esa noche recibió un cheque por una suma considerable, pero se dice que Spears se llevó una cifra de seis dígitos por su breve aparición.

Luego llegaron los regalos. Noah Tepperberg y Jason Strauss, los empresarios de la vida nocturna que habían ayudado a organizar la fiesta, detuvieron la música y tomaron un micrófono. En pocos años, Low había gastado decenas de millones de dólares en sus clubes Marquee, TAO y LAVO, incluso cuando se produjo el golpe de la crisis financiera y los más fuertes apostadores de Wall Street sintieron la tensión. Low era su cliente número uno, y por lo mismo hacían cualquier cosa para asegurarse de que no se lo robaran los propietarios de otros clubes. Tepperberg y Strauss le hicieron señales al personal, y un deslumbrante Lamborghini rojo avanzó hasta el centro de la carpa. Alguien le regaló no una, sino tres lujosas motocicletas Ducati. Finalmente, Szen Low le obsequió a su hermano un Bugatti Veyron de 2.5 millones de dólares envuelto con todo y moño.

Hasta los obsequios menos lujosos eran bastante elaborados. Joey McFarland, un antiguo agente de talentos a quien Low había ayudado a convertirse en productor de películas importantes, le regaló a su anfitrión una caja de vinos personalizada con la imagen del personaje Kung Fu Panda de la película animada, y las palabras "Vintage 1981" y "Producto de Malasia" grabadas en la madera. La caja incluía una botella de 1 000 dólares de Petrus 1981: el año en que nació Low. Justo después de las 12:20 a. m. los juegos pirotécnicos iluminaron el cielo. La fiesta duró hasta las primeras horas de la mañana y hubo más actuaciones de artistas como Usher, DJ Chuckie y Kanye West. Low se apiñó en una limusina y llevó consigo la fiesta de vuelta al Palazzo, donde apostó hasta la iluminada tarde del domingo.

Ése era el mundo que Jho Low había construido.

"Mientras usted dormía, un multimillonario chino estaba disfrutando de la fiesta del año", comenzaba un artículo del sitio de internet de la estación de radio local KROQ que apareció dos días después con la imprecisión sobre la nacionalidad de Low. En el artículo se refirieron al millonario como "Jay Low", pero no era la primera vez que su nombre se filtraba a los tabloides o se le asociaba con la extravagancia, y tampoco sería la última. Sin embargo, la fiesta de cumpleaños en Las Vegas fue un momento cumbre en su peculiar y ajetreada vida.

Muchos de los que llegaron a conocer brevemente a Low lo describían como el presumido vástago de una adinerada familia asiática, un principito consentido de las florecientes región y economía de los "locamente millonarios asiáticos". Pocas personas preguntaban sobre él, y quienes se tomaban la molestia de hacerlo sólo descubrían fragmentos del verdadero individuo; sin embargo, Low no era un niño nacido con cuchara de plata, al menos no del tipo que financiaría una fiesta repleta de celebridades. Su dinero era producto de una serie de sucesos tan improbables, que parecían inventados. Hasta la fecha, la escala de lo que logró, los grandes golpes a nivel mundial que fue capaz de cometer y que le permitieron pagar por la fiesta de esa noche y por mucho, mucho más, son algo difícil de comprender.

Si bien Low venía de Malasia, su esquema era global y definitivamente producto del siglo XXI. Sus cómplices provenían de ese 0.1% conformado por la gente más adinerada del mundo, los ricos entre los ricos o la gente que aspiraba a sumarse a esas filas: los jóvenes estadounidenses, europeos y asiáticos que estudiaron juntos para obtener maestrías, que buscaron empleos en el área de las finanzas y gozaban de fiestas en Nueva York, Las Vegas, Londres, Cannes y Hong Kong. El telón de fondo era la crisis financiera mundial que había provocado que la economía de Estados Unidos se desplomara hasta propiciar una recesión, y que se sumaba al atractivo de un despilfarrador multimillonario asiático como Low.

El malayo se infiltró hasta el corazón del poderío estadounidense armado con más dinero en efectivo que, quizá, cualquier otro individuo en la historia. Lo que se lo permitió fue su origen oscuro y el hecho de que la gente tuviera solamente una noción vaga de Malasia. Si afirmaba ser un príncipe malayo, entonces debía ser verdad, ¿y respecto a que era el heredero de una fortuna de 1 000 millones de dólares? Por supuesto, podría ser cierto, pero a nadie le importaba. No le importó a Leonardo DiCaprio ni a Martin Scorsese, a quienes les prometió decenas de millones de dólares para hacer películas. Tampoco les importó a Paris Hilton, a Jamie Foxx ni a las otras estrellas que recibieron sueldos extraordinarios por aparecer en los eventos. No le importó a Jason Strauss ni a Noah Tepperberg, cuyo imperio de clubes nocturnos no dejaba de prosperar. Ni a las supermodelos a las que Low regalaba joyería de varios millones de dólares. No les importó a los banqueros de Wall Street que hacían decenas de millones de dólares por concepto de bonos y, ciertamente, tampoco le importó al protector del millonario, el primer ministro malayo Najib Razak.

La estrategia de Low involucró la compra de empresas en pisos, amistades con la gente más célebre del planeta, encuentros amorosos con mujeres de belleza extraordinaria e incluso una visita a la Casa Blanca. Pero más que nada, involucró una extraordinaria y compleja manipulación de las finanzas mundiales. Mientras se escribe este libro, el FBI sigue tratando de aclarar qué sucedió realmente. Miles de millones de dólares del gobierno malayo generados con ayuda de Goldman Sachs desaparecieron en un laberinto bizantino de cuentas bancarias, sociedades en el extranjero y otras estructuras financieras sumamente complejas. Cuando la estrategia empezó a desmoronarse en torno a los involucrados, el primer ministro de Malasia le dio la espalda a la democracia en un intento por aferrarse al poder y Low se desvaneció en el aire cuando el FBI lo buscó para interrogarlo.

La historia de Jho Low encarna el impactante poder de aquellos que aprenden a manejar las palancas de las finanzas internacionales en el siglo XXI. Este libro se centra en la manera en que Low prosperó y lo que su éxito nos dice respecto al fracaso del capitalismo global.

La historia comienza entre las palmeras que rodean la isla de Penang.

Primera parte

LA INVENCIÓN
DE JHO LOW

1
Fotografías falsas

Mientras caminaba alrededor del *Lady Orient*, un yate de casi 50 metros atracado en una marina del gobierno de la isla de Penang, Jho Low verificaba periódicamente que nadie lo observara. En el bolsillo llevaba un puñado de fotografías de su familia: Larry Low, su padre, un hombre de negocios que había hecho millones de dólares gracias a su participación en una empresa local de manufactura de ropa; Goh Gaik Ewe, su madre, una orgullosa ama de casa que adoraba a sus hijos, y sus dos hermanos mayores. Cuando encontró las fotografías del dueño del yate, un multimillonario que vivía en Penang, sacó una por una de los marcos y las remplazó con las de su familia. Más tarde hizo lo mismo en una casa vacacional de la época colonial británica en Penang Hill, la cual también le había pedido prestada al multimillonario, amigo de su familia.

Desde la zona de bosque pluvial de Penang Hill, Low podía mirar hacia abajo y ver George Town, la capital colonial británica bautizada en honor de Jorge III (George III). Era un laberinto de mansiones encaladas y tiendas chinas derruidas. Más allá se podían ver los angostos estrechos que separaban la isla de Penang de Asia continental. Penang se ubicaba en la desembocadura del estrecho de Malaca, una importante vía marítima que enlazaba Europa y Medio Oriente con China, y había atraído a una buena cantidad de aventureros que incluía a oficiales coloniales británicos, comerciantes chinos y otros tipos de oportunistas. El bullicio de las calles lo causaban los habitantes de Penang que, en su mayoría, eran chinos malayos a los que les encantaba comer fuera, en los muchos puestos colocados a los lados de las calles, o caminar a lo largo del paseo costero.

En los años sesenta el abuelo de Low llegó de China a través de Tailandia y terminó en Penang, donde la familia amasó una pequeña fortuna. Desde cualquier perspectiva, eran un clan adinerado, pero Low empezó a estudiar en Harrow, un internado de élite en Inglaterra, donde sus compañeros de clase no contaban la riqueza de sus familias en millones, sino en miles de millones.

Larry acababa de vender sus acciones de la empresa de ropa, las cuales ascendían a 15 millones, una suma inmensa para una nación del Sudeste Asiático donde mucha gente vivía con 1 000 dólares al mes. Sin embargo, desde que Low llegó en 1998 a Harrow para estudiar los últimos dos años de la preparatoria, empezó a convivir con miembros de las familias reales de Brunei y Kuwait. El hogar de los Low era una mansión modernista rodeada de palmeras en la costa norte de Penang, tenía una apariencia impresionante y contaba con su propio sistema central de refrigeración, pero no era un palacio real.

Los nuevos compañeros de Low llegarían en unos días, los había convencido de que pasaran una parte de sus vacaciones de verano en Malasia y estaba ansioso por impresionarlos. El hecho de que su padre hubiera hecho lo necesario para mejorar el nivel social de la familia en Penang y para enviar a su hijo a uno de los internados más costosos del mundo, provocó que Low albergara ambiciones. Al joven le avergonzaba un poco la zona rural de Penang, y usaba el bote y la casa vacacional para compensar la situación, pero sus amigos de Harrow no tenían idea de lo que sucedía. Ser regordete y usar lentes siempre le dificultó atraer mujeres, por lo que reclamaba que se le respetara de otras maneras. A sus amigos de Harrow les decía que era un "príncipe de Malasia", en un intento por ponerse al nivel de la realeza de sangre azul que lo rodeaba.

En realidad la etnia china del país, a la que pertenecían los Low, no la conformaban los aristócratas sino los comerciantes que llegaron más tarde al país en grandes oleadas, a todo lo largo de los siglos XIX y XX.

La mayor parte de los 30 millones de habitantes de Malasia eran musulmanes malayos que casi siempre trataban a los chinos como si fueran recién llegados aun cuando sus familias hubieran vivido en el país por generaciones. A algunos de los chinos de mayor edad de Penang les empezó a dar curiosidad ese peculiar chico. Los amigos de Harrow de Low llegaron y se fueron, y luego la historia de las fotografías empezó a circular en la isla, de la misma forma que lo hicieron las declaraciones del chico que decía que tenía linaje aristocrático. La gente se rio de su desfachatez. ¿Quién se creía este muchachito que era?

En los años sesenta la isla de Penang era un lugar en ruinas. En 1957 los británicos le otorgaron la independencia a su colonia de Malaya —un territorio tropical del Sudeste Asiático, rico en estaño y aceite de palma—, después de librar una guerra debilitante e inconclusa contra la insurgencia comunista. Desde sus refugios en la selva, cerca de la frontera tailandesa, los rebeldes comunistas esperaron su oportunidad y pronto iniciaron una guerra de guerrillas de años contra las fuerzas no probadas de la recientemente establecida nación de Malasia. Meng Tak, el abuelo de Low, conocía bien esta región fronteriza sin leyes. En los años cuarenta abandonó la provincia china de Guangdong, de donde era originario. Fue una época de gran turbulencia causada por la Segunda Guerra Mundial, la ocupación japonesa y una guerra civil que obligó a millones a huir del país. El abuelo se estableció en el sur de Tailandia, cerca de Malaya, hizo algo de dinero como inversionista menor en una mina de mena de hierro y se casó con una mujer de ascendencia china de la localidad. Luego regresó a Penang en la década de los sesenta.

La familia Low vivía en un modesto búngalo de George Town, la capital de Penang, a sólo unas cuadras de las villas descarapeladas con columnas de la época británica y las bodegas en la costa bordeada de palmeras. Muchos chinos emigraron ahí en la época colonial para comerciar insumos como estaño y opio, un narcótico cuya venta tuvieron monopolizada los británicos, pero que ahora era ilegal. En la unida comunidad de George Town corrían rumores oscuros sobre los orígenes del dinero de Meng Tak. Algunas personas mayores recordaban que operaba una tienda de utensilios de cocina en la ciudad, pero tal vez la historia sobre la minería de depósitos de hierro en Tailandia era solamente parte de la verdad. Otros susurraban que había hecho su dinero traficando opio más allá de la frontera.

Para cada versión de la historia de la familia de Low había un recuento alternativo, sin embargo, varias décadas después el joven empezaría a contar su propia historia sobre Meng Tak, un relato que él mismo fabricó para explicar por qué tenía en sus manos una fortuna tan inmensa. A todos los que estaban dispuestos a escucharlo les decía que el dinero provenía de las inversiones que hizo su abuelo en los ámbitos de la minería, el comercio de licor y los bienes raíces. Solamente había un problema. Muy poca gente en Malasia había escuchado hablar de esta familia increíblemente rica, y entre esas personas no había ni banqueros importantes ni líderes de negocios. La historia de la familia de Low se puede comprender mejor a través de Larry, su padre.

Larry Low nació en Tailandia en 1952 y se mudó a Penang cuando era niño; asistió a la London School of Economics y luego estudió una maestría en la Universidad de California, en Los Ángeles. Al regresar a Malasia se hizo cargo de los negocios de Meng Tak, y a pesar de haber estudiado en escuelas de élite, en los años ochenta hizo una inversión desastrosa en plantaciones de cacao, la cual provocó que casi desapareciera la fortuna familiar. Cuando se desplomaron los precios de los insumos, Larry usó lo que quedaba para comprar una participación minoritaria en una empresa que fabricaba ropa para exportar a Estados Unidos y Europa, y con esa actividad se sacó la lotería.

Los noventa fueron años de libertad absoluta para la naciente bolsa de valores de Malasia. Las economías tipo "tigre asiático" como las de Corea del Sur y Taiwán habían despegado desde la década de los sesenta, y ahora era el turno de otros países del continente. La economía de Malasia estaba creciendo más de 5% anualmente gracias al impulso de insumos como el aceite de palma, ropa, chips de computadora y artefactos electrónicos. Atraídos por este candente crecimiento, los inversionistas extranjeros vertieron dinero en acciones y bonos malayos, pero como no había supervisión, quienes tenían información privilegiada violaban con regularidad las leyes del manejo de valores como si estuvieran imitando los excesos de personajes de los años ochenta como Michael Milken, el rey estadounidense de los bonos basura, o el corredor de bolsa infiltrado Ivan Boesky. Los malayos que supieron cómo jugar con el sistema se volvieron increíblemente ricos, pero los accionistas minoritarios salieron perdiendo.

La gente que trabajaba con Larry lo consideraba un individuo persuasivo y encantador que, sin embargo, se inclinaba por la holgazanería y prefería beber hasta tarde en los clubes nocturnos que trabajar. Sin embargo se benefició de la buena racha que tuvieron las acciones de MWE, la empresa de ropa en la que tenía una participación minoritaria. A principios de los años noventa MWE adquirió una firma canadiense de tecnología, y Larry estuvo involucrado. El trato implicó la sobrevaluación de esta firma y Larry hizo arreglos para que parte del dinero sobrante terminara en un banco extranjero, en una cuenta que él controlaba.

En aquel entonces era común que las empresas malayas usaran ese tipo de cuentas que, a menudo, les pertenecían a sociedades fantasma o ficticias anónimas establecidas en lugares como las Islas Vírgenes británicas. Gracias a su padre, los jóvenes Low aprendieron sobre este mundo de las finanzas secretas, y May-Lin, la hija de la familia, estudió leyes y se especializó en vehículos en el extranjero, conocidos en inglés como *offshore*.

Cuando el dueño de MWE descubrió que Larry había canalizado dinero al exterior, se puso furioso. Poco después Larry vendió su participación en la empresa, pero todavía quedaba algo positivo: el incremento que tuvo el precio de las acciones de MWE en los años noventa había permitido que la familia Low amasara una fortuna de varios millones.

Ahora que tenía cuarenta y tantos años y estaba forrado de dinero, Larry se entregó a su deseo de parrandear. Para una celebración que organizó en un yate, por ejemplo, hizo arreglos para que un grupo de modelos suizas volaran a Penang: el tipo de detalles por los que su hijo se daría a conocer más adelante. La familia era como un pez gordo en un estanque pequeño y se comportaba como tal. Larry se paseaba en el pueblo en un Lexus y era miembro del Club Penang, un exclusivo club deportivo fundado por los británicos en 1868, y entre cuyos miembros se podían encontrar familias de negocios y políticos bien conocidos de la isla. El Low más joven era un nadador ávido, y los domingos con frecuencia daba varias vueltas en la alberca cerca del mar antes de comer comida china con su familia.

Sin embargo, Larry consideraba que éstas eran actividades provincianas, y tenía la ambición de mejorar la posición social de su familia. Con ese objetivo en mente, en 1994, cuando Low tenía 13 años, su padre lo sacó de la escuela del sistema educativo local y lo inscribió en Uplands, una escuela internacional que la gente acaudalada de Penang elegía cuando quería preparar a sus hijos para algún internado en Gran Bretaña. Como muchos malayos de la élite todavía estudiaron bajo el antiguo poder colonial, Gran Bretaña seguía siendo el país preferido para realizar estudios en el extranjero.

Larry Low decidió establecerse en Inglaterra en una época en que los desarrolladores de una nueva comunidad cerrada en el elegante vecindario londinense de South Kensington empezaron a anunciarse en Malasia. Algunos de los políticos malayos más poderosos tenían casas en el desarrollo Kensington Green y a Larry le pareció que para una familia ambiciosa como los Low sería benéfico hacer amistad con esas personas, por lo que compró un departamento en el complejo y empezó a vacacionar ahí con su familia. Esto le dio la oportunidad a Low de conocer a los hijos de la élite malaya.

Al parecer Larry les contagió a sus hijos su interés por el estatus, ya que empezaron a forjar una amistad con Riza Aziz, un estudiante universitario cuya familia también tenía un inmueble en Kensington Green. El padrastro de Riza era el ministro de la Defensa, Najib Razak, de quien se rumoraba que llegaría a ser primer ministro. Riza, que era algunos años mayor que Low, fue la clave para la entrada del joven a los niveles superiores de la estructura del poder de Malasia.

En Penang, Larry ordenó la construcción de una hermosa mansión color crema en una colina en las afueras de George Town. El acero y el vidrio le daban a la mansión una elegante imagen que la hacía parecer sacada de las calles de Miami. Esta moderna construcción era un escalón ascendente de la, hasta cierto punto, modesta casa familiar que Meng Tak construyó en su juventud. Mientras Larry adquiría los elementos indispensables para la vida en una clase superior, Jho Low, que todavía era un adolescente, se mantenía ocupado explorando el naciente mundo de internet. El joven se aficionó a pasar horas frente a su computadora y a esconderse tras el anonimato de la red. Así empezó a decir mentirillas blancas de una forma bastante improvisada y eso lo llevó a ofrecerse a sí mismo en un sitio de chat en línea para modelar "en cualquier parte del mundo". En este foro Low se describió como "muscular y bien proporcionado", pero no recibió ofertas para modelar. En una fotografía escolar de 1994 se puede ver al chico como un estudiante de secundaria vestido con una camisa blanca de manga corta y pantaloncillos azules, así como con un corte de cabello pulcro pero carente de estilo. Sus actividades en línea expresaban un profundo deseo de ser popular. En las salas de chat le pedía a la gente que le sugiriera música hard core techno o preguntaba qué cortes de cabello estaban de moda en los distintos países.

Aunque pasaba sus vacaciones en Inglaterra, Low parecía inclinarse más por la cultura estadounidense como era típico de los jóvenes malayos. Uno de sus programas favoritos era *Los expedientes secretos X*, y le gustaba intercambiar en internet fotografías de Mulder y Scully con otros fanáticos. Después de vender su participación en MWE, Larry incursionó en las inversiones inmobiliarias y en el intercambio bursátil, y Low empezó a interesarse en ese campo. Devoró películas de Hollywood como *Wall Street*, con todo y su historia sobre el intercambio bursátil realizado por infiltrados y sobre el saqueo corporativo; y a pesar de que sólo tenía 15 años, también empezó a reunir recursos económicos con sus compañeros de Uplands para invertir en el mercado de valores. Muchos adultos recuerdan a Low como un chico tranquilo y respetuoso, pero adepto a aprovechar su encanto para obtener lo que quería. De vez en cuando les pedía prestadas pequeñas sumas de dinero a los amigos de Larry que, en muchos casos, eran acaudalados hombres de negocios, y luego no les pagaba.

Larry estaba planeando la siguiente fase del ascenso de la familia. Tenía el departamento en Londres y la elegante mansión en Penang. Szen, el hermano mayor de Low, había estudiado en Sevenoaks, una prestigiosa escuela en Inglaterra, y ahora Larry estaba a punto de enviar a su hijo más pequeño a uno de los mejores internados del mundo. Esta decisión catapultaría a Low al exclusivo club de la gente más rica del mundo.

Harrow se situaba en una colina bucólica al noroeste de Londres y llevaba décadas produciendo primeros ministros británicos como Sir Winston Churchill, sin embargo, para finales de los años noventa ya estaba atrayendo dinero nuevo proveniente de Asia y Medio Oriente. En esta misma época los malayos ricos veían Harrow como una opción a la que era más sencillo acceder que Eton y otros internados británicos exclusivos, pero que de todas formas ofrecía la oportunidad de facilitar la entrada a Oxford o Cambridge y de hacer contactos. Era común que, para ahorrar costos, los malayos sólo estudiaran ahí los últimos dos años de la preparatoria para prepararse para los exámenes A-level, y eso fue exactamente lo que Larry decidió hacer en el caso de su hijo.

Jho Low tenía 16 años en 1998, el año que llegó a Harrow y se enfrentó a algunas diferencias. Varios de los edificios del internado databan del siglo XVII, y mientras en Uplands, su escuela en Penang, el uniforme consistía en camisa de manga corta y pantalones de vestir, en Harrow se les exigía a los alumnos vestir con saco azul marino, corbata y sombrero de paja color crema con cinta. Las colegiaturas eran altas, los Low tenían que pagar más de 20 mil dólares al año, pero les parecía una inversión que valía la pena.

Estando en Harrow, Low prosperó como miembro de Newlands, una de las 12 casas de la escuela habitadas por aproximadamente 70 estudiantes cada una. Entre los alumnos que habían habitado en Newlands se podía encontrar a miembros de la familia Rothschild, la dinastía bancaria anglofrancesa. La casa Newlands era un edificio independiente de ladrillo rojo con cuatro pisos que databa del siglo XIX, muy parecido a la casa señorial del típico hombre de negocios acaudalado de la época victoriana. Poco después de llegar, Low empezó a convivir con un nuevo grupo de amigos pertenecientes a familias reales de Medio Oriente y Asia, y a pesar de que era relativamente rico, le sorprendió ver la cantidad de dinero en efectivo que tenían a su disposición. Entre los jóvenes del grupo se encontraba el hijo del sultán de Brunei, un pequeño país rico en petróleo colindante con Malasia, pero en general, cuando llegaba el fin de cursos a todos los recogían choferes en automóviles Rolls-Royce.

Al verse rodeado por esta élite de amigos nuevos, Low empezó a mostrar una faceta más temeraria de su personalidad. Entraba a hurtadillas en la biblioteca de Harrow con un grupo de estudiantes que tenían una ruleta en miniatura, y ahí jugaba y apostaba cantidades modestas de dinero. En una ocasión su amigo le consiguió papel membretado de la embajada de Brunei, y el joven falsificó una carta que envió a Chinawhite, el famoso club nocturno cerca de Picadilly

Circus que en los años noventa era uno de los lugares más populares de la ciudad. En la carta, que supuestamente había sido enviada por personal de la embajada, Low solicitaba que se reservaran mesas en el club para miembros de la familia real de Brunei. La argucia funcionó, y Low y sus amigos menores de edad pudieron celebrar al lado de modelos y jugadores de futbol de la Liga Premier.

Con esta experiencia Low aprendió que el poder y el prestigio, o al menos la apariencia de éstos, podía abrir todo tipo de puertas. El joven se posicionó en el grupo de amigos como una persona que podía lograr que se hicieran las cosas. Hacía reservaciones y, cuando llegaba la hora de pagar, reunía el dinero de los asistentes y entregaba el dinero de tal forma que pareciera que él era quien estaba pagando todo. Se convirtió en el negociador y en la persona que arreglaba las situaciones, encontró la manera de hacer trueques para acercarse a los verdaderamente poderosos, y gracias a esto se volvió el centro de atención.

Cuando llegaban las vacaciones Low se iba al departamento en Kensington Green y ahí pasaba la mayor parte del tiempo con Riza Aziz. Sabía que los políticos malayos como el padrastro de Riza solamente recibían salarios modestos correspondientes al cargo oficial que ocupaban, y por lo mismo no podían darse el lujo de vivir en las casas de varios millones de libras del distrito más popular entre la gente rica de Londres. Todos sabían que la United Malays National Organization (UMNO), el partido gobernante de Malasia, les exigía sobornos a los negocios para otorgarles todo: desde licencias para apostar, hasta contratos de infraestructura. Muchos de esos negocios los controlaban chinos malayos como la familia Low. La situación lo colocaba en una posición de relatividad moral: si todos se estaban llevando una tajada, ¿cuál era el problema?

Al salir de Harrow, Low decidió estudiar en una universidad en Estados Unidos. Tenía la ambición de hacer negocios y prefería este país por encima de las conservadoras opciones de Oxford y Cambridge. Ahí, en ese campus de una escuela perteneciente al circuito Ivy League, Low entraría a la siguiente etapa de su metamorfosis.

2
El Gran Gatsby asiático

Low se encontraba de pie inspeccionando sus dominios en el club nocturno que rentó para celebrar su cumpleaños número 20: Shampoo, uno de los más populares de Filadelfia. Accedió a pagar cerca de 40 mil dólares por una barra completa y canapés, y por no permitir la entrada esa noche de los clientes de costumbre para darle al club un aire más exclusivo. Apenas estaba en segundo año, pero pasó semanas escudriñando el directorio estudiantil de la Universidad de Pensilvania, y luego llamó por teléfono a las organizadoras de las actividades sociales de todas las fraternidades femeninas para asegurarse de que el club estuviera retacado de mujeres como las que sus compañeros deseaban. Ésta no era la típica noche de lanzamiento de pelotas de ping pong a vasos de cerveza, y era evidente por la presencia de todo tipo de alumnos: desde los atletas populares, hasta los involucrados en el arte y los estudiantes extranjeros. La barra estaba bien provista de champaña en cantidades suficientes para mantener toda la noche llenas las copas de todos los invitados. Low estaba ligeramente ebrio y se balanceaba al ritmo de la música debajo de la enorme bola de disco; habló con torpeza sobre temas triviales con las chicas y les preguntó si estaban disfrutando de la fiesta. Era evidente que estaba extremadamente ansioso por complacer a los demás. En algún momento de la noche apareció una modelo vistiendo sólo un bikini hecho con hojas de lechuga. La joven caminó hasta la pista de baile y se recostó sobre el mostrador de la barra. Los meseros cubrieron su cuerpo casi desnudo con sushi para que los invitados lo comieran con palillos, y Low observó el espectáculo sonriendo mientras la multitud, más que reír, rugía.

Al hablar entre ellos, algunos de los asistentes se refirieron al malayo como "el Gran Gatsby asiático", refiriéndose al hecho de que su anfitrión parecía observar sus propias fiestas en lugar de participar en ellas. De la misma manera que sucedía con Jay Gatsby, los orígenes de Low estaban envueltos en el misterio. Los invitados sentían la necesidad de hablar con su benefactor, pero las conversaciones se sentían forzadas y se diluían pronto. Low era amistoso pero en realidad no tenía nada interesante que decir, por lo que prefería asegurarse todo el tiempo de que sus invitados estuvieran satisfechos. *¿Te gustó la champaña? ¿Qué tal está el sushi?* No abordaba a las mujeres de la misma manera que lo hacían los otros estudiantes cuando organizaban fiestas y eran anfitriones; de hecho, ni siquiera coqueteaba.

Low eligió Wharton, una facultad de la universidad que se enfocaba en los negocios, y a la que asistieron alumnos como Warren Buffett y Donald Trump. El joven la eligió por la reputación que tenía de ser una línea de producción de profesionales financieros de alto nivel. Por 25 mil dólares al año, los estudiantes del departamento de economía donde estudiaba Low aprendían los mecanismos del capitalismo. Muchos de los compañeros del joven eran estudiantes acaudalados de todo el mundo que imaginaban que tendrían una carrera en Wall Street. En lugar de dedicarse al árido tema de macroeconomía, Low se especializó en finanzas, pero no tenía pensado emprender una carrera bancaria típica. Además de que aprendía rápido y contaba con una memoria prodigiosa, el malayo trabajó arduamente durante su primer año en la universidad, pero empezó a ver Wharton principalmente como un lugar donde podía socializar y hacer contactos.

Esa noche de celebración en Shampoo, al igual que las muchas otras que organizaría en los más de 15 años subsecuentes en clubes y casinos de todo el mundo, fue una muestra de espectáculo puro que Low orquestó para impresionar. Seguramente disfrutaba las fiestas y le gustaba verse rodeado de mujeres guapas, pero más que nada, el evento era una inversión que le permitía parecer exitoso e indispensable. Por esta razón, días antes del evento en Shampoo, hizo una ostentosa petición: que junto a las letras de las hermandades universitarias que aparecían en los volantes para la fiesta, dijera JHO LOW en letras grandes. Low entregó dos tipos de invitaciones, las estándar y las VIP que prometían una "barra *premium* abierta" de cortesía, y que incluían los detalles sobre los autobuses que viajarían del campus al club. Como por intuición, el acaudalado estudiante entendía que la gente deseaba sentirse importante y que formaba parte de un club exclusivo, y aprovechó esta idea. "La vestimenta de alta moda es obligatoria. No se permiten pantalones de mezclilla ni zapatos de lona", se leía en las invitaciones.

Low, por supuesto, era rico porque provenía de una familia con una fortuna de millones de dólares. Mientras estuvo en Wharton, Larry Low le hizo transferencias bancarias por decenas de miles de dólares para financiar sus viajes para ir a Atlantic City a apostar y para pagar sus fiestas. El dinero era el obsequio de un padre adinerado y consentidor que quería asegurarse de que su hijo se hiciera de un nombre por sí mismo entre los hijos de familias influyentes que estudiaban en Wharton, pero a pesar de contar con el respaldo de su padre, a Low le costó trabajo cubrir el costo total de aquella noche en Shampoo. Sus invitados no lo sabían, pero solamente pudo cubrir una parte de los gastos por adelantado, y después postergó el pago del resto de la cuenta que tenía con los dueños del club, y regateó por meses hasta que, finalmente, llegó a un acuerdo que le otorgaba un descuento excesivo.

Low empezó a invitar a integrantes de las hermandades femeninas y a sus amigos asiáticos y de Medio Oriente a apostar, y para llevar a cabo el viaje de una hora a Atlantic City contrataba limusinas.

El grupo de jóvenes con frecuencia jugaba en el Trump Plaza Hotel and Casino y en cada mano apostaban unos cuantos cientos de dólares. Low incluso le llegó a escribir a Ivanka Trump, que en aquel tiempo era estudiante en Wharton, para invitarla a participar. Les dijo a sus amigos que la chica rechazó la invitación argumentando que jamás pondría un pie en ninguno de los "repugnantes" casinos de su padre. Los jóvenes regresaron a Atlantic City en varias ocasiones y en algún momento Low llegó a ganar 200 mil dólares, pero luego perdió todas las ganancias en una emocionante noche de desenfreno en el casino en 2002. A quienes lo veían les asombraba la despreocupada actitud que mostraba mientras apostaba el equivalente a la colegiatura de todo un año. "Este tipo debe tener dinero de sobra hasta para quemar", pensaban.

El malayo siguió trabajando de otras maneras para construir su marca. Escribió artículos sobre acciones para el *Wharton Journal*, el periódico estudiantil de la escuela de negocios. En uno de sus artículos publicado en la edición del 6 de noviembre de 2000 sostuvo que Enron ya no era una firma conservadora de gasoductos, sino una empresa financiera rentable que había creado mercados nuevos a través de productos básicos. Esto fue sólo un año antes de que Enron colapsara en medio de un escándalo contable y sus principales ejecutivos terminaran en prisión. Sin embargo, el análisis no era lo único que tenía fallas; evidentemente, muchos banqueros creyeron las mentiras de Enron. Low había plagiado secciones completas del artículo tomando extractos, palabra por palabra, de un reporte de Salomon Smith Barney. El malayo escribió muchos artículos más como éste, y la mayoría los copiaba de reportes analísticos de Wall Street. De alguna manera sus editores en el periódico no notaron esto, y así fue como empezó a fortalecer su reputación como alguien que sabía elegir acciones a pesar de que nada más era un estudiante de primer año sin experiencia alguna en el análisis empresarial.

Low fomentó su aura de prodigio acaudalado de varias formas. En el campus se paseaba en un Lexus convertible SC-430 color bermellón que rentaba, pero hacía ver como propio. Deliberadamente no corregía los rumores de que era un "príncipe de Malasia", afirmación que, por cierto, hacía reír a los otros estudiantes malayos. Low estaba desempeñando un papel y no lo hacía solamente para superar alguna inseguridad producto de sus orígenes provinciales, sino para colarse al círculo social correcto. El joven identificaba a los estudiantes más adinerados y se esforzaba por hacerse su amigo. Así conoció a Hamad Al Wazzan, hijo de un magnate kuwaití de la construcción y la energía, y se hizo amigo de estudiantes de los ricos estados del Golfo Pérsico.

Al joven malayo lo acompañaba el otro Low, cuyos amigos tenían orígenes más humildes y con quien pasaba tiempo en su cuarto del dormitorio comiendo cubetas de pollo frito de KFC y viendo películas malayas en DVD piratas. Este grupo alternativo de amigos incluía a Seet Li Lin, un chico increíblemente inteligente de Singapur que estudiaba en Wharton gracias a una beca del gobierno. Cuando Low estaba con Seet y ese grupo de amigos, dejaba de actuar. Los jóvenes veían peleas de box por televisión de cable mientras Low echaba la flojera vestido con ropa deportiva holgada. A veces terminaban la peculiar tarde en un club de *strippers* de Filadelfia llamado Delilah's o en alguno de los bares estudiantiles del campus. En algún momento Low salió con una bailarina exótica del club a quien le daba costosos regalos con frecuencia. El estudiante malayo fantaseaba con estrellas rubias como Paris Hilton y Britney Spears, e incluso vio más de cinco veces *House of Wax*, la primera película de Paris, lo que siempre hacía que sus compañeros del dormitorio pusieran los ojos en blanco.

Low tenía una forma tan suave de hablar, casi imperceptible en ocasiones, que te hacía olvidar con facilidad que estabas haciendo lo que él deseaba. En 2003 persuadió a sus amigos árabes de que lo ayudaran a organizar un viaje a Medio Oriente para presentarse con las familias más acaudaladas y las firmas más influyentes. El joven se tomó un semestre para ir a Kuwait, y ahí, Al Wazzan le organizó reuniones con gente de negocios y algunos miembros menores de la realeza.

Luego, en una de esas reuniones que logró concertar en Abu Dabi gracias a los años que pasó inyectándole dinero a su red de conocidos, Low hizo un contacto que cambiaría el rumbo de su vida.

3
Gana toneladas de dinero

En un restaurante de mariscos con vista al destellante Golfo Pérsico, Low, con 22 años entonces, almorzó con Yousef Al Otaiba, un joven asesor en política exterior que trabajaba al servicio de los jeques del país. El malayo le había suplicado a un amigo mutuo que organizara el encuentro, y cuando por fin estuvo frente a Otaiba, lo salpicó con preguntas. Otaiba notó que Low no era simplemente un estudiante viajando por el mundo, y que en realidad estaba ansioso por conseguir información específica sobre las estructuras del poder en los Emiratos Árabes Unidos: cuáles jeques aconsejaban al príncipe coronado y quiénes controlaban los fondos de dinero más fuertes. Low sentía que Otaiba, que formaba parte de este círculo privado, podría guiarlo en los corredores del poder de aquella nación emergente.

Abu Dabi estaba situada en una isla del Golfo Pérsico, frente a la península arábiga, y sus edificios de los años setenta y sus ordinarias torres genéricas de oficinas, no le otorgaban la impactante apariencia que tiene en la actualidad. No obstante, el emirato atravesaba cambios importantes. Los precios del petróleo tenían una trayectoria ascendente que más adelante llenaría las arcas de los gobiernos de Medio Oriente, y la familia real de Abu Dabi estaba reparando la ciudad capital de los Emiratos Árabes Unidos. No lejos del restaurante de mariscos se estaba construyendo el Emirates Palace, un edificio de 3 mil millones de dólares diseñado para convertirse en uno de los hoteles más lujosos del mundo.

La cabeza rasurada y la penetrante e inteligente mirada de los ojos cafés de Otaiba acentuaban sus angulares rasgos. A los 30 años el joven ya había disfrutado de más éxitos de los que muchos hombres pueden acumular en toda una vida, sin embargo, su ambición de poder y dinero no se había saciado aún. Otaiba era uno de los por lo menos 12 hijos que el otrora ministro del petróleo de Abu Dabi tuvo con distintas esposas. Recibió una educación privilegiada que le permitió estudiar en el Cairo American College, en el país de su madre, Egipto; y luego estudió cuatro años en Georgetown, pero no se graduó. Más adelante estudió en la Universidad Nacional de Defensa de Washington. Al regresar a su hogar, su elocuencia y su encanto le permitieron posicionarse como el intérprete de Occidente para la familia real del emirato. A los 26 ocupó el cargo de asesor del príncipe coronado de Abu Dabi, Mohammed Bin Zayed Al Nahyan, y asumió el papel de intermediario de seguridad nacional con los gobiernos extranjeros.

Otaiba siempre vestía de forma impecable, generalmente con traje de negocios estilo occidental, y tenía un acento estadounidense perfecto, lo que con frecuencia hacía que los funcionarios de Washington olvidaran que era extranjero. Todo esto le permitió al joven emiratí convertirse en un aliado confiable en la época del presidente George W. Bush. Durante las cenas les explicaba a detalle a los periodistas, diplomáticos y funcionarios de la Casa Blanca la necesidad de que Estados Unidos adoptara una postura firme frente a Irán y los militantes islamistas a quienes consideraba una amenaza existencial para el autoritario gobierno de Abu Dabi. Otaiba consolidó su influencia en Washington incitando entre las naciones árabes el apoyo para el recrudecimiento de la guerra de Bush en Irak.

El joven asesor aparecía con regularidad en los programas nocturnos de noticias de televisión por cable, y ahí exhibía un aplomo y carisma que enmascaraban su despiadada confianza en sí mismo y su tendencia a ser brusco con quienes trabajaban para él. En un intercambio de correos electrónicos que tuvo con Mohamed El-Erian, entonces director ejecutivo de PICO —la colosal firma estadounidense de inversiones— y uno de los hombres de negocios árabes más reconocidos del mundo, Otaiba advirtió: "A medida que me vaya conociendo descubrirá que soy brutalmente honesto y directo".

Otaiba no era tan acaudalado como muchos otros emiratíes. Su padre, quien también era un hombre de negocios interesado en las finanzas y los bienes raíces, había logrado amasar una fortuna, pero como Otaiba era uno de muchos hijos, no tenía la riqueza necesaria para mantener el paso con los jóvenes de la realeza y sus mansiones, yates y demás lujos. El emiratí tenía una segunda vida bastante costosa de mantener y necesitaba efectivo para poder competir con los príncipes del golfo. Cuando estaba en la conservadora ciudad de Abu Dabi, el joven asesor se vestía con túnica holgada y un *gutrah*, el tradicional tocado emiratí. En Estados Unidos, en cambio, al igual que muchas otras personalidades árabes de mayor edad, en cuanto escapaba de las estrictas reglas de vida de su hogar, adoptaba un estilo de vida francamente más libre.

Otaiba todavía no estaba casado, por lo que se permitía enviarle a una agencia de modelos de Florida una lista de sus mujeres preferidas que, en su mayoría, eran morenas. Si bien había alcanzado el éxito profesional, continuaba teniendo interés en amasar una fortuna propia; pero aunque estaba bien versado en la política árabe, carecía de experiencia en los negocios. Para hacer dinero se involucró con una empresa de construcción que estableció un socio suyo con quien había empezado a invertir en proyectos en Medio Oriente, pero todavía seguía siendo un desconocido en ese campo. Su mayor contribución a los negocios era proveer *wasta* o "contactos" en árabe.

Éste era justamente el tipo de contacto que Low había estado buscando con insistencia: una figura influyente que de todas maneras tenía necesidad de esforzarse, alguien que seguía en ascenso, pero no sabía nada sobre negocios y estaba dispuesto a reunirse con un malayo desconocido. En el almuerzo Low le presentó la posibilidad de hacer tratos entre Medio Oriente y el Sudeste Asiático, particularmente en Malasia, país que Low le describió a Otaiba como una economía creciente. En realidad Low estaba fanfarroneando porque fuera de organizar fiestas universitarias, no tenía experiencia en negociar, y excepto por la facilidad que tenía para pedirles prestado dinero a amigos de la familia, no contaba con un verdadero acceso especial en Malasia. Sin embargo, el malayo no permitió que esto lo detuviera. Otaiba estaba intrigado por esta conversación sobre la posibilidad de establecer relaciones de negocios y así fue como empezó a abrirle las puertas a Low en Abu Dabi.

Poco después de su primera reunión, Otaiba presentó al joven malayo con Khaldoon Khalifa Al Mubarak, otro joven y ambicioso emiratí que dirigía un fondo de inversión llamado Mubadala Development. Al Mubarak tenía prominentes y arqueadas cejas, y usaba anteojos sin armazón. Era un individuo encantador que hablaba tranquilamente y sonreía con facilidad. Al Mubarak era hijo de un embajador emiratí que había sido asesinado en las calles de París por un grupo terrorista palestino en 1984, y al igual que Otaiba era un confiable asesor del jeque más poderoso de Abu Dabi, el príncipe coronado Mohammed Bin Zayed Al Nahyan.

En Wharton, Low podía ser holgazán y sobrevivir con un esfuerzo mínimo, pero aquí en Abu Dabi estaba recibiendo una educación legítima sobre cómo funcionaba el mundo. Un año antes, en 2002, Abu Dabi estableció Mubadala para diversificar su economía que, hasta ese momento, había dependido del petróleo. La idea era recaudar capital de los mercados internacionales e invertirlo en industrias como la de los bienes raíces y los semiconductores. Low se dio cuenta de que, a pesar de que Al Mubarak tenía menos de 30 años y hablaba con calma, estaba en una posición que le otorgaba poder considerable, y que podía controlar grandes porciones de la economía de Abu Dabi.

Mubadala era parte de una tendencia en la que los Estados ricos jugaban un papel más importante en la economía mundial. Los fondos soberanos de inversión habían existido desde los años cincuenta, cuando Arabia Saudita y Kuwait establecieron entidades para encontrar maneras de invertir su riqueza petrolera con una visión a largo plazo. Luego hubo otros ejemplos, desde el Fondo de Pensiones del Gobierno de Noruega hasta la Autoridad de Inversiones de Abu Dabi, el principal fondo de inversión del emirato. Para cuando Low visitó la ciudad, los fondos soberanos de inversión controlaban 3500 billones de activos, más que el equivalente del PIB anual de la mayoría de los países occidentales.

Sin embargo, Mubadala era diferente: en lugar de sólo invertir las ganancias del petróleo y asegurarlas para las generaciones futuras, este fondo pedía prestado a los mercados mundiales y trataba activamente de mover la economía hacia nuevos rumbos.

Lo que Low vio en Abu Dabi plantó una semilla en su mente. Malasia tenía un fondo soberano de inversión llamado Khazanah Nasional, pero no se parecía a Mubadala en absoluto. Al malayo le tomaría seis años establecerse como una personalidad parecida a la de Al Mubarak para poder controlar su propio fondo en Malasia, pero a corto plazo había una meta más fácil de alcanzar: podía transformar a sus nuevos contactos árabes en oportunidades de negocio. Independientemente de lo que Al Mubarak haya pensado de aquel arrogante joven malayo, no pasaría mucho tiempo antes de que encontraran un punto común desde el cual operar.

Low regresó a Wharton para estudiar el último semestre y estableció una empresa con base en las Islas Vírgenes británicas llamada Wynton Group. A sus amigos les contó que el nombre quería decir *win tons* (gana toneladas) de dinero, pero ellos no estaban seguros de si era broma o no. Las escuelas del circuito Ivy League atraían a estudiantes de todo el mundo, y sus familias pagaban las inmensas tarifas a cambio del nombre de la marca y de oportunidades para que sus hijos hicieran redes de contacto. Cuando los mejores estudiantes llegaban a los últimos años, competían por empleos en

Goldman Sachs o McKinsey & Company. Szen Low, el hermano de Low que había estudiado en la Universidad de Cambridge en Inglaterra, empezó a trabajar en Goldman en cuanto terminó sus estudios.

Low, en cambio, no tenía tiempo para irse por el camino ya conocido, e imaginaba que podría hacer más dinero sin someterse a las restricciones de un empleo en una oficina. Por eso se dispuso a vender la idea de Wynton como un vehículo para que los inversionistas de Medio Oriente se involucraran en proyectos en Malasia. El joven comenzó de a poco, con algo de capital semilla que recibió de las familias de sus amigos de Kuwait y otros países, y compró algunas acciones, pero no hizo negocios importantes sino hasta que salió de Wharton definitivamente.

En 2005, para cuando terminó el último año de la universidad, Low ya tenía un plan en mente: regresar a Malasia y buscar maneras de hacer negocios con sus contactos de Wharton y Harrow. Ahora que era un joven practicante de las finanzas y tenía su propia empresa, su ambición creció, sin embargo necesitaba encontrar un respaldo influyente en casa.

Afortunadamente, gracias a la inversión en bienes raíces que hizo su padre en Londres, ya tenía uno: la poderosa familia de Najib Razak.

4
Vamos a necesitar
una camioneta más grande

Hong Kong, China, diciembre de 2007

En el vestíbulo del opulento hotel Shangri-La de Hong Kong, encla-
vado en una colina empinada con vista a los rascacielos de la ciudad
y al estrecho puerto de abajo, de pronto surgió la conmoción. La
multitud de gerentes, personal de seguridad y aduladores diversos
alrededor del viceprimer ministro malayo, Najib Razak, y de su esposa, Rosmah Mansor, estaban tratando de cargar el automóvil que
los llevaría al aeropuerto, pero había un problema. Por su parte,
Rosmah, que había pasado horas en el salón de belleza para que le
abombaran el cabello, y que iba cubierta de costosa joyería, empezaba a perder la paciencia.

Najib había pasado los dos últimos días reuniéndose con los gerentes de fondos del banco de inversión Credit Suisse, con el objetivo de promover la inversión extranjera. La economía de Malasia,
que dependía fuertemente de las materias primas, empezaba a atraer
la atención los bancos de Wall Street. Mientras Najib estuvo sentado
en salas de juntas, Rosmah se consintió en la plétora de boutiques de
lujo de Hong Kong, pero ahora tenían un problema: la enorme pila
de cajas y bolsas de compras no cabían en el automóvil que los llevaría al avión del gobierno malayo que los esperaba en el hangar VIP
del aeropuerto Chek Lap Kok. El personal de Rosmah se movilizó

y encontró una camioneta para transportar el exceso de equipaje. Sin embargo, les tomó tanto tiempo hacer los arreglos y guardar la mercancía, que el avión no despegó hacia Malasia sino hasta pasada la medianoche.

Como heredero de una dinastía política malaya —su padre y su tío habían sido primeros ministros—, Najib y su esposa estaban acostumbrados a tener un séquito de operarios que se ocupaban de absolutamente todas sus necesidades. Najib tenía cincuenta y tantos años, labios gruesos y rojos, y bigote entrecano. Con frecuencia tenía una expresión de feliz desconcierto y era el paradigma del político que se sentía con derecho a todo. Abdul Razak, su padre, trató de inculcarles una moralidad anticuada a Najib y a sus cuatro hermanos menores. Por esta razón, cuando los chicos le pidieron que instalara una alberca en la residencia oficial del primer ministro, rechazó la propuesta y les dio un sermón sobre la importancia de que los servidores públicos no usaran los fondos estatales para su placer personal. Sin embargo, Abdul Razak murió joven, cuando Najib sólo tenía 22 años, y con su muerte también se desvaneció cualquier influencia que pudiera limitar a sus hijos. A partir de entonces los chicos, y en especial Najib, se vieron envueltos en la burbuja privilegiada de la United Malays National Organization (UMNO), el partido que gobernaba en ese momento.

Najib, quien había estudiado en el ilustre internado británico Malvern College, y en la Universidad de Nottingham, prefería el inglés que el malayo. Como todo buen caballero británico, le gustaban los puros costosos y veía programas de televisión británicos como *Yes Minister*, una serie sobre un ministro inepto. Gracias al nombre de su reverenciado padre, tenía una serie de sencillos puertos gubernamentales. A los veintitantos ya era viceministro, pero no se preocupaba mucho por los mundanos detalles del gobierno, y prefería asistir a eventos y dar discursos. Desde el principio estuvo rodeado de hombres que no le podían negar nada.

La UMNO había gobernado Malasia desde que el país se independizó de Gran Bretaña en 1957. En Malasia se llevaban a cabo elecciones regulares, pero el sistema tenía fuertes fallas y era muy corrupto. En la década de los setenta el padre de Najib introdujo políticas pensadas para ayudar a los malayos, el grupo étnico mayoritario. El gobierno les reservaba lugares en la universidad a los malayos, les daba ayudas económicas especiales e incluso favorecía a las empresas pertenecientes a malayos para la obtención de contratos estatales. Para 2007 estas políticas habían generado una gruesa red de injertos en la que los negocios, que en muchos casos eran controlados por chinos malayos e indios malayos, tenían que dar sobornos a gente como Najib y Rosmah para poder operar.

Rosmah era de orígenes un poco más humildes. Sus padres eran maestros de secundaria, pero ella hasta cierto punto creció en los terrenos del palacio de un sultán malayo que adoptó a la familia como si fuera suya. De acuerdo con el testimonio de gente que la conocía, esta experiencia la puso en contacto con la riqueza desde que era muy chica, pero también le imbuyó una noción de inseguridad, de que no pertenecía en verdad al mundo aristócrata que habitaba. También se dice que la realeza le fascinaba y que tuvo en la mira para casarse a miembros de la familia real de Brunei hasta antes de conocer a Najib en los años ochenta. Ella trabajaba en una empresa inmobiliaria y él era ministro principal. Se casaron poco después de conocerse, y para ambos fue en segundas nupcias.

La primera vez que Rosmah abordó un avión privado del gobierno, quedó embelesada con ese nuevo ambiente que la rodeaba, y luego, para compensar su ordinario origen, empezó a vestirse con sedas finas y joyas. Era capaz de mostrar humor, pero también tenía una vena cruel que se dejaba entrever cuando les gritaba a los asistentes o cuando cortó todo contacto con una hija de su primer matrimonio porque no le agradaba el hombre que eligió como esposo. Para Rosmah, las relaciones parecían transacciones. Los hombres de negocios del extranjero que buscaban el apoyo del gobierno para algún nuevo proyecto, con frecuencia la conocían a ella primero, y luego esperaban a que les arreglara un encuentro de seguimiento con Najib.

Miembros importantes de la UMNO, el partido gobernante, empezaron a preocuparse cada vez más por el comportamiento del viceprimer ministro y de su esposa. La mayoría de los políticos hacía dinero a través de sobornos que recibía a cambio de contratos con el gobierno y tratos inmobiliarios, y Najib no era la excepción. Sin embargo, para el año 2000 los gastos de Rosmah habían llegado al extremo, incluso para los estándares de Malasia. Una historia que se contó entre quienes la conocían hablaba de que había entrado como si nada a una tienda Hermès, les informó a los empleados cuáles eran los pocos artículos que no deseaba adquirir, y luego ordenó por lo menos una pieza de todos los demás artículos exhibidos.

Para financiar su afición por los artículos de lujo, Rosmah saqueaba las arcas del país. Un hombre de negocios malayo explicó en detalle cómo funcionaban las cosas: Najib les compraba inmuebles a empresas propiedad del gobierno y luego los vendía con un sobreprecio a otras firmas estatales y compartía las ganancias con Rosmah. Ella ya era una persona bastante impopular en Malasia y tenía la reputación de una escaladora social, de una moderna Imelda Marcos cuya inclinación por los accesorios de lujo, como los bolsos Birkin de Hermès que costaban decenas de miles de dólares, superaba el salario oficial de Najib.

A finales de 2006 una modelo mongola, novia de un asistente de Najib, fue asesinada. Después de dispararle hicieron volar su cuerpo con explosivos C4. En ese tiempo el novio de la mujer trabajaba para Najib en el Ministerio de Defensa y estaba acusado de haber aceptado sobornos por más de 100 millones de dólares de una empresa francesa de submarinos. Tiempo después, una corte malaya condenó a dos oficiales de policía por el asesinato. En aquel entonces los oficiales formaban parte del grupo de seguridad personal de Najib. El ministro negó tener conocimiento del asesinato, pero este sórdido asunto lo persiguió como la peste de un cuerpo putrefacto.

Para 2007 Najib ambicionaba el puesto más alto de la nación, ocupado alguna vez por su padre. La codiciosa pareja necesitaba recibir buenas noticias y éstas llegaron gracias a un amigo del hijo de Rosmah, un joven llamado Jho Low a quien habían conocido en Londres.

En la primavera de 2005 Low regresó a Malasia tras haberse graduado de Wharton, e inauguró unas oficinas en el decimoséptimo piso de las Torres Petronas en Kuala Lumpur para Wynton, su propia empresa. Entre finales de los años noventa y la primera década del siglo XXI estos dos rascacielos futuristas fueron los edificios más altos del mundo. Era una ubicación de lujo en la capital de Malasia y era símbolo del crecimiento que había tenido el país en una sola generación que comenzó a progresar a partir de la pobreza agraria. Las Torres Petronas, que en 1999 aparecieron en la película *La emboscada* protagonizada por Sean Connery y Catherine Zeta-Jones, estaban encapsuladas en un revestimiento de cromo brillante, y las unía un puente a la altura del piso 41. En el vestíbulo había barras de hierro insertadas en el mármol negro del piso que formaban un patrón geométrico en forma de remolino, inspirado en la estética islámica.

Solamente las firmas más conocidas de Malasia podían darse el lujo de tener una oficina en las torres, y entre las principales se encontraba Petronas, la empresa estatal petrolera cuyas ganancias habían impulsado la transformación económica del país. Jho Low acababa de graduarse de la universidad y en realidad no podía pagar una ubicación tan prestigiosa, pero consiguió que un banco local le hiciera un préstamo que usó para decorar la oficina sin escatimar en ningún detalle. En el centro de las oficinas había una sala de juntas tipo "isla" con vidrio que se escarchaba con sólo oprimir un botón; la pizarra blanca en el interior imprimía cualquier cosa que se escribiera en ella. En los baños, los asientos de los sanitarios se ajustaban automáticamente a la altura del ocupante. Incluso había una pileta con agua para los pies cansados. Para ese tiempo en Malasia, todo esto superaba la tecnología de punta: era el espacio de oficinas más lujoso del país.

Low gastó de igual manera en la contratación del personal a pesar de que tenía pocos negocios de inversión proyectados. Una de sus primeras contrataciones fue la de Seet Li Lin, el joven de Singapur de quien se había hecho amigo en Wharton. Seet tenía un conocimiento profundo de las finanzas porque saliendo de la universidad, y antes de que Low lo convenciera de unirse a Wynton, había trabajado en el banco central de Singapur. Seet se veía extremadamente joven, tenía una sonrisa alegre y se comportaba como si estuviera encargado de los detalles. A menudo Low echaba a andar una negociación y luego le pedía a Seet que se hiciera cargo del resto. Al igual que su jefe, Seet estaba impaciente por avanzar. De hecho, en una ocasión presumió que la clave de su éxito en Wharton había sido entregar ensayos con palabras rimbombantes y poca sustancia.

También Eric Tan, un malayo al que Low se refería como Fat Eric (el Gordo Eric), formó parte del séquito. Tan hablaba inglés con un fuerte acento, se convirtió en el asistente *de facto* de Low y confiaba tanto en él que firmaba cualquier documento sin hacer preguntas. Low conoció a Tan en el mundo de los clubes nocturnos de Malasia y viajaba acompañado de él a todos lados, ya fuera de trabajo o vacaciones.

Ahora lo único que el malayo necesitaba era hacer negocios. Mientras estuvo en Wharton hizo contactos en Medio Oriente y ahora quería traer a los acaudalados árabes a invertir en Malasia y tal vez recibir honorarios por negociar los tratos. Para construir alianzas Low les enviaba chocolates y flores a sus posibles socios, y también ofrecía favores personales como conseguir citas con médicos muy buscados. Sin embargo, como era chino malayo sabía que si en verdad deseaba tener éxito en los negocios necesitaba un protector de Malasia. Ya tenía algo en mente: la familia de Najib Razak, padrastro de Riza Aziz, el joven que conoció en Londres. El viceprimer ministro estaba fuera de su alcance, pero un amigo mutuo lo presentó con Nizam Razak, uno de los cuatro hermanos del político, y Low le ofreció un espacio gratuito en las oficinas de Wynton. Low atrajo a Nizam y lo convenció de coinvertir en un proyecto de condominios de lujo cerca de las Torres Petronas que estaban desarrollando algunos contactos de Penang.

El problema con la coinversión era que Low no tenía nada de dinero. De hecho tenía deudas considerables debido a los préstamos que le había otorgado el banco. Cuando llegó el momento de dar el enganche, un negociador de la familia de Najib intervino para solucionar el financiamiento y salvó a Low y a Nizam de la situación. Low tocó fondo; después de varios meses de no poder pagar la renta de la oficina en las Torres Petronas, tuvo que renunciar a ella, y en lugar de acercarlo a la familia de Najib, sus esfuerzos parecían alejarlo.

"Lo despreciaban", dijo respecto a Low un asistente cercano de Najib.

Sin embargo, Low era tenaz, capaz de conseguir recursos, y por si eso fuera poco, usaba todos sus fracasos como si fueran oportunidades. Gracias al negocio de la compra del condominio, llegó a conocer ejecutivos de Kuwait Finance House, un banco islámico, y en 2007 trató de negociar un acuerdo para que esta institución asumiera el poder de un banco malayo. Volvió a fracasar, pero los contactos en su agenda habían crecido. El malayo se volvió adepto a conseguir reuniones con personas poderosas y a colarse a una sala de juntas a pesar de que no tenía antecedentes rastreables o verificables.

Ese mismo año se enteró de que Khazanah, un poderoso fondo soberano de inversión, estaba en busca de socios para desarrollar un enorme proyecto de construcción en el estado sureño de Johor, cerca de la frontera con Singapur, zona que sería conocida más adelante como Iskandar Development Region. El proyecto era un esfuerzo ambicioso por crear un centro financiero y de estilo de vida que rivalizara con Singapur, un país que, dada su prosperidad, se había convertido en el núcleo financiero y comercial del Sudeste Asiático.

Ésta era la oportunidad de Low. En Abu Dabi, el malayo había visto de manera directa las tremendas cantidades de dinero que controlaban los fondos soberanos de inversión, y aquí detectó la oportunidad de negociar un trato. Desde que Low realizó su viaje a Medio Oriente, el prestigio de Khaldoon Al Mubarak, director ejecutivo de Mubadala, creció. Animado por la forma en que los precios del petróleo se habían disparado hasta el cielo, Mubadala obtuvo una considerable participación minoritaria en firmas como Ferrari y Advanced Micro Devices, y gracias a eso, Al Mubarak ahora controlaba un imperio multimillonario en dólares.

El principal contacto de Low en Abu Dabi siguió siendo Yousef Al Otaiba, el asesor político del príncipe coronado del emirato. El 17 de junio de 2007 Low le escribió un correo a Otaiba dándole detalles de los planes para el desarrollo en Iskandar, y comentó que Mubadala podría invertir. Luego hizo arreglos para que los ejecutivos de Khazanah volaran a Abu Dabi, donde organizó reuniones con Otaiba y otros personajes.

"La tarjeta de presentación de Otaiba es la única que necesitarán en Abu Dabi", bromeó el malayo cuando presentó al emiratí con los ejecutivos de Khazanah.

Low fue meticuloso. Organizó con detalle las reuniones y llamadas telefónicas entre Mubadala y Khazanah, y envió correos electrónicos anticipadamente con títulos como "Secuencia de sucesos". También actuó como si el trato pudiera colapsar si ambas partes no aprovechaban el momento. Se ubicó como punto de conexión de la negociación y su comportamiento sirvió para aumentar la impresión de que podía conseguir contactos poderosos en Medio Oriente.

La habilidad de Low para traer a Mubadala a la mesa marcó un renacimiento tras el desastre del trato fallido del condominio. El malayo se aferró a la oportunidad que ahora tenía enfrente de aumentar sus contactos políticos en Malasia. Ya conocía al hermano del viceprimer ministro Najib, y a su hijastro, pero ahora se dispuso a acercarse más a los mismos Najib y Rosmah. En 2007 formó una empresa *offshore* para que la pareja pudiera pagar los gastos de su hija mientras ésta estudiaba en Georgetown.

Con la fuerte inversión de Medio Oriente, el proyecto territorial Iskandar le ofrecía a Low la oportunidad de mostrar lo que valía. El joven malayo le contó al político sobre el trato y le ofreció atribuirse el crédito sin tener que hacer el arduo trabajo inicial. El proyecto

Iskandar, realizado justo en la puerta de entrada a Singapur, le daría pulimiento a los antecedentes de Najib como facilitador y como un político capaz de atraer inversiones e impulsar finalmente a Malasia hacia las filas de las naciones desarrolladas.

Rosmah Mansor lucía esplendorosa cuando tomó el micrófono y se dirigió a la multitud. Iba vestida en coloridas sedas tradicionales malayas y estaba disfrutando de su papel de anfitriona. Los invitados, con sus bebidas refrescantes en la mano, se paseaban por el inmenso salón estatal de la residencia oficial de Rosmah y Najib, un edificio impersonal y cavernoso con techo puntiagudo de mosaicos rojos y ventanas de suelo a techo que ofrecían un amplio panorama de los jardines rodeados por un lago artificial. Afuera, un chubasco tropical amenazaba con caer en cualquier momento. En la parte trasera del salón estaba Jho Low desplazándose apresuradamente, asegurándose de que todos la estuvieran pasando bien y conociendo a la gente correcta.

Esa noche de finales de agosto de 2007 marcó un nuevo regreso para Najib y Rosmah, y todo se lo tenían que agradecer al joven malayo. Los invitados se reunieron en la residencia de Najib, en la nueva ciudad de Putrajaya, justo en las afueras de Kuala Lumpur. Malasia había mudado ahí su gobierno en los años noventa con la esperanza de desarrollar un núcleo tecnológico mundial. Putrajaya contaba con un impresionante panorama de rascacielos modernos y edificios con domos de inspiración islámica ubicados alrededor de un lago enorme, pero jamás había podido atraer suficiente capital o empresas, y por lo mismo se sentía hasta cierto punto marginada con sus carreteras de muchos carriles vacías.

En el interior de la residencia, en cambio, se vivía un ambiente de celebración. La fiesta marcaría la realización del trato en que Mubadala y Kuwait Finance House tendrían una participación en el proyecto territorial Iskandar. "Me gustaría agradecer a Jho Low por traer inversiones de Medio Oriente a Malasia", les dijo Rosmah a los concurrentes. Luego, acompañada de una banda de músicos, cantó varias baladas mientras los integrantes de la delegación de Abu Dabi la observaron desconcertados.

Después los invitados esperaron formados mientras Najib presentaba al director ejecutivo de Mubadala por todo el salón. Al Mubarak llevaba tocado y lucía confiado, pero amable. Acababa de añadirle otra inversión a su creciente imperio, y se lo debía a Low. A la mañana siguiente Mubadala firmó un contrato para invertir medio millón de dólares en el proyecto Johor de hoteles de cinco estrellas, residencias y una "villa de golf".

Para Low, el trato fue un momento trascendental. Su capacidad para obtener recursos de Medio Oriente lo colocó en un buen lugar con Najib y Rosmah y le permitió fortalecer sus afirmaciones de que tenía cierto dominio en el mundo árabe. A la pareja le fascinaba el golfo, ese lugar donde los gobernantes disfrutaban de una vida de lujo excepcional. Simultáneamente, Low se estaba esforzando de otras maneras para garantizar su involucramiento con la familia. Algunas semanas antes había volado a Londres para asistir a la graduación de preparatoria de Nooryana Najib, hija de Najib y Rosmah, quien estaba a punto de dejar la exclusiva escuela Sevenoaks para ir a estudiar a Georgetown, en Estados Unidos.

Sin embargo, hubo un problema. Low esperaba ganar una cantidad fuerte de dinero gracias al trato, y enfureció cuando Khazanah rechazó su petición de que se le pagaran honorarios como corredor. El fondo era dirigido por profesionales y era demasiado pulcro para los propósitos del malayo. Si quería seguir adelante realmente necesitaría controlar su propio fondo de dinero de inversiones, y con ese objetivo se preparó para lanzarse de lleno al mundo de las finanzas *offshore*.

5
Un lindo juguete

En el otoño de 2008 Shaher Awartani, socio de negocios jordano de Otaiba, le escribió a su amigo un correo electrónico con noticias muy agradables. Ambos estaban a punto de hacer 10 millones de dólares gracias a un trato que Low había preparado en Malasia. Como posiblemente a Otaiba le preocupaba tener demasiadas interacciones directas con el corredor malayo, prefirió depender de Awartani para comunicarse con él. No obstante, el malayo estaba empezando a demostrar que era un contacto muy lucrativo.

"Grandes noticias. Es genial ver que nuestro esfuerzo por fin empieza a dar frutos", escribió Otaiba en su contestación.

Poco después, Awartani sugirió comprar un Ferrari luego de que se produjo lo que Otaiba describió como una "transferencia de Jho".

"Creo que todos merecemos comprar un lindo juguete para celebrar, ¿qué opinas? ¿Tal vez el 458 Italia?", le escribió Awartani en un correo electrónico a Otaiba. El embajador respondió que una compra tan ostentosa en Abu Dabi "sólo atraería atención innecesaria".

Evidentemente, Otaiba tenía razones para mantener bajo el agua sus negociaciones con Low. Algunos meses antes le habían otorgado el puesto de embajador de los Emiratos Árabes Unidos en Estados

Unidos, y se encontraba estableciéndose como uno de los diplomáticos más importantes de Washington. Los servicios alimentarios de las cenas que ofrecía en la residencia palaciega del embajador en la ribera de Virginia del río Potomac los proveían chefs célebres como Wolfgang Puck, y como era de esperarse, estos eventos atraían a personal de la Casa Blanca, miembros del Congreso y a los más importantes comentadores de los programas noticiosos de la televisión por cable. A veces el embajador invitaba a algunas personas a su cueva, un área en el sótano donde tenía una pantalla plana gigante, y ahí veían juegos de baloncesto. Acompañado de su glamorosa esposa Abeer, una ingeniera civil nacida en Egipto, Otaiba parecía asistir a todos los eventos sociales de la capital. El embajador era bastante popular debido a sus modales occidentales y al apoyo de Abu Dabi contra el islam militante, independientemente de si se le veía disfrutando en una fiesta de coctel o compartiendo sus opiniones en el programa *Morning Joe*.

Sin embargo, el joven Otaiba, de apenas treinta y tantos años, también tenía una faceta secreta, una vida de negocios que mantenía alejada de los reflectores. El embajador sabía que no se había equivocado al apostarle a Jho Low, y por lo que se veía, su nexo con el malayo podría volverlo excepcionalmente rico.

Después de que le negaron una comisión como corredor en el trato territorial Iskandar, Low comenzó a buscar otras maneras de obtener ganancias. Empezó tratando de ser un gestor de negocios tradicional e intentó encontrar una posición que le permitiera cobrar una comisión por haber traído a Mubadala a la inversión, pero lo bloquearon. Ahora, para obtener la recompensa que creía merecer y poder pagarle al embajador Otaiba, estaba dispuesto a hacer lo que fuera.

Así fue como diseñó una estratagema enrevesada pero brillante. Los planes de Mubadala para el colosal proyecto Iskandar tenían a Malasia sumida en el bullicio. Los planos indicaban que se necesitarían nuevas carreteras, casas, centros comerciales y desarrollos industriales, y por lo tanto los constructores competirían para ganar los lucrativos contratos. En ese tiempo Low se enteró de que dos empresas constructoras malayas estaban a la venta. ¿Podría comprarlas a precio bajo y luego ganar contratos para participar en el desarrollo Iskandar? Para financiar el multimillonario precio de compra, necesitaba solicitar más préstamos, pero ante los bancos seguía siendo un don nadie, un hombre de negocios de bajo nivel con antecedentes insuficientes. Para darle lustre a su imagen y poder echarle las manos al dinero de los bancos, volvió a recurrir a sus amigos poderosos.

Con el propósito de realizar la compra, estableció una entidad en las Islas Vírgenes británicas llamada Abu Dabi-Kuwait-Malasia Investment Company y les regaló acciones al embajador Otaiba y a otros aristócratas menores de Kuwait y Malasia. Estaba creando la impresión de que individuos importantes estaban detrás de la empresa. Ahora que contaba con un respaldo así de ilustre, ya no le costaría trabajo persuadir a los bancos malayos de que le prestaran decenas de millones de dólares. Usó parte de la deuda para fondear la adquisición de las constructoras por parte del grupo de inversión. Al mismo tiempo, una subsidiaria de Wynton, la empresa de Low, solicitó más préstamos para financiar la compra de una participación minoritaria en el proyecto territorial Iskandar junto con Mubadala. En lugar de recibir una comisión como corredor, Low se convirtió en coinversionista.

Luego se dispuso a diseñar una ficción en la que parecía que los fondos soberanos de inversión más importantes de Medio Oriente también estaban involucrados en la compra de las empresas de construcción. Si lograba aparentar que sus emprendimientos personales estaban respaldados por poderosos fondos de Medio Oriente, podría atraer incluso más dinero, y para crear esta ilusión recurrió al opaco mundo de las finanzas *offshore*. Él conocía los centros financieros de este tipo gracias a Larry, su padre, quien tenía una cantidad incontable de cuentas en el extranjero. En ese entonces era normal que, por el temor que sentían debido a la inestabilidad en sus países de origen, o sólo para evadir impuestos, los asiáticos ricos abrieran cuentas *offshore* en jurisdicciones secretas como las Islas Vírgenes británicas y las Islas Caimán.

La designación *offshore* generalmente se refiere a jurisdicciones cuyos sistemas financieros son mucho más grandes que sus economías domésticas. Dicho de otra forma, el sistema bancario existe exclusivamente para que los no residentes acumulen dinero en efectivo, a diferencia de lo que sucede en los centros internacionales financieros en Londres y Nueva York, donde también se les ofrece servicio a los ciudadanos y las empresas locales. En años recientes los centros *offshore* han sido presionados para compartir información respecto de sus clientes, pero como muchos de ellos dependen de las comisiones anuales que pagan las miles de empresas que buscan un manto de discreción, continúan siendo el refugio de empresas y otros criminales que lavan dinero y evaden impuestos. De acuerdo con un cálculo reciente, la cantidad de dinero guardado en centros financieros *offshore* desde 1970 asciende a 32 billones de dólares, cifra equivalente a las economías combinadas de Estados Unidos y China, y a cientos de miles de millones de dólares perdidos en ingresos por concepto de impuestos.

Low, que ahora tenía 26 años, ya comenzaba a dominar este reino oculto de la economía mundial. Seguramente sabía que las Islas Caimán, hogar de sucursales de bancos y fondos de cobertura estadounidenses, habían mejorado su sistema para compartir información con Washington. En cambio, las Islas Vírgenes británicas, ubicadas en el Caribe, tenían una política que no contemplaba hacer preguntas a las empresas que se incorporaran, y por esa razón Low estableció Wynton ahí. En 2007 Low May-Lin, su hermana, se hizo abogada de la Suprema Corte de las Islas Vírgenes. Asimismo, las diminutas islas Seychelles, en el océano Índico, tenían la ventaja de que, al parecer, no les importaba quién fuera el dueño de sus empresas fantasma.

Lo más importante es que Low había experimentado la facilidad con que se podía abrir una cuenta *offshore*, de hecho, casi cualquiera podía hacerlo. Por solamente unos cuantos miles de dólares, una firma de servicios corporativos como Trident Trust, con base en Estados Unidos, o Mossack Fonseca, de Panamá, podía abrir una cuenta o formar una empresa y lidiar con todo el papeleo. (En 2016 se produjo una fuga de información de miles de registros de clientes de Mossack Fonseca que databan de la década de los setenta, a esta fuga se le llamó Panama Papers y mostró el alcance del uso que hace la élite mundial de las cuentas *offshore*, desde la familia del presidente chino Xi Jinping hasta la actriz Emma Watson.)

Si este discreto sistema no hubiera existido, la estafa que estaba a punto de desarrollarse habría sido imposible. Como siguiente paso de su estratagema, Low estableció dos empresas fantasma en las Seychelles. Por el nombre que tenían, ADIA Investment Corporation y KIA Investment Corporation, las empresas parecían estar relacionadas con Abu Dabi Investment Authority o ADIA, y con Kuwait Investment Authority o KIA, dos de los fondos soberanos de inversión multimillonarios más famosos del mundo. Sin embargo, estas empresas "dobles" de las originales eran producto exclusivo de Low y no tenían ningún vínculo con Abu Dabi ni con Kuwait.

Cuando estableció ADIA Investment Corporation, Low experimentó con otro truco financiero que añadiría a su repertorio a partir de entonces. La empresa emitió solamente una acción no registrada y valuada en un dólar, y la controlaba cualquier persona que tuviera el certificado físico. Estas "acciones al portador" estaban prohibidas en muchas jurisdicciones, entre las que se encontraban Gran Bretaña y Estados Unidos —en 2007 Nevada y Wyoming fueron los últimos estados en abolir su uso—; la prohibición se debía a que dichas acciones les permitían a los dueños de las empresas ocultarse debajo de varias capas de confidencialidad, y hacían que a los reguladores les fuera casi imposible determinar quién era el dueño de un activo en cualquier momento específico. Para tratar de encontrar a los evasores de impuestos al principio de la primera década de este siglo, Estados Unidos empezó a presionar a los centros *offshore* para que entregaran detalles sobre los propietarios beneficiarios de las empresas y las cuentas. Incluso las Islas Vírgenes británicas habían prohibido recientemente la práctica de las acciones al portador. No obstante, Low se enteró de que en las Seychelles todavía se permitía su uso.

El siguiente paso del malayo consistió en hacer que sus empresas *offshore* de imitación consiguieran participación minoritaria en las empresas constructoras malayas. Ahora, a cualquier posible socio de negocios que estuviera haciendo la tarea de averiguar y escudriñar la situación le parecería que las familias reales de Kuwait y Malasia, el embajador Otaiba y dos fondos soberanos importantes, estaban asociados con Low para el plan de desarrollar el proyecto Iskandar.

Una vez que esta elaborada estructura fue implementada, Low se fue de pesca. Necesitaba una marca, un hombre de negocios acaudalado pero ingenuo en el aspecto financiero que le comprara a su supuestamente ilustre grupo de inversión las empresas y los terrenos a un precio alto. Así fue como encontró a Taib Mahmud, un hombre de 71 años, ministro principal de Sarawak, un estado malayo alejado y cubierto por la selva en la isla de Borneo, es decir, separado del resto del país por cientos de millas marítimas. Taib era un hombre bajito con apariencia de duende y cabello canoso, pero también era uno de los individuos más ricos de Malasia. Su fortuna era producto de décadas haciendo negocios relacionados con la tala y las plantaciones de palma para producir aceite, los cuales condujeron a la deforestación de su estado. Taib también era un taimado político que llevaba mucho tiempo trabajando en ese ámbito. Vestía trajes blancos, manejaba un Rolls-Royce y era propietario de un piano blanco de cola que alguna vez le perteneció a Liberace. A pesar de todo, las finanzas no eran lo suyo.

El ministro principal llegó a escuchar de Low cuando éste se encontraba presumiendo los deseos que tenía Mubadala de invertir más en Malasia después del trato Iskandar. Taib ansiaba invertir para construir refinerías de aceite de palma y otros proyectos energéticos en Sarawak. Low retuvo la posibilidad de enormes desembolsos por parte de los socios en Medio Oriente, pero mientras tanto, persuadió a Taib de que comprara las empresas constructoras y los terrenos Iskandar.

Algunos meses después Wynton, la empresa de Low, completó la venta de su participación en los terrenos Iskandar, a cambio de efectivo y acciones. Los compradores eran UBG, un conglomerado controlado por el ministro principal Taib. Low les presumió a sus amigos que la venta había ascendido a un total de 110 millones de ganancia para Wynton porque le había vendido a Taib a un precio verdaderamente elevado. El malayo acababa de cazar a su primera presa. Después cambió su Mercedes E-series por un Ferrari negro y salió con su juguete nuevo a pasear de noche en Kuala Lumpur.

No obstante, los problemas se perfilaban en el horizonte. El botín de Low había sido asombroso, pero Taib, que todavía tenía participación en UBG, se pondría furioso en cuanto se enterara del suplemento que había pagado. Otaiba también empezó a escuchar rumores sobre las inmensas ganancias que Low había obtenido y le preocupó que tal vez a él sólo le estuviera dando las sobras. Después de todo, Otaiba había prestado su nombre para el negocio, y de esa manera embelleció la noción ficticia de que Abu Dabi estaba involucrada oficialmente.

"Tal vez nuestro amigo Jho nos esté fastidiando con el asunto de la región de Iskandar Development —le escribió Awartani a Otaiba—. En mi opinión, quizá sólo nos está dando un hueso para mantenernos felices y [tranquilos]."

Cuando aparecía en los programas nocturnos de noticias de Estados Unidos en la televisión por cable, Otaiba se mostraba encantador mientras le explicaba a la audiencia los asuntos de Medio Oriente, pero como estaba acostumbrado al poder, en privado podía ser totalmente insensible, y los negocios de Low, que tenían la apariencia de ser un juego doble, lo enfurecieron. Veía al malayo como un contacto útil que le ofrecía acceso a negocios potencialmente lucrativos en Malasia, pero a fin de cuentas Low era el que lo necesitaba a él y a sus contactos de alto nivel en Abu Dabi, y no a la inversa.

"Necesita entender con ABSOLUTA claridad que no puede hacer gran cosa sin que nos enteremos —le contestó Otaiba a Awartani, al tiempo que lo instaba a confrontar a Low—. En lo personal prefiero un trato directo porque creo que eso lo va a asustar un poco."

Incluso sus socios empezaron a desconfiar de Low, pero en ese momento por fin había logrado hacerse de algo de efectivo sin necesidad de tener un empleo regular. Tenía 27 años y había salido de la universidad apenas tres años antes. Mientras la mayoría de sus compañeros de Wharton se enfrentaba a la agitación que envolvía a Wall Street y al sistema financiero mundial a finales de 2008, Low ya estaba amasando una fortuna que la mayoría de sus compañeros de la industria financiera salidos de Wharton ni siquiera podía imaginar. Sin necesidad de producir nada, Low mostró una capacidad inusual para navegar en las cámaras del poder y para persuadir a los inversionistas con la promesa de rendimientos enormes. Ya había hecho dinero gracias a Otaiba y a sus otros influyentes patrocinadores, y con eso también fortaleció su red de contactos. No todo el dinero era de verdad suyo, ya que tendría que encontrar la manera de devolverle algo a Taib, pero estaba empezando a desarrollar su reputación como un hombre capaz de hacer negocios.

Ya no era un don nadie. Se había convertido en un inversionista con antecedentes que ahora aparecía en todos los eventos como reuniones de negocios y sociales que llevaba a cabo la élite de Kuala Lumpur. Este precoz reconocimiento lo colocó en la pantalla del radar de un ambicioso banquero de la institución financiera más poderosa de Wall Street.

6
El doctor Leissner, supongo

La Gran Muralla china, junio de 2006

Los meseros se movían afanosamente alrededor de las mesas chinas de banquete que habían sido colocadas bajo una tienda en la Gran Muralla, cerca de Beijing, para celebrar con un invitado de honor muy especial. Momentos después, Lloyd Blankfein, un agresivo individuo que fue corredor de bolsa, pero recientemente había sido nombrado director ejecutivo de Goldman Sachs Group, llegó con una comitiva de banqueros estadounidenses y chinos de alto nivel. Blankfein era el nuevo rey de Wall Street, y Goldman llevaría a cabo para el poderoso banco una reunión mundial simbólica de la mesa directiva en la Gran Muralla, símbolo de la importancia de China y, a un nivel más amplio, de Asia.

Hank Paulson, que acababa de dejar el papel de director ejecutivo, fue quien dirigió a Goldman hacia el interior de China, en donde hizo dinero asesorando al gobierno comunista para que aprendiera a privatizar empresas y se convirtió en uno de los primeros bancos extranjeros en establecer un negocio conjunto local de valores. Paulson había renunciado varias semanas antes para ocupar el puesto de secretario del Tesoro del presidente George W. Bush, y Blankfein estaba ansioso por mantener el enfoque en Asia. La región seguía siendo una especie de páramo. Los bancos de Wall Street todavía obtenían más de la mitad de sus ganancias en Estados Unidos, reunían capital para sus clientes, ofrecían asesoramiento sobre fusiones y adquisiciones, y vendían rentables productos derivados, sin mencionar que hacían riesgosas apuestas con su propio dinero, incluso en el titubeante mercado inmobiliario. Asia estaba más allá de la crisis financiera y equivalía a sólo una décima parte de las ganancias de Wall Street que China impulsaba fuertemente.

Para 2006, sin embargo, las cosas empezaron a cambiar. La reunión de la junta directiva en la Gran Muralla había sido un asunto primordialmente simbólico, pero mientras los asistentes miraban hacia abajo desde su elevada posición y veían por encima de las llanuras hacia Beijing, la conversación que sostenían sobre el futuro de Asia estaba teñida de optimismo. Había un interés creciente en la región debido a que la economía de China seguía produciendo juguetes, ropa, componentes industriales y otros artículos manufacturados para Estados Unidos y Europa, y esto le permitía crecer a una tasa de dos dígitos. Los vecinos del Sudeste Asiático, como Malasia, proveían a China de materiales no procesados y también registraban una sólida expansión económica de más de 5% anual. Los mandamases de Goldman empezaron a decirles a sus empleados que si se mudaban a Asia tendrían más oportunidades de obtener un ascenso. La idea era ofrecerles una oferta suficientemente atractiva para que desarraigaran a sus familias de Nueva York y Londres para reubicarse con ellas en Hong Kong o Singapur.

A principios de 2009 Tim Leissner, una estrella en ascenso de Goldman en Asia, bajó de un automóvil en el Palacio Nacional, en Kuala Lumpur. La imponente residencia oficial del rey de Malasia estaba enclavada en una ladera, y con sus domos color mostaza parecía el palacio de un marajá indio. El lugar parecía incongruente para que Leissner, un alemán de 39 años, tuviera una reunión. El apuesto ejecutivo de más de un metro noventa era director de la banca de inversión en el Sudeste Asiático y llevaba una década generando nuevos negocios para Goldman en toda la región.

La reunión de ese día, sin embargo, era distinta. Después de volar desde sus oficinas en Hong Kong, Leissner fue a comprar un *songko*, un sombrero tradicional malayo que se debía usar obligatoriamente cuando uno se reunía con el rey de Malasia. El ejecutivo estaba ahí para hablar con Mizan Zainal Abidin, el sultán de Terengganu y uno de los nueve príncipes herederos del país. En ese tiempo Mizan también era rey de Malasia debido a un sistema que permitía que la corona se rotara entre los sultanes. El sultán con frecuencia recibía a sus invitados vestido con el traje ceremonial malayo: tocado fabricado con seda bordada, sarong corto de hilo de oro sobre pantalones negros y una daga *kris*. Para esta reunión, sin embargo, vistió un traje de negocios occidental.

Por lo general, Leissner buscaba los negocios en Malasia a través de vínculos cercanos que mantenía con directores ejecutivos y políticos. La economía del país era cualquier cosa en comparación con China, el país asiático en que más enfocaba su atención Goldman, pero Leissner llevaba casi 10 años fortaleciendo sus contactos en Malasia y la empresa había empezado a hacer una cantidad respetable de dinero gracias a la asesoría de negocios que daba. A veces el ejecutivo dependía de intermediarios: corredores malayos con vínculos políticos que cobraban una comisión por hacer presentaciones, práctica común en Asia. Esta reunión había sido organizada por Jho Low, quien tenía sólo 27 años, pero parecía estar extremadamente bien conectado.

Leissner conoció a Low a través de Roger Ng, un banquero local con buenos contactos, y en realidad no le causó una primera impresión favorable. Low parecía aprovecharse, daba la impresión de ser un hombre que trataba de lograr acuerdos y llevarse una tajada sin hacer el trabajo preliminar ni arriesgar dinero propio. Leissner les había dicho a sus amigos que el malayo "le daba mala espina". No obstante, Low tenía ideas para hacer inversiones y el banquero de Goldman era ambicioso y tenía deseos desmedidos de hacer un gran negocio. Low le había contado al alemán que el sultán estaba planeando establecer un fondo de inversión para administrar la riqueza producto del petróleo y el gas de su estado. Según el malayo, el sultán quería contratar a Goldman.

El banquero alemán era un buen conversador y sabía cómo cautivar al dignatario asiático, así que tuvo éxito y se entendió bien con el sultán. Para cuando terminó la reunión Goldman había asegurado un contrato para asesorar al sultán respecto a la formación del nuevo fondo que sería conocido como Terengganu Investment Authority. La comisión de Goldman por establecer esta entidad sería de 300 mil miserables dólares, una suma por la que, para los estándares de Wall Street, ni siquiera valía realmente la pena levantarse de la cama. Sin embargo, Leissner sabía jugar a largo plazo. El trato Terengganu era sólo el principio de una serie de negocios que muy pronto le permitirían ganar millones de dólares a Goldman. De pronto, la zona que alguna vez fue el páramo infértil de Malasia se convertiría para la empresa en uno de los centros de generación de ganancias más importantes de todo el mundo.

Leissner creció en la ciudad alemana de Wolfsburgo, al norte, cerca de Hanover, fue el segundo de tres hermanos y tuvo una niñez privilegiada. Su padre era ejecutivo de alto rango en Volkswagen, una empresa establecida en la ciudad. El chico estudió en una preparatoria local y desde que tuvo 10 años jugó tenis casi todas las tardes en un club privado. En el verano la familia lo enviaba a exclusivos campamentos de entrenamiento en Europa y Estados Unidos en los que llegó a codearse con jugadores estrella como Steffi Graf.

A los 17, Leissner estudió un año en la escuela privada Millbrook, al norte del estado de Nueva York, como parte de un programa de intercambio. La familia que lo acogió lo consideraba un chico reservado —un rasgo típico alemán—, pero poco después el joven se sumergió de lleno en su nueva vida al estilo estadounidense. Jugó baloncesto y fue receptor del equipo de futbol. El periódico local describió el "montón de dones" del joven, entre los que se incluían "confianza en sí mismo, inteligencia, galanura, poder económico y talento atlético". El entrenador deportivo lo halagaba por ser el estudiante más maleable al que había entrenado en su vida, y lo describió como un chico que "desempeñaba sus papeles de una forma excelente". Leissner atraía a las mujeres sin dificultad, casi sin esforzarse, y tuvo una novia estadounidense que también jugaba tenis.

Este viaje le permitió al joven alemán probar la vida en el extranjero, por lo que cuando terminó de estudiar la licenciatura en Alemania regresó a Estados Unidos para estudiar una maestría en la Universidad de Hartford, en Connecticut. Su salón estaba repleto de estudiantes internacionales y ahí conoció a una mujer francesa de origen iraní con quien después se mudó a Londres y se casó. Ahí Leissner empezó a trabajar en J. P. Morgan como asociado, el nivel más inferior entre los banqueros. El alemán tenía sed de éxito, y a pesar de que contaba con muchas cualidades y dones, ya daba señales de que estaba dispuesto a tomar atajos.

En 1993, mientras todavía trabajaba en J. P. Morgan, Leissner obtuvo un doctorado en administración de negocios por la Universidad de Somerset. La universidad, que cerraría algunos años después, era conocida por vender títulos a cambio de algunos miles de dólares, y en especial por venderlos a estadounidenses que trataban de darle algo de lustre a su currículum añadiendo un certificado de una institución británica que tuviera la apariencia de ser seria. El joven alemán empezó a usar el título de "doctor" cuando se presentaba para dar conferencias, y poco después consiguió un ascenso que lo llevó a ser vicepresidente de J. P. Morgan.

Mientras estuvo en Londres se involucró en un trato para financiar una planta energética en Indonesia, y este trabajo lo hizo interesarse en Asia. Su matrimonio se estaba desmoronando, así que para 1997 pudo mudarse a Hong Kong, lugar donde consiguió empleo en Lehman Brothers.

En los años noventa Hong Kong era una ciudad en movimiento. Este territorio de siete millones de habitantes, situado en islas montañosas y perteneciente a China continental, se había convertido en una especie de parque infantil para los financieros expatriados. Economías asiáticas como las de Tailandia y Corea del Sur llevaban una década de emocionante crecimiento, y los banqueros trabajaban muchas horas; celebraban en los bares y los antros de Wan Chai, el distrito del entretenimiento en la ciudad; y los fines de semana iban de excusión a las islas exteriores de Hong Kong en yates privados.

Para 1997, sin embargo, el ambiente festivo comenzaba a agriarse. Tras 156 años de gobierno colonial, Inglaterra le devolvería Hong Kong a China. La crisis financiera asiática, producto de años de solicitar descuidadamente préstamos para financiar inversiones en el mercado inmobiliario y otros sectores de riesgo, estaba en pleno auge. Era una típica burbuja financiera, por lo que, cuando especuladores como George Soros atacaron las sobrevaluadas divisas de la región y enfurecieron al entonces primer ministro de Malasia, Mahathir Mohamad, los bancos extranjeros se vieron forzados a asumir las pérdidas por los préstamos que resultaron afectados.

Toda esa volatilidad le ofrecía ventajas a un financiero como Leissner. Entre los banqueros extranjeros, Asia tenía la reputación de ser un lugar donde se podía impulsar desproporcionadamente cualquier carrera de corredor de Wall Street. En Hong Kong y en Singapur la competencia era menos intensa y a los banqueros se les daba más libertad de hacer transacciones financieras importantes. En 1995 Nick Leeson, un corredor deshonesto del banco británico Barings, realizó apuestas no autorizadas sobre acciones japonesas, y esto condujo al colapso del banco. Para cuando Leissner llegó, la actividad en los mercados de capital —recaudación económica por medio de la venta de acciones y bonos— estaba en sus últimas etapas debido a la crisis. Lehman, sin embargo, no estaba tan expuesta, por lo que empezó a asesorar a los gobiernos con poco dinero de la región para que dieran inicio a una oleada de privatizaciones que les permitirían recaudar recursos.

Los banqueros con base en Hong Kong solían tener rutinas laborales feroces y trabajaban sin parar en toda la región. Leissner no era la excepción. En uno de los tratos trabajó con banqueros de Goldman para ayudarle a una empresa petrolera tailandesa, propiedad del Estado, a vender una buena cantidad de acciones. Los banqueros trabajaban jornadas de 18 horas, terminaban a las 2 a. m. y luego se iban de parranda a los bares populares de Bangkok un par de horas más antes empezar de nuevo. La crisis forjó fuertes vínculos entre los banqueros de Wall Street que habían elegido construir sus carreras en Asia debido a que era una zona con menos conglomeración. La ética laboral de Leissner impresionó a Goldman, que era considerado el mejor de los bancos mundiales, por lo que la firma le ofreció un empleo y él aceptó.

Poco después de que Leissner se uniera a Goldman, el banco mudó sus oficinas centrales en Asia a unas nuevas y deslumbrantes instalaciones en el Centro Cheung Kong de Hong Kong, un rascacielos de 70 pisos desde donde se podía contemplar una impresionante vista del Peak, montaña que se cierne sobre el distrito financiero central, y de Victoria Harbor, un concurrido canal de navegación que separaba la isla de Hong Kong del continente. En uno de los pisos había salas de juntas adornadas con piezas de arte chino que valían miles de millones de dólares, entre las cuales se podía encontrar caligrafía antigua y dibujos en tinta de montañas envueltas en neblina. Afuera, en el área de recepción, había un antiguo caballo de terracota donado por Li Ka-shing, el multimillonario hongkonés a quien le pertenecía el edificio.

Estando en Goldman, Leissner conoció a Judy Chan, una analista de bajo rango del banco de quien se enamoró; tiempo después se casó con ella, tras divorciarse de su primera esposa. Judy Chan pertenecía a una familia china-indonesia que había amasado una fortuna gracias a la minería de carbón; fue una de las primeras mujeres bien conectadas a las que Leissner cortejaría en su vida. La boda se llevó a cabo en un lujoso hotel de Hong Kong y en la fiesta se ofrecieron lechones con luces parpadeantes en las cavidades oculares. La pareja tuvo dos hijas, pero él rara vez estaba en casa. Debido a su puesto como director ejecutivo de la división de fusiones y adquisiciones, casi vivía en aviones y se la pasaba buscando incesantemente tratos para los que Goldman pudiera dar asesoría u ofrecer financiamiento.

Después de algunos años de vacas flacas, Asia se recuperó de la crisis y Leissner empezó a encontrar oro. En 2002 Goldman vendió acciones de una empresa malaya de teléfonos celulares que le pertenecía a Ananda Krishnan, un multimillonario conocido del ejecutivo. Se realizó una oferta pública inicial (OPI) por 800 millones de dólares, la cual fue la más fuerte en Asia ese año. Gracias a la oferta, Leissner fue ascendido al puesto de director general. Al año siguiente ayudó a la realización de otro trato que involucraba a Krishnan, pero en esta ocasión las acciones de la OPI que se vendieron eran de una empresa de televisión satelital llamada Astro. Luego, en mayo de 2006, Leissner venció a otros bancos y logró asegurarle a Goldman el papel de asesor para la mayor adquisición corporativa realizada en Malasia jamás: un trato de 2 mil millones de dólares para una empresa local de energía. Los honorarios de Goldman por este trato ascendieron a nueve millones, una cantidad respetable incluso para los estándares estadounidenses, y mucho mayor que las realizadas por tratos ordinarios en Malasia.

Los colegas de Leissner en Goldman notaron que el ejecutivo poseía una habilidad sorprendente para hacer a sentir a los clientes que tenían una conexión profunda y personal con él. Leissner no era el típico "individuo estructurado" o genio matemático que les asignaba precio a complejos productos derivados y luego los vendía. Él era un banquero de relaciones y tenía la capacidad de atraer a importantes ejecutivos gracias a una especie de magnetismo personal.

Desde que llegó a Asia, Leissner había estado fortaleciendo sus conexiones, particularmente en Malasia. Era un tipo divertido y entusiasta que hablaba inglés con acento alemán; un experto consumado en el trabajo en redes que le decía a la gente lo que quería escuchar. En las salas de juntas, en lugar de sentarse frente a los clientes, se sentaba a su lado. En una boda de sociedad a la que asistió en Kuala Lumpur, pasó toda la cena de pie caminando por el salón de fiestas del hotel.

"Le encantaban los clientes y le encantaban los tratos", comenta Joe Stevens, un banquero de alto nivel que trabajó con él en Goldman.

A medida que Goldman Sachs aumentó sus negocios en Asia bajo la dirección de Hank Paulson y luego de Lloyd Blankfein, Tim Leissner recibió más beneficios. En octubre de 2006 lo hicieron socio y con eso se convirtió en uno de los 115 empleados que fueron invitados ese año al exclusivo santuario. El banco limitaba su grupo de socios a solamente unos cuantos cientos, o a no más de 2% de sus 30 mil empleados de tiempo completo, y a aquellos que eran aceptados Blankfein los llamaba personalmente. Este honor venía acompañado de una mejora económica que les otorgaba a los empleados un salario de casi un millón de dólares, bonos más fuertes e inversiones exclusivas: tratos que los banqueros más importantes de Goldman reservaban para sí mismos. El ejecutivo alemán había empezado a generar bastante dinero para Goldman en Malasia y ahora estaba cosechando los beneficios de que el banco se enfocara en Asia. De los empleados que se asociaron en 2006, más de una quinta parte eran de la región y estaban desfasados con las tarifas que ahí se generaban, lo cual era una señal sobre el prometedor futuro de Goldman que Blankfein enviaba al exterior.

No obstante, entre la gente corrían rumores respecto a Leissner. Cuando lo saludaban, algunos banqueros de Goldman le decían: "El doctor Leissner, supongo", una alusión irónica a sus cuestionables antecedentes académicos. Por otra parte, estaba la serie de amoríos que el ejecutivo había tenido y que a algunos colegas les parecía poco profesional. En realidad, Leissner no tenía aventuras de una sola noche, más bien se enamoraba con facilidad y por eso pasaba con ligereza de una relación seria a otra. De hecho, durante las negociaciones de la oferta pública inicial de Astro, tuvo un vínculo romántico con la directora de finanzas de la empresa. Esta relación, que los ejecutivos no ocultaron, instó a los banqueros rivales a quejarse con el director ejecutivo de Astro porque, desde su perspectiva, le daba a Goldman una ventaja injusta. Goldman lanzó una investigación tras recibir una queja interna, pero Leissner negó estar involucrado con la mujer y Goldman dejó las cosas por la paz.

El banquero alemán también era proclive a desobedecer. Era un banquero de menor rango que con frecuencia se pasaba de la raya. "Nunca operaba dentro de los límites; primero les ofrecía algo no permitido a los clientes, y luego pedía permiso. Se lo toleraban porque traía negocios a la empresa", dijo un banquero de Goldman que trabajó con él. En uno de los tratos que causó preocupación, Leissner le dio al director ejecutivo de Maybank, un importante banco comercial malayo, una garantía por escrito de que Goldman cubriría una expedición de derechos por 1 000 millones, lo que quería decir que la empresa comprometería su propio capital para comprar las acciones y que luego las vendería en el mercado. A pesar del enorme riesgo que se corría, el alemán no les informó de esto a sus jefes en Hong Kong. En otra ocasión, Goldman dejó de pagarle a Leissner por filtrar información al exterior de la empresa sin autorización. Eran señales de advertencia, pero Leissner le estaba generando dinero a Goldman, y por eso el banco decidió no hacer nada más.

Leissner no les prestaba mucha atención a las amonestaciones porque, después de todo, Goldman estaba en Asia, el Viejo Oeste del capitalismo. Además, parecía que mientras las ganancias siguieran llegando, sus jefes en la región le otorgarían bastantes libertades. En 2009 esta situación condujo a Leissner hasta un advenedizo hombre de negocios malayo de nombre Jho Low.

A principios de 2009, tras el triunfo del trato territorial Iskandar, Low estaba en busca de su siguiente gran negocio. Ya se había formado una rápida reputación en Malasia como un hombre capaz de cerrar tratos, pero como de costumbre, estaba muy consciente del impacto de su éxito en el escenario mundial. Low había observado el poder y el estatus de Khaldoon Al Mubarak de Mubadala, el hombre que dirigía el fondo soberano de inversión emiratí. Un fondo de este tipo no solamente tenía millones, sino miles de millones de dólares en inversiones. Por esta razón, Jho Low se preguntó: ¿no podría él armar un fondo soberano propio? ¿Con base en Malasia? Pero ¿dónde conseguiría los fondos iniciales?

Los fondos soberanos de inversión tradicionales invierten ganancias petroleras, así que Low se concentró de inmediato en el estado malayo de Terengganu, el cual era rico en campos petroleros y de gas en la placa continental.

Las nueve familias reales malayas herederas gobernaban estados distintos en conjunto con los funcionarios elegidos de la nación. Los sultanes tenían poderes políticos amplios que, en algunos casos, incluían el control de los ingresos estatales locales, situación que presentaba muchas oportunidades de corrupción. La manera en que Low se enfocó en Mizan Zainal Abidin, sultán de Terengganu, fue típica de su capacidad para detectar oportunidades y de pasar de un trato al siguiente.

El sultán había sido educado en el Reino Unido, pero provenía de una conservadora familia islámica. Mientras que algunos miembros de la realeza en Malasia son consentidos y perezosos, a Mizan se le consideraba un hombre inteligente. Low conocía a su hermana porque formaba parte del consejo directivo de las empresas constructoras, y usó ese contacto para ofrecerle al sultán acciones gratuitas de Abu-Dhabi-Kuwait-Malaysia Investment Company, la entidad que le generó enormes ganancias a través de la especulación de las constructoras.

Tras su éxito inicial, Low le sugirió a Mizan un plan de inversión ligeramente más ambicioso. ¿No estaría el sultán interesado en establecer un fondo soberano de inversión que tuviera base en Mubadala, la empresa de Abu Dabi, y que solicitara dinero prestado contra la riqueza petrolera del estado? Low dijo que conocía banqueros de Goldman que podrían asesorar y contactar a inversionistas a nivel mundial, y que de esa manera se generaría una enorme arca de guerra para que el estado financiara el desarrollo.

Para comprarse legitimidad, Low necesitaba asimismo que Goldman se involucrara, y aunque Leissner tuvo preocupaciones sobre el joven malayo al principio, también estaba ansioso por hacer negocios. Low se apresuró a hacer acuerdos para que Leissner y Roger Ng, el banquero local de Goldman, se reunieran con Mizan, e incluso los acompañó al palacio en Kuala Lumpur.

Tras la reunión con el sultán, Goldman se convirtió en asesor de la operación, y pocos meses después Low ya les estaba enviando a los banqueros correos electrónicos en los que se dirigía a ellos de manera informal con la palabra *bro* (hermano), y discutía distintas maneras de mostrar el fondo a los medios de comunicación de Malasia. El papel principal de Low en el fondo, que comenzó a operar en febrero de 2009, era como asesor, pero en realidad él estaba controlando el espectáculo. Contrató como empleados a varias personas que ya conocía, y en los correos electrónicos que intercambiaba con Leissner se refería a la aventura de negocios como Project Tiara.

Low convenció a Mizan de que permitiera que el fondo emitiera 1 400 millones en bonos islámicos —estructurados para no violar las reglas islámicas en contra del cobro de intereses—, respaldados por los recibos petroleros futuros del estado. Sin embargo, en mayo de 2009, cuando el fondo se preparaba para recaudar el dinero, el sultán se echó para atrás. Low se estaba apresurando a cerrar el trato, pero no tenía un plan de inversión claro. Mizan no le vio caso a su excesivo entusiasmo, en particular porque el fondo ni siquiera contaba con un equipo de administración completo y en orden. Su representante en el consejo directivo ordenó que la recaudación de fondos se retrasara, pero Low soslayó la orden y presionó para que los bonos pasaran.

Ahora, sin embargo, Mizan tenía miedo de apostar la riqueza petrolera del estado, y amenazó con cancelar todo el asunto. A la reticencia del sultán la complementaron los rumores que se escuchaban en los círculos bancarios sobre el hecho de que Low había malversado parte del dinero de los bonos, por lo que decidió dar fin a los planes del malayo antes de que siquiera despegara el proyecto.

Low estaba a punto de transformarse en un individuo poderoso; en el tipo de jóvenes directores de fondos como los que había visto de cerca en Medio Oriente utilizando miles de millones de dólares en inversiones; pero ahora que Mizan había ordenado que se cerrara el fondo, estaba de vuelta en el punto de partida. El malayo tenía que decidir rápidamente qué haría, y en ese momento se produjo el suceso más afortunado de su carrera hasta entonces.

A Najib Razak lo habían estado preparando durante varios años para que ocupara el puesto más importante del país. Dado el reconocido apellido de su familia y los años que había trabajado en el gobierno, muchos malayos daban por sentado que algún día sería primer ministro. La UMNO, el partido gobernante, estaba en crisis. En las elecciones de 2008 su coalición apenas pudo aferrarse al poder. Los indios malayos y los chinos malayos, cansados de vivir como ciudadanos de segunda, votaron en masa por la oposición. Para revivir sus glorias pasadas, el partido recurrió al heredero de la dinastía política Razak. En abril de 2009, como si estuviera reclamando un derecho de nacimiento, Najib se convirtió en el sexto primer ministro de Malasia.

Repentinamente, el tiempo que Low había pasado cultivando la amistad con Najib y su esposa empezó a rendir frutos. De la noche a la mañana el ambicioso malayo ya estaba asesorando al hombre más poderoso del país, y como Najib necesitaba una buena cantidad de dinero para restaurar la popularidad de su partido, Low se apresuró a sacar provecho y a salvar su fondo de inversión mortinato.

7
Saudi "realeza"
(el primer gran golpe)

A BORDO DEL *ALFA NERO*, RIVIERA FRANCESA,
AGOSTO DE 2009

Mientras observaba la opulencia del *Alfa Nero* cruzando la costa de Mónaco en la Riviera Francesa, el primer ministro Najib Razak se quedó con la impresión de que el yate le pertenecía al hijo de Abdullah Abdulaziz Al Saud, el rey de Arabia Saudita. El barco de 81 metros con sala de cine, una enorme alberca que se transformaba en helipuerto y un valor estimado en 190 millones de dólares, tenía una apariencia impactante.

El camarote de lujo tenía cómodos sofás y vista al Mediterráneo. Ahí Najib fue recibido por el supuesto dueño, su alteza real, el príncipe Turki Bin Abdullah. El príncipe llevaba gorra de beisbol blanca y pantalón azul que combinaba con su camisa. Era un individuo de 37 años, de complexión ancha, bigote y barba de algunos días, que transmitía una sensación de relajamiento. En algún tiempo fue piloto de la Fuerza Aérea de Arabia Saudita, pero ahora estaba incursionando en los negocios y como primer paso estrechó jovialmente la mano de Najib.

El primer ministro iba vestido de forma casual con camisa blanca de manga corta, y sonrió en el momento que le entregó al príncipe Turki un regalo en una caja verde. Rosmah, la esposa de Najib, vestía una blusa con estampado en blanco y negro imitación leopardo. Llegó acompañada de sus dos hijos, y sonrió y bromeó con el anfitrión. La mujer se veía encantada de estar en la presencia de la realeza saudita, particularmente en un espacio tan íntimo. Respetando la tradición islámica, los invitados bebieron jugos frescos. Un fotógrafo capturó imágenes de la reunión, y luego Najib y el príncipe Turki se sentaron en los extremos de un sofá a discutir la distinta posibilidades para que Malasia y Arabia Saudita fomentaran y fortalecieran sus vínculos económicos.

En la periferia del grupo se encontraba Jho Low de pie, también vestido de forma casual con una camisa polo verde. Él era el único que realmente sabía de qué se trataba la reunión.

En los pocos meses que pasaron desde que Najib llegó a ser primer ministro, habló frecuentemente con Low. El malayo había convencido al nuevo líder de su país de que se enfocara en Medio Oriente. Ya había conseguido el financiamiento de Abu Dabi para el proyecto territorial Iskandar, pero ahora contemplaba la posibilidad de conseguir acceso a la extraordinaria riqueza saudí. El malayo de solamente 27 años había conseguido convencer a Najib y, por supuesto, a Rosmah, cuyo apoyo era igual de importante, de que él tenía la clave de las futuras inversiones de Medio Oriente.

En las primeras semanas de la nueva administración Low se desempeñó como asistente no oficial de Najib y le ayudó al primer ministro a organizar una visita a Medio Oriente. Najib tenía la gran ambición de convertir a Malasia en un país desarrollado en pocos años, y para eso necesitaría una fuente importante de capital. Low lo convenció de que ésta vendría de los países árabes. Acompañados de Low, Najib y Rosmah viajaron por Medio Oriente para reunirse con el rey Abdullah en Arabia Saudita, y con el príncipe coronado, el jeque Mohammed Bin Zayed Al Nahyan de Abu Dabi. La cercanía de Low al primer ministro era tal, que a muchos de los observadores les pareció que era un emisario oficial, y de hecho, algunas de las personas de negocios que lo conocieron durante el viaje creyeron que se trataba del ministro de inversión.

En Abu Dabi, al terminar la cena con el príncipe coronado en el suntuoso hotel Emirates Palace, Najib anunció la formación de un nuevo fondo soberano de inversión malayo que se llamaría 1Malaysia Development Berhad o 1MDB. El fondo 1MDB era simplemente Terengganu Investment Authority, la empresa que poco antes había recaudado 1 400 millones de dólares en bonos islámicos, pero transformada en una entidad federal. El fondo 1MDB sería el responsable de pagar los bonos.

En cuanto Najib subió al poder Low lo convenció de que se hiciera cargo del fondo, ampliara su jurisdicción y buscara respaldo en Medio Oriente. Y a partir de ese momento el sultán se lavó las manos de todo el asunto.

Low recurrió a su vínculo con el embajador Otaiba para acelerar la reunión de Najib con el príncipe coronado y obtener una garantía, aunque fuera vaga, de que Abu Dabi invertiría en proyectos malayos en conjunto con el fondo.

Se suponía que el fondo 1MDB invertiría en energía verde y en turismo para generar empleos de alta calidad para los malayos independientemente de si su origen era malayo, indio o chino. De ahí surgió el eslogan "1Malaysia". Low le prometió al primer ministro que el fondo succionaría dinero de Medio Oriente y que pediría prestado más de los mercados globales. Sin embargo, tenía otro punto de venta que a Najib le pareció extremadamente atractivo debido a su ambición: ¿Por qué no usar también el fondo como un vehículo de financiamiento político? Low prometió que las ganancias de 1MDB llenarían un arca de guerra que Najib podría usar para pagarles a simpatizantes y votantes para restaurar la popularidad de la UMNO.

En la superficie, estos gastos realizados por 1MDB se empacarían como "responsabilidad social corporativa", de acuerdo con la frase que robaron del ámbito corporativo. La extensión caritativa del fondo entregaría becas y construiría viviendas accesibles en las áreas en las que la UMNO necesitara votos. Por si eso fuera poco, Low le dijo a Najib que por medio de sus inversiones en el fondo, los países de Medio Oriente llegarían a considerar a Malasia como un aliado codiciado en Asia, y que también respaldarían su administración a través de un flujo de donaciones políticas.

Este joven hombre de negocios que apenas acababa de salir de la universidad y que sólo contaba con una lista breve de antecedentes, ¿en verdad sería capaz de conseguir inversiones árabes? Parecía estar bien conectado, pero ¿esos poderosos reinos de Medio Oriente verterían miles de millones de dólares en el fondo 1MDB sólo porque Low así lo deseaba? ¿Por qué lo necesitaban como corredor? Low se estaba esforzando al máximo para dar la impresión de que era indispensable, y la reunión con el príncipe Turki en el *Alfa Nero* en agosto tenía el objetivo de aumentar esa sensación.

Najib y Rosmah, sin embargo, no sabían que se trataba de un montaje, de una fachada de autoridad que tenía la intención de lograr que sintieran que se estaban acercando a la familia real de Arabia Saudita. Afortunadamente para Low, Najib no era el tipo de persona con la que se tuviera que profundizar demasiado. Después de toda una vida de disfrutar de las ventajas que le daba ser un político malayo importante —las limusinas VIP, las suites de hotel y los yates—, en realidad ya no necesitaba hacer demasiadas preguntas.

La verdad era que, más que un emisario oficial de Arabia Saudita, el príncipe Turki era un nuevo contacto de Low. Mucha gente creía que los príncipes árabes tenían fondos ilimitados, pero Turki se enfrentaba a un futuro precario. Su padre, el rey Abdullah, ya casi tenía 90 años y 20 hijos, por lo que era incierta la noción de que el príncipe permaneciera cerca del poder cuando muriera su padre. Cuando terminó su carrera militar trató de involucrarse en los negocios pero no tuvo mucho éxito. A principios de siglo estableció PetroSaudi International, una empresa de exploración petrolera. Su objetivo era apalancar sus contactos reales. La idea era que PetroSaudi, que tenía base nominalmente en la ciudad saudita de Al Khobar, obtuviera derechos de explotación petrolera en otros países que estuvieran interesados en acercarse a Arabia Saudita.

Como muchos aristócratas menores, el príncipe Turki estaba vendiendo su nombre, y PetroSaudi era poco más que una coraza para una serie de negocios negligentes. Al éxito de la empresa lo limitaba la relajada forma en que Turki y su socio, Tarek Obaid, un financiero saudita de 33 años, abordaban los negocios. Obaid era hijo de un banquero saudita que se mudó con su familia a Ginebra, tenía cara redonda, cejas pobladas y barba de algunos días. Su padre había amasado y perdido una fortuna a través de negociaciones que realizó con prominentes familias sauditas, entre las que se encontraban los Al Saud, la familia gobernante.

Obaid estudió en una escuela internacional en Ginebra antes de ir a Georgetown en Washington; además del árabe hablaba francés e inglés con fluidez. Al terminar sus estudios se involucró en el ámbito de las finanzas, y entre otras cosas trabajó para un pequeño banco suizo en el que sus compañeros consideraban que era flojo. Por otra parte, como las órdenes para operar PetroSaudi salían de un insulso edificio de Ginebra, cuando trabajaba como director ejecutivo de la empresa con frecuencia fingía que pertenecía a la realeza saudita y, aunque era una persona común y corriente, permitía que sus banqueros en Ginebra se refirieran a él como "jeque", denominación reservada para la gente de la realeza o los clérigos. Al joven saudí le gustaba beber bastante y asistir a fiestas en los clubes nocturnos de Ginebra, razón por la que envejeció de forma prematura. También era hipocondriaco y siempre estaba quejándose de enfermedades inexistentes.

El príncipe Turki era precisamente el tipo de individuo que Jho Low buscaba: un legítimo miembro de la realeza saudita que podría deslumbrar al recién instalado primer ministro Najib, pero que necesitara dinero lo suficiente para dejarse manipular. Low había iniciado amistad con el príncipe y con Obaid recientemente gracias a un eritreo-estadounidense de 39 años llamado Sahle Ghebreyesus. En una vida anterior, Ghebreyesus fue dueño de Lamu, un elegante restaurante africano de Manhattan que atraía a celebridades poco importantes y a banqueros. El negocio tuvo que cerrar, y para crearse un poco de respaldo Ghebreyesus empezó a hacerles favores a algunos de sus antiguos clientes, como arreglar el uso de aviones privados, conseguir reservaciones en restaurantes muy solicitados, y satisfacer otros caprichos de los súper ricos.

Poco después, el otrora restaurantero ya había encontrado una nueva vocación: anfitrión de millonarios de Medio Oriente que viajaban a Occidente para disfrutar de la compañía de modelos, de bebidas alcohólicas y otros vicios no disponibles del todo en casa. Ghebreyesus arreglaba la renta de barcos y hoteles, y también hacía reservaciones.

Este nuevo tipo de trabajo puso a Ghebreyesus en contacto con el príncipe Turki. También conoció a Low, cuyas fiestas habían crecido desde su época en Wharton, gracias al dinero que hizo con el trato Iskandar.

Low quería apuntalar su naciente relación con Najib y confió en Ghebreyesus para que se hiciera cargo de los detalles. En agosto de 2009 le pidió que organizara unas suntuosas vacaciones para Najib, Rosmah y sus hijos en la costa de Francia, a bordo del RM Elegant, un superyate de la Marina Real que incluía 15 camarotes de lujo y un comedor estilo *art decó*.

Al mismo tiempo, el príncipe Turki y su séquito rentaron el *Alfa Nero* por más de 500 mil dólares a la semana. El plan de Low era reunir a Najib y su familia con el príncipe para que, de nuevo, pareciera que era capaz de solicitar la presencia de la realeza saudita cuando le viniera en gana. Tal como se planeó, Najib y su familia abordaron el *Alfa Nero* y conocieron a Turki.

Una vez en el barco, el príncipe Turki y Najib empezaron a discutir la posibilidad de que PetroSaudi se asociara con el nuevo fondo 1MDB. Después de la reunión, Low y Tarek Obaid aprovecharon el interés que había mostrado Najib, y trabajaron a toda velocidad en un esquema de cómo podría funcionar la asociación. Solamente unos días después de la reunión en el *Alfa Nero*, el príncipe Turki le

escribió a Najib en papel oficial con el membrete del gobierno saudita y le propuso "una combinación potencial de negocios". A su
carta del 28 de agosto adjuntó una propuesta del director ejecutivo Obaid que delineaba un proyecto de negocios. De acuerdo con
Obaid, el plan era para que PetroSaudi colocara sus bienes petroleros en un negocio conjunto; los bienes eran en realidad supuestos
derechos para el desarrollo de campos petroleros en Turkmenistán
y Argentina por un valor de 2 500 millones de dólares.

Mientras tanto, 1MDB contribuiría con 1 000 millones en *efectivo*, y para eso haría uso de cierta cantidad de dinero improductivo
que tenía en su cuenta bancaria en Malasia.

8
El hallazgo de la mina de oro

Patrick Mahony se encontraba en el vestíbulo del trigésimo quinto piso del Mandarin Oriental en Columbus Circle, desde donde tenía vistas panorámicas del verde dosel que cubría Central Park. El hotel se ubicaba en una de las dos torres del Time Warner Center. Su elegante bar con ventanales de piso a techo e interior decorado con temas en tonos crema y mármol lo hacían precisamente el tipo de lugar en el que Mahony estaba acostumbrado a vivir. Jho Low, a quien le agradaba siempre tener acceso a una buena comida asiática, también adoraba el Mandarin, por lo que decidió hacer arreglos para reunirse con Mahony en el bar.

El banquero británico trabajaba para Ashmore, un fondo de inversión de Gran Bretaña, sin embargo, también participó en PetroSaudi como director de inversiones. Después de reunirse con el príncipe Turki en el yate, el primer ministro Najib estuvo de acuerdo con la descripción del trato que presentó Obaid, el socio de negocios del príncipe en PetroSaudi. Mahony y Low estaban en el Mandarin para echar a andar el proyecto.

Mahony era guapo y tenía el cabello peinado hacia atrás, hasta poco más arriba del cuello de la camisa. Tenía reputación de ser un hombre inteligente pero frío que con frecuencia hablaba con un tono autoritario cuando hacía negocios, como sucedió en Goldman Sachs y luego en Ashmore. Los banqueros de mayor edad que llegaban a conocer a Mahony —con sus trajes hechos a la medida y su aire fanfarrón— percibían al joven de 32 años como un individuo talentoso y ambicioso, aunque un tanto pretensioso. A Mahony le gustaba enviarles correos electrónicos a sus amigos banqueros para hablarles sobre relojes caros. Cuando jugaban cartas y su sobrina hacía trampa, a él le gustaba bromear con que había heredado sus genes. Mahony, producto de una élite mundial sin raíces, se comunicaba con Obaid en una mezcla de inglés y francés. En inglés hablaba con un acento trasatlántico, común entre los anglófonos desarraigados.

Mahony había nacido en 1977 y conoció a Tarek Obaid en una escuela internacional en Ginebra en la que ambos estudiaron. En 2009 Obaid persuadió a su ambicioso amigo de que se uniera a PetroSaudi, y Mahony aprovechó de inmediato la oportunidad de tener un puesto poderoso en una empresa pequeña. Su labor en PetroSaudi consistía en trabajar en un plan para mejorar los negocios de la empresa, y en poco tiempo se convirtió en una fuerza motriz tan fuerte que logró atraer a Richard Haythornthwaite —un individuo bien conocido que había sido ejecutivo de British Petroleum, pero ahora era presidente de MasterCard Internacional— para que se uniera a la empresa y dirigiera los negocios de gas y petróleo. PetroSaudi había comprado en 2008 los derechos para explotar campos en Argentina y llegó a un acuerdo con una empresa canadiense para desarrollar un campo *offshore* —en la placa continental— en Turkmenistán con enorme potencial. Y ahora este hombre de negocios malayo llamado Jho Low prometía conseguir para el negocio 1 000 millones de dólares en dinero soberano.

Antes de la reunión en el Mandarin, que se realizó menos de dos semanas después de que Obaid le escribiera a Najib para sugerirle participar en el negocio, Mahony no sabía gran cosa de Low. Sin embargo, al ver la posibilidad de que se estuviera gestando un trato colosal, lo trató como una prioridad. En el bar del hotel los dos hombres se dedicaron a bocetar los contornos del plan. PetroSaudi ofrecería sus bienes petroleros y 1MDB contribuiría con 1 000 millones de dólares en fondos. En apariencia, la idea era usar el dinero para explorar en busca de petróleo, pero Low sentía que existía la oportunidad de hacer un gran negocio financiero, por lo que para cuando salió de la reunión en el Mandarin Oriental, estaba en éxtasis. Poco después les envió un correo electrónico a su padre, su madre, su hermano y su hermana, con quienes a menudo compartía los detalles de los tratos en que participaba.

"Acabo de cerrar el trato con petrosaudi. Parece que encontramos una mina de or[o]", escribió Low.

Ahora que se estaba gestando un trato de 1 000 millones de dólares, había llegado la hora de que 1MDB contratara personal. El primer ministro Najib ocupó el puesto más alto como presidente de la junta de consejeros y tenía el poder para nombrar a los miembros de la junta y para vetar decisiones. Como director ejecutivo, el fondo nombró a Shahrol Halmi, otrora consultor en Accenture en Malasia. Entre otras contrataciones, se trajo a Casey Tang, quien fungía como director financiero de un vendedor malayo al menudeo, y a Jasmine Loo, una avezada abogada malaya. Tang fue nombrado director general y Loo se convirtió en la asesora legal.

No obstante, faltaba un nombre entre los puestos: el de Jho Low. El malayo decidió no asumir un puesto oficial, pero en realidad estaba detrás de todas las decisiones. Najib le había dado carta libre para que dirigiera el fondo y Low trajo a trabajar consigo a todos sus asociados. Tang y Jasmine Loo estaban entre los malayos que lo conocieron cuando se dedicó a hacer negocios a su regreso de Wharton. Shahrol, que provenía de un lugar hasta cierto punto oscuro, poco después demostraría que era capaz de obedecer órdenes ciegamente. Una vez que el personal fue contratado, las cosas empezaron a moverse con rapidez.

Pocos días después de la reunión de Mahony y Low en el Mandarin Oriental, un grupo más nutrido se juntó en Ginebra. Obaid,

Low, Mahony y Seet Li Lin, el amigo de Wharton de Low que trabajaba para Wynton, se reunieron a desayunar cerca del lago en el centro de la ciudad. Durante años, la pequeña ciudad de Ginebra había estado aceptando fugitivos: primero fueron protestantes que huían de la persecución de la Inquisición católica, y en tiempos más recientes, financieros de todo el mundo que trataban de guardar su riqueza invirtiéndola en propiedades o metiéndola a cuentas en bancos privados.

Antes de la reunión en Ginebra, Low le había enviado un correo a su círculo cercano para ordenar que se "movieran rápido" para hacer despegar el negocio. Después del desayuno el malayo buscó su BlackBerry y conectó a Obaid con Shahrol Halmi a través de correo electrónico. Aunque ambos líderes de organizaciones no se conocían, Low les informó que el negocio había comenzado, y dejó claro quién era el jefe, al mismo tiempo que insistió en permanecer oculto en el fondo.

"Confío en que ahora todos ustedes podrán comunicarse de forma oficial, y que con el propósito de que haya un buen manejo administrativo, no será necesario que me envíen copia de los correos", escribió Low que, de hecho, también empezó a pedirle a la gente de su círculo más cercano que destruyera los correos después de leerlos. Como no tenía un puesto formal en 1MDB, no quería problemas ni con los bancos ni con los abogados por incumplimiento.

Shahrol respondió el correo del malayo solicitando más información de PetroSaudi y, al parecer, Mahony trató de justificar la falta de negocios.

"PSI es una empresa muy tímida con la prensa. En general nunca anunciamos nuestras inversiones (una de las muchas razones por las que a los gobiernos les gusta trabajar con nosotros)", escribió.

Mahony adjuntó una presentación que, según él: "Debería darle una idea de lo que somos", sin embargo, no incluyó información detallada respecto a la dimensión de los activos de la empresa.

Cuando el grupo se separó después del desayuno en Ginebra, los participantes empezaron a preparar el negocio conjunto de inmediato. Mahony le escribió al banco de PetroSaudi, el BSI, un pequeño banco suizo. Su objetivo era dar inicio al proceso de abrir una cuenta de negocios para la nueva entidad. Low fue a conocer al personal de BSI en Ginebra, y Mahony les explicó a los banqueros que este nuevo negocio recibiría pronto 1 000 millones de dólares de un fondo malayo, y que Low tomaría una tajada por concepto de honorarios por ayudar a armar el trato, es decir, lo mismo que intentó hacer en la inversión de Mubadala en Malasia, sin éxito.

No obstante, el malayo terminó frustrado una vez más. BSI se opuso a un acuerdo tan extraño y rechazó la solicitud. "¡No me gusta para nada esta transacción! En especial no me agradan ni el papel ni la participación del señor Low Taek Jho porque, en mi opinión, 'se ve y se siente' muy [sospechosa]", escribió un banquero de BSI en un correo que les envió a algunos colegas.

Incluso en esa temprana etapa, cualquier banco competente habría percibido que algo no andaba bien. Se supone que los banqueros deben detectar cualquier delito y reportarlo a las autoridades, pero este sistema que implica ser policía de uno mismo no funciona. Si a los financieros los rechaza una institución, sólo necesitan indagar un poco hasta encontrar a alguien dispuesto a ayudarles. Después de los problemas que enfrentó con BSI, Mahony recurrió a su banco privado, J. P. Morgan (Suisse). J. P. Morgan estuvo de acuerdo en abrir una cuenta y, al parecer, hizo pocas preguntas respecto a por qué un fondo soberano de inversión necesitaba relacionarse con un banco privado suizo.

Si los banqueros suizos hubieran cuestionado más las intenciones de Low y a Mahony, y si ellos hubieran dicho la verdad, ¿qué habrían explicado? Tal vez al principio Low y los principales ejecutivos de PetroSaudi sólo querían cobrar comisiones por emparejar a esta empresa con 1MDB, lo que, aunque sea una práctica cuestionable, es común en los mercados emergentes. O quizá planeaban invertir lo que les parecía que era dinero del gobierno —no el cochinito personal del ahorro de alguien en especial—, para luego conseguir rendimientos y devolver el dinero. De lo que no queda duda es de que Low estaba improvisando, que trataba de encontrar maneras de hacer dinero con cada paso, y que el alcance de sus esfuerzos se ampliaría considerablemente dentro de poco.

Mientras el grupo de Low avanzaba, también trabajaba mucho para asegurarse de que los pilares del capitalismo —abogados, banqueros de inversión, auditores y valuadores expertos— estuvieran involucrados en todo momento. La idea era darle al trato entre PetroSaudi y 1MDB una apariencia de respetabilidad. La mayoría de los involucrados estaba feliz de complacer a Low a cambio de cierta cantidad. Una semana después de la reunión en Ginebra, Mahony contactó a Edward Morse, antiguo alto funcionario del Departamento de Estado de Estados Unidos y analista energético en Lehman Brothers. Su propósito era llevar a cabo un avalúo independiente de los activos de PetroSaudi que el consejo directivo de 1MDB había solicitado antes de que el fondo enviara su inversión de 1 000 millones de dólares. Morse era uno de los expertos más importantes en el tema del petróleo a nivel mundial y había trabajado con Nawaf Obaid, hermano mayor de Obaid. Asimismo, Nawaf Obaid había escrito un extensísimo estudio de los mercados energéticos sauditas. Mahony le dijo a Morse que buscaba un avalúo de 2 500 millones de dólares.

"De acuerdo, ¡entiendo!", contestó Morse.

Dos días después Morse ya había acabado el reporte: un análisis técnico de las reservas y los precios basado en las cifras que le había proveído PetroSaudi.

"Creo que le agradarán nuestras conclusiones respecto a Turkmenistán o Argentina", le escribió Morse a Mahony.

El rango del avalúo ascendió a 3 600 millones, mucho más de lo que había solicitado Mahony. Y en vista de que los campos de Turkmenistán se encontraban en las aguas del mar Caspio que se disputaban con Azerbaiyán, también resultaba una cifra muy alta. En su reporte Morse dejaba claro que su análisis era meramente un avalúo económico del petróleo contenido en los campos petrolíferos. Le pagaron 100 mil dólares por su labor.

Los otros involucrados estuvieron encantados de facilitar el trato a pesar de que algunos aspectos del mismo no tenían ninguna lógica. Timothy Buckland, un neozelandés que trabajaba para la oficina en Londres del bufete estadounidense White & Case, consejero de PetroSaudi, estaba ansioso por complacer a su cliente. El 22 de septiembre Mahony le envió un correo electrónico a Buckland con copia a otros abogados de White & Case. En este correo le solicitaba al bufete que preparara un documento para enviar dos millones de dólares a un "agente", cuyo nombre no mencionó, por su ayuda para armar el trato del negocio conjunto. Buckland solamente respondió: "Así lo haré", pero no está del todo claro si esta comisión en verdad se pagó.

White & Case también le ayudó a PetroSaudi a preparar una presentación de la propuesta. Las diapositivas estaban repletas de diagramas de apariencia profesional que mostraban flujos de dinero y que indicaban la manera en que PetroSaudi inyectaría sus bienes y que 1MDB colocaría 1 000 millones de dólares para tener una participación minoritaria en el negocio, el cual tendría como base las Islas Vírgenes británicas, según lo que todos habían acordado. La presentación, sin embargo, también mostraba un extraño pago de 700 millones de dólares que el negocio le devolvería a PetroSaudi. Supuestamente, este pago era para cubrir un préstamo que PetroSaudi le había hecho al negocio. Pero de hecho, el préstamo simplemente no podía haberse realizado porque la empresa ni siquiera se había establecido ni tenía cuenta bancaria.

El 26 de septiembre el consejo directivo recién constituido de 1MDB se reunió en Kuala Lumpur para aprobar la transferencia inicial de 1 000 millones de dólares del fondo a la cuenta suiza que se abrió para el negocio con PetroSaudi. Antes de la reunión Low le había hecho una llamada telefónica a Najib para informarle lo que estaba a punto de suceder. Luego Low asistió a la reunión, y ésa fue una de las pocas ocasiones en que estuvo presente físicamente en una reunión oficial de 1MDB. En dicha reunión Low explicó el plan, pero no mencionó el pago de 700 millones. El consejo directivo estuvo de acuerdo en financiar el negocio.

En un mes a partir de que el príncipe Turki le escribiera a Najib, a finales de agosto, y le enviara su propuesta, ya se había completado el acuerdo multimillonario del negocio. El breve periodo en el que se completaron todos los procesos, se hicieron los avalúos de bienes y se cubrieron otros requisitos legales, fue virtualmente inusitado. Este tipo de negocios normalmente tomaban meses y a veces incluso años. Tiempo después, un empleado de 1MDB comparó el proceso con el de intentar leer la obra completa de Shakespeare en una hora.

9
"Siento que la tierra se mueve"

El 30 de septiembre, poco después de la hora de la comida, Jacqueline Ho, empleada de Deutsche Bank en Malasia, se encontraba en una disyuntiva. Jacqueline era la gerente de relaciones con un cliente nuevo, 1MDB, y Casey Tang, director ejecutivo del fondo, estaba al otro lado de la línea telefónica presionándola para que se continuara con la realización de una serie de pagos sustanciales fuera del país.

Ese mismo día, más temprano, Deutsche había recibido una carta de Tang que, por alguna extraña razón, fue entregada a mano. En ella se le pedía al banco que completara las transferencias, pero el departamento de cumplimiento del mismo tenía algunas preguntas. *¿Por qué no se enviarían 1 000 millones de dólares al negocio con PetroSaudi como lo había acordado el consejo directivo de 1MDB? ¿Y cómo era posible que Tang solicitara que se transfirieran 700 millones a una cuenta sin nombre en RBS Coutts en Zúrich?*

Tang contestó que la cuenta, identificada solamente por número en la solicitud del giro bancario, le pertenecía a PetroSaudi, y que la transferencia era para pagar un préstamo.

"Uy, mire, si van a ponerse así de exigentes con el asunto del cumplimiento, entonces van a tener que ser responsables, ¿sabe?", le dijo

Tang a Jacqueline Ho, de acuerdo con una transcripción. El ejecutivo se veía agitado cuando le advirtió a la banquera que el negocio podría fallar si Deutsche Bank no se apresuraba a transferir los fondos.

"Sí, todo eso está bien, pero ¿puedo simplemente preguntarle por qué esto va a la empresa misma [PetroSaudi]? Si es que hay alguna razón en particular", preguntó Ho.

"A nosotros en realidad no nos importa. Porque, o sea, esos 700 millones son un enganche que se [les] debe —contestó Tang—. Aquí es adonde lo quieren enviar. También quieren enviar dinero a Timbuctú, y no nos interesa."

"De acuerdo, muy bien, sólo queríamos entender el contexto."

El supervisor de Jacqueline Ho llamó a Bank Negara Malaysia, el banco central, para verificar que no hubiera ningún problema en proceder con la enorme transacción. El banco dio luz verde, siempre y cuando el dinero tuviera como destino el negocio. A pesar de la confusión, Deutsche envió dos giros como a las 3:00 p. m., uno de 300 millones a la nueva cuenta del negocio en J. P. Morgan (Suisse) y otro de 700 millones a la misteriosa cuenta del banco Coutts en Zúrich. Como era una transacción en dólares, el dinero necesitaba pasar por un banco estadounidense. Bajo las leyes para prevenir el lavado de dinero de Estados Unidos, estos bancos correspondientes están obligados a verificar la fuente y el uso de los fondos, sin embargo, como diariamente fluyen billones de dólares a través de los mercados mundiales de intercambio de divisas, estos cheques resultaban una cuestión menor, y en este caso J. P. Morgan permitió que pasara el dinero.

Dos días después un empleado del departamento regulador de riesgos de Coutts en Zúrich envió un correo urgente a 1MDB. Al empleado le sorprendía que Deutsche Bank hubiera omitido el nombre completo del beneficiario de la transferencia de 700 millones, el cual es un requisito en todas las solicitudes de transferencias bancarias. Al verse presionado, Shahrol Halmi, director ejecutivo del fondo, admitió que la cuenta le pertenecía a una empresa en Seychelles llamada Good Star Ltd.

"Good Star le pertenece 100 por ciento a PetroSaudi International Ltd.", escribió.

Shahrol sólo estaba repitiendo como periquito lo que Low le había indicado que dijera. En realidad, Good Star era otra empresa constituida con acciones al portador como las que se consideran ilegales en muchas jurisdicciones. Para colmo, el portador de la única acción existente era Jho Low, quien también era signatario de las cuentas de la empresa. Low había establecido esta empresa ficticia apenas unos meses antes a través de los servicios de una empresa fiduciaria. Era un simulacro de un negocio legítimo, una pantalla que los perpetradores esperaban les sirviera como un escudo para no ser detectados.

Aun así, los banqueros de Coutts no estaban satisfechos, por lo que Low y Casey Tang volaron a las oficinas centrales del banco en Zúrich para facilitar el proceso. Estando ahí contaron una historia distinta a la que Tang le había dicho a Deutsche Bank sobre el préstamo de PetroSaudi: Good Star era una empresa de administración de inversiones y 1MDB había decidido invertir ahí 700 millones de su propio dinero. ¿Por qué un fondo estatal malayo guardaría tanto dinero en efectivo en una empresa de administración de fondos desconocida de Seychelles? Pero a pesar de la preocupación de los banqueros de Coutts, el banco permitió que se hiciera la transferencia.

El dinero de 1MDB empezó a moverse por el mundo. Low realizó una acción tan descarada, que resultaba difícil comprender por qué nadie lo detuvo. Varios años antes en Abu Dabi, el malayo se había dado cuenta de que los fondos soberanos de inversión como Mubadala eran algo parecido a una gran reserva de oro, y por eso ansiaba controlar uno. Low se basó en el modelo de Abu Dabi para convencer al primer ministro Najib de que Malasia necesitaba un poderoso fondo propio para entrar a los mercados mundiales y aprovecharlos, y le hizo creer que debería darle a él, un muchacho de 28 años, permiso para controlar los asuntos de dicho fondo.

Low trató de obtener una comisión por reunir a 1MDB y a PetroSaudi, pero el banco suizo BSI se lo impidió. En algún momento la estratagema de Low evolucionó. Tal vez PetroSaudi había estado planeando invertir dinero en el desarrollo de campos petrolíferos con la esperanza de ganar una buena tajada de las ganancias usando recursos del gobierno malayo.

Pero como Najib le dio demasiada libertad de acción a Low, el joven se atrevió a pensar a una escala mayor. Su equipo controlaba 1MDB con el primer ministro como pantalla. La participación del príncipe Turki, copropietario de PetroSaudi, y de un fondo estatal malayo, hacían que el negocio pareciera oficial. Y efectivamente, tiempo después PetroSaudi argumentaría que se trataba de una transacción realizada entre dos partes bien informadas y no relacionadas entre sí, que recibirían beneficios en la misma medida. Era una idea que surgió de la mente de Low. Quizá, pensó, sería posible robar cientos de millones de dólares a plena luz del día engañando a los bancos y los reguladores occidentales.

Para la realeza saudita, las fronteras entre el Estado y la riqueza personal no eran muy claras, lo cual favorecía a Low. ¿Qué pasaría si alguien se daba cuenta? ¿Tenía Low un plan perfectamente bien pensado de lo que haría en cuanto alguien notara el hueco financiero? Los sucesos del mes anterior se habían presentado con tanta rapidez que, más bien, el malayo estaba improvisando. Fue un acto oportunista que le salió bien. Como siempre lo había hecho hasta entonces, Low confiaría en su capacidad para pensar y resolver sobre la marcha.

En esta época en que todo se comparte en las redes sociales, a los cómplices les costó trabajo ocultar su alegría. Seet Li Lin, el amigo de Low de Wharton, entró a Facebook el día que Deutsche Bank envió los 700 millones a Good Star.

"Siento que la tierra se mueve...", escribió en un post público en su muro.

Low repartió el dinero entre el grupo desde la cuenta de Good Star en Coutts. A principios de octubre transfirió 85 millones a la cuenta de J. P. Morgan de Tarek Obaid en Suiza, fingiendo que el dinero era una inversión de capital privado. Coutts permitió las transferencias, y tres meses después también dejó que pasara otro pago de 68 millones a Obaid.

Semanas después Obaid le pagó 33 millones a Patrick Mahony, y entre 2009 y 2010 le envió 77 millones de su cuenta al príncipe Turki. Meses después, Buckland, el abogado de White & Case, dejó de trabajar en el bufete y asumió un nuevo puesto como consejero interno en PetroSaudi Reino Unido.

Low había logrado dar su primer golpe importante, e incluso después de entregarle a cada socio su parte, se quedó virtualmente con el control absoluto de cientos de millones de dólares. Armado con esta riqueza extraordinaria fue a Estados Unidos para ver qué había ahí a la venta. La respuesta era, prácticamente cualquier cosa que deseara.

Segunda parte

MULTIMILLONARIO DE LA NOCHE A LA MAÑANA

10
Una noche con las *playmates*

Las *playmates* atravesaron nerviosamente la superficie del casino del Palazzo. Eran unas 20 mujeres jóvenes, una mezcla de modelos rubias y castañas. Ya habían trabajado en varias ocasiones en Las Vegas, pero las instrucciones para este trabajo eran particularmente discretas. Regístrense en su habitación, pónganse un vestido negro de coctel y empaquen un bikini. No tenían idea de quién las había contratado.

Era 22 de octubre de 2009, solamente tres semanas después de que Low sustrajera los 700 millones de 1MDB. Las *playmates* habían llegado del otro extremo de Estados Unidos algunas horas antes en la sección de primera clase del avión. El Palazzo era uno de los hoteles más nuevos en la zona conocida como el Strip y tenía una apariencia impresionante: majestuosas escalinatas de piedra que conducían a los visitantes a un vestíbulo con una cascada interior. Más allá del vestíbulo se encontraba la superficie del casino: uno de los más grandes del país.

Las nubes se dispersaron esa tarde, era una hermosa e increíblemente clara noche de finales del otoño. Alrededor de las 8:00 p. m. llegaron las *playmates* a la puerta de un salón VIP al que ingresaron. En el interior había un grupo de hombres asiáticos jugando póquer alrededor de una larga mesa para juegos de cartas. Los acompañaba Leonardo DiCaprio. Algunas de las modelos ya conocían personalmente al actor, pero a varias les pareció que su presencia en esa reunión era algo peculiar. Las mujeres se enteraron poco después de que el grupo se había reunido para celebrar anticipadamente el cumpleaños de un corpulento hombre asiático que se presentó como Jho Low. Algunas se preguntaron qué haría Leonardo DiCaprio en compañía de estos individuos desconocidos y ordinarios.

Después de 20 minutos de ver a los hombres jugar, Low empezó a pasar fichas de 1 000 dólares por la mesa; una para cada mujer. Luego dio la señal para que todos fueran a una suite del hotel. El grupo, acompañado de un enorme séquito de seguridad, atravesó el piso de juegos frente a la mirada de los turistas. Nadie parecía reconocer a DiCaprio, quien llevaba su típica gorra maltratada de beisbol con la visera bien inclinada para asegurarse de proteger su anonimato.

En el quinto piso, en las puertas de las suites Chairman, las más opulentas del Palazzo, al grupo lo esperaban varios guardias de seguridad. Los fornidos individuos en traje oscuro y con auriculares les pidieron a las *playmates* que antes de entrar a la suite entregaran sus bolsos, celulares y licencias de conducir, y que luego firmaran un acuerdo de confidencialidad. Las mujeres estaban acostumbradas a asistir a inauguraciones y eventos en clubes nocturnos, pero esta atmósfera de alta seguridad les parecía extraña. Sin embargo, los honorarios por 3 mil dólares que les prometieron a cambio de pasar ahí algunas horas calmaron cualquier aprensión que pudieran tener.

En la sala de la suite había una chimenea, sofás de lujo y puertas que abrían hacia una terraza con alberca con vista al Strip, pero la atmósfera era sombría. Las luces estaban apagadas y el personal del hotel había construido una pista de baile provisional de mosaicos blancos sobre la que se cernía una bola de disco. El Palazzo también había preparado una mesa de cartas en la suite. Low, DiCaprio y algunos otros de los hombres asiáticos comenzaron a jugar bacará y les enseñaron a algunas de las *playmates* a jugarlo. Una vez que se rompió el hielo, las apuestas despegaron. El bacará era el juego preferido de Low. No exige gran habilidad y en general se basa en que el jugador o el "banco" obtengan la mano más alta en un complicado sistema de puntuación, pero recompensa o castiga a quienes están dispuestos a apostar en grande.

Stephanie Larimore, una modelo de cabello oscuro con un vestido que tenía material tipo plata alrededor del busto, trató de conversar con Low. Él fue amable, pero se comportó con timidez y prácticamente no se le ocurrió nada que decir. Alrededor de la sala había cajas de chocolates alemanas y Low le ofreció una, le dijo que los cuadritos con envoltura dorada eran sus preferidos. "Las mujeres lo intimidan. ¿Por qué nos contratarían para estar aquí?", pensó Stephanie.

Los hombres fumaban puro y empezaron a apostar grandes cantidades de dinero con fichas de 5 mil dólares. Después de una temprana racha de victorias contra la casa, algunos de los asiáticos empezaron a arrojar fichas por toda la sala. Varias de las *playmates* que estaban socializando en los sofás y alrededor de la mesa se lanzaron al suelo de rodillas y apoyadas en las manos para tratar de atraparlas. Un par de horas después apareció un pastel de cumpleaños y las mujeres se apiñaron alrededor de Low.

Más tarde DiCaprio y Low se sentaron en un sofá en la oscuridad. Fumaron puros y hablaron mientras veían a tres o cuatro mujeres bailar en la sala bajo la luz al estilo disco. Luego Low les pidió a algunas de las chicas que se pusieran el bikini y que nadaran en una pequeña alberca en el balcón.

"Creo que estaba seleccionando gente —dijo Starz Ramirez, una maquillista que estaba presente esa noche. Se refería a Low—. Era muy extraño que estuviéramos ahí. No socializó con nosotras."

Alrededor de la alberca había charolas llenas de alimentos estilo barbacoa y helado, pero nadie comió mucho. Todo había sido elegido previamente por Low, quien pasó la noche orquestando discretamente las actividades con algunas cuantas palabras que le decía al personal que lo rodeaba para atender todos sus caprichos.

Alguien le quitó a DiCaprio la gorra de beisbol y se la puso, pero en realidad no era una atmósfera festiva. El actor estaba en el proceso de filmar *El origen*, una película de ciencia ficción, y a algunas de las modelos todavía les parecía que estaba actuando porque se veía enfocado y distante. El actor bebió un poco de whisky pero no había mucho alcohol circulando en el lugar.

"No eran parranderos alocados", dijo Stephanie Larimore.

Luego Low le preguntó a la *playmate* si le gustaría pasar algunos días más en Las Vegas. Le pagaría 10 mil dólares y la llevaría de compras al Strip. Algunas de las mujeres pasaron la noche en la suite, pero Stephanie rechazó la oferta y se fue a su propia habitación a la medianoche.

"Era como si te estuviera sobornando para que te quedaras."

En ese momento, a finales de 2009, Low tenía más acceso a más dinero líquido que casi cualquier otra persona sobre la faz de la tierra, y no lo gastaba con discreción. Desde antes de conseguir su gran botín ya había visitado Nueva York y Las Vegas para gastar exorbitantes sumas de efectivo, producto del trato Iskandar, pero en el otoño de 2009, armado con cantidades casi infinitas de dinero, se embarcó en un periodo de fiestas incesantes y de trabajo en redes. Después de pagarles a Obaid y a los otros, en la cuenta de Good Star que controlaba en Suiza todavía le quedaron cientos de millones de dólares para usarlos como más le pareciera conveniente porque no había accionistas ni coinversionistas.

Su estratagema no era un esquema Ponzi como el de Bernie Madoff que usaba dinero nuevo para pagarles "ganancias" a los primeros inversionistas. El fraude de Madoff produjo pérdidas de al menos 1 800 millones, pero lo que se llevó era solamente una fracción de eso porque las "ganancias" se repartían entre otros inversionistas. Para cuando el esquema estalló, a finales de 2008, Madoff había amasado una fortuna en papel por 800 millones de dólares, pero la mayor parte era el valor de su negocio para crear mercados.

La cantidad que robó personalmente sólo era una fracción de la cantidad perdida. La marca de Low, la poco conocida 1MDB, el fondo gubernamental malayo, no le pedía a nadie que devolviera, y así seguiría mientras pudiera controlarlo a través de sus representantes.

Low tampoco era un rey de bonos chatarra como Michael Milken, quien en los años ochenta amasó una fortuna personal antes de ir a prisión por violar las leyes de los valores. El malayo sólo tomó cientos de millones de dólares. Los excesos de Madoff o de la década de los ochenta parecerían prosaicos en comparación con la racha de despilfarre de varios años en la que el malayo estaba a punto de embarcarse.

Su esquema era para el siglo XXI, era una hazaña verdaderamente global que no producía nada, un cambio de dinero en efectivo que salió de un fondo estatal mal controlado de un país en desarrollo, para desviarse hacia los opacos rincones de un sistema financiero mal vigilado del cual puede decirse cualquier cosa, excepto que está estropeado.

¿En verdad Low creyó que se podría salir con la suya? Tal vez creyó que podría hacer inversiones que cubrieran lo que había tomado, e incluso con un excedente. Con la protección de un primer ministro, ¿quién podría detenerlo? Para lograrlo utilizó habilidades que había estado perfeccionando durante años. Sabía que las transacciones entre los gobiernos no instaban tanto a los auditores como a los bancos a hacer un escrutinio, y por eso se dedicó a hacer contactos de alto nivel en Malasia, los Emiratos Árabes Unidos y Arabia Saudita. Comprendió que una vez que el dinero era enviado a una cuenta *offshore* anónima, era difícil rastrearlo, y además, había aprendido a apilar transacciones, sólo enviaba el dinero por ahí para que diera vueltas entre las empresas fantasma. Y para mantener el dinero fluyendo, lo presentaba de manera engañosa, como inversiones o préstamos, lo cual le proporcionaba a su fraudulento esquema una apariencia de formalidad.

Lo que hizo en esa ocasión fue tomar dinero de un fondo malayo y enviarlo a cuentas en un banco suizo disfrazado de inversión soberana haciendo uso de amigos en puestos oficiales para acallar cualquier preocupación respecto al cumplimiento de las reglas que exigían los ejecutivos de los bancos. Sin embargo, ahora quería llevar el dinero a Estados Unidos para poder gastarlo en lujos y para empezar a construir su imperio. Eso era más arriesgado porque Estados Unidos había empezado a frenar a funcionarios corruptos extranjeros que trataban de comprar bienes en los países occidentales. Para lograr su objetivo, Low regresó a Shearman & Sterling. Sherman había sido fundada en 1873, tenía sus oficinas centrales en 599 Lexington Avenue, en el centro de Manhattan, y era un bufete de abogados de clase alta, una organización más adecuada para manejar fusiones y adquisiciones importantes que para lidiar con individuos como Low.

Low afirmaba estar relacionado con un importante fondo soberano malayo, y también parecía ser cercano a Mubadala, el fondo de Abu Dabi. Parece que por esa razón los socios de Shearman se sintieron cómodos respecto a su reputación. El hecho de que Low tuviera dinero en Coutts, el banco de la reina, era otro nivel de garantía. Era como si los fondos hubieran acumulado su propia integridad con tan sólo haber pasado por instituciones con una historia importante.

Low le informó a su nuevo equipo legal que haría una serie de inversiones importantes, pero mencionó que le preocupaba mucho la privacidad. Por eso, para distribuir el dinero optó por usar las cuentas IOLTA de la firma (cuentas de intereses en fideicomiso para abogados). Normalmente estas cuentas en fideicomiso las abren los bufetes estadounidenses para juntar el dinero de los clientes cuando tienen que retener fondos a corto plazo para hacer negocios o comprar propiedades. Este arcano rincón del mundo financiero nació hace tres décadas para ofrecerles a los bufetes una manera de ganar intereses a corto plazo con el dinero de los clientes. Luego los intereses son usados para financiar asesoría legal para la gente pobre. Con el tiempo, sin embargo, la gente llegó a pensar que también servían para proteger la identidad de los clientes durante las transacciones y para ayudarles a ocultar el origen de los fondos. Algunos estados ordenan que los bufetes de abogados las establezcan. Las cuentas IOLTA son un recurso benéfico para la sociedad, pero también pueden ser una poderosa herramienta para cometer delitos.

A diferencia de los banqueros, los abogados no tienen que investigar a sus clientes. Asimismo, los detalles de las transferencias realizadas a través de cuentas IOLTA están protegidos por el privilegio de la información entre el abogado y el cliente. Aunque es ilegal que los abogados sean cómplices de lavado de dinero, no están obligados a reportar actividades sospechosas a los reguladores. El Grupo de Acción Financiera (Financial Action Task Force), un grupo intergubernamental con base en París que establece los estándares para frenar el uso fraudulento del sistema financiero mundial, ha señalado que la mala supervisión de la actividad de los abogados en Estados Unidos es un punto débil en su sistema de defensa en contra de quienes lavan dinero.

En tan sólo algunos años tras su graduación de Wharton, Low desarrolló la habilidad de aprovechar secciones relativamente no supervisadas del sistema financiero para evitar la detección, se trata de oscuros rincones donde los reguladores no tienen una visibilidad completa, y otras personas no están obligadas a sospechar ni tienen razones para hacerlo. Estas cuentas IOLTA de abogados son ideales porque cuando una transferencia bancaria sale de una de ellas, generalmente sólo aparece el nombre del bufete, no del cliente, y esto les dificulta a los bancos correspondientes detectar la actividad sospechosa.

El 21 de octubre de 2009 Low transfirió 148 millones de la cuenta de Good Star en Suiza a una cuenta IOLTA en el bufete Shearman, en Nueva York. Estos 148 millones eran parte de un abrumador total de 369 millones de dólares que entrarían a las cuentas de este tipo del bufete en el curso de los siguientes 12 meses. En los documentos Low justificaba las transferencias de distintas maneras que iban desde compras de inmuebles hasta negocios para comprar empresas. Al principio, sin embargo, sólo usaba este dinero para financiar rondas interminables de parrandas.

Entre octubre de 2009 y junio de 2010, un periodo de solamente ocho meses, Low y su séquito gastaron 85 millones en alcohol, apuestas en Las Vegas, aviones privados, renta de lujosísimos yates, y para pagarles a las *playmates* y a celebridades de Hollywood para que pasaran el rato con ellos. Low se instaló en el Park Imperial, en 230 West Fifty-Sixth Street en Nueva York, un edificio de departamentos con ángulos geométricos que parecen topes para libros, y con extensas vistas de Central Park y del río Hudson. Estar ahí le permitió disfrutar de la compañía de importantes nombres del entretenimiento. Daniel Craig, actor de la serie James Bond, estaba trabajando en una obra de Broadway en ese momento y se hospedaba ahí, en un departamento de 38 mil dólares al mes. Sean *Diddy* Combs también tenía un departamento en el mismo edificio.

Low rentó una suite con varias habitaciones que costaba 100 mil dólares al mes. El ostentoso nuevo residente del lugar llegó al edificio con una comitiva de seguridad en un convoy de camionetas Cadillac Escalade negras, y pagó varios departamentos más para sus acompañantes, entre quienes se encontraba Hamad Al Wazzan, su acaudalado amigo kuwaití de Wharton. Los residentes permanentes se quejaron de los guardias de seguridad y de la presunción, pero ése era precisamente el objetivo de Low: hacer saber a todos que había llegado.

Empezó a gastar cantidades exorbitantes. En una sola noche del evento Fashion Week de 2009, acumuló una cuenta de 160 mil en la barra del Avenue, un nuevo club en el distrito Chelsea de Nueva York. En otra ocasión envió 23 botellas de Cristal a la mesa de la actriz Lindsay Lohan cuando la vio una noche que salió a pasear en Manhattan. Estos enormes desembolsos sirvieron para que Low terminara apareciendo en el *New York Post*, donde le llamaron el "malayo despilfarrador... el hombre misterioso de [la] escena de los clubes de la ciudad".

Low no era un recién llegado al mundo de las parrandas. Por lo menos desde mediados de los 2000 su comportamiento había logrado que muchos lo miraran asombrados. Aparecía en los clubes y gastaba incluso más que los grandes *bon vivants* de Wall Street, ya que podía llegar a ordenar a media semana botellas de 900 dólares de champaña Cristal sin ningún propósito específico. Tracy Hanna, mesera de bebidas en los Hamptons, recuerda que en una noche de 2005 Low gastó unos 30 mil dólares, suma equivalente al ingreso anual promedio en Estados Unidos. En esta era de desigualdad, sin embargo, el comportamiento del malayo no resultaba tan notorio.

"Sólo pensamos que era una especie de miembro de la realeza —recordó Hanna—. En aquel entonces había muchos príncipes, particularmente de Arabia Saudita. Creíamos que como no podían beber ni festejar en sus lugares de origen, en Estados Unidos se volvían locos."

En otra ocasión llevó meseras en avión de Nueva York a Malasia para una fiesta.

Cuando Nawaf Obaid, hermano de Tarek Obaid —cofundador de PetroSaudi—, vio las noticias de Low en el *New York Post*, se quedó lívido. Nawaf Obaid era experto en seguridad y había pasado varias décadas en laboratorios de ideas en Washington asesorando a embajadores sauditas en Estados Unidos.

"Vaya, esto es muy peligroso, ¡necesita que le pongan un alto porque en cualquier momento podría perder la cabeza y estropear todo!", le escribió en un correo electrónico a su hermano.

Seguramente Patrick Mahony y Tarek Obaid habrían estado felices de permanecer en el anonimato y disfrutar de sus fortunas, pero para Low ese tipo de comportamiento habría convertido su gran estratagema en algo inútil. Él anhelaba existir y ser visto en el centro de un mundo poderoso. Daba la impresión de que lo que más le interesaba era acercarse a los ricos y famosos, y publicitar esa cercanía, de la misma manera en que quiso que su nombre apareciera en los pósteres de las hermandades de Wharton. En los días posteriores al gran golpe, a Low lo impulsó la necesidad de vivir entre las celebridades, como si eso lo validara. En el futuro vería Hollywood como una oportunidad de inversión, pero en ese momento que seguía agitado por el éxito de su gran plan, sólo quería disfrutar la emoción de poder comprarse el acceso a la amistad de las celebridades, y para hacer eso tenía que encontrar la manera de acercarse y entablar amistades con verdaderos nombres de la lista de lujo de Hollywood. La clave sería un par de empresarios de clubes nocturnos llamados Noah Tepperberg y Jason Strauss.

Tepperberg y Strauss eran copropietarios de Strategic Hospitality Group, un imperio de clubes nocturnos que incluía el Avenue, así como el popular club Marquee de Nueva York, y cierta participación accionaria en los clubes LAVO y TAO de Las Vegas. Estos individuos se encontraban entre los empresarios más importantes de la vida nocturna del país, de hecho, *Harvard Business Review* incluso llevó a cabo un estudio práctico de sus operaciones. El par de neoyorquinos tenían treinta y tantos años y se conocían desde que ambos todavía estaban en la preparatoria y trabajaban como promotores de clubes. Strauss es un hombre alto y esbelto con un bronceado permanente, y Tepperburg es corpulento y tiene la cabeza afeitada. Se veían raros juntos, pero eran casi inseparables. Cuando salieron de la universidad empezaron a abrir clubes en los Hamptons y en Nueva York, y así se dieron cuenta de que los clubes podían vivir o perecer dependiendo de quien fuera, por lo que empezaron a hacer bases de datos de celebridades y de gente que gastaba mucho dinero.

Los amigos abrieron Marquee en 2003, y el club rápidamente se convirtió en el lugar más concurrido de la ciudad. Cualquier noche de viernes o sábado, para asegurar un lugar en el Marquee y tener acceso a las enormes pantallas de video, la moderna iluminación y la bola de disco enmarcadas en una estructura esférica, los invitados tenían que firmar contratos que los obligaban a ordenar como mínimo dos botellas de champaña o licor que costaban cientos o incluso miles de dólares. Las celebridades de Hollywood como Leonardo DiCaprio y Tobey Maguire eran asistentes regulares y consideraban a Tepperberg y a Strauss como amigos. Sin embargo, la crisis financiera de 2007 y 2008 había dañado el negocio porque los banqueros de Wall Street dejaron de gastar cantidades enormes de dinero en los clubes de Nueva York. La llegada de Low a la escena no pudo ser más oportuna.

Tepperberg y Strauss habían visto a gastadores fuertes despilfarrar miles e incluso decenas de miles de dólares en una sola ocasión, pero Low estaba en un nivel completamente distinto porque estaba dispuesto a gastar *millones* de dólares en una noche. Los empresarios, que también tenían varios negocios exitosos de organización de eventos y de marketing, se pusieron a disposición de Low para complacer todos sus caprichos. Los rumores sobre el asiático despilfarrador empezaron a extenderse entre la gente de Hollywood que conocía a Tepperberg y a Strauss.

El hecho de que incluso las estrellas fílmicas más importantes aceptan honorarios por asistir a eventos es un tema secreto y poco discutido, pero Low lo sabía y empezó a contactar a los agentes de actores importantes y a recurrir a la red de promotores de clubes de Strategic Group para hacer que las celebridades asistieran a sus fiestas. El rumor de que Low era un multimillonario con fondos ilimitados lo hacía una persona atractiva y digna de conocerse. Incluso para DiCaprio, uno de los actores mejor pagados del mundo que cuenta con una considerable fortuna propia, el alcance de la supuesta riqueza de Low resultaba atractivo. Aquella noche de octubre de 2009 en el Palazzo fue el principio de muchas fiestas que el actor disfrutaría en compañía de Low.

Jho Low conoció a DiCaprio a través de Danny Abeckaser, un promotor de clubes de Strategic Group que estaba tratando de forjarse una carrera propia como actor. Los promotores importantes como Abeckaser eran poderosas figuras del mundo de la vida nocturna que, a cambio de una comisión, podían traer a clientes con capacidad de gastar mucho. Cuando Low todavía estudiaba en Wharton captó la atención de Abeckaser porque vio que podía gastar 3 mil dólares por noche. Esa cantidad después aumentó a 20 mil y luego a 50 mil. Ahora, sin embargo, el malayo no tenía problema en gastar un millón. Nunca se había topado con tal prodigalidad. Los gastos de Low alimentaron los rumores de este grupo de la vida nocturna, cuyos integrantes creían que era un nuevo multimillonario asiático que quería invertir en Hollywood.

Para principios de noviembre de 2009, impulsado por el dinero de 1MDB, Low estaba listo para llevar sus actividades de socialización al siguiente nivel. Era su cumpleaños número 28 y quería anunciar su llegada a la escena de Hollywood tirando la casa por la ventana. Las festividades duraron varios días e incluyeron una fiesta en el área de alberca del Caesars Palace en Las Vegas, donde había tigres y leones enjaulados, así como modelos en bikini retozando en la alberca. Los invitados jugaron juegos de carnaval en *stands* que había por todo el lugar. Ésta era la magia de Low: ofrecer la fiesta más alocada y asombrar incluso a las modelos y actores que estaban acostumbrados a los eventos más suntuosos. Algunos de los primeros amigos que hizo en Hollywood estuvieron presentes, incluyendo DiCaprio, el músico Usher y el actor y comediante Jamie Foxx.

Las noches que salía a visitar clubes, el malayo actuaba tanto como maestro de ceremonias como cualquier individuo que había salido a celebrar. A menudo tomaba un micrófono y le ordenaba al personal que sirviera champaña Cristal o tequila Patrón para todos los presentes en el lugar, mientras él solamente sorbía una cerveza Corona. A pesar de que no se le facilitaba conversar, desarrolló instinto y presencia escénica, y a menudo gritaba: "Malasia está en la casa" en el micrófono. Low hizo que el personal de Strategic Group diseñara elaborados planes de eventos que incluían hasta los menores detalles de la decoración, las flores y el alcohol en la barra. Se aseguraba de que las modelos más guapas estuvieran disponibles para convivir con los invitados.

¿Había alguna justificación para todo este conspicuo consumo? Para Low, todo era parte de un plan mucho más ambicioso. Imaginaba que si las fiestas tenían éxito, su popularidad aumentaría y así podría atraer a más personajes poderosos a su mundo. Incluso una estrella del rap incipiente como O. T. Genasis, a quien no le hacía falta ni dinero ni mujeres, se quedó asombrado al ver a Low comprar en grandes cantidades botellas de champaña que costaban 50 mil dólares por pieza.

"Me quedé, '¿qué?' ¡No puede ser! ¡Esto no es real!", dijo.

Genasis acompañó a Busta Rhymes a la fiesta, y quedó abrumado al verse rodeado de mujeres que parecían sacadas directamente de una fotografía de Victoria's Secret.

"Nunca había participado en algo así."

En parte, Low era un calculador hombre del espectáculo, pero le costaba estar presente en el momento. Le afligía una arraigada compulsión que lo impulsaba a gastar más, adquirir más y moverse incesantemente. En una ocasión fue a un centro comercial a comprar jugo y regresó a casa con ocho pares idénticos de zapatos negros. También podía comprar bolsos Hermès Birking que podían costar desde 12 mil dólares y subir hasta cifras de seis dígitos, para sus amigas, para las amigas de sus amigas e incluso para gente a la que acababa de conocer.

"Es el mayor despilfarrador que he conocido en mi vida —cuenta una persona de alta sociedad que convivió con él de forma casual—. Podías estar comiendo con él en Londres y de repente preguntaba quién quería cenar en Nueva York. Luego rentaba un avión y antes de que te dieras cuenta, ya estabas cenando en Manhattan con el mejor vino que habías bebido en tu vida. No había nada que no estuviera a su alcance."

Además de sus compras compulsivas, la gente notaba otro rasgo de Low: parecía tener una increíble memoria fotográfica. Algunos amigos notaron que tenía la capacidad de recordar detalles específicos hasta los decimales sobre qué dinero se movía y hacia dónde. "Siempre era un poco extremista", dice una persona que lo conoció.

En el otoño de 2009 el malayo estaba logrando algo notable. En solamente algunos meses logró infiltrarse en los círculos de élite más inaccesibles del mundo y de pronto ya se estaba haciendo amigo de las celebridades. En algunos casos se debía al dinero, ya que les pagaba a las estrellas por asistir a sus fiestas. Low sabía cómo ofrecer un evento asombroso, y con la ayuda de Strategic Group fue construyendo su reputación y la gente empezó a reconocerlo como *socialité*. Sin embargo, también estaba averiguando qué motivaba a estrellas como DiCaprio, y qué podría hacer para que su dinero les sirviera para algo más que solamente disfrutar de fiestas.

Había una estrella para quien las fiestas y los negocios eran la misma cosa, una modelo y actriz con quien Low había fantaseado desde que estaba en la universidad, y de quien se hizo amigo en un abrir y cerrar de ojos.

11
Está lloviendo cristal

WHISTLER, COLUMBIA BRITÁNICA, CANADÁ,
NOVIEMBRE DE 2009

Paris Hilton estaba cada vez más agitada. Low envió a Los Ángeles un avión privado rentado para que la llevara a Vancouver, el aeropuerto internacional más cercano a Whistler, el centro turístico de esquí, pero la aeronave tuvo que esperar seis horas sobre el asfalto mientras los oficiales de inmigración canadienses decidían si la dejarían entrar al país. El retraso se debía a la historia legal de Paris, ya que en Estados Unidos tenía antecedentes de haber sido arrestada por manejar en estado de ebriedad, asunto que captó la atención de la prensa de todo el mundo. Eventualmente la dejaron entrar y el personal de Low la llevó al Four Seasons. Era la temporada temprana de esquí y Low estaba invitando a Paris.

El malayo contactó al agente de Paris algunos meses antes e hizo arreglos para que asistiera a sus fiestas. Paris les contó a sus amigos que Low le había pagado cerca de 100 mil dólares por evento, pero alrededor de él había algo más que dinero, y Paris, que también venía de una familia adinerada y que tenía una floreciente carrera televisiva, se hizo más cercana al malayo en los meses siguientes. Mucha gente que llegó a conocer Low lo describe como un individuo amable y de buen corazón, y afirma que su deseo de complacer y asegurarse de que todos se estuvieran divirtiendo, resultaba favorable si se le comparaba con la arrogancia que con frecuencia muestra la gente extremadamente rica.

Paris trajo con ella a un amigo llamado Joey McFarland, quien nació en Louisville, Kentucky, pero se había mudado a Los Ángeles pocos años antes y empezó a ayudar a sus amigos con un negocio que contrataba estrellas para fiestas y eventos. McFarland era alto y tenía cabello rubio cortado al ras. Era accesible y se comportaba de una manera abierta que reflejaba su educación sureña. Conoció a Paris a través del negocio de contratación de talentos. Apenas unos años antes había sido inversionista aficionado en un edificio en Cincinnati que albergaba un restaurante de gyros, y el cambio de ubicación lo convirtió en una persona ansiosa por complacer, incluso servil. McFarland se hizo amigo cercano de Paris y en algún momento hasta llegó a dejarla tuitear desde su cuenta para decir que era una "celebridad princesa". El joven corría por todos lados tomando fotografías de ella en los eventos y ella en una ocasión le regaló un bolso Louis Vuitton con artículos de baño.

En el hotel a Low lo rodeaban principalmente su familia y sus amigos de Medio Oriente, incluyendo Al Wazzan, el compañero kuwaití de Wharton, quien, en una ocasión que bebió, alardeó respecto a un negocio de armas que aseguraba haber concretado, lo que inquietó a su séquito. Ésta era la primera vez que se celebraba lo que después se convertiría en las vacaciones de esquí de fin de año, un evento pagado por el malayo para consentir a sus amigos más cercanos y a las celebridades. La mayor parte del grupo apenas estaba aprendiendo a esquiar —Low tomaba clases de *snowboarding*—, por lo que Paris, que era una esquiadora experimentada, pasaba casi todos los días en las colinas con otros amigos.

Riza Aziz, el hijastro del primer ministro Najib, también estaba ahí. Era bajito y calvo, y rara vez decía algo, pero su apacibilidad les resultaba atractiva a las mujeres. Era un talentoso jugador de tenis y subía a Facebook fotografías de sí mismo con estrellas como Rafael Nadal. Era relativamente inteligente. Entró al negocio de la banca cuando salió de la London School of Economics y recientemente había renunciado a su trabajo en el departamento de fusiones y adquisiciones de HSBC en Londres.

Riza, hijo del matrimonio previo de Rosmah, era algunos años mayor que Low, y a pesar de que llevaban varios años de conocerse, su relación era educada y formal. Desde que entró a la órbita de Najib, el malayo siempre tuvo cuidado de mantenerse al servicio del primer ministro, por lo que lo llamaba "mi PM", trato que se extendía a Rosmah y a su hijo.

Para ese momento Riza ya vivía en Los Ángeles y estaba listo para ayudar a Low a invertir parte del dinero que tenía a su disposición. Esa noche en Whistler hizo que se le ocurriera algo. Desde que se reubicó en Los Ángeles, Joey McFarland, que era amante del cine, había ayudado a producir algunas películas de bajo presupuesto y llevaba meses diciéndoles a sus amigos que tenía ganas de establecer una compañía de producción formal. McFarland y Riza compartían el interés en el cine, y en el viaje para esquiar simpatizaron de inmediato porque comenzaron a hablar de películas. Riza era fanático del cine neorrealista italiano de la posguerra, en tanto que McFarland prefería filmes contemporáneos con actores de la más alta categoría de Hollywood como Brad Pitt y Leonardo DiCaprio. El vínculo, sin embargo, se estableció, y en las siguientes semanas Low, Riza y McFarland empezaron a darle vueltas a una idea. ¿Por qué no aprovechar el dinero de Low para meterse al negocio del cine?

El ascenso de McFarland y Riza en el mundo fílmico sería inesperado y meteórico. A medida que Joey McFarland se fue reinventando a sí mismo, comenzó a negar su pasado en el campo de la contratación de talento, incluso en compañía de gente cercana a él. Y como los demás, en medio de la emoción por el dinero y el reconocimiento, hizo muy pocas preguntas respecto al origen de los fondos de Low.

Paris Hilton reía mientras colocaba apuestas en la mesa de bacará de un salón privado en la superficie del Palazzo en Las Vegas. Era un sábado por la noche, el 20 de febrero de 2010, pocos meses después de la escapada a Whistler. La *socialité* llevaba un vestido blanco que combinaba con sus zapatos de tacón, y aretes Chanel. El cabello lo tenía peinado ajustadamente con raya al lado. Estaba celebrando su cumpleaños 29 y se movía con la seguridad que da la riqueza, pero a pesar de ser una acaudalada heredera porque su familia fundó la cadena de hoteles Hilton, no estaba preparada para sentarse frente a un montículo de fichas de apuestas por valor de un cuarto de millón de dólares.

Esa misma noche, un poco más temprano, Paris estuvo de fiesta en el club nocturno TAO, que forma parte del complejo. Ahí cortó un pastel de varios pisos que anunciaba su nueva línea de zapatos. Era una típica presentación pública-privada de la heredera, un evento que era, en parte celebración familiar, y en parte promoción frente a las cámaras. El *after-party* que se llevó a cabo abajo fue un evento más íntimo y no se permitían *paparazzi*. Ahí, en un salón privado de apuestas, Low la sorprendió con un regalo de cumpleaños muy generoso: un reloj Cartier. Pero como si eso no hubiera sido suficiente, luego le entregó los 250 mil dólares en fichas de apuestas y le pidió que se uniera a él en la mesa de bacará.

El grupo de fiesta de Jho Low empezó a armarse. Además de las celebridades había modelos. Varias de esas mujeres se habían unido al grupo en clubes de Las Vegas o Nueva York. Algunas conocían a Tepperberg y Strauss, los dueños de clubes nocturnos, y otras fueron reclutadas a través de sus representantes y agentes. Varias eran apenas adolescentes. Joey McFarland estaba ahí, naturalmente, así como los amigos ricos de Medio Oriente y los compañeros asiáticos de la universidad como Al Wazzan y Seet Li Lin.

"en vegas necesitas impermeable porque va a llover cristal haha!", escribió Seet en Facebook junto a una fotografía de él mismo con una botella gigante de la champaña del mismo nombre.

A medida que las apuestas se calentaron en el cumpleaños de Paris, los invitados a la fiesta comenzaron a inclinarse sobre la mesa: la camarilla asiática de Low, celebridades de poca importancia de programas como *The Hills*, modelos y otros chicos adinerados. Eran individuos ricos que en muchos casos habían crecido con privilegios en Orange County o en Santa Mónica, y que formaban el corazón del grupo acaudalado de Los Ángeles, sin embargo, nunca habían visto a alguien como Low, quien cada vez colocaba apuestas más y más altas, cientos de dólares que apostaba en una sola mano una y otra vez.

Luego, en una racha de mala suerte que en total duró 10 minutos, perdió dos millones. El azorado séquito no podía entender cómo se separaba del dinero el malayo, y de hecho, algunos empezaron a susurrar respecto a este individuo y a su forma de actuar, como si el dinero no fuera suyo.

Los rumores se extendieron. *Es traficante de armas. Está vinculado con un líder del extranjero. Es una especie de miembro de la realeza de otro país.* Cada vez que llegaba la siguiente botella magnum de Cristal o alguien entregaba miles de dólares, las preguntas respecto a la proveniencia de Low se activaban momentáneamente, y luego se acallaban.

A pesar de todo su despreocupado despilfarro, Low sabía que no todo el dinero era suyo y que no podía simplemente gastarlo. En esas primeras etapas empezó a enfocarse en cómo recompensar a sus aliados, en especial a los más importantes como los ejecutivos de Abu Dabi y la familia del primer ministro Najib Razak, y en construir negocios que generaran ganancias. Necesitaba encontrar la manera de mantener su nuevo estilo de vida.

12
Cómo gastar
1 000 millones de dólares

Los Ángeles, diciembre de 2009

Low buscaba ventajas. Wynton, su empresa, estaba haciendo una oferta de 45 millones de dólares en efectivo por el hotel L'Ermitage, un lugar de lujo con 117 habitaciones de 500 dólares la noche, junto a Sunset Strip en Beverly Hills. Sin embargo, se enfrentaba a una oferta rival de Ian Schrager, el inversionista hotelero estadounidense, y estaba tratando de encontrar la manera de inclinar el trato a su favor. Recurrió a Mubadala, el fondo de Abu Dabi.

Low le escribió al director ejecutivo de la división de bienes raíces de Mubadala y le preguntó si alguien del fondo podría hablar bien de él con el vendedor, Tom Barrack Jr., el multimillonario del ámbito inmobiliario estadounidense. Khaldoon Al Mubarak, alto ejecutivo de Mubadala, le prometió conseguir la ayuda del embajador Otaiba.

En un correo electrónico a Barrack Jr., Otaiba agregó el peso oficial de Abu Dabi a la oferta de Low, pero no mencionó al malayo.

"Me pongo en contacto con usted hoy para respaldar esta oferta como embajador de los Emiratos Árabes Unidos, pero también como una persona que comprende que detrás de este proyecto está el peso de una entidad importante de inversiones", escribió.

Barrack Jr. respondió cordialmente y señaló que había conocido al padre de Otaiba 30 años antes, cuando era un joven abogado.

"Mubadala y Al Mubarak son inversionistas de primera clase, y su interés nos honra", le escribió al embajador, prometiéndole ver qué podía hacer. El vendedor eligió a Low.

El éxito del malayo ahora era importante para Abu Dabi por muchas razones. Mubadala había adquirido recientemente Viceroy Hotel Group, una empresa de administración hotelera, y Low ofreció comprar L'Ermitage y luego cambiar la marca y llamarlo Viceroy Hotel. Debido a que el embajador Otaiba había ganado dinero a partir de sus tratos con Low en el proyecto territorial Iskandar en Malasia, tenía la esperanza de seguir haciendo negocios.

Low sabía que su estratagema se tambalearía a menos que pusiera el dinero a trabajar, y por eso se dispuso a construir un imperio de negocios. Años antes, el poder de Al Mubarak en Mubadala inspiró a Low y lo instó a establecer su propio fondo soberano de inversión. Ahora que el malayo estaba armado con cientos de millones de dólares, podría hacer tratos con Mubadala al mismo nivel. Además, a Al Mubarak no parecía importarle de dónde estaba sacando su dinero.

Para pagar por L'Ermitage, Low abrió una cuenta fiduciaria en Shearman & Sterling a nombre de Wynton Group, y el bufete de abogados representó a la empresa en la compra. Luego envió el dinero al fideicomiso de su cuenta de Good Star, en la que recibió los 700 millones de dólares en efectivo de 1MDB. En los documentos bancarios Low señaló que el dinero era para "STAKE V. H." Estaba haciendo uso de su vínculo con Viceroy Hotels para darle legitimidad a la colosal transferencia de fondos. De esa forma, hizo su primera inversión importante, el primer paso para construir su reputación como hombre de negocios.

Low parrandeaba y compraba bienes, pero necesitaba pagarle a la gente que hizo posible todo eso: la familia del primer ministro malayo Najib Razak. Low le ocultó la visión panorámica de sus movimientos al primer ministro con el mismo cuidado con el que logró que pensara que el príncipe Turki era un enviado oficial saudita. Pero necesitaba mantenerlo feliz a cambio de toda la libertad que le había dado.

Desde las primeras etapas del gran plan, Low se aseguró de incluir a la primera pareja en la repartición de las ganancias. Desde las cuentas IOLTA de Shearman & Sterling, envió tres millones de dólares a Rose Trading, la empresa de comercio de joyería con base en Hong Kong que le vendía a Rosmah. Ése fue sólo el principio de decenas de millones de dólares en joyería que Low adquirió para Rosmah, pero poco después también Najib comenzó a recibir beneficios económicos en forma de financiamiento político.

A principios de 2010 Low también adquirió casas de lujo de varios millones de dólares en Londres, Los Ángeles y Nueva York, y las puso a disposición de Najib y su familia. Una empresa fantasma controlada por Low adquirió para la familia un condominio de 36 millones de dólares en el edificio Park Laurel de Nueva York, en Central Park West, pero Riza Aziz, el hijo de Rosmah, fue quien ocupó el dúplex de 700 metros cuadrados y lo hizo su hogar en Nueva York.

El agente del vendedor era Raphael De Niro, hijo de Robert De Niro, quien pronto conocería a Low y al primer ministro Najib Razak. El joven De Niro trabajaba para la agencia de inmuebles de lujo Douglas Elliman Real Estate que, como todas las agencias de corretaje de Estados Unidos, manejaba cientos de millones de dólares en transacciones inmobiliarias cada año, y al igual que los abogados involucrados en tratos inmobiliarios, no estaba obligada por la legislación estadounidense a hacer averiguaciones respecto a las finanzas de los clientes. De hecho, De Niro ni siquiera necesitaba saber quién sería el comprador último de una propiedad, y además, cuando hizo un recorrido por los departamentos y mansiones disponibles, Low fingió representar al primer ministro o a otros compradores ricos de Malasia.

Para 2010 ya había toda una serie de empresas fantasma que en muchos casos tenían como domicilio otro país, y que justificaban más de la mitad de los cientos de miles de millones de dólares en inmuebles de lujo en Estados Unidos cada año, lo cual era totalmente legal en ese país; y al mismo tiempo, Low se estaba haciendo adepto a ocultar su participación en los tratos. El contrato de compraventa del departamento en el edificio Park Laurel, por ejemplo, fue firmado por una empresa controlada por él que luego asignó sus derechos a otra empresa fantasma con base en las Islas Vírgenes británicas que más adelante cambió de nombre.

En mayo de 2010 una empresa fantasma incorporada en Seychelles controlada por Low compró una mansión de 17.5 millones de dólares en el 912 de North Hillcrest en Beverly Hills, para que Riza pudiera quedarse en la Costa Oeste. Al inmueble se le conocía como la Casa de la Pirámide porque en el corredor del vestíbulo tenía una pirámide forrada con hoja de oro sobre una fuente. La residencia de 1 000 metros cuadrados tenía la atmósfera de una villa tropical e incluía una alberca tipo pileta y salones parcialmente abiertos con vistas asombrosas de Los Ángeles. Como la casa tuvo que ser remodelada, con frecuencia Riza se quedaba en L'Ermitage cuando estaba en Los Ángeles. A través de otra entidad que también controlaba, Low compró una imponente casa de ladrillos rojos por 17 millones de libras en el elegante distrito Belgravia de Londres. La casa estaba cerca de Harrods, una de las tiendas preferidas de Rosmah, y la familia Najib se quedaba ahí durante las visitas que hacía con regularidad a la ciudad.

Low estaba actuando como una pantalla para el clan Najib y tiempo después Riza sería el dueño de las tres propiedades —en Londres, Los Ángeles y Nueva York— porque se las compró a Low con más dinero robado de 1MDB. El malayo ya había avanzado un buen trecho en el camino para pagar la deuda que tenía con Najib por permitirle dirigir el fondo. El primer ministro no husmeó ni investigó nada sobre el dinero usado para comprar estos lujosos inmuebles. El involucramiento de Low, que estaba detrás de todas las compras en papel, le permitía a Najib negar cualquier conocimiento del origen de los fondos. En pocas palabras, el malayo era una figura que le permitía al primer ministro mantener las manos limpias.

A pesar de la compra de esta serie de casas, Low empezó a viajar por todo el mundo de forma obsesiva, lo cual coincidía con su incapacidad para enfocarse en el momento presente. En un período típico de tres semanas, el malayo podía pasar algunos días en Kuala Lumpur para reunirse con el primer ministro Najib y regresar a casa para una visita en Penang, antes de volar a Singapur y Hong Kong. De ahí, volaba a Shanghái, donde tenía contactos gracias al clan chino de su abuelo, y luego abordaba un avión a Abu Dabi. Después de un viaje rápido a Londres y París, con tal vez una excursión a Zúrich para explicarles a los banqueros suizos una transferencia extraña, se movía a Nueva York, antes de aterrizar finalmente en Los Ángeles y hacer un viaje para ir a apostar a Las Vegas. Cuando el viaje terminaba, Low atravesaba el Pacífico en avión y empezaba de nuevo. Era un itinerario frenético que muy poca gente podría soportar.

Cansado de rentar aviones, Low sacó dinero de los fondos en Shearman & Sterling y dejó caer sobre la mesa 35 millones de dólares para comprar una aeronave privada Bombardier Global 500. Vivía en el avión más que en las muchas casas que estaba en proceso de adquirir. El Bombardier tenía una cama y una oficina pequeñita que incluía fax y Wi-Fi, por lo que, en lugar de trabajar con horas de oficina regulares, buena parte de su labor la hacía desde el avión o desde los hoteles y restaurantes donde pasaba horas hablando y enviado cosas por celular. En los períodos más ajetreados trabajaba hasta el amanecer para cerrar un trato, pero luego no asistía a las reuniones que tenía programadas para ese día.

Era una vida extraordinaria, pero el tímido comportamiento de Low le daba una impresión distinta a quienes lo conocían brevemente.

"Parecía un individuo bastante ordinario", dijo Joseph Cayre, el inversionista multimillonario en bienes raíces que le vendió el Bombadier.

La estratagema de Low estaba logrando engañar a mucha gente en Estados Unidos, pero en casa, los guardianes de 1MDB querían saber qué estaba sucediendo.

13
¿Dónde está nuestro dinero?

KUALA LUMPUR, MALASIA, OCTUBRE DE 2009

La atmósfera de aquella reunión del consejo directivo de 1MDB, organizada de forma extraordinaria el 3 de octubre de 2009, era tensa. Y mientras tanto, Low y su séquito seguían atrayendo la atención en Las Vegas. El fondo fue establecido con tanta premura, que todavía no tenía oficinas permanentes, así que para la reunión de aquel nublado y húmedo sábado, el consejo se reunió en el Royale Bintang, un hotel de cuatro estrellas en el vecindario de Mutiara Damansara, cerca de Kuala Lumpur. Los integrantes del grupo que se suponía que tenía que supervisar las operaciones del fondo estaban sentados alrededor de una mesa en el centro ejecutivo del hotel, y no se veían nada felices.

El más desconcertado de todos era Mohammed Bakke Salleh, un respetado hombre de negocios a quien el primer ministro Najib Razak había elegido como presidente del consejo. Bakke era el paradigma del tímido contador certificado. La especialización la obtuvo después de titularse en la London School of Economics. Vestía traje oscuro y, con frecuencia, la misma corbata roja; usaba lentes con armazón de alambre, y a su cabeza calva la enmarcaba cabello entrecano a los lados y una barba bien cuidada, también canosa. Su apariencia, sin embargo, ocultaba su tenacidad. Era un hombre que tuvo que luchar para subir por el escalafón y llegar a dirigir la empresa de agronegocios del gobierno más grande de Malasia. En una tierra en la que reinaba la corrupción, Bakke tenía la reputación de ser un hombre que seguía las reglas, y como era de esperarse, en la junta del consejo se puso furioso.

Bakke quería saber por qué demonios 1MDB le había enviado 700 millones de dólares a otra empresa y no al negocio conjunto con PetroSaudi como lo había acordado el consejo. Shahrol Halmi, alto ejecutivo del fondo, trató de asegurarle al presidente que el dinero había servido para pagarle un préstamo a PetroSaudi. Shahrol era un líder realista, un individuo interesado en los artefactos tecnológicos y los automóviles, y les agradaba a sus colegas. A diferencia de muchos de los ejecutivos principales de 1MDB, Shahrol no era asociado de Low, sin embargo, se hizo rápidamente adicto al estilo de vida del *jet-set*. No existe ningún indicio de que haya recibido sobornos, pero su vida cambió en un instante, y pasó de avanzar a duras penas trabajando en proyectos de tecnología de la información en Accenture, a dirigir un fondo multibillonario. Agradecido por este tremendo cambio de situación en la vida, y con la creencia de que estaba llevando a cabo los deseos de Najib, se fue apegando a las historias que le contaron Low y los otros, en este caso, el cuento de que se le debía el dinero a Petro-Saudi.

Pero a Bakke no se le podía embaucar tan fácilmente. "Para empezar, ¿por qué no se le informó al consejo de esa deuda?", preguntó. No hubo respuesta. El presidente le ordenó a PetroSaudi devolver el dinero para que pudiera invertirse en el negocio conjunto como se acordó en primer lugar.

"La inversión sustancial de 1 000 millones de dólares merecía ser analizada con más detenimiento y someterse a un proceso de investigación", registró sin mucho ánimo el consejo, en las minutas oficiales de la reunión.

Lo que el grupo no sabía era que en ese preciso momento, mientras ellos hablaban, el dinero en cuestión estaba siendo despilfarrado en clubes nocturnos, apuestas, mansiones y muchas cosas más. Así que no, no sería tan sencillo devolverlo.

Semanas después, Bakke solicitó una auditoría independiente de los bienes petrolíferos que supuestamente PetroSaudi otorgó al negocio conjunto. Low, que no quería abrir una lata repleta de gusanos, persuadió a Najib, como director del consejo de asesores, que decretara que no habría una segunda valuación de los bienes. Mientras tanto, Bakke, molesto por la forma en que lo involucraron en ese mugrero, renunció discretamente al consejo directivo pocos días después. También otro director quiso renunciar, y Najib lo instó a esperar algunas semanas para evitar que la gente se diera cuenta de que había un éxodo, pero en enero se fue finalmente.

Low no se esperaba un rechazo de esas dimensiones, por lo que se apresuró a frenar las desavenencias. Después de que surgió la preocupación en el consejo, la administración de 1MDB le escribió a Patrick Mahony, director de inversión de PetroSaudi, para pedirle más detalles. Tal vez Mahony estaba nervioso porque PetroSaudi no había hecho muchos negocios antes de que apareciera 1MDB, así que le mandó un correo electrónico a Low para pedirle que le enviara los pormenores.

"No, ni siquiera me tomaré la molesta de enviarlos. Mantén esto simple. Quiero que le des al consejo la menor cantidad posible de información hasta que el PM limpie el ambiente", le respondió el malayo.

El primer ministro sabía que 1MDB alimentaba en secreto sus maquinaciones políticas y que no era tan legítima como parecía. Además, estaba permitiendo que un joven de 28 años que no había sido puesto a prueba dirigiera las operaciones porque Low lo había atraído hacia su estratagema con promesas de que el fondo mejoraría las relaciones con Medio Oriente y que traería inversiones. Durante años la familia de Najib había utilizado el servicio gubernamental para llenarse los bolsillos, y el involucramiento de Low en la compra de joyas para Rosmah y de inmuebles para Riza Aziz era solamente más de lo mismo. Por estas razones, Najib le dio a Low un puesto con amplio alcance y de forma deliberada se mantuvo en la ignorancia respecto a lo que planeaba el malayo a pesar de que las noticias de sus derroches en Nueva York llegaron a Malasia y de que hombres respetables de negocios como Bakke hicieron sonar la alarma.

Para conservar la confianza del primer ministro Low se dispuso a organizar otra visita de estado a Arabia Saudita en enero de 2010. Antes de la visita le envió un correo electrónico a los Obaid para preparar el escenario del viaje. Les pidió a los miembros de la realeza saudita que usaran palabras como "personal", "confianza", "amistad" y "lazo" al hablar con Najib y Rosmah.

Las autoridades sauditas se esforzaron todavía más y, durante su visita, le confirieron a Najib el premio civil más importante del reino. Era el tipo de honor que conmovía inmensamente al mandatario, y mostraba que Low tenía contactos sólidos.

La visita le dio a Low la artillería necesaria para acallar a los pocos miembros del consejo de 1MDB que seguían quejándose en las reuniones sobre los fondos perdidos. A uno de ellos le dijo que hacer demasiadas preguntas respecto al trato con PetroSaudi, a la que él describía como una empresa estatal, podría perturbar las relaciones bilaterales con Arabia Saudita. "No podemos insultar a Arabia Saudita. Al PM lo acaban de recibir con un saludo de veintiún armas", explicó Low, y los miembros del consejo retrocedieron.

Low se reunía con ellos regularmente para tomar café y para hacerles saber que era el representante del primer ministro que lidiaba con los asuntos de 1MDB. Era algo vago, y la falta de título oficial del malayo era un asunto misterioso, pero la gente del consejo comprendió que su poder venía de la cima. Para muchos, los borrosos contornos de su papel lo hacían todavía más poderoso, y él aprovechó esa situación. Para asegurarse de que nadie volviera a someter sus acciones a escrutinio, el malayo consolidó su poder sobre el consejo. Para reemplazar uno de los asientos vacíos persuadió a Najib de que nombrara a un chino malayo de Penang que era socio de negocios de su padre. Lodin Wok Kamaruddin, leal al partido

UMNO, tan cercano a Najib, se convirtió en el nuevo presidente. Para ponerlo de otra forma, básicamente el primer ministro no tenía supervisión independiente porque Low y sus aliados controlaban la administración de 1MDB.

Una vez que el malayo eliminó los obstáculos del camino, 1MDB empezó a parecer más legítima. Desde sus nuevas oficinas en el octavo piso de Menara IMC, un reluciente rascacielos cerca de las Torres Petronas en Kuala Lumpur, la administración del fondo 1MDB se dedicó a generar negocios. El director ejecutivo Shahrol supervisó la contratación de un grupo de aproximadamente 10 jóvenes malayos con títulos de universidades del circuito Ivy League que se sintieron atraídos al empleo por los salarios competitivos y la promesa de miles de millones de dólares de financiamiento. El discurso de ventas indicaba que 1MDB era un tipo moderno de fondo, como Mubadala en Medio Oriente; y que transformaría Malasia a través de la construcción de nuevas industrias, particularmente en el área de la tecnología ambiental. Uno de los primeros planes incluía desarrollar un corredor de energía renovable en Sarawak con inversiones de China y Medio Oriente, por lo que los jóvenes empleados se pusieron de inmediato a diseñar presentaciones y planes de inversión.

"Genuinamente creíamos que ayudar a un fondo soberano de inversión en su etapa de *startup* era una excelente manera de marcar la diferencia para el país", dijo uno de los primeros miembros del personal.

Trabajar para un fondo soberano de inversión grande era una labor prestigiosa, pero no pasó mucho tiempo antes de que la desilusión se extendiera entre los recién contratados. Los planes para el negocio de energía verde no ganaron terreno y de pronto fue evidente que ninguno de los directivos tenía experiencia en dirigir un fondo de inversión. Era como si a los jefes en realidad no les importaran los proyectos a largo plazo. Sólo se reunían en sus oficinas del mezzanine y rara vez se comunicaban con los empleados ordinarios. Todos sabían que Jho Low era quien tomaba las decisiones en el fondo, pero casi nunca estaba ahí, y por alguna razón la administración le solicitó al personal que se refiriera a él con el nombre código "UC". Y entonces empezó a divulgarse el chiste de que quería decir "unsavory character": tipo feo.

Low estaba enfocado en generar ganancias con el dinero que había tomado del fondo, ya fuera a través de inversiones en el hotel L'Ermitage o de otros proyectos que esperaba desarrollar con Mubadala. Éste no era un simple robo bancario, el malayo apostaba a que estos negocios despegarían y entonces las ganancias llenarían fácilmente el hueco de 1MDB. No obstante, las operaciones en forma del fondo con frecuencia parecían sólo una ocurrencia.

En algún momento Nik Faisal Ariff Kamil, un asociado de Low que era director de inversión en 1MDB, se quejó en una junta de consejo de que no había flujo de efectivo para pagar la deuda que el fondo había asumido, y no solamente de los 1 400 millones en bonos islámicos, sino de cientos de millones de dólares más en préstamos de bancos malayos. Los ejecutivos empezaron a sugerir cosas ridículas. Nik Faisal incluso propuso que 1MDB comprara una isla malaya y que la convirtiera en centro vacacional, pero el consejo tumbó su idea.

El desarrollo principal del fondo se llamaba Project Wall Street y era un plan para convertir a Kuala Lumpur en un centro financiero que compitiera con Singapur o Hong Kong. El objetivo era que el fondo Mubadala de Abu Dabi invirtiera miles de millones en el centro financiero y que 1MDB gastara dos millones en una fiesta de lanzamiento a mediados de 2010 para la iniciativa. Low movió los hilos para conseguir que el príncipe coronado de Abu Dabi asistiera, pero éste canceló al último minuto. La mayor parte del dinero para la fiesta se perdió y el plan del centro financiero se estancó porque la bolsa de valores de Kuala Lumpur y el sector bancario sencillamente no eran importantes fuera del país, y porque no era fácil encontrar inversionistas potenciales. Aun así, Low persuadió a Najib de que, para que se desarrollara el proyecto, le otorgara al fondo fracciones de terrenos baldíos en el centro de la ciudad, a precios de ganga.

Entre el dinero desperdiciado y la falta de enfoque, muchos de los empleados de la Ivy League reclutados se fueron de la empresa en menos de un año. Lo más preocupante para muchos era que, evidentemente, la principal razón de existir del fondo era servir como cuenco de dinero de la política para impulsar la popularidad de Najib. Incluso sin contar con el constante flujo de efectivo de las operaciones, 1MDB empezó a canalizar dinero como "responsabilidad social corporativa" para motivar a los votantes a que apoyaran a la UMNO, el partido gobernante.

"Hasta bromeábamos y decíamos que muchos de los proyectos que estaban evaluando eran proyectos falsos para darle a la empresa un frente legítimo", dijo un empleado de 1MDB.

El 1º de marzo de 2010 el nuevo consejo de partidarios del régimen se reunió en las nuevas oficinas de 1MDB para hablar de la forma en que el fondo podría ayudar a la gestión como primer ministro de Najib. A pesar de que todavía no tenía negocios viables, el director ejecutivo Shahrol le explicó al consejo que una nueva división de caridad de 1MDB planeaba inyectarle dinero a la región malaya de Sarawak para coincidir con una visita de Najib que se realizaría pronto. Aunque Sarawak era un estado cubierto por la selva, quedaba muy lejos y estaba relativamente poco poblado, resultaba fundamental para que la UMNO se aferrara al poder nacional. Lodin, amigo de Najib y presidente del consejo, respondió que era esencial conseguir el apoyo de los "nativos", es decir, de las tribus de Sarawak que, en algunos casos, todavía vivían en hogares comunales en la selva. Sin debate alguno, el consejo directivo llegó al acuerdo de proveer más de medio millón de dólares para becas escolares y viviendas para los pobres que Najib podría promover cuando visitara el lugar.

El personal de la oficina del primer ministro tenía la tarea de proponer proyectos, como fundar escuelas en distritos electorales importantes, y 1MDB proveería los recursos económicos.

"Si nos parecía que podría ayudar a que el gobierno en funciones consiguiera algunos votos, lo proponíamos", dijo Oh Ei Sun, secretario político de Najib en aquel tiempo.

Najib siempre estuvo obsesionado con la popularidad. Como cualquier político malayo de la vieja escuela, veía el dinero, no las ideas, como la única manera de alcanzar la popularidad entre los votantes, y por eso ordeñó a 1MDB para obtener fondos. Algunos días después de la reunión del consejo directivo del fondo, Najib les dijo a los votantes que habría una elección local en Sarawak y que él conseguiría financiamiento federal para proyectos locales, pero sólo si ganaba el candidato del partido gobernante.

"Ustedes me ayudan y yo los ayudo a ustedes", prometió Najib cubierto de sudor en una parte de un discurso que dio antes de la votación. Fue una imagen del pudrimiento de la política malaya.

14
Que rueden las prensas

Kuala Lumpur, Malasia, diciembre de 2009

Algunas de las personas de la élite de Malasia escucharon rumores sobre la renuncia de Mohammed Bakke Salleh e imaginaron que algo andaba mal en 1MDB, pero el público en general siguió ignorando los problemas del fondo, en parte porque el gobierno de Najib controlaba los medios de comunicación dominantes. Sin embargo, había un magnate de los medios al que el primer ministro no podría controlar con tanta facilidad: Tong Kooi Ong, propietario de *The Edge*, un periódico semanal de negocios en inglés. Los periódicos para el mercado masivo que en su mayoría apoyaban al gobierno, estaban en malayo o en chino, pero *The Edge* atendía a la élite de los negocios del país.

Durante años Tong había sido el rebelde de la comunidad de negocios malaya. El hombre de 52 años con mechones de cabello negro en ambos lados de la cabeza y el cráneo calvo, prefería vestir camisas de cuello abierto en lugar de trajes. Una vez le dijo a su esposa que tenía la premonición de que moriría antes de los 50 años, y que necesitaba vivir rápido antes de que llegara ese momento. Podía tener mal carácter con la gente que consideraba tonta, pero también podía ser igual de encantador, y su cara con frecuencia cedía y mostraba una sonrisa traviesa. Esta combinación de carácter era lo que encolerizaba a las élites del partido gobernante en Kuala Lumpur.

Cuando Tong escuchó los rumores sobre 1MDB, decidió que *The Edge* necesitaba investigar el asunto.

En Malasia la mayor parte de los periódicos le servía al gobierno. El partido gobernante UMNO era dueño directamente de algunos de los periódicos de mayor circulación, y sus editores, como si fueran esclavos, publicaban artículos exagerados sobre los políticos y sus políticas. Los periódicos tenían que renovar sus licencias de publicación cada año; y dado el control del gobierno, incluso los editores de los periódicos independientes se autocensuraban con frecuencia.

La llegada de *The Edge* a mediados de los noventa sacudió la industria. A diferencia de otros periódicos, a *The Edge* no le daba miedo escribir sobre escándalos de corrupción que Tong consideraba dañinos para el futuro económico de Malasia. El dueño del periódico había amasado su propia fortuna y como no tenía que responderle a nadie, era una verdadera amenaza.

Tong era el sexto de los nueve hijos de un mecánico de automóviles chino malayo; creció en los sesenta y los setenta en la arenosa ciudad portuaria de Klang, no lejos de Kuala Lumpur. Su familia juntó lo suficiente para enviarlo a estudiar la universidad en Canadá, donde tiempo después obtuvo un título de maestría en finanzas y aprendió ciencias de la computación de forma autodidacta. A su regreso a Malasia en los ochenta, el joven se convirtió en analista de valores de una firma malaya y luego fue a trabajar en el banco británico Morgan Grenfell, donde ayudaba a tasar empresas. Sin embargo, era ambicioso e incansable, y para los noventa compró su propia empresa de valores y poco después adquirió una licencia completa para ejercer actividades bancarias.

La gente del amable y flexible mundo de los negocios malayos consideraba que Tong era un disidente, por lo que no tardó mucho en hacer enemigos. El joven banquero trajo el intercambio bursátil en línea a Malasia, y de esa forma evitó a otros corredores que llegaron a verlo como un peligroso advenedizo. A los administradores de fondos extranjeros, en cambio, les simpatizaba, lo que le permitió a Tong hacerse de una buena parte de sus negocios en Malasia. Su arrogante forma de ser, su obvia inteligencia y su desprecio por la mediocridad irritaba a los financieros que le debían el éxito a los años que llevaban creando lazos en el ámbito dominante.

Tong también era político pero le apostó al caballo equivocado. Se hizo amigo del carismático viceprimer ministro Anwar Ibrahim porque sintió que podría convertirse en el líder del país en poco tiempo, pero a finales de los noventa Anwar se enemistó con el primer ministro Mahathir Mohamad, quien había gobernado Malasia desde 1981. Cuando Anwar cayó y fue encarcelado porque se le imputó el cargo falso de haber sodomizado a su chofer (la sodomía es ilegal en Malasia), Tong se quedó perdido en la selva. En medio de rumores de que Mahathir se apoderaría de sus bienes, Tong regresó a Canadá y se transformó en un exitoso desarrollador inmobiliario en Vancouver, pero no podía quedarse mucho tiempo en el mismo lugar, así que cuando Mahathir bajó del poder en 2003, regresó a Malasia.

Mahathir había forzado a Tong a vender su banco, pero Tong seguía controlando *The Edge*, que ya tenía seguidores leales. Si bien la prensa no era precisamente independiente, por lo menos Malasia no era una dictadura, así que los editores del periódico aprendieron a presionar los límites de la libre expresión publicando artículos sobre corrupción sin perder su licencia. Algunos temas estaban prohibidos como, por ejemplo, las historias de corrupción sobre el primer ministro. Los editores siempre se enfocaron más en los negocios que en la política, y gracias a eso se habían mantenido del lado correcto del gobierno.

A finales de 2009 Tong empezó a oír rumores sobre 1MDB. Desde el principio los miembros de la élite malaya chismearon sobre la administración de Najib. Los diplomáticos malayos se quejaban de que tenían que organizar los viajes de compras de Rosmah cuando viajaba al extranjero, pero más recientemente Tong empezó a oír quejas más alarmantes. Los banqueros le dijeron que el fondo

Terengganu, predecesor de 1MDB, había vendido los bonos islámicos a un precio muy bajo. Eso significaba que quienquiera que los comprara podría revenderlos en el mercado y obtener una ganancia sustanciosa. Según los rumores, las empresas vinculadas con Low habían resultado beneficiadas. Este tipo de fraude era común en los mercados capitales de Asia, pero ahora, en las fiestas de coctel de Kuala Lumpur, la gente también hablaba de la abrupta forma en que Bakke renunció al consejo del fondo.

Tong era un visionario, no un hombre de detalles. Podía ser desorganizado, su oficina era un desastre lleno de papeles y objetos raros que por algún tiempo incluyeron un molino poco usado. Para implementar la cobertura de 1MDB se apoyó en Ho Kay Tat, un periodista veterano, editor de *The Edge*. La melena canosa, los lentes y las ganas de complacer de Ho, lo hacían parecer un abuelo a pesar de que sólo tenía cincuenta y tantos años. Debajo de su apariencia paternal, existía una gran tenacidad en la búsqueda de la verdad.

Ho había estado en *The Edge* desde los noventa y tiempo después se fue para ser director ejecutivo de *The Star*, un periódico alineado con el gobierno que tenía sus oficinas principales en Penang, el hogar de Low. Ahí, sin embargo, le costó trabajo lidiar con las constantes peticiones de que eliminara las historias negativas sobre las empresas relacionadas con la UMNO, y por eso aprovechó de inmediato la oportunidad de regresar como editor a *The Edge* en 2013.

Mientras los portavoces del gobierno como *The Star* y el *New Straits Times* publicaban artículos amables sobre la administración de Najib, *The Edge* adoptó una postura crítica bajo la dirección de Ho. Con el respaldo de Tong, Hog reunió un pequeño grupo de reporteros y empezó a buscar. En diciembre de 2009 *The Edge* publicó un artículo que incluía preguntas sobre 1MDB. ¿Por qué renunció Bakke al consejo directivo tan pronto después de la creación del fondo? ¿Por qué Terengganu Investment Authority vendió sus bonos a un precio tan bajo a pesar de ser una entidad estatal libre de riesgos? ¿Exactamente cuál era el propósito de 1MDB y qué estaba haciendo con el dinero?

Había un nombre que no aparecía en ningún lugar del artículo: Jho Low. Sin embargo, al malayo le perturbó el texto y empezó a hablar de manera extraoficial con los periodistas de *The Edge* para tratar de persuadirlos de que 1MDB era un vehículo genuino de inversión. Pasarían más de tres años antes de que el periódico empezara a descubrir la verdad. El secreto de Low seguía seguro por el momento, y de hecho, el malayo iba en peno ascenso.

15
Bienvenida a Nueva York

Los invitados, vestidos con smokings y trajes de noche, empezaron a subir a las habitaciones del hotel St. Regis, en la Quinta Avenida, en el centro de Manhattan. Era 16 de abril de 2010, era de noche, llovía y había viento, pero se vivía un ambiente animado en uno de los hoteles más estilizados de la ciudad. Najib y Rosmah, su esposa, estaban particularmente de buen humor. Algunos días antes el presidente Barak Obama le había otorgado a Najib una entrevista bilateral para hablar de temas como la cumbre de seguridad nuclear en Washington. Obama era el primer presidente negro elegido en Estados Unidos y se había convertido en un símbolo mundial, por lo que Najib sintió que la entrevista podría ser un nuevo amanecer para las relaciones entre ambos países.

Después de la reunión con Obama, Low recurrió a algunos de sus contactos para asegurarse de que la primera pareja malaya causara revuelo en su viaje, y la noche en el St. Regis fue la parte central de su plan. El anfitrión del evento fue el Business Council for International Understanding, una organización poco conocida establecida bajo el mandato del presidente Dwight Eisenhower para fomentar los lazos entre el mundo de los negocios y los líderes políticos. La noche en el St. Regis fue para honrar a Rosmah, ya que el consejo había decidido otorgarle el premio "International Peace and Harmony". De acuerdo con el consejo, el premio era en reconocimiento por su trabajo realizado con organizaciones de caridad para niños en Malasia.

Efectivamente, Rosmah había fundado una organización educativa para niños, pero fue financiada con dinero público, por lo que sus detractores en Malasia se preguntaron si el ministerio de Educación no habría sólo distribuido el dinero. Evidentemente, el consejo no hizo su tarea, pero Najib y Rosmah no tenían problema con ello. Aunque los premios de este tipo eran en esencia símbolos sin significado, eran fundamentales para gente como Rosmah que detestaba los rumores y habladurías respecto al origen de su dinero. Para presumir el premio, el gobierno malayo gastó cientos de miles de dólares en un anuncio de doble página en *The New York Times* que coincidiera con la visita de Rosmah y la frase: "Bienvenida a Nueva York". Y para asegurarse de que la fiesta en el St. Regis fuera un éxito, Low contactó a Sahle Ghebreyesus, el eritreo-estadounidense que arregló los detalles de la reunión del príncipe Turki con Najib en el *Alfa Nero*. El malayo invitó a un grupo de estrellas de Hollywood, muchas de las cuales difícilmente habrían asistido a una cena en honor a la esposa de un político asiático. El evento comenzó a las 6:30 p. m. con cocteles y una pasarela de moda islámica antes de que se sirviera la cena. Jamie Foxx, el actor y comediante, fue el maestro de ceremonias del evento. En el lugar hubo varias estrellas, como Robert De Niro y Charlize Theron, quienes causaron revuelo. Rosmah asistió con un sarong malayo tradicional y una blusa bordada holgada, ambos de color amarillo intenso; también usó un brazalete con incrustaciones de diamante alrededor de la muñeca y aretes brillantes. La esposa del mandatario estaba en éxtasis por la atención recibida.

La cena terminó aproximadamente a las 10:00 p. m. y entonces empezó la fiesta en forma. Cantó la estrella de pop Leona Lewis; Foxx subió a Rosmah arrastrándola al escenario, y ahí le cantó una versión coqueta de "You've Got a Friend", luego bailó con Najib. Más tarde, De Niro, Theron y otros se unieron a Foxx en el escenario para cantar "We Are the World", una de las canciones favoritas de Low. "Era como la mezcla de una boda, bar/bat mitzvah, dulces dieciséis, quince años, todo al mismo tiempo —escribió Wendy Brandes, diseñadora de joyería que estuvo presente—. Estaba impactada."

Algunos meses después De Niro aceptó una invitación de Rosmah y viajó a Malasia de vacaciones. Rosmah les dijo a los medios locales que quería que el actor conociera el país personalmente para que no creyera las historias negativas que había escuchado. Gracias a la extravagante forma de gastar de Jho Low y, tal vez, a la expectativa que tenían de encontrar una nueva forma de financiamiento, las estrellas de Hollywood comenzaron a notar a Malasia. Y una vez más, Low se había hecho indispensable. Al ver la forma en que organizaba visitas de Estado a Medio Oriente, y ahora que atraía el glamour de Hollywood, Najib y Rosmah llegaron a la conclusión de que podía hacer magia.

Él, sin embargo, tenía un objetivo más importante. Al embajador Otaiba le confesó que tenía la esperanza de fortalecer la relación de Najib con el presidente Obama. Durante años, los vínculos entre Malasia y Estados Unidos fueron tibios en el mejor de los casos. Mahathir Mohamad, el primer ministro anterior, siempre tuvo una actitud de confrontación con Estados Unidos: criticaba el "imperialismo occidental" y culpaba a los financieros "judíos" de la crisis financiera de finales de los noventa. A su vez, los gobiernos occidentales condenaron el encarcelamiento de Anwar Ibrahim por sodomía como una venganza política. En una visita oficial a Kuala Lumpur, el vicepresidente Al Gore instó a la "valerosa gente de Malasia" a presionar para alcanzar la democracia, lo cual enfureció a Mahathir. Para cuando Najib llegó al poder, ningún presidente en funciones de Estados Unidos había visitado Malasia desde que lo hizo Lyndon B. Johnson en los sesenta, cuando Estados Unidos estaba atrincherado en la Guerra de Vietnam.

En su reunión de abril de 2010 Najib se presentó con Obama como un animal completamente distinto. El primer ministro era un anglófilo autoproclamado y hablaba de fortalecer las reformas democráticas. En primera instancia, parecía ser uno de los líderes de la región en que Estados Unidos podía confiar. Se veía urbano, hablaba buen inglés y hacía el ruido apropiado respecto al islam, ya que recientemente había lanzado el Global Movement of Moderates (Movimiento Global de los Moderados), un esfuerzo para que los países islámicos del mundo condenaran la violencia islamista.

El presidente Obama estaba ansioso por liberar a Estados Unidos de las costosas guerras en Iraq y Afganistán, y deseaba cambiar el enfoque hacia Asia del Este, donde buscaba contrarrestar la influencia de China en esa zona económica de rápido crecimiento. En un discurso en Australia el año siguiente, Obama señalaría este pivote a Asia. El presidente y sus asesores de la Casa Blanca veían a Najib, y a los líderes de Indonesia, Japón, Corea del Sur y Australia, como elementos clave en esta labor.

Era un buen comienzo y Low haría todo lo que pudiera en los próximos años para asegurarse de que Najib y el presidente estadounidense se volvieran aún más cercanos.

16
Productos mierda de porquería

WASHINGTON, D. C., ABRIL DE 2010

Cuando Najib visitó Nueva York, Estados Unidos se encontraba sumido en una turbulencia política. La crisis financiera que se originó en ese país se había extendido a Europa y provocado que millones de personas se quedaran sin trabajo y sin hogar, lo que causó una intensa recesión e inspiró las protestas de gente que gritaba: "Occupy Wall Street" (Ocupemos Wall Street). El enojo en los bancos de Wall Street, que, en muchos casos, prosperaron durante la crisis, era palpable.

A finales de abril, Lloyd Blankfein, alto ejecutivo de Goldman, trataba de permanecer en calma mientras contestaba las iracundas preguntas de los senadores de Estados Unidos respecto al papel que el banco de Wall Street tuvo en el colapso financiero. El senador Carl Levin, un demócrata de Michigan que dirigía un subcomité senatorial que pasó 18 meses revisando las acciones de Goldman, quería saber por qué el banco les vendió a sus clientes valores respaldados por hipotecas *subprime* tóxicas contra las que apostó al mismo tiempo. Levin ofreció un ejemplo tras otro de tratos que Goldman les vendió a los clientes, y que los mismos banqueros describieron de forma privada en correos electrónicos como "mierda" y "de porquería".

"Esto es un verdadero dilema ético", dijo Levin con aire hostil, sentado frente a Blankfein. Mientras tanto, en la galería pública los manifestantes vestidos con overoles falsos de convictos levantaban letreros rosas con la palabra "VERGÜENZA" y fotografías de la cabeza de Blankfein incrustada en palos.

A mediados de los años 2000, las ganancias de Wall Street se elevaron debido a un auge en el mercado inmobiliario de Estados Unidos provocado porque los estadounidenses habían estado solicitando préstamos bancarios para comprar casas con un enganche bajo o sin enganche. Los bancos tomaron estas hipotecas de baja calidad conocidas como préstamos *subprime* y las empacaron como valores que luego les vendieron a los grandes fondos de inversión.

En Goldman, tanto Blankfein como Gary Cohn, presidente del banco que tiempo después se convertiría en el asesor económico principal del presidente Donald Trump, impulsó los productos de deuda *subprime* que el banco siguió vendiendo en medio de la crisis. Sin embargo, cuando Goldman temió un colapso en el precio de las casas porque muchos estadounidenses ya no fueron capaces de seguir pagando las mensualidades de sus hipotecas, tuvo que apostar en contra del mercado, estrategia que más adelante se llegaría a conocer como el "Big Short".

En 2007, cuando la burbuja inmobiliaria de Estados Unidos estalló, estos valores *subprime* también colapsaron. En menos de un año, las pérdidas relacionadas con los tóxicos préstamos *subprime* provocaron que Bear Stearns y Lehman Brothers colapsaran, lo cual desencadenó una crisis financiera que ya no tenía remedio. El gobierno de Estados Unidos tuvo que intervenir y rescatar a los bancos con 700 mil millones de dólares.

El director de Goldman, vestido con traje gris y corbata color rojo quemado, trató de eludir los iracundos cuestionamientos del senador Levin y argumentó que algunos clientes como los bancos grandes y los fondos institucionales, seguían creyendo en 2007 que el mercado inmobiliario era fuerte. Según dijo, no era culpa de

Goldman que esos clientes desearan adquirir valores relacionados con préstamos *subprime* para comprar casas.

"Querían tener un valor que les diera exposición al mercado inmobiliario —dijo Blankfein—. Fue desafortunado que el mercado se desplomara."

Goldman no operaba las sucursales bancarias minoristas cuyos clientes son en gran parte empresas, gobiernos, fondos de pensión, individuos con alto valor neto y otros bancos. Sin embargo, Blankfein se estaba convirtiendo en la imagen por excelencia de la codicia del sector financiero. El colapso del mercado inmobiliario dejó a muchos estadounidenses desposeídos. La ganancia de Goldman, en cambio, se disparó y alcanzó el récord de 13 mil 400 millones en 2009. El senador John McCain, un republicano de Arizona, le pidió a Blankfein que le hablara a la gente en la sala sobre su bono de ese año. Evidentemente incómodo, el ejecutivo tartamudeó antes de responder: fue un bono de nueve millones.

El banco de 140 años de antigüedad estaba a la defensiva. La Comisión de Bolsa y Valores de Estados Unidos, una institución que hace cumplir las leyes de valores y regula la industria, demandó a Goldman por guardarse información sobre un banco alemán al que le vendió productos de hipotecas *subprime*. Un joven corredor de Goldman llamado Fabrice Tourre, quien se refería a sí mismo en los correos como el "Fabulous Fab", había hablado respecto a venderles el producto conocido como Abacus, a "viudas y huérfanos". Tres meses después de la aparición de Blankfein en el Congreso, Goldman llegó a un acuerdo con la Comisión de Bolsa y Valores por 550 millones, la penalización más grande pagada por una firma de Wall Street en un caso civil. La empresa se disculpó por dar "información incompleta" a sus clientes, pero no admitió haber hecho algo malo.

Más adelante el senador Levin solicitó que se le hiciera una investigación criminal a Goldman, pero el Departamento de Justicia de Estados Unidos decidió no sostener los cargos, lo cual se sumó a la sensación de que los banqueros de Wall Street se fueron muy tranquilos y sin castigo a pesar de la crisis que provocaron. A pesar de que ninguno de los altos ejecutivos de Goldman fue sancionado, a partir de entonces los bancos estuvieron bajo un escrutinio no visto anteriormente. En 2010 el Congreso aprobó la legislación Dodd-Frank, una serie de leyes que se redactaron como respuesta a la crisis financiera.

La Regla Volcker, propuesta por el antiguo presidente de la Reserva Federal, Paul Volcker, les impedía a los bancos cualquier acción de comercio especulativo que no beneficiara a sus clientes. La idea era que este tipo de actividad —apostarle a riesgosos valores *subprime*— desestabilizaba al sistema financiero y dañaba a los ahorradores comunes y a los dueños de casas. Los bancos realizaron maniobras defensivas en el Congreso, por lo que la regla se suavizó, permitió ciertas inversiones y, además, pasaron años antes de que entrara en vigor. De cualquier manera, los bancos de Wall Street tuvieron que dejar de actuar como los fondos de cobertura que hacen inversiones inmobiliarias usando el dinero de individuos acaudalados, y empezar a ver por los intereses de sus clientes independientemente de si se trataba del propietario de una pequeña casa o de una corporación multinacional.

Estas nuevas restricciones, en conjunto con la anémica economía estadounidense, las tasas de interés bajas y una bolsa de valores debilitada, hicieron que Blankfein redoblara sus esfuerzos en los mercados emergentes. China continuó creciendo con índices de dos dígitos, y las economías de Brasil, Rusia e incluso la pequeña Malasia, le siguieron el paso. Poco después, en 2010, mientras Goldman se lamía las heridas del daño que la crisis le había causado a su reputación, Blankfein ofreció un discurso en el que dijo que la oportunidad más grande para el banco radicaría en ser "Goldman Sachs en más lugares".

En 2010, cuando Goldman estaba tratando de aumentar sus negocios en mercados emergentes, un banquero italiano de 37 años llamado Andrea Vella llegó a Hong Kong. Vella fue estudiante de ingeniería, tenía cabello canoso cortado al ras, complexión robusta y un rostro belicoso. Era un banquero persuasivo y confiado; sus colegas creían que era capaz de convencer a cualquiera de pensar como él, o de casi cualquier otra cosa. Vella también era especialista en estructuración de producto, es decir, era experto en derivados complejos, justamente como los que Goldman esperaba vender en lugares como Malasia.

Entre algunos colegas Vella tenía la reputación de ser un individuo que se enfocaba en clientes poco sofisticados que, sin dudarlo, pagarían enormes cantidades para recibir la asesoría experta del banco. Un año después de unirse a la oficina de Goldman en Londres, en 2007, empezó a supervisar la relación del banco con Autoridad Libia de Inversiones, un nuevo fondo soberano de inversiones establecido por el gobierno de Muammar Gadafi.

Vistos desde una perspectiva simple, los derivados son productos financieros cuyo valor está vinculado a una serie subyacente de activos. Los derivados pueden ayudarles a los negocios a emparejar fluctuaciones en los precios. Por ejemplo, si una empresa quisiera protegerse de una caída en el precio de un insumo, podría comprar un tipo de derivado llamado contrato anticipado, el cual permite vender a un precio fijo en el futuro. Como se pudo ver en la crisis *subprime*, los derivados también podían ser peligrosos porque les permitían a los inversionistas hacer apuestas fuertes impulsadas por la deuda, en la dirección en la que se dirigían los precios, que en este caso era hacia los valores respaldados por hipotecas. Este mecanismo no representaba mayor problema cuando la apuesta producía una recompensa, pero si los mercados se movían en una dirección inesperada, también podía provocar una cascada de pérdidas.

Los clientes libios de Vella querían acumular una participación en los bancos estadounidenses, de la misma manera que lo hicieron los fondos de Medio Oriente en medio del caos de la crisis financiera. Sin embargo, los administradores del fondo no entendían realmente los derivados. Vella le pidió a un colega con menos experiencia que manejaba la relación con Libia en el territorio de este país que se enfocara vigorosamente en la comercialización. "A menudo no saben lo que quieren o necesitan, tenemos que interpretar sus confusas palabras y mostrarles lo correcto. Enfócate en eso", le dijo Vella a su colega en un correo electrónico.

Goldman diseñó un derivado complejo respaldado por acciones en Citigroup y otras empresas. Los derivados se estructuraron de tal forma que Lybian Authority recibiera grandes ganancias si las acciones de Citigroup subían, pero, naturalmente, también tenían un riesgo mucho más significativo. Cuando la crisis financiera recrudeció, las acciones se desplomaron y Lybian Authority terminó perdiendo más de 1 000 millones de dólares. Luego demandó a Goldman en una corte londinense con el argumento de que sus ejecutivos no entendían lo que habían comprado, pero no tuvo éxito. Goldman no reveló cuánto ganó por colocarse al otro lado de la transacción, pero Lybian Authority afirmó que fueron más de 200 millones.

George Jabbour, un banquero de Goldman en el trato libio que fue despedido durante la crisis financiera, estaba entre varios de los antiguos colegas de Vella que dijeron que era un banquero inclemente en lo referente a las cantidades de dinero que les cobraba a los clientes "estúpidos".

"La única manera en que puedes tener ganancias es con un sobreprecio porque, ¿cómo puedes hacer dinero con un fondo de cobertura que sí sabe lo que está sucediendo?", dijo Jabbour.

En 2010, después de la debacle libia, Vella fue a Hong Kong para dirigir en Asia los negocios de finanzas estructuradas del banco de inversión para el que trabajaba. Poco después hizo equipo con otro de los banqueros más ambiciosos de Goldman que trabajaban en Asia: el doctor Tim Leissner.

El enfoque de Goldman en los mercados emergentes había sido un éxito para Leissner. De pronto, Malasia ya no era un mercado oscuro y misterioso para los jefes del banco en Nueva York. Desde que asesoró al fondo predecesor de 1MDB, el banquero alemán había estado buscando maneras de conseguirle a Goldman honorarios generosos por medio de la asesoría que le daba al fondo para que recaudara dinero o comprara activos. No se veía un trato en el futuro inmediato porque la recaudación de fondos inicial la manejaban los bancos malayos, pero Leissner estaba sentando las bases para que Goldman estuviera en la primera fila entre sus rivales de Wall Street.

En el verano de 2010 hizo los movimientos necesarios para que la hija de 25 años del embajador de Malasia en Estados Unidos, aliado cercano de Najib, realizara una breve pasantía en Goldman Sachs en Singapur. También empezó un corto romance con ella, y la gente del banco habló muchísimo de su relación. La pasantía era riesgosa porque se podía entrar en conflicto con la Ley de Prácticas Corruptas en el Extranjero de Estados Unidos de 1977, la cual les prohíbe a las empresas pagar sobornos de cualquier tipo a funcionarios extranjeros para que hagan negocios, sin embargo, la chica completó su estancia en la oficina del banco en Singapur. Pocas personas fuera de la institución se enteraron del asunto, y si algo inadecuado sucedió en la pasantía, no hubo ninguna acción en contra de Goldman.

Algunas semanas después, 1MDB accedió a pagarle a Goldman un millón de dólares para que lo asesorara en el plan que tenía de comprar una presa hidroeléctrica en Sarawak, aquel estado cubierto de bosque lluvioso, a cuyo primer ministro, Taib Mahmud, estafó Low. El dinero era cualquier cosa, al igual que los honorarios que Leissner generó por asesorar la formación de Terengganu Investment Authority. Al final, Goldman no obtuvo nada porque el trato no se llevó a cabo, pero existía la promesa de que habría más.

Mientras tanto, Leissner se concentró en fortalecer sus contactos en Sarawak. En 2009 el banquero alemán tuvo una relación con la sobrina de Taib. Leissner incluso les contó a sus colegas que había adoptado el nombre musulmán de Salahudin como parte de la conversión al islam que llevó a cabo antes de un matrimonio arreglado que nunca se materializó. Al final la pareja rompió, pero los negocios malayos de Goldman continuaron sin interrupciones.

A pesar de que el proyecto de la presa se vino a pique, Goldman detectó otras oportunidades en Sarawak. El gobierno del estado estaba buscando efectivo para desarrollar proyectos de energía renovable y un centro de exportación de aceite de palma. Quería recaudar fondos a través de la emisión de un bono internacional, así que Leissner se llevó este negocio en potencia a Hong Kong, donde estaban las oficinas regionales de Goldman. Ahí, Andrea Vella empezó a trabajar en el procedimiento que usarían para recaudar el capital.

El gobierno de Sarawak vendió 800 millones en bonos, pero en lugar de convocar a inversionistas que normalmente habrían sido grandes fondos mutualistas o de pensiones, Goldman compró toda la emisión del bono, y después empezó a buscar a posibles compradores. Vella hizo que Goldman realizara las compras a través de un buró de intercambio conocido como Principal Funding and Investing Group (PFI). El buró PFI diseñaba recaudaciones de fondos complejas y estuvo involucrado en algunos de los tratos más rentables de Goldman, incluyendo intercambios de seguros durante la crisis *subprime* con American International Group.

Estos intercambios arcanos tuvieron recompensas gracias a un desplome en los precios de las casas, lo cual ayudó al buró PFI a embolsarse aproximadamente 2 000 millones de dólares. Toby Watson, un banquero de Goldman especializado en derivados, fue enviado a Asia después de la crisis para abrir un puesto remoto del buró PFI en Hong Kong, como parte de la estrategia para los mercados emergentes de Blankfein. Antes de la crisis el buró había pedido prestados unos 20 mil millones de dólares a otros bancos, con lo que aseguró precios súper bajos, y ahora estaba rastreando maneras de utilizar esta enorme cantidad de dinero en Asia. Si el buró llegaba a encontrar inversiones que pagaran más que sus costos de interés por el dinero, entonces tendría ganancias.

Efectivamente, el banco le hizo un cheque a Sarawak, lo que le permitió al gobierno del estado echarle las manos encima al dinero en efectivo de inmediato y sin tener que recorrer el camino necesario para atraer inversionistas, y a cambio, Goldman obtuvo los bonos a un precio bajo y después se los pudo vender a inversionistas. Para cuando el banco hubo descargado toda la emisión en inversionistas institucionales —fondos mutualistas y de pensiones—, obtuvo una ganancia de 50 millones de dólares por el trato, la cual era mucho mayor que la tarifa de un millón que los bancos asiáticos, estadounidenses y europeos cobraban por venderles bonos a los gobiernos en la región. Esta labor se consideraba sencilla e inocua porque, en parte, es menos probable que fallen los gobiernos que las empresas.

La enorme ganancia fue un gran logro para Goldman, pero el trato también atrajo la atención de Global Witness, un comité de vigilancia internacional que cuestionó el hecho de que un importante banco de Wall Street hiciera negocios con un gobierno conocido por su corrupción y crímenes ambientales. En uno de sus reportes, Global Witness afirmó que algunos de los contratos financiados por los bonos serían para los familiares del primer ministro Taib, lo cual explicaría por qué el gobierno quería el dinero con tanta prisa y por qué estaba dispuesto a pagar de más.

La transacción en Sarawak fue la primera en que Leissner, el banquero de relaciones, y Vella, el genio de los derivados, unieron fuerzas para ofrecerle a un cliente una cantidad importante de dinero de una manera discreta y veloz, al mismo tiempo que se generaban enormes ganancias para Goldman. Esta fórmula sería esencial para la futura relación del banco con 1MDB.

Leissner trabajó en otros proyectos, pero se mantuvo en contacto con Jho Low, con la esperanza de que Goldman pudiera servir como asesor en una adquisición importante de 1MDB. Sin embargo, Low tenía la cabeza en otro lugar porque como sus contactos de Hollywood habían impresionado a Najib y a Rosmah, ahora se enfocaría en convertirlos en una oportunidad de negocios.

17

Mi buen amigo Leo

La intensa música house retumbaba en el área VIP de Taboo, uno de los clubes nocturnos más importantes de Johannesburgo. La capital financiera sudafricana estaba en medio de las finales de la Copa Mundial de futbol, de la cual era anfitriona, y estaba repleta de visitantes. El club desbordaba gente. Aimee Sadie disfrutaba de la velada, montada en un banquillo alto de diseñador fabricado con plástico transparente, en el bar principal decorado con detalles dorados.

Después de tomar algunos tragos, la empresaria y personalidad de televisión se sorprendió al ver que un amigable estadounidense de traje se le acercaba. Era Joey Mcfarland, el agente de talentos, amigo de Paris Hilton.

"¿Te gustaría acompañarnos en la sección VIP? Leonardo DiCaprio está ahí y te ha estado viendo", le dijo McFarland a Aimee.

Emocionada por la invitación, la joven acompañó a McFarland y pasó al otro lado de la cuerda de terciopelo de la sección VIP en la parte trasera del club, donde DiCaprio y su grupo pasaban el rato. El actor vestía casualmente, con pants deportivos y gorra de beisbol; estaba reclinado en el sofá fumando un puro enorme. McFarland, quien dijo que trabajaba con DiCaprio, se lo presentó a Sadie, y ellos estrecharon manos. No obstante, el actor no se veía muy impresionado, sólo permaneció desparramado en el sofá sin hablar mucho. Otros bailaron y tomaron bebidas de la mesa, en donde había vodka, Red Bull, jugo de arándano y Chivas Regal.

Algunos días antes, Low había hecho arreglos para la sección VIP. Se presentó como un hombre de negocios de Malasia, y al dueño del club le pareció que se veía ansioso por separarse de una cantidad espectacular de dinero. En la noche, mientras el grupo estaba sentado, conversando y bailando, McFarland le pidió a Sadie que fuera con ellos a un safari de tres días en el Parque Nacional Kruger, y que después los acompañara de vuelta a Johannesburgo para ver la final de la Copa Mundial. Como a la medianoche, McFarland, Low y los otros se dirigieron a sus suites en el lujoso hotel Westcliff, un pequeño grupo de edificios sobre una colina boscosa. Antes de que el grupo se fuera del club, McFarland le pidió a Aimee su número y luego la llamó del hotel para preguntarle si quería unirse a ellos en el *after-party*, pero ella rechazó cortésmente la invitación. A pesar de lo atractivo de la presencia de DiCaprio, a Aimee le pareció un poco extraño el grupo, sentado en un rincón triste con su inmensa comitiva de seguridad.

En los pocos meses que llevaba McFarland de conocer a Low, desde su primer encuentro en Whistler, se volvieron buenos amigos, pero la relación era jerárquica. Low empezó a llamar al originario de Kentucky *McCookie*, apodo que tenía que ver con lo mucho que le gustaban a McFarland las cosas dulces, y también lo trataba como a un hermano menor a pesar de que McFarland era como 10 años mayor. En su trabajo como agente de talentos, el estadounidense había acumulado muchísimos números en su agenda, por lo que podía hacerle favores a Low, entre ellos, organizar una fiesta con *Playmates* de *Playboy* para Fat Eric, su socio malayo.

Low y McFarland también empezaron a hablar seriamente respecto a establecer una productora fílmica en Hollywood junto con Riza Aziz, el hijastro del primer ministro Najib, pero para eso necesitaban acercarse más a actores y directores de importancia.

A principios de 2010 Riza aprovechó el contacto de Low con Jamie Foxx, y el agente del actor empezó a presentar al hijastro del primer ministro en todo Los Ángeles, y a contarles a los peces gordos de la industria que había inversionistas asiáticos con 400 millones de dólares para hacer películas.

Con cantidades como ésa, y con Foxx como amigo, no fue difícil abrirse puertas. Riza consiguió una reunión con Avi Lerner, productor independiente, dueño de Millennium Films, la empresa que acababa de hacer *Righteous Kill* con Al Pacino y Robert De Niro. Con él habló de la posibilidad de cofinanciar una película en la que tal vez los protagonistas serían Foxx y Bruce Willis. El proyecto no llegó a ningún lado, pero algunas semanas después, Joe Gatta, ejecutivo de Millennium, conoció a Riza y a McFarland y los persuadió de fundar su propia productora fílmica. El trío de Riza, Low y McFarland empezó a planear su siguiente movimiento; sabían que tenían un as bajo la manga: su floreciente relación con DiCaprio, una de las estrellas más rentables del planeta.

Pero DiCaprio realmente no necesitaba los favores, no le interesaba el viaje en avión rentado a Sudáfrica ni el palco en las finales de la Copa Mundial. Su nombre era conocido en todo el mundo desde principios de los noventa, y al igual que muchas celebridades, veía ese tipo de beneficios gratuitos como privilegios de la fama. Sin embargo, Low se diferenciaba de otras personas que pasaban el tiempo en Hollywood gracias simplemente a la enormidad de su riqueza y a su disposición a gastarla. Por ahí había muchos que querían ser productores, pero ninguno despilfarraba el dinero por todos lados como Low.

A Jamie Foxx y Paris Hilton, que ya eran acaudalados desde cualquier perspectiva, Low les ofrecía jugosos honorarios para ser maestros de ceremonias o para aparecer en eventos. En el caso de DiCaprio, el malayo ofrecía la posibilidad de independizarse del grupo conocido de estudios de Hollywood. Aunque DiCaprio pertenecía a la realeza hollywoodense y era dueño de una productora llamada Appian Way, todavía tenía que someterse a la voluntad de los poderosos ejecutivos de los estudios, y esta dinámica de poder había quedado en evidencia con la falibilidad de sus planes para filmar *El lobo de Wall Street*.

En 2007 DiCaprio le ganó una guerra de ofertas a Brad Pitt por los derechos sobre las memorias de Jordan Belfort. En los años ochenta y noventa, Stratton Oakmont, la empresa de Belfort, les había vendido acciones que valían centavos a individuos comunes y corrientes, y a inversionistas institucionales, y de esa forma los defraudó por decenas de millones de dólares. Por algún tiempo Belfort tuvo éxito y en sus oficinas de Long Island ofreció fiestas salvajes en las que había cocaína y prostitutas. Según se cuenta, en una de esas fiestas sus empleados jugaron un juego en el que lanzaban enanos vestidos con trajes de velcro hacia una diana adherente gigante (historia que inspiró a Low a contratar a los Umpa Lumpas que se presentaron en la celebración de su cumpleaños en 2012). En 2004 Belfort fue sentenciado a pasar cuatro años en la cárcel por fraude con valores, y se le ordenó que les devolviera su dinero a los inversionistas, pero salió libre 22 meses después y empezó a escribir sus memorias.

El resultado fue *El lobo de Wall Street*, una historia que era en parte ficción, y que según los fiscales, agrandaba el papel de Belfort en la empresa y disminuía el daño sufrido por las víctimas. Incluso el título era una exageración, ya que la firma de Belfort ni siquiera estaba en los límites de la ciudad, sino a varios kilómetros de Manhattan, y además, la gente no se refería a él de manera general como "el lobo de Wall Street". A pesar de todo, Belfort intrigaba a DiCaprio, quien ya había filmado *Atrápame si puedes*, una película sobre el genio impostor Frank Abagnale Jr., y que en 2010 estaba a punto de firmar para encarnar a Jay Gatsby en la versión de Baz Luhrman de *El gran Gatsby*.

Hollywood estaba obsesionado con los financieros varones codiciosos —desde *El poder y la avaricia* (*Wall Street*), la película de los ochenta, hasta *Psicópata Americano* y *El nuevo sueño americano* (*Boiler Room*)—, y el público siempre había acogido con gusto estas representaciones de los financieros volviéndose locos. No obstante, el guión que Terence Winter, escritor para *Los Soprano*, había escrito basándose en las memorias de Belfort, llevaba estas representaciones a un nivel completamente nuevo. La historia estaba tan llena de libertinaje crudo, que a los ejecutivos del estudio que estaba desarrollando la película en Warner Bros, les dio miedo y se echaron para atrás en 2008. Supusieron que el público que iría a ver una película clasificación *R* no sería suficiente para recuperar los 100 millones de dólares que se necesitaban para producirla.

Martin Scorsese, el legendario director que ya había trabajado con DiCaprio en varios proyectos, se sentía frustrado. A pesar de que estaba en la cima de su carrera debido a que recientemente había obtenido un premio Oscar por dirigir *Los infiltrados*, no podía controlar las decisiones de los estudios. Llevaba cinco meses haciendo anotaciones en el guión de Winter como preparación para filmar la película, pero se quejaba con gente de la industria y le decía que era un desperdicio de tiempo. En medio de este callejón sin salida, Jho Low apareció en la órbita de DiCaprio. El dinero del malayo ofrecía una alternativa que les podría proveer al actor y al director el santo grial de Hollywood: financiamiento inagotable y control artístico absoluto.

En septiembre de 2010, Riza Aziz y Joey McFarland establecieron Red Granite Productions, que más adelante cambiaría su nombre a Red Granite Pictures. Al principio operaron desde una suite con varias habitaciones del hotel L'Ermitage en Beverly Hills. Aziz fue nombrado presidente y McFarland vicepresidente, pero como de costumbre, Low no asumió ningún puesto oficial y dejó que el manejo cotidiano de la empresa lo llevaran a cabo otros: él sólo era el dinero secreto. Poco después la empresa anunció que había contratado a varios ejecutivos de Millennium Films para que dirigieran la producción, y entre ellos se encontraba Joe Gatta. Desde el primer día las finanzas se manejaron con discreción. McFarland le informó al personal que Low era un inversionista, pero que tanto él como Riza y el mismo McFarland permanecerían en el anonimato.

"Por eso contratamos a gente como ustedes", les dijo McFarland a los ejecutivos de Red Granite.

Algunos meses después estuvieron listas las oficinas de la productora fílmica que, por cierto, se estableció en el mismo edificio en Sunset Strip donde se ubicaba Appian Way, la productora de DiCaprio. No fue una coincidencia. "Eligieron estar en el mismo edificio que DiCapro porque querían estar cerca y hacer negocios con él", dijo el ejecutivo de Red Granite.

El plan era coproducir *El lobo de Wall Street*, así que Red Granite compró los derechos de la película basada en las memorias de Jordan Belfort por un millón de dólares. De pronto Low ya no era simplemente un individuo que ofrecía fiestas sensacionales, gracias a McFarland y a Aziz se convirtió en uno de los jugadores de Hollywood.

18
El desfile de botellas
de dos millones de euros

SAINT-TROPEZ, FRANCIA, JULIO DE 2010

Era Fleet Week en Saint-Tropez y los superyates de todo el mundo se peleaban por conseguir un lugar en los embarcaderos de la marina de la localidad. En julio y agosto, la gente más rica del mundo abarrota este centro vacacional de la Riviera Francesa ubicado alrededor de un antiguo y laberíntico pueblo medieval con casas color ocre e iglesias antiquísimas. La gente llega al lugar en parvadas para asistir a fiestas en los yates, disfrutar en los bares de la localidad y parrandear durante el día en los clubes cercanos a la playa Pampelonne.

Los turistas que caminan a lo largo del muelle Jean Jaurès miran embobados los yates atracados precisamente junto a la hilera de cafés. Durante este despliegue anual de riqueza concentrada que no se puede ver en ningún otro lugar, equipos de jóvenes marineros de cubierta corren por todos lados puliendo las balaustradas, y los observadores tratan de ver quién está a bordo de los yates. Para mucha gente, estas embarcaciones representan el pináculo del éxito, sin embargo, las verdaderas fiestas de Saint-Tropez se llevan a cabo lejos de las hordas de turistas. Mientras la gente común y corriente se queda atrapada en espantosos embotellamientos tratando de llegar al pueblo que se encuentra donde termina la península, a los consentidos se les transporta en esquifes motorizados. Las noches más increíbles tienen lugar en los yates en el mar o en los exclusivos clubes de la localidad, donde las celebridades de más alto nivel conviven con los multimillonarios.

El más ilustre de todos es el Les Caves du Roy, un club que ha formado parte de la escena de las fiestas mundiales desde los años sesenta. El club está situado en el sótano del hotel Byblos, a unos cientos de metros del puerto, y cada centímetro de construcción esta cubierto de oro. Hay columnas doradas que terminan en olas acanaladas, una parodia del estilo corintio que se supone que evoca la champaña estallando al salir de la botella. La pista de baile es dorada, al igual que las mesas donde hay cuencos de cocteles, también cubiertos con hoja de oro. Ni siquiera habían pasado dos semanas desde la final de la Copa Mundial en Sudáfrica cuando, en este lugar, el 22 de julio, ya tarde, Jho Low se involucró en una guerra de apuestas.

El malayo había llegado a la localidad algunos días antes, todavía acompañado de Paris Hilton, y navegando en el *Tatoosh*, un superyate de poco más de 92 metros, con 10 cabinas, alberca y helipuerto, el cual le pertenecía a Paul Allen, cofundador de Microsoft. Esto sucedió en la época de los desfiles de botellas, un evento que inventaron los clubes para lograr que las "ballenas" gastaran todavía más dinero al ordenar muchas botellas magnum de champaña, o incluso botellas gigantes. Si la orden era suficientemente grande, las chicas de las botellas que por lo general eran modelos tratando de ganar algo de dinero adicional, traían la champaña con luces de bengala mientras el DJ musicalizaba el momento y alababa al comprador. De hecho, en Nueva York, los despilfarros de Low habían ayudado a popularizar estos desfiles.

Pero incluso para los estándares de costumbre, el desfile de botellas de esa noche sería obsceno. Vestido con camisa polo negra con cuello a cuadros, pantalones de vestir grises y un Rolex, Low se involucró en una batalla con Winston Fisher. La familia de Fisher se dedicaba a los bienes raíces en Nueva York, y esa noche lucharon por demostrar quién estaba dispuesto a pagar más por la champaña Cristal. Un año atrás, antes de que Low le echara encima la mano a la tremenda cantidad de dinero que obtuvo, había perdido precisamente en ese mismo lugar durante una guerra similar de apuestas con un multimillonario belga de origen paquistaní, pero eso no volvería a suceder.

Los juerguistas observaban asombrados mientras un maestro de ceremonias supervisaba la cada vez más intensa guerra de opulencia, y Low y Fisher se iban alcanzando conforme las apuestas aumentaban. Al no ver señales de que el malayo se fuera a retirar, Fisher tuvo que rendirse. La cuenta fue anunciada en el sistema de sonido, pero los asistentes a la fiesta no podían creer lo sucedido. Low acababa de gastar dos millones de euros en champaña, una cantidad de alcohol que ni siquiera bebiendo durante una semana podrían ingerir todos los presentes en el club.

Mientras el personal iba presentando frenéticamente una botella tras otra de champaña, incluyendo botellas gigantes y más viejas que Matusalén, el grupo de Low, conformado por rusos, árabes y kazajos adinerados, vitoreaba encantado. Paris Hilton, con vestido azul corto con lunares blancos, pendientes azules y barniz de uña rosa, se paró en una mesa cerca de una columna dorada, abrió una botella y empezó a rociar a Low y a los otros con champaña. Low, con el rostro rojizo y cubierto de sudor, fue fotografiado con la cabeza apoyada en el hombro de Paris.

Días después visitaron otro club y participaron en otro desfile de botellas. Cuando apareció la champaña con luces de bengala, se escucharon los temas musicales de *Rocky* y *La guerra de las galaxias* a todo volumen. Low asumió el control cuando le entregaron un micrófono y empezó a darles instrucciones a los meseros para que toda la gente del club recibiera una botella. "Arabia Saudita está en la caaaaaasa", gritó, mientras Paris Hilton bailaba y lo abrazaba desde atrás. Estaba tan ebria que otros asistentes a la fiesta tuvieron que sostenerla. Tanto ella como Low, quien llevaba un sombrero fedora blanco, estaban empapados en champaña; y los guardias de seguridad, con cara de angustia, sólo trataban de hacer espacio alrededor de ambos.

Como lo expresó un amigo kuwaití del malayo, Low era un experto en hacer a la gente sentir que pertenecía al círculo más exclusivo, pero en medio de toda la parranda, también era difícil llegar a conocerlo, y más bien se manejaba como maestro de ceremonias. Este amigo llegó a creer que, más que divertirse genuinamente, Low sólo formaba parte de una broma de opulencia.

"Se sentía falso, como si nada más estuviéramos ahí para hacer lo necesario, divertirnos y lucir geniales como grupo", comentó.

El espectáculo en Saint-Tropez obtuvo una amplia cobertura por parte de los paparazzi, y los reporteros de chismes especularon que Low era el novio más reciente de Paris. Aunque en las fiestas parecía ser bastante cercano a ella, a sus amigos les dijo que nunca se involucraron físicamente. La mujer que había capturado su imaginación era otra.

El Rolls-Royce apareció en el Atlantis the Palm de Dubái, un altísimo hotel ubicado en una de las islas de la ciudad. Estas islas eran en realidad una serie de masas terrestres artificiales que desde el aire se veían como hojas de palmera en el mar. El edificio principal estaba construido alrededor de un arco gigante de estilo árabe, tenía muchas albercas y vistas de 360 grados del golfo Pérsico. Era un lugar decadente, pero algunos meses después de sus vacaciones en Francia, Low se apropió de parte de la playa privada de este centro vacacional para llevar a cabo una elaborada ceremonia. En el Rolls-Royce lo acompañaba Elva Hsiao, una estrella de pop taiwanesa de 31 años. Low, con pantalones blancos, camisa color azul claro y zapatos tipo mocasín de piel sin calcetines, escoltó fuera del automóvil a la cantante, quien también vestía informalmente: falda a rayas y sandalias. La pareja permaneció de pie abrazándose a la altura de la cintura mientras Low señalaba unas velas que habían sido colocadas en la playa para formar un corazón gigante, y detrás de las cuales se veía un despliegue de luces que formaba las letras de sus nombres.

Luego el malayo condujo a Elva hasta una larga mesa cubierta de flores y más velas. La mesa estaba sobre una plataforma elevada, y detrás de ella los planeadores habían erigido una pantalla con un intrincado tallado. La pareja comenzó a cenar el menú de degustación con varios tiempos; una arpista rubia con vestido de noche azul tocó junto a la mesa y luego cambió el arpa por un violín con joyas incrustadas. Hsiao se reía nerviosamente. Low la rodeó con el brazo con rigidez, y conversaron muy poco.

Luego llegó el momento del gran final. De pronto apareció un helicóptero cerniéndose en la distancia, y cuando se acercó a la playa, dos hombres se lanzaron de él en paracaídas. Ambos vestían esmoquin y corbata de moño. Aterrizaron en la playa, dentro del corazón formado por las velas, se quitaron los paracaídas y caminaron hasta la mesa. Ahí, le entregaron sonriendo una caja a Elva. En el interior había un collar Chopard del que colgaba un pendiente de diamantes y oro. Después de la cena la pareja vio un despliegue especial de juegos pirotécnicos que fue lanzado desde un barco atracado junto a la isla.

Fue una exhibición de amor llena de clichés risibles y pensada con mal gusto, pero conforme la ostentación se fue acumulando, Elva incluso tuvo que enjugar una lágrima. Según los reportes, el montaje del evento costó más de un millón de dólares, y solamente se trataba de una cita, no de una propuesta matrimonial.

Resulta que Low ya tenía novia, una mujer llamada Jesselynn Chuan Teik Ying, cuyo padre era propietario de un restaurante de mariscos en Penang. Con frecuencia Low organizaba todo para que ella volara a Estados Unidos, pero le había dicho a McFarland, quien cada vez actuaba más como una especie de organizador multifunciones, que la mantuviera alejada de las fiestas. Jesselynn generalmente terminaba encerrada en un hotel o en uno de los departamentos de Low, acompañada de otras mujeres de su círculo cercano como Catherine Tan, una antigua croupier de Las Vegas que organizaba los itinerarios de Low, y Jasmine Loo, asesora legal de 1MDB. En Malasia, los visitantes que llegaban al departamento de Low en Kuala

Lumpur notaron que Jesselynn actuaba de forma complaciente y que servía las bebidas arrodillada. Aunque Low la trataba respetuosamente en público, también tenía la costumbre de regalarles automóviles de lujo y joyería a otras mujeres, y de pagarles a modelos para que se pasearan en sus fiestas, en suites de hoteles, en clubes y en yates.

Para los amigos del malayo era evidente que engañaba a Jesselynn, ya que con frecuencia acariciaba a mujeres más famosas como Elva Hsiao. Jesselynn se enteró de lo que sucedía con Elva porque encontró un libro que la cantante taiwanesa le había regalado a Low, pero decidió no terminar con él porque, al parecer, ella también se sentía cómoda con el ostentoso estilo de vida que Low le podía pagar. En algún momento les enseñó a sus amigas en Penang un reloj nuevo que le había regalado el malayo, y les dijo que en el pasado le había pertenecido al cantante Usher.

Low les dijo a sus amigos que se sentía desgarrado por la duplicidad de su vida, por tener que seguir teniendo una novia mientras veía a las otras mujeres. Su relación con Jesselynn llevaba años, pero él no era el típico *playboy*. A algunas de las mujeres a las que les había regalado joyería de Cartier o fichas para apostar, les sorprendía que jamás hubiera tratado de conquistarlas. Parecía que, más que sexo, lo que buscaba era reconocimiento, ya fuera de las mujeres o de las estrellas de Hollywood, y al mismo tiempo, también trataba de crear espectáculos que reforzaran su poder y su prestigio.

El episodio en Dubái fue exagerado bajo cualquier parámetro, pero era nada más una prefiguración de lo que aún estaba por venir. Low ya era uno de los despilfarradores más volátiles que hubiera visto nadie antes, y estaba a punto de meter la siguiente velocidad.

Si bien su manera de gastar le estaba ganando amigos en Hollywood, había otras personas a las que les intrigaba cómo atraía la atención hacia sí mismo. Para muchos de los socios de negocios de Low, sus llamativos despliegues de riqueza eran un hueso difícil de roer. Era como si esa misma naturaleza compulsiva que había permitido que su estratagema funcionara —la habilidad para tratar de tener lo más grande y lo mejor de todo, ya fuera un yate o una estrella de Hollywood—, también fuera su talón de Aquiles. Para 2010 las excentricidades en público de Low habían puesto nervioso a Otaiba, el embajador de Emiratos Árabes Unidos en Washington.

"Realmente necesita calmarse y dejar de parrandear tanto", se quejó Otaiba con un amigo, en un correo electrónico del 4 de agosto de 2010.

Como muchos de los contactos de Low, el embajador Otaiba no quería que la gente se enterara de los tratos que tenía con el malayo. Cuando Low le pidió que le hiciera una carta de recomendación para ayudarle a abrir una cuenta bancaria en Goldman, el embajador preguntó en un correo que le envió a Shaher Awartani, su socio de negocios, si una carta así lo "responsabilizaría". Low le había dicho a Awartani que los bancos estaban empezando a preguntar qué pasaba con los cientos de millones de dólares que fluían a través de sus cuentas.

Finalmente Goldman rechazó la solicitud de Low para abrir una cuenta de riqueza privada en el banco, para la cual se exigían depósito de, por lo menos, 10 millones de dólares. La razón fue que Low no podía explicar con claridad el origen de sus fondos. Era un negocio privado de administración de riqueza alejado de Leissner, sin embargo, estas acciones no le impidieron, ni a Otaiba ni al banco de inversión de Goldman donde trabajaba el alemán, volver a involucrarse con Low para realizar tratos lucrativos más adelante.

El primer ministro Najib Razak también creía que Low necesitaba una imagen más seria. Refiriéndose a Najib, Low le dijo a Awartani que su "jefe" le había sugerido que se uniera a varios consejos directivos gubernamentales importantes para cambiar su imagen y que la gente pudiera percibirlo como un hombre de negocios con credibilidad.

Mientras tanto en Penang, los artículos de *The New York Post* sobre los hábitos de Low en los clubes nocturnos causaban bastante inquietud. Larry Low enfureció y ordenó una estrategia de manejo de daños para su hijo. Después de sus vacaciones en Francia, en el verano de 2010, Low voló de vuelta a Penang y, vestido con un conservador traje negro y corbata azul claro, le concedió una larga entrevista a *The Star*, un periódico local en inglés.

Ahí tejió una telaraña de ficciones y les dijo a los reporteros que Wynton, su vehículo privado de inversión, lo había echado a andar con 25 millones de dólares como capital que consiguió a través de sus acaudalados amigos de Harrow y Wharton, y que los bienes de la empresa ahora ascendían a más de 1 000 millones. Respecto al asunto del despilfarro en los clubes nocturnos que había cubierto el *New York Post*, trató de distorsionar la situación. Dijo que en realidad se trataba de gastos en los que incurrían sus amigos ricos de Medio Oriente, y él mismo se describió como simplemente un "servicio de consejería" que cumplía todos los caprichos de esa gente.

"Vengo de una familia a la que le va bastante bien, pero no me acerco ni un poco a la importancia y a los niveles de riqueza de la gente con la que normalmente convivo, quienes también son muy buenos amigos míos", le dijo a *The Star*. El éxito de su negocio era "atribuible a encontrarme en el lugar y el momento correctos, y a conocer a la gente adecuada. A eso se suma una relación de confianza".

Pero Low sabía que en casa no se saldría con la suya contando la misma historia que contaba en el extranjero: que venía de una familia multimillonaria. Sus cuentos empezaron a chocar entre sí. Cualquier posible inversionista del extranjero que lo escuchara presumir de que venía de una familia adinerada de Asia, sólo habría tenido que revisar la entrevista de *The Star* que se encontraba disponible en internet, para darse cuenta de que algo no cuadraba. Sin embargo, al parecer nadie se tomó la molestia de hacer esta investigación. En cuanto a lo sucedido en Les Caves du Roy, Low sostuvo que no había sido él sino sus amigos quienes compraron la champaña.

"Todos trabajamos arduamente —explicó—. No soy una persona excesiva pero sí me tomo descansos para relajarme con mis amigos."

En privado, Low menospreciaba las coberturas periodísticas de sus fiestas como si comportarse de esa manera irresponsable no tuviera importancia. "No soy estúpido, conozco los problemas con los medios y ya estoy lidiando con eso", le dijo a Patrick Mahony de PetroSaudi en un mensaje de BlackBerry. Con tanto dinero en los bolsillos y un grupo de celebridades como amigos, Low empezó a creer que nunca lo atraparían.

A algunos de sus aliados, sin embargo, no fue tan sencillo aplacarlos, y eso provocó que los desacuerdos se extendieran entre los cómplices.

19
"Que nadie se entere
de tus tonterías"

MONTREUX, SUIZA, OCTUBRE DE 2010

Clinique La Prairie está ubicado en una colina a las orillas del lago Lemán o lago de Ginebra, y es considerado uno de los centros médicos y spa más importantes del mundo. La mansión original de la clínica se encuentra en la ciudad suiza de Montreux y fue construida al estilo de los chalets suizos, con un techo que se proyecta ampliamente. Alrededor hay jardines franceses formales y un grupo de elegantes edificios modernos. Desde las habitaciones los huéspedes tienen vistas despejadas del lago enmarcado por las altísimas cimas nevadas de los Alpes. Esta clínica fue fundada en 1931 por un profesor llamado Paul Niehans, pionero en las investigaciones de "terapia celular" que rápidamente atrajeron a los ricos y famosos de la época como Charles Chaplin. En el sitio de internet se describe a la clínica como "la experta en la longevidad".

En octubre de 2010 Low ingresó al lugar para darse un respiro. El malayo sabía que estaba fuera de forma debido a su poco saludable estilo de vida que incluía la predilección por noches largas con el alcohol como combustible, cubetas de pollo de KFC y viajes ininterrumpidos. No estaba dispuesto a hacer ejercicio regularmente, pero sí a comprar costosas desintoxicaciones con jugos que venían con popotes de vidrio, y ahora estaba en busca del tratamiento más vanguardista que pudiera comprar el dinero, lo que implicaba una visita a Clinique La Prairie.

La mortalidad y la vejez son una sombra en la vida de toda la gente, pero quienes son súper ricos tienen más oportunidades de hacerle algo de trampa a la muerte. Por 30 mil dólares la clínica ofrecía un programa de revitalización de una semana durante la que los pacientes eran alimentados con un extracto derivado del hígado de fetos de ovejas negras. Supuestamente, este proceso ayudaba a revitalizar las células adormecidas. No era la primera vez que Low se registraba en un spa médico de lujo con la esperanza de, tal vez, escaparse brevemente del estrés que le causaba su fraude. No se sentía bien del todo, y en esa ocasión se sometería a una operación de los senos nasales que le ayudaría a respirar mejor, pero incluso en ese lugar y rodéado de los médicos más importantes del mundo, necesitaba seguir atendiendo negocios.

Unos días después de ingresar a la clínica, Tim Leissner de Goldman llegó a reunirse con Low para hablar de posibles inversiones. El banquero alemán se había dado cuenta de cuánto dinero asignó supuestamente 1MDB al negocio con PetroSaudi, y quería llevarse una tajada. Hasta ese momento el fondo había recaudado dinero principalmente a través de préstamos de bancos malayos y deudas por ventas locales, pero Leissner estaba haciendo lo necesario para colocar a Goldman en posición de ganar el lucrativo negocio que representaba ayudar a 1MDB a tener acceso a mercados de capital internacional mucho más grandes.

Evidentemente Leissner había hecho a un lado sus previos recelos respecto a Low, y ahora estaba tratando de establecer una relación cálida con la esperanza de que su banco se involucrara en los flujos de miles de millones de dólares que manaban de este fondo. No obstante, el banquero tenía un obstáculo. El banco privado de Goldman en Suiza rechazó la solicitud del malayo para abrir una cuenta porque a los ejecutivos les preocupaba el origen de sus fondos. Leissner, sin embargo, sabía que Low estaba al frente y al centro de 1MDB a pesar de que jugaba un extraño papel tras bambalinas, y de que en lugar de organizar sus reuniones de trabajo en las oficinas de 1MDB en Kuala Lumpur lo hacía en lugares como Clinique La Prairie. El alemán tendría que encontrar la manera de eludir estas dificultades para mantener a Goldman involucrado en los negocios del fondo.

Hasta ese momento Low había desviado la mayor parte del dinero que estaba destinado en un principio para el negocio entre 1MDB y PetroSaudi. Le pagó a la familia de Najib Razak con bienes raíces y promesas de proveer fondos para Red Granite. El primer ministro pronto comenzaría a recibir cientos de millones de dólares en financiamiento político. Mahony y Obaid, así como el príncipe Turki, también recibieron su tajada. Sin embargo, parte del dinero de 1MDB terminó siendo destinado para comprar dos viejos buques de perforación petrolífera que el negocio conjunto le rentó a la petrolera estatal de Venezuela. Este negocio no iba a generar suficientes ganancias para llenar el hueco de los fondos desviados, así que los principales involucrados buscaron una inversión mucho mayor.

Patrick Mahony, director de inversiones de PetroSaudi, también visitó a Low en la clínica en ese tiempo. En la habitación privada del malayo, Mahony discutió con Leissner y Low la posibilidad de invertir en una refinería estadounidense. Para hacerlo, sin embargo, se necesitaría otra infusión de dinero al fondo. Mahony quería que Low consiguiera que Najib estuviera de acuerdo en que 1MDB invirtiera todavía más dinero estatal en el negocio conjunto. Leissner sugirió incluir en el negocio a TPG, una fuerte empresa de capital privado con base en California. Tim Dattels, presidente de TPG en Asia, había trabajado en Goldman y era amigo cercano de Leissner.

La adquisición de la refinería no se llevó acabo, y tampoco la inversión en TPG, pero Low y Mahony siguieron diseñando estrategias para otros negocios posibles. A pesar de que no había un plan sólido para sus siguientes acciones, Low persuadió a Najib de que invirtiera más dinero en el negocio conjunto con el argumento de que era necesario mantener feliz al príncipe Turki y garantizar los vínculos amistosos con Arabia Saudita. Evidentemente complacido por los beneficios que obtuvo su familia de 1MDB, el primer ministro dio luz verde para que se enviara más dinero del gobierno al negocio conjunto de PetroSaudi.

En los documentos de 1MDB pertenecientes al nuevo préstamo, Najib argumentó que la infusión era válida "por la relación del gobierno entre el Reino de Arabia Saudita y Malasia". En una reunión del consejo directivo el 24 de julio de 2010, uno de los miembros preguntó si el primer ministro respaldaba esta nueva inversión. El alto ejecutivo Shahrol Halmi contestó que Najib estaba totalmente de acuerdo, y al final, 1MDB envió 800 millones más, con lo que casi se duplicó la cantidad que el fondo le inyectó al negocio conjunto.

Como todos los esquemas fraudulentos, el fondo 1MDB necesitaba que se le alimentara continuamente con fondos frescos, no sólo porque Low gastaba mucho dinero, sino porque tenía que pagarle a un grupo cada vez más grande de gente que estaba involucrada o que estaba al tanto de los manejos del fondo. Entre ellos se encontraba Taib Mahmud, el ministro de Sarawak. Taib sentía que lo habían estafado con los primeros tratos del proyecto territorial Iskandar, por lo que ahora exigía que lo compensaran. Para apaciguarlo, Low persuadió a PetroSaudi de usar parte del dinero fresco de 1MDB para comprar una de las empresas del ministro a un precio muy elevado.

Con la nueva infusión de efectivo que se hizo al negocio conjunto, los perpetradores empezaron a buscar inversiones que generaran ganancias para poderle pagar de vuelta a 1MDB, pero, al parecer, subestimaron lo que implicaría la difícil tarea de regenerar casi 2 mil millones de dólares. El grupo estuvo de acuerdo en que Low persuadiera al primer ministro Najib de declarar la pérdida de miles de millones de dólares de la inversión de 1MDB. Low actuaba como si fuera dinero de juguete y como si Najib pudiera borrar la deuda con una varita mágica sin que hubiera ningún impacto para los contribuyentes o la sociedad. El malayo le había jurado a Mahony que sólo necesitarían pagar 1000 millones.

"Jho dijo que en cuanto pagáramos los 1 000 millones podríamos disolver el negocio e irnos", le escribió Mahony a Tarek Obaid el 7 de agosto de 2010, con un deseo tal vez ingenuo.

Sin embargo, incluso si lograban ejecutarlo, era difícil y poco probable que el plan de la refinería produjera suficiente dinero para llenar un hueco de 1 000 millones, por lo que Mahony ya tenía otra estrategia lista: empujar a Low para que lo arrollara el autobús.

Mahony sugirió un plan en su correo electrónico: Obaid debería decirle al primer ministro que PetroSaudi tenía muchos tratos preparados, pero que las empresas rivales se los habían ganado porque Low estaba distraído parrandeando. "Creo que decir que la demora nos ha costado, nos ayudará porque luego podemos culpar de las pérdidas a esa misma demora", escribió.

El primer ministro sabía que 1MDB se estaba usando en parte como un fondo político ilegal, y que Low estaba ayudando a que su familia estuviera muy cómoda, pero no se había dado cuenta de las dimensiones de las pérdidas financieras del fondo, y Mahony instó a Obaid a seguir ocultándoselo.

"Creo que el PM piensa que estamos haciendo buenas inversiones", escribió.

Cuando Low descubrió que Obaid había estado en contacto directo con el primer ministro, se puso furioso.

"Todos sabemos cómo manejar nuestros propios contactos. Si alguien piensa que puede empezar a expresarse 'abiertamente' o a lidiar de forma directa con mis contactos, habrá problemas", le dijo Low a Mahony en tono de reprimenda, en un mensaje de BlackBerry del 8 de agosto de 2010.

El malayo dijo que nunca contactaría de manera directa al príncipe Turki, copropietario de PetroSaudi, e incluso le había impedido a Rosmah que lo hiciera.

"Nosotros no nos vamos a meter contigo", le prometió Mahony en su respuesta, pero también lo reprendió: "Tienes que dejar de parrandear porque puedes afectarnos a todos. Lo último que necesitamos es darle publicidad a lo que estamos haciendo... Que nadie se entere de tus tonterías y no aparezcas en las noticias. No ayuda en nada que te haya vuelto a ver de juerga anoche y que el DJ no dejara de gritar 'malasia'…".

De pronto PetroSaudi y Low se encontraron atrapados en un matrimonio cada vez más infeliz.

Las dificultades siguieron acumulándose. En Kuala Lumpur, muchos de los empleados más inteligentes del fondo ya se habían ido porque la falta de avance en los tratos los desconcertaba. El negocio conjunto de PetroSaudi no había logrado gran cosa, y los planes para crear un nuevo centro financiero no iban a ningún lugar. Quienes se quedaron bajo la dirección del director ejecutivo Shahrol se preguntaban por qué 1MDB tenía tan poco que demostrara lo ganado con los miles de millones de dólares en inversiones, pero no cuestionaban a nadie lo suficiente porque la participación del primer ministro Najib los reconfortaba.

La administración del fondo en Kuala Lumpur quería publicar sus primeros resultados financieros para el año al 31 de marzo de 2010, pero el año ya estaba avanzado y las cuentas todavía no se comunicaban. Ernst & Young, contadores de 1MDB, no estaban de acuerdo con la forma en que la administración del fondo estaba tratando de registrar las ganancias. Los costos financieros, aunados a una falta de inversiones importantes, indicaban que el fondo se dirigía a una pérdida neta.

Para evitarlo, la administración quiso implementar una contabilidad complicada. La idea era convertir las inversiones que había hecho 1MDB en el negocio conjunto con PetroSaudi, en préstamos a pagarse en 2020, con lo que efectivamente podrían posponer las dificultades. Si las cosas funcionaban, el fondo estaría en posibilidad de prometer ganancias a futuro y ganar varios años antes de tener que producirlas en verdad. Posiblemente Low y PetroSaudi temían que la estratagema se desarmara, por lo que estuvieron de acuerdo en convertir la inversión inicial de 1 000 millones de dólares en un préstamo de 1 200 millones para que 1MDB pudiera registrar la diferencia en los libros contables como una ganancia.

A Ernst & Young este plan no le agradaba en absoluto. Sus auditores tenían sus dudas respecto al valor del préstamo y le dijeron a la gente del fondo que les preocupaba que el negocio conjunto tal vez nunca pudiera devolver el dinero. Los contadores de la firma no iban a arriesgar su reputación firmando esas cuentas. El tiempo seguía corriendo y no había estados financieros a la vista. El consejo de 1MDB empezó a preocuparse y anotó en sus minutas que el fondo era "percibido como una misteriosa trampa secreta con motivos siniestros para beneficiar a un grupo de compinches y no a la gente de Malasia". Los miembros del consejo recomendaron gastar más dinero en obras de caridad y hacerle publicidad a estos actos, y también sugirieron dar otro paso drástico.

Respecto al problema de la auditoría, ¿por qué no mejor deshacerse de Ernst & Young y buscarse a alguien más? Para mantener a los inversionistas y los mercados felices, las grandes empresas necesitan ser auditadas por alguna de las "Cuatro grandes": Ernst & Young, KPMG, Deloitte Touche o Pricewaterhouse Coopers. El problema con el sistema era que los clientes pagaban por los servicios de auditoría, así que cuando Ernst & Young causaran problemas, el fondo podría buscar una firma que la reemplazara.

Así pues, los administradores de 1MDB recurrieron a KPMG. A esta firma contable también le preocupaba lo que estaba sucediendo en el fondo, pero sus contadores estaban dispuestos a aceptar el trabajo siempre y cuando 1MDB pudiera garantizar que el negocio con PetroSaudi fuera sancionado por los gobiernos de ambos países. PetroSaudi era una empresa privada y un príncipe saudita era el poseedor de solamente media acción, y a 1MDB la controlaba un joven malayo que no tenía ningún cargo oficial, pero si se contaba con sanción oficial, KPMG estaba dispuesta a continuar con la auditoría.

"KPMG requiere, como mínimo, un documento que confirme que PSI está relacionado con la familia real saudita", anotó el consejo directivo de 1MDB en septiembre de 2010, refiriéndose a PetroSaudi.

Los participantes presentaron un documento en el que se exageraba el papel del príncipe Turki en la empresa, y el 16 de septiembre el primer ministro Najib firmó una directiva para prescindir de los servicios de Ernst & Young para auditar el fondo. El consejo anotó que la firma de contadores había mostrado una "conducta poco profesional" a pesar de que sólo estaba haciendo su trabajo. Poco después, el fondo contrató a KPMG, cuyos auditores permitieron que 1MDB registrara el valor del préstamo a PetroSaudi y que mantuviera abierto el grifo por donde salía el dinero.

Tiempo después KPMG firmó las cuentas para el año fiscal al 31 de marzo de 2010, pero se preocupó lo suficiente para cubrirse con un "párrafo de énfasis", es decir, una sección en una cuenta auditada con la que se señalaba un posible problema a futuro para los inversionistas. El auditor señaló que la administración de 1MDB "creía" que PetroSaudi estaba en una buena situación financiera. Para cualquiera que estuviera siguiendo de cerca el asunto, este énfasis era una tibia aprobación de la estabilidad financiera del fondo.

A pesar de todo, hubo una persona que no necesitó peinar los documentos financieros de 1MDB para percibir un fraude, y esa persona fue Jordan Belfort.

20
Belfort detecta un fraude

Kanye West y Jamie Foxx estaban interpretando su éxito "Gold Digger" en la playa junto a La Croisette, la calle más icónica de Cannes. Vestido con un traje blanco, Kanye gritó "¿Qué onda, Francia?" mientras la multitud de celebridades y ejecutivos de la industria fílmica observaban desde una zona acordonada de la playa principal de esa ciudad de la Riviera Francesa. Poco antes Pharrell Williams abrió la noche con una presentación de 20 minutos que se realizó bajo un opulento despliegue de fuegos artificiales. Entre la multitud se encontraban bailando Leonardo DiCaprio, la modelo de trajes de baño Kate Upton y el actor Bradley Cooper. También entre los invitados estaba Jordan Belfort, un inversionista caído en desgracia que después se convirtió en autor de un bestseller. El individuo, también conocido como "el lobo de Wall Street", no podía creer lo que veía.

Era la fiesta más grande de toda la semana que duraba el Festival de Cannes, y también era un evento multimillonario de presentación para Red Granite. Algunos días antes, esta naciente firma productora había anunciado que llegó a un acuerdo para adaptar las memorias de Belfort y convertirlas en película. Leonardo DiCaprio encarnaría al otrora inversionista, y Martin Scorsese sería el director:

un gran logro para un recién llegado a la industria como Red Granite. Como parte de la celebración, la empresa llevó a Belfort y a su novia en avión a Cannes para que asistieran a la fiesta.

De la misma forma que sucedía en 1MDB, Low nunca asumió un puesto formal en Red Granite y se mantuvo al margen de las operaciones cotidianas, pero siempre fue un motor tras bambalinas. El malayo organizó una primera tanda de financiamiento para la empresa fílmica en abril de 2011, la cual comenzó con un giro bancario de 1.17 millones salido de la cuenta de Good Star, la empresa que controlaba en las Seychelles, y dirigido a la de Red Granite en el City National Bank de Los Ángeles. En el giro se anotó la leyenda "AVANCES DE INVERSIÓN". De esta forma la empresa se embarcó en una modesta primera producción. *Amigos con hijos* fue una comedia de 10 millones de dólares protagonizada por Kristen Wiig y Jon Hamm. Los derechos se los compró Red Granite a otro estudio.

Algunas personas en Hollywood ya estaban haciendo preguntas respecto a Red Granite. *Claro, en Hollywood la gente sale de la nada, pero con un demonio: ¿quiénes son Riza Aziz y Joey McFarland?* El hecho de que una empresa desconocida pagara una cantidad de dinero tan brutal para hacer una fiesta de lanzamiento, causaba suspicacia. Se rumoraba que tan sólo a Kanye West le habían pagado un millón de dólares por presentarse. En su cotorreo en el escenario el rapero intercaló extraños comentarios positivos como: "Red Granite va a cambiar para siempre la forma en que se hacen las películas".

"A la gente le parecía que la empresa era un verdadero enigma —dijo Scott Roxborough, un reportero de *Hollywood Reporter* que estuvo en el evento—. Que hicieran una fiesta así de opulenta sin contar realmente con películas en su currículum, era algo muy sospechoso."

Jordan Belfort, para quien el fraude no era un tema desconocido, notó que algo no andaba bien. Mientras mordisqueaba canapés y veía el espectáculo del más alto nivel, el otrora inversionista calculó que el evento debió costar por lo menos tres millones de dólares. ¡Y ni siquiera habían empezado a producir la película!

"Éste es un maldito fraude. Cualquiera que haga algo así definitivamente robó dinero —le dijo Belfort a Anne en medio del golpeteo de la música—. Uno no gasta de esta manera dinero por el que trabajó."

Algunos meses después Low le ofrecería a Belfort 500 mil dólares para que asistiera a un evento en Las Vegas con Leonardo DiCaprio. Red Granite le había pagado una cantidad generosa por los derechos sobre sus memorias, pero Belfort había empezado a desconfiar del grupo. Como el exinversionista quería mantenerse al margen de cualquier problema y mantenerse enfocado en su nueva carrera como autor y orador motivacional, rechazó la invitación, pero DiCaprio y Margot Robbie, su coestrella, sí asistieron.

"A Leo lo tentaron y lo succionaron —le explicó tiempo después Belfort a la periodista suiza Katharina Bart—. Él es un individuo honesto, pero cuando conocí a estos tipos le dije a Anne: 'Son unos criminales'. Pensé: 'No necesito a esta maldita gente'. Lo sabía, era muy obvio."

Durante toda una semana en el marco del festival, Low y Red Granite mantuvieron sendos superyates anclados en aguas mediterráneas junto a Cannes. El de Low era ligeramente menos impresionante que el que ocupaba Riza Aziz, el hijastro del primer ministro malayo. Además del lanzamiento de la empresa fílmica, Low había hecho arreglos para que Pharrell grabara varias canciones en un estudio de grabación improvisado en su yate porque, no contento con haber fundado una importante empresa en Hollywood, el malayo también quería lanzarse a los proyectos musicales.

Algunos meses antes Low había organizado que el productor musical Jimmy Iovine, cofundador de Interscope, ofreciera un *after-party* en el techo de L'Ermitage después de los premios Grammy. Como Interscope no sería la anfitriona de su propia fiesta, Low se acercó a Iovine y le ofreció organizarla por él.

La crema y nata del ámbito musical apareció en la fiesta. Lady Gaga, Snoop Dogg y Dr. Dre actuaron frente a un público entre el que se encontraban Beyoncé y Jay-Z, así como Busta Rhymes, Nicole Scherzinger, Eminem y muchos otros. También estaba presente el grupo de costumbre del malayo que incluía, por supuesto, a Jamie Foxx y Paris Hilton. Leonardo DiCaprio llevaba una gorra irlandesa y fumaba puro mientras conversaba con su novia, la modelo Bar Refaeli, en carpas estilo árabe. Low llevó a Elva Hsiao, la estrella de pop taiwanés a la que celebró en Dubái. Refiriéndose al malayo como un multimillonario, *The New York Post* especuló que el evento debió costarle 500 mil dólares. Para Low era una inversión que le servía para continuar fortaleciendo su nombre en la ciudad.

Después de la fiesta el malayo no desperdició tiempo y empezó a aprovechar sus nuevos contactos. Hizo lo necesario para formar una empresa de producción musical llamada Red Spring y empezó a contratar al mejor talento musical para ayudarle a Elva Hsiao a producir un álbum. La cantante era muy popular en el mundo de habla china, pero Low quería convertirla en una estrella en Estados Unidos. Estuvo de acuerdo en pagarle tres millones de dólares a Pharrell para que compusiera las canciones y para que apareciera en los videos musicales con ella. También llegó a un acuerdo con Alicia Keys y su esposo, el productor de hip-hop Swizz Beatz. Les pagó cuatro millones para que supervisaran el álbum y el lanzamiento de la carrera de Hsiao en Estados Unidos. A pesar de que Low invirtió un presupuesto de 12 millones de dólares, la cantante nunca lo logró.

Swizz Beatz, cuyo verdadero nombre era Kasseem Dean, se convirtió en uno de los aliados más cercanos de Low y continuó a su lado incluso cuando las cosas empezaron a agriarse. El productor musical nació y fue criado en el Bronx; su padre era eritreo y su madre puertorriqueña. Asimismo, había trabajado en *tracks* para DMX, Jay-Z, Drake y Beyoncé, entre otros. Era sumamente ambicioso y, como tenía el objetivo de dejar de ser solamente productor musical para convertirse en magnate de los negocios, vio el gran potencial de mantener un vínculo con Low. ("El cielo no es el límite, es sólo una vista", le gustaba decir.) Reebok lo contrató como productor ejecutivo en un intento por ganar credibilidad en el mundo del hip-hop. Antes de conocer a Low, sin embargo, sus esfuerzos en los negocios se habían limitado a los patrocinios de celebridades. Low representaba una fuente de financiamiento que le permitiría llevar su carrera al siguiente nivel. Además, Swizz Beatz debía cientos de miles de dólares en impuestos no pagados, razón por la que el International Revenue Service gravó sus cuentas.

El productor se convirtió en el conducto de Low al mundo musical, y como parte del trato de producción, Swizz Beatz, el rapero Lil Jon y Jho Low grabaron una canción intitulada "V" en un estudio en el Palms Casino Resort en Las Vegas. La contribución de Low consistió en repetir las palabras "muy caliente" una y otra vez en el fondo. Era una especie de himno para fiestas, pero nunca se lanzó comercialmente.

Swizz Beatz y Alicia Keys entraron al círculo de confianza del malayo e incluso lo acompañaron a sus vacaciones para esquiar a fin de año, junto con Joey McFarland, Riza Aziz, Jasmine Loo de 1MDB y otros asociados cercanos. El productor coleccionaba arte moderno y tenía cuadros de Jean-Michel Basquiat. Actuaba como el tutor cultural de Low y lo educó respecto al tema de las galerías y las subastas. El malayo empezó a usar una gorra que decía "Basquiat" al frente y a hablar sobre empezar su propia colección.

Low sabía que para hacer *El lobo de Wall Street* iba a necesitar acceso a una cantidad mayor de dinero. Red Granite había estado de acuerdo en pagarles a DiCaprio y Scorsese varios millones por cada película, y eso, sumado a los costos de producción, hizo que el presupuesto general excediera los 100 millones. Para ese momento, verano de 2011, Low y sus aliados habían asumido el control de casi 2 mil millones de 1MDB, pero buena parte del dinero ya también se había gastado en mansiones, hoteles, apuestas y parrandas, así como en el pago a cómplices. El malayo necesitaba nuevos tratos para rellenar el agujero en 1MDB y para conseguir fuerza suficiente para dominar en Hollywood.

Dado que su relación con PetroSaudi empezaba a desgastarse, buscó otros socios. Como era distraído y siempre estaba en movimiento, no parecía dispuesto a hacer el trabajo inicial para llevar a cabo una adquisición complicada como la del plan que impulsó Patrick Mahony para comprar una refinería estadounidense. Low carecía de las habilidades bancarias de Mahony y no podía evaluar empresas del sector del gas y el petróleo. Él solamente quería especular rápidamente con bienes y forjar alianzas con socios que lo ayudaran a conseguir dólares con facilidad.

En esa época leyó un artículo noticioso sobre una batalla para asumir el poder de un grupo de hoteles que incluía el famoso Claridge's de Londres. En uno de los grupos pujantes había un acaudalado magnate británico del sector inmobiliario llamado Robert Tchenguiz. El hombre de 52 años tenía cabello canoso que descendía en ondas hasta sus hombros, y a menudo se le veía con camisa blanca desabotonada. Tchenguiz hablaba con una voz profunda y áspera, provenía de una familia judía-iraquí que se mudó a Irán y después se estableció en Londres porque tuvo que escapar de la Revolución islámica. Siempre estuvo involucrado en uno u otro trato inmobiliario, y el más reciente era una acalorada batalla con dos de los individuos más acaudalados de Gran Bretaña: los hermanos Barclays. La pelea era por el control de Coroin Limited, poseedora de Claridge's. Para esta puja Tchenguiz se alió con un fondo de Medio Oriente llamado Aabar Investments.

Era el tipo de adquisición que le agradaba a Low: un hotel de moda en el centro del distrito Mayfair de Londres. También le atraía el involucramiento de Aabar. Al fondo lo controlaba International Petroleum Investment Company, o IPIC, un fondo soberano de inversión de 70 mil millones de dólares, propiedad del gobierno de Abu Dabi. Low había hecho negocios con Mubadala de Abu Dabi, pero quería hacer contacto con IPIC o Aabar. El director administrativo del fondo IPIC era un rico hombre de negocios árabe llamad Khadem

Al Qubaisi, quien era conocido entre los financieros que hacían negocios con él por ser una persona que exigía sobornos en los tratos. Tras la crisis financiera, IPIC vendió participaciones en empresas como pan caliente —Barclays Bank, Daimler-Benz, Virgin Galactic—, y Al Qubaisi se convirtió en una figura poderosa en los emiratos.

Low quería participar en el trato, así que conoció a Tchenguiz a través de un adinerado asesor al que ambos conocían. Al principio Tchenguiz no consideró a Low un inversionista serio porque, después de todo, ¿quién había escuchado hablar de Wynton? Pero luego, en las discusiones respecto al trato para Claridge's, Low presentó una carta de 1MDB que decía que el fondo proveería hasta 1 000 millones de libras de financiamiento para la adquisición.

"No sabíamos que 1MDB era una mierda —les dijo Tchenguiz a sus amigos después. Parecía una subsidiaria del gobierno igual que Aabar—, por eso nos asociamos con él."

Para mostrar su seriedad, Low firmó un cheque por 50 millones de libras en ese preciso momento, y dijo que se podía usar para empezar a construir una participación en Coroin. Al final, los accionistas de Coroin decidieron no aceptar la oferta de Wynton-Aabar, pero no fue un ejercicio inútil porque gracias a ese trato Low conoció a Mohamed Badawy Al Husseiny, un ciudadano estadounidense de origen keniano, director ejecutivo de Aabar.

Anteriormente Al Husseiny había sido contador y sus amigos lo conocían como "Mo". Usaba trajes elegantes y relojes costosos. Era bajito y empezaba a caérsele el cabello, pero estaba en forma y le agradaba la rutina de ejercicio aeróbico Insanity, una serie de ejercicios de entrenamiento en intervalos que quemaba 1 000 calorías por hora. Husseiny era el brazo derecho de Aabar y era conocido principalmente por ser obediente con el "jefe". Low empezó a invitar a Al Husseiny a sus fiestas repletas de estrellas, y el ejecutivo de Aabar se hizo adepto al exclusivo entorno social de Low y comenzó a presumirles a sus amigos las celebridades a las que ahora conocía.

Si bien Low empezó a cultivar la amistad de gente famosa porque necesitaba reprimir una especie de inseguridad que siempre estaba presente, o tal vez porque simplemente se le daba la gana, en algún momento también se dio cuenta de que era buen negocio. Muchos de sus prospectos de socios se quedaban embelesados por la familiaridad en su trato con Leonardo DiCaprio, Paris Hilton y otros. Sus amigos de Hollywood le daban una ventaja por encima de otros inversionistas que también buscaban establecer vínculos con Medio Oriente. No pasó mucho tiempo antes de que Low y Al Husseiny encontraran la manera de que las entidades que controlaban trabajaran en equipo. En junio de 2011 Low negoció un trato para que Aabar adquiriera una participación en el banco malayo RHB, por la cual pagó 2 700 millones de dólares. Poco después las acciones del banco tuvieron una fuerte caída y Aabar se quedó con pérdidas en papel por cientos de millones de dólares.

Aabar y 1MDB continuaron con determinación y se prepararon para hacer un negocio conjunto propio, un fondo que tendría el objetivo de invertir en mercados de insumos. El primer trato fue para obtener una participación en una mina de carbón mongola. Esta inversión también salió mal porque los precios del carbón se desplomaron durante la desaceleración económica de China. Pero eso no importaba: Low y Al Husseiny prosperaron de forma personal gracias al trato porque arreglaron la obtención de un pago multimillonario de honorarios en dólares por parte del vendedor como recompensa por arreglar la participación de Aabar y 1MDB.

Cuando se enteró de las pérdidas, Al Qubaisi, director de IPIC, se quedó lívido, y una vez más, Low necesitó otro trato para aplacar a un socio furibundo. Para compensar la pérdida, el malayo tenía la esperanza de involucrar a sus nuevos amigos de Abu Dabi en su más grande estratagema hasta la fecha, una que serviría para chuparle todavía más dinero a 1MDB, y para ayudar a pagar por DiCaprio, Scorsese y el presupuesto de producción de *El lobo de Wall Street*.

En compañía de sus ambiciosos nuevos colaboradores, Low empezó a alejarse del socio original de 1MDB: PetroSaudi. Sin embargo, había una peligrosa división en la empresa que amenazaba con provocar el desplome de aquel castillo de naipes.

21
La amarga indemnización

LONDRES, ABRIL DE 2011

Para Xavier Justo, empleado de PetroSaudi, la barra del Connaught, un hotel de cinco estrellas en el distrito Mayfair de Londres, era un lugar adecuado para discutir con Patrick Mahony su trato de indemnización. El lugar apestaba a dinero, desde los oscuros sofás de piel hasta los paneles de madera inspirados en el cubismo y los techos con molduras de yeso tipo Wedgwood. Justo era un individuo de cuarenta y tantos años, musculoso, sumamente tatuado, con apariencia mediterránea y una altura de poco más de dos metros que lo hacía más alto que la mayoría de la gente. En ese momento volvió a exigir los 6.5 millones de francos suizos.

Como director de la oficina en Londres de PetroSaudi, Justo había trabajado en tratos que involucraban los buques de perforación petrolífera que adquirió el negocio conjunto de PetroSaudi y 1MDB. Tarek Obaid, director ejecutivo de la empresa, era un viejo amigo y le había prometido a Justo millones de dólares a cambio de abrir la oficina en Londres, sin embargo, el dinero nunca se materializó, e incluso Justo tuvo que cubrir personalmente algunos de los gastos de la empresa. Estaba ahí en el Connaught para tratar de cobrar su dinero.

Mahony temía que hubiera algún problema, y por eso estaba ansioso por llegar a un acuerdo, pero de todas formas regateó. Los dos individuos hablaron por un rato, y en algún momento Tarek Obaid estuvo en la línea telefónica comunicándose con Mahony. Al final, ambos salieron del Connaught tras acordar cinco millones de francos suizos.

Tiempo después Obaid trató de bajar la cifra un poco más. Desde su perspectiva, siempre fue bueno con Justo, y ahora su amigo se comportaba de forma desleal. Justo era ciudadano suizo, hijo de inmigrantes españoles, y conocía a Obaid desde los noventa. Después de trabajar para un banco suizo privado, Obaid hizo negocios con el príncipe Turki. Su intención era preparar el camino para los inversionistas extranjeros en Arabia Saudita. Comenzó a trabajar en una empresa de servicios financieros en Ginebra, la cual le pertenecía en parte a Justo. Obaid y Justo se hicieron amigos cercanos a pesar de que tenían una diferencia de 10 años de edad.

Justo tenía una participación en un club nocturno de Ginebra llamado Platinum Club, pero no ganaba mucho de ahí. Cuando Obaid estableció PetroSaudi persuadió a su amigo de ser el director de varias afiliadas de la nueva empresa. Al principio, Justo no tenía mucho que hacer porque, prácticamente, PetroSaudi no realizaba operaciones, así que empezó a viajar por Asia. En 2010 Obaid le llamó para hacerle una oferta: PetroSaudi había recibido mucho dinero y quería que Justo fuera director de la oficina en Londres de la empresa.

Se le ofreció un salario inicial de 400 mil libras al año, con la oportunidad de ganar millones. Justo se mudó a Londres y dirigió las elegantes oficinas nuevas de PetroSaudi en Curzon Street, a sólo cinco minutos caminando del Connaught. Justo ayudó con el único trato real que llevó a cabo el negocio conjunto de 1MDB-PetroSaudi: dos buques de perforación petrolífera adquiridos por la empresa para luego ser rentados a la empresa petrolera nacional de Venezuela; por esta razón viajaba a Caracas con frecuencia. Su relación con Obaid se deterioró pronto porque después del trato con 1MDB, su joven amigo empezó a comportarse de forma arrogante y paranoica, y porque tampoco le cumplían con los millones de dólares que le habían ofrecido.

Obaid, que parecía embriagado con el alcance de su recién adquirida riqueza, empezó a volar en aviones privados a Arabia Saudita y a otros lugares de Medio Oriente, y a rentar yates en el sur de Francia. Su hermano le sugirió establecer una oficina familiar para manejar todo el dinero. Para algunos observadores, Obaid empezó a actuar de una manera errática. Siempre había sido hipocondriaco y se quejaba de enfermedades vagas, por lo que, en cuanto el dinero empezó a fluir, escribió a la Clínica Mayo en Estados Unidos para que le hicieran una revisión médica completa a pesar de solamente tener treinta y tantos años. Empezó a parrandear sin freno y a subir de peso. La gente que lo conocía comentaba que enfurecía con frecuencia.

Patrick Mahony también empezó a gastar. Su esposa estaba embarazada de su primer hijo, y en noviembre de 2009 Mahony firmó un trato para comprar una casa de 6.2 millones de dólares con vista a un parque privado en Ladbroke Square, Londres. Habló con su banquero personal en J. P. Morgan respecto a solicitar una tarjeta American Express Black como las que usaban las celebridades y los multimillonarios. Tenía nada más 32 años y temía que una de sus hermanas se pusiera celosa por su creciente éxito y el estilo de vida que lo acompañaba.

Aunque Justo no conocía todos los detalles de lo que había sucedido en PetroSaudi, al ver esto sintió que no lo estaban tratando de manera adecuada. Creía que Obaid no le estaba pagando su salario completo, además de que no le reembolsaba ni los viáticos ni otros gastos. A esta negligencia se sumaba un trato insultante, ya que Justo tenía que realizar labores que consideraba menores, entre ellas, organizar que Obaid y Jho Low consiguieran tarjetas de crédito exclusivas de un banco de Dubái. Para la primavera de 2011 Justo ya estaba harto y decidió renunciar, pero no iba simplemente a irse.

"Debido a nuestra historia y a todos los proyectos en los que he participado a lo largo de estos años, creo que la mejor manera de que deje PetroSaudi y las otras empresas es a través de una separación amigable —le escribió a Obaid en un correo electrónico—. Espero tu confirmación de que nuestra colaboración se termina a partir de hoy, que voy a dejar la oficina y que me harás saber de qué manera me pagarán mi indemnización."

"Eres un cabrón. Una cosa es tener una bocota, pero ahora echaste a perder todo. Si vuelvo a escucharte decir algo al respecto, estás acabado", le respondió Obaid.

La reunión en el Connaught fue un intento desesperado por llegar a un acuerdo, pero Obaid insistió en que la cantidad que acordaron en el bar se redujera otra vez, en esta ocasión, a cuatro millones de francos. Fue una decisión catastrófica. Justo recibió los cuatro millones de francos suizos en un acuerdo de indemnización con PetroSaudi, pero sentía que le habían robado 2500 millones.

En las semanas siguientes Obaid anduvo por ahí contándoles a amigos mutuos que Justo era un perdedor y que le debía todo a PetroSaudi. Justo se encolerizó cuando se enteró, y se le ocurrió otro plan. Sabía que en la relación de PetroSaudi con 1MDB había algo mal, así que se dispuso a conseguir pruebas. Para ganar ventaja en su disputa, hizo arreglos para conseguir una copia de los servidores informáticos de PetroSaudi a través de un empleado del departamento de tecnología de la información de la empresa. Entre más de 140 gigabytes de información, entre la que había unos 448 mil correos electrónicos, documentos y otros papeles oficiales, también estaban los detalles del fraude que se empezaba a revelar.

Pasaron más de dos años y no hizo nada respecto a los servidores, pero cuando lo hizo, a Obaid y a Mahony les costó mucho más que sólo unos cuantos millones de francos suizos.

Cuando el drama se desarrolló en Europa, Low se encontraba a un continente de distancia. No sabía nada, él estaba comprando en Nueva York un penthouse adecuado para un multimillonario. Además, estaba probando una nueva historia para explicar su dinero: la riqueza familiar.

22
Penthouse con vista

Rodeado de un séquito de seguridad, modelos y amigos, Low observó las vistas del penthouse 76B del Time Warner Center, en la esquina sureste de Central Park. Las ventanas del departamento estaban tapizadas con árboles y prados al este, y el río Hudson que se extendía al oeste. Contaba con vistas ilimitadas de prácticamente toda la isla de Manhattan. Era una unidad de casi 450 metros cuadrados con tres habitaciones, biblioteca y una pecera colgando del techo en el "Gran Salón". Alguna vez le perteneció a Jay-Z y a Beyoncé, quienes ahora lo rentaban por 40 mil dólares al mes.

Cuando Low visitó el departamento en la primavera de 2011, les dijo a los agentes inmobiliarios que estaba eligiendo el lugar para un grupo de inversionistas, pero a uno de los integrantes del consejo del condominio le pareció que Low fingía representar al primer ministro de Malasia. El departamento era en realidad para él. El año siguiente le transferiría la propiedad del departamento en el edificio Park Laurel y de sus mansiones en Los Ángeles y Londres a Riza Aziz, hijastro de Najib. El penthouse de Time Warner, sin embargo, era la joya de la corona, la residencia que coincidía con sus aspiraciones de darse a conocer en Estados Unidos como magnate de la industria fílmica y como inversionista serio.

La adquisición del penthouse 76B se afianzó en junio con 30.5 millones de dólares en efectivo. Era uno de los precios más elevados en el edificio, y su valor lo hacía uno de los departamentos más costosos en Estados Unidos. En los medios empezaron a surgir preguntas respecto al origen de sus fondos, por lo que Low tomó todavía más precauciones que en el pasado para ocultar su involucramiento. A lo largo de los años había inventado razones bastante creativas para justificar sus gastos, o sus amigos árabes eran quienes pagaban o simplemente representaba a un grupo de inversionistas o al primer ministro de Malasia. A medida que se fue haciendo más difícil negar su participación, empezó a apoyarse más en la explicación que probó por primera vez con su amigos de Wharton y Harrow: el dinero venía de su bisabuelo, y él nada más estaba invirtiendo los miles de millones de la familia.

Para que la historia pareciera cierta necesitaba lavar cientos de millones de dólares en cuentas bancarias de miembros de la familia, especialmente de su padre, Larry. Larry Low era delgado, tenía un bigote estrecho y el cabello peinado con una raya impecable. En Penang lo consideraban un agradable individuo fiestero, aunque lo perseguían las acusaciones de que en el pasado había defraudado a un antiguo socio de negocios. Low tuvo que encontrar un banco que no investigara demasiado para poder enviarle cantidades enormes de dinero a su padre.

Hasta ese momento había logrado eludir a los departamentos de cumplimiento de los bancos, pero era una labor difícil. En el caso de Deutsche Bank y Coutts se veía forzado constantemente a inventar acuerdos falsos de inversión para justificar movimientos fuertes de efectivo, e incluso tenía que volar a Zúrich para explicar los tratos. Su habilidad para llegar tan lejos era, en parte, producto de la ineficiencia de los departamentos de cumplimiento de importantes instituciones financieras. Los bancos hacían dinero gracias a que permitían que las transacciones se realizaran, a que no ponían obstáculos, y por esa razón, con frecuencia los funcionarios de cumplimiento se veían obligados a hacerse de la vista gorda. Sin embargo, al operar a esa escala, a Low se le dificultaba cada vez más y más engatusar a los funcionarios.

La principal ley de Estados Unidos en contra del lavado de dinero es la Ley de Secreto Bancario de 1970, la cual les exige a las instituciones llevar registros de las transacciones financieras y reportar cualquier actividad sospechosa. Otra ley de 1986 les prohibía a los bancos participar en el lavado de dinero o encubrirlo. La Ley PATRIOTA de 2001 tenía como objetivo reprimir el financiamiento al terrorismo por lo sucedido en los ataques del 11 de septiembre, y forzaba a los bancos a establecer programas de cumplimiento y mejorar las investigaciones realizadas a los clientes. También permitía amonestaciones financieras más vigorosas contra los bancos que no impidieran transferencias turbias. Para finales de los años 2000, sin embargo, gracias a la burbuja inmobiliaria los bancos estaban haciendo demasiado dinero como para preocuparse por el cumplimiento. Como se infligían pocos castigos, los bancos y los reguladores no aplicaban las regulaciones con rigor. En la mayoría de los casos los departamentos de cumplimiento eran sólo un débil apéndice del ecosistema de un banco, y permanecían aislados bajo la etiqueta de los asuntos legales.

La crisis *subprime* que comenzó en 2007 cambió la situación. La crisis tomó por sorpresa a los reguladores estadounidenses, y el colapso de Lehman Brothers y Bear Stearns, producido por el peso de los préstamos hipotecarios tóxicos, propició que se implementara un escrutinio más riguroso de las acciones de los bancos. Esta situación se extendió a las acciones para prevenir el lavado de dinero cuando el Departamento del Tesoro y el Departamento de Justicia empezaron a infligir penas más fuertes a los infractores. A principios de 2010 Wachovia Bank acordó pagar 160 millones por concepto de penalizaciones, debido a que no reportó 8 mil millones de dólares en transferencias sospechosas. Por esa misma época el Departamento de Justicia estaba armando su caso contra J. P. Morgan, donde Bernie Madoff tenía sus cuentas, y esto finalmente condujo a que se ordenara una multa récord de 2 mil millones de dólares bajo la Ley de Secreto Bancario. Estas acciones forzaron a Wall Street y a los bancos mundiales más importantes en Europa y Japón a poner en orden sus departamentos de cumplimiento.

Lo que Low necesitaba era un banco más pequeño que dependiera de los negocios que él le llevara y que no tomara el asunto del cumplimiento con tanta seriedad como los gigantes de Wall Street. Estas características las encontró en un banco suizo en dificultades llamado BSI, propiedad del grupo de seguros Assicurazioni Generali. Irónicamente, el banco se había negado a manejar el trato original de PetroSaudi porque le preocupaba el papel de Low. Sin embargo, a partir de finales de 2010 el malayo empezó a abrir docenas de cuentas individuales y corporativas en la pequeña sucursal de BSI en Singapur. El 28 de junio de 2011 una de estas sucursales recibió 55 millones de una cuenta suiza de Good Star en Coutts. Ese mismo día, Low envió 54.75 millones de esa cuenta a otra que acababa de abrir Larry Low, también en BSI en Singapur. Apenas unas horas después, de ahí mismo se enviaron a Suiza 30 millones que se movieron digitalmente a Asia y de regreso el mismo día. Al final, el dinero aterrizó en la cuenta de otra empresa controlada por Low en el Banco Rothschild en Zúrich.

A esto se le llama hacer capas, y es un proceso que consiste en ocultar el origen del dinero a través de un complejo laberinto de transacciones. Esta operación es un instrumento esencial de las herramientas de quien lava dinero. En este caso, el departamento de cumplimiento de Rothschild sólo podía ver que el efectivo venía de Larry Low y llegaba a Jho Low. Con este sencillo proceso Low creó la impresión de haber heredado dinero que venía fluyendo desde generaciones atrás.

No obstante, lo banqueros de BSI pudieron investigar más a fondo. También debieron alertar a las autoridades respecto a las innecesarias transacciones de ida y vuelta entre Low y su padre. Coutts y Rothschild no lograron atrapar a Low, pero al menos hicieron preguntas. Ahora el malayo empezaba a probar la disposición de BSI a hacerse de la vista gorda, y en cuanto el banco superó la prueba con gran éxito, se le abrieron las puertas a negocios más lucrativos. Años después, el banco se convertiría en un elemento crucial en los aspectos más sucios de la estrategia de 1MDB, cuando el fondo creció a un gran nivel.

Desde Rothschild, Low envió 27 millones a una de sus cuentas IOLTA en Shearman, el bufete de abogados estadounidense. Desde 2009 había aprovechado estas cuentas fiduciarias de bufetes para realizar una miríada de compras. De ellas también sacaba dinero para pagar apuestas, fiestas y rentas de yates, así como para cubrir la compra de muchas propiedades. Para ese momento, Low solamente había enviado dinero a las cuentas IOLTA directamente de Good Star. Ahora estaba tomando más precauciones y enviaba el dinero a sus cuentas en los bufetes de una manera más intrincada.

Estas cuentas se usaron para financiar la compra del penthouse Time Warner, la cual finalizó en junio de 2011. También las aprovechó para pagarle a Douglas Elliman 1.2 millones de dólares en honorarios por concepto de corretaje. Una empresa de Seychelles en la que el empleado Seet Li Lin de 1MDB aparecía como signatario, fue la compradora inicial del penthouse Time Warner, pero luego le asignó sus derechos a otra empresa fantasma controlada por Low.

El consejo directivo del condominio Time Warner recibió una notificación en la que se identificaba a Larry Low como el ocupante del departamento. El objetivo era apuntalar la imagen de la familia multimillonaria. Sin embargo, Jho Low era quien vivía ahí, en esa grandiosa base en Nueva York tan apropiada para uno de los más nuevos multimillonarios del mundo.

23
Suiza del Este

BSI se convirtió en el banco preferido de Low gracias a una pelea. Tiempo atrás, a finales de 2009, Hanspeter Brunner se había enojado con sus empleadores: Coutts International, una subsidiaria extranjera con base en Zúrich de este banco privado británico de 300 años de antigüedad que, por cierto, tiene oficinas en la avenida Strand, y entre cuyos clientes está la reina Isabel. Brunner era un banquero privado de cincuenta y tantos años con cabello cortado al ras y complexión rubicunda, la cual era consecuencia de un gusto de toda la vida por los vinos tintos antiguos. A los 15 años, en lugar de acabar la preparatoria e ir a la universidad, Brunner realizó una pasantía bancaria en su natal Suiza. El banquero pasó un cuarto de siglo en Credit Suisse, donde aprendió lo esencial sobre la banca privada, una industria que invierte el dinero a nombre de individuos con más de un millón de dólares en activos líquidos.

Para la década de los noventa los bancos privados estaban tratando de extenderse en Asia debido a que era un continente de rápido crecimiento económico, y por esta razón Brunner se mudó para dirigir los asuntos de Coutts en Singapur. Esta ciudad-Estado del Sudeste Asiático con cinco millones de habitantes y localizada en una isla tropical cerca del ecuador, se estaba posicionando como la "Suiza del Este", con todo y leyes de secreto bancario que fueron redactadas tomando las de Suiza como modelo.

Por algún tiempo los negocios florecieron mientras las economías asiáticas se siguieron fortaleciendo, y gracias a esto surgieron muchísimos nuevos millonarios. Después de que la crisis financiera asiática se asentara a finales de los noventa y afectara las acciones de los asiáticos acaudalados, se le pidió a Brunner que regresara a Suiza para dirigir los negocios internacionales del banco. Sin embargo, él había desarrollado cierto gusto por el estilo de vida asiático en el que podía tener sirvientes y choferes; y por eso, para 2006 ya estaba de vuelta en Singapur, viviendo en un moderno departamento con alberca y jacuzzi exterior, a sólo unos minutos de los jardines botánicos de la ciudad. En la dirección contraria se encontraba Orchard Road, un centro de compras y entretenimiento con restaurantes y bares. La remuneración era otro de los aspectos atractivos: Brunner ganaba más de un millón de francos suizos al año, y otro tanto en bonos y estipendios para tener chofer e innumerables vuelos en clase *business* a casa. Por si fuera poco, gozaba de una tasa fiscal de solamente 15 por ciento.

Su vida era buena, pero también tenía sus bemoles. La crisis financiera mundial había forzado al gobierno británico a rescatar al Royal Bank of Scotland, la empresa controladora de Coutts International. Ahora que era controlada por el estado, RBS se dispuso a recortar los bonos que daba Coutts y a ofrecer pagos diferidos en bonos en lugar de en efectivo. Brunner enfureció. Los directores de mayor nivel le exigieron que regresara a Suiza, pero ya estaba enganchado con los beneficios que le ofrecía vivir en Asia, y como tenía otra carta bajo la manga, se negó a hacerlo.

Brunner llevaba un año conversando con ejecutivos de alto nivel de BSI. Este banco, fundado en el siglo XIX en la parte de Suiza donde se hablaba italiano, había prosperado por generaciones de una manera muy similar a la de los bancos suizos: ayudándoles a los europeos y estadounidenses adinerados que querían ocultar su dinero en cuentas privadas y evadir el pago de impuestos en sus países de origen. Durante décadas los estadounidenses, alemanes, franceses e italianos acaudalados visitaron a sus banqueros en Suiza. A veces llevaban maletas llenas de dinero en el tren a Ginebra, Suiza o, en el caso de BSI, a las oficinas centrales del banco, las cuales se encontraban en una mansión con arcos en la pintoresca ciudad de Lugano. Las restrictivas leyes de secreto bancario de Suiza que les impedían legalmente a los bancos divulgar información sobre sus clientes, les servían para proteger sus negocios.

Para mediados de los años 2000, sin embargo, los países europeos y Estados Unidos ya le habían perdido la paciencia a Suiza, y empezaron a presionar para que entregara la información sobre evasiones fiscales. La Unión Europea y Suiza firmaron un tratado que forzaba a los bancos del país a divulgar la información sobre las cuentas de ciudadanos de otros países europeos, o a retenerles un impuesto a los clientes que deseaban permanecer en el anonimato. Dado que Suiza se encontraba rodeada de países de la Unión Europea, y que dependía de un comercio de fronteras abiertas con sus vecinos, sus políticos no tuvieron otra opción más que aceptar este acuerdo. Los clientes europeos empezaron a buscar otros lugares para esconder su dinero. Debido a este inesperado ataque regulatorio, el modelo de negocios de los bancos suizos pequeños como BSI quedó en peligro.

En 2005 BSI había abierto una oficina en Singapur, pero no pudo avanzar en Asia porque se tuvo que enfrentar con otros rivales más conocidos como UBS y Credit Suisse. Con esta información en las manos, Brunner diseñó un audaz plan que cambiaría la suerte de BSI de la noche a la mañana. A finales de 2009 llegó a un acuerdo con Alfredo Gysi, director ejecutivo del banco en Lugano. Dicho acuerdo les permitiría abandonar el banco con más de 100 empleados de Coutts, a quienes les atrajo la promesa de que recibirían salarios entre 20 y 40% más altos, y bonos garantizados durante tres años. De pronto el banco tuvo más de 2 mil millones de dólares en dinero de clientes nuevos, lo cual le permitió triplicar sus activos bajo la administración en Asia, donde Brunner era el nuevo director regional. "Fue un matrimonio de conveniencia", dijo Kevin Swampillai, un banquero malayo que formaba parte del grupo de empleados que dejaron Coutts para irse a BSI.

Antes del éxodo, algunos banqueros de Coutts sintieron temor porque pensaron que los cuentahabientes no querrían cambiar sus activos a BSI. Entre los más nerviosos se encontraba Yak Yew Chee, un banquero de Singapur de cincuenta y tantos años que tenía un cliente muy importante: Jho Low. Yak era el banquero privado de Larry Low en Coutts y le había ayudado a invertir su modesta fortuna a este residente de Penang. En 2006, poco después de que Low se graduara de Wharton, Larry le pidió a Yak que abriera una cuenta para su hijo en Coutts de Singapur.

Yak, un hombre de lentes con cabello delgado y canoso peinado en puntas, tenía una personalidad dominante que intimidaba a sus compañeros del trabajo. Además de despreciar con frecuencia las opiniones de los otros, también se quejaba con sus subordinados de que las mujeres no estaban hechas para ser banqueras porque necesitaban tomarse licencias de maternidad. Sus jefes, sin embargo, lo toleraban porque era un experto en la única métrica que contaba en la banca privada: traía clientes al negocio. La clave de su éxito radicaba en su floreciente relación con Jho Low, el hijo de Larry.

A mediados de 2009 Low le dijo a Yak que le ayudaría a un fondo soberano de inversión malayo llamado 1MDB a invertir dinero. La idea era absurda: *¿Por qué un fondo estatal necesitaría trabajar a través de alguien tan joven, y por qué necesitaría los servicios de un banco que se especializaba en la riqueza privada de sus clientes?* A pesar de todo, Yak estuvo de acuerdo en ayudarle. Abrió una cuenta para Good Star en Coutts y mantuvo los registros de la empresa. Esta cuenta fue la que finalmente recibió más de 1 000 millones de dólares en dinero de 1MDB, lo cual forzó a Low a inventarle una historia al personal del departamento de cumplimiento de Coutts. Según les dijo, Good Star tenía un acuerdo de inversión con el fondo malayo. Yak sabía que Good Star la contralaba Low, quien explicó que estaba involucrado en un negocio de "gobierno a gobierno" súper secreto. El banquero se tragó la historia sin chistar.

Low había encontrado a su banquero perfecto: rudo pero dispuesto a no hacer preguntas. Cuando Yak le habló sobre su decisión de irse a BSI, que era una institución más oscura que Coutts, el malayo decidió mover sus cuentas también. Brunner, extasiado por este logro, le presumió a un periodista de Bloomberg sus planes de triplicar los activos de BSI en solamente cinco años bajo la administración en Asia.

Yak ya había demostrado que era maleable, por lo que Low sintió que BSI no le ocasionaría problemas, en especial si ayudaba a Brunner a realizar su sueño canalizando miles de millones de dólares al banco. Esta estrategia era parte de un sistema que Low estaba desarrollando para identificar instituciones con un gobierno débil y usar esto a su favor. Algunos años después le pediría en un correo electrónico a un comerciante de arte de Nueva York que le recomendara un prestamista con "un proceso rápido y relajado [con conocimiento del cliente]". BSI resultó ser el mejor ejemplo de esto, ya que era un banco cuyos administradores casi no interrogaban a sus clientes porque les interesaba más tener ganancias.

A partir de finales de 2010 Low le envió a Yak —quien para ese entonces ya era director administrativo de BSI—, instrucciones para que abriera una serie de cuentas a su nombre y a nombre de una gran cantidad de empresas fantasma. Había un procedimiento de "incorporación" que consistía en una lista de sencillos puntos para *conocer al cliente*, entre los cuales estaban los detalles del pasaporte, información sobre condenas legales, y la fuente del dinero del cliente. Low salió bien librado del interrogatorio y en ese momento empezó a construir los cimientos para crear la historia sobre la riqueza familiar. La transferencia de 55 millones realizada en junio de 2011, de los cuales una parte fue usada para la compra del departamento en Time Warner, fue una prueba para averiguar si el personal del departamento de cumplimiento de BSI se tragaría la historia de que era dinero de su familia. Las cosas funcionaron y Low empezó a enviar carretadas de dinero a sus cuentas de BSI.

El fondo 1MDB también abrió una gran cantidad de cuentas con BSI, en las cuales recibiría miles de millones de dólares en fondos a lo largo de los años siguientes. El departamento de cumplimiento del banco preguntó por qué un fondo soberano de inversión malayo necesitaba una cuenta en un banco suizo. Entonces Low tomó precauciones y se aseguró de comprar a los ejecutivos de mayor nivel de BSI. Hizo arreglos para que Yak organizara en Lugano una reunión con los funcionarios principales del fondo —entre quienes se encontraba el director ejecutivo Shahrol Halmi— y con los ejecutivos de mayor nivel de BSI.

Ésta era otra señal de que Low tenía control total sobre el fondo. Los ejecutivos malayos volaron a Suiza y le dijeron a Brunner, director ejecutivo de BSI, a Gysi y a los otros, que esperaran recibir del fondo soberano de inversión miles de millones de dólares a través de negocios. La habilidad de Low para organizar este tipo de reuniones le daba un aura de respetabilidad y, a pesar de que no tenía un puesto formal en el fondo, los banqueros importantes como Gysi y Brunner dejaron de hacer preguntas.

Por otra parte, Yak fue agasajado como el banquero estrella de BSI.

"Quería agradecerle personalmente sus inmensas contribuciones no sólo a nuestros nuevos negocios en Asia, sino también a Grupo BSI de manera general", le escribió Gysi, el director ejecutivo, a Yak.

Su vínculo con Low lo hacía increíblemente rico. Yak empezó a llevarse a casa alrededor de cinco millones de dólares al año por concepto de salario y bonos, es decir, más de cinco veces lo que ganaba antes. Esta situación lo mantenía pegado a Low porque el dinero y los halagos eran demasiado atrayentes para despreciarlos. Los jefes también empezaron a cosechar los beneficios de esta relación a medida que BSI se fue convirtiendo en una fuerza a tomarse en cuenta en Singapur y a nivel mundial. Brunner disfrutaba de ofrecer fiestas en su casa de la era colonial de 230 metros cuadrados con un valor de siete millones en Singapur, cerca de su antiguo departamento.

El edificio encalado de dos plantas había sido amueblado con el opulento estilo de un mandarín chino. Tenía caballos de terracota, estatuas de dioses chinos y enormes alfombras persas. Según Kevin Swampillai, quien llegó a ser director de administración de riqueza de BSI, el equipo directivo era "de juguete": a sus integrantes sólo les interesaban los salarios, y permitían que los banqueros se comportaran como se les diera la gana. Uno de esos individuos con las riendas sueltas era Yeo Jiawei.

24
Brazen Sky

Yeo Jiawei era un banquero chino singapurense con cejas puntiagudas, pómulos pronunciados y cabello grueso. Tenía 28 años y
trabajaba en BSI. Aunque daba la impresión de ser un muchachito,
se había vuelto experto en uno de los rincones oscuros del sistema
financiero global. En BSI era "administrador de riqueza", pero su
verdadero valor profesional radicaba en el intricado conocimiento
que tenía respecto a maneras de ayudar a los clientes de élite a reducir su pago de impuestos. La forma en que éste y muchos otros
bancos de Singapur obtenían sus ganancias, era diseñando este tipo
de estrategias, principalmente para acaudalados clientes indios y del
Sudeste Asiático. Uno de los métodos que usaba Yeo consistía en
lavar el dinero de los clientes a través de fondos de inversión en lugares lejanos.

Las habilidades de Yeo eran perfectas para uno de los clientes es-
telares de BSI: Jho Low. Low quería encontrar una manera de enviar
dinero a través de varias cuentas para mantener oculto el origen de
sus recursos, y Yeo le prometió que le ayudaría a lograrlo.

Low le dijo al banquero que en lugar de lidiar con una evasión
fiscal típica, quería darle una nueva tarea: labores secretas para
el gobierno. Al igual que mucha de la gente que se codeaba con el

malayo, Yeo se sintió halagado e intrigado, y decidió hacer lo que Low deseaba. En diciembre de 2011 el banquero organizó una reunión en Singapur con José Renato Carvalho Pinto, un gerente de relaciones brasileño de Amicorp Group, una pequeña firma financiera. Yeo le describió a Pinto la manera en que BSI estaba trabajando en relación con los fondos de inversión malayos y de Medio Oriente, y le dijo que necesitaba que Amicorp estableciera una serie de estructuras de fondos. A Pinto le interesó la propuesta.

Amicorp había sido cofundada por un financiero holandés llamado Toine Knipping, quien antes de establecerse finalmente en Singapur, trabajó varios años en Curazao, una soleadísima isla del Caribe que en el pasado había sido colonia de Países Bajos. Knipping tenía un *currículum vitae* ecléctico: trabajó para un banco venezolano, tuvo cierta participación en una empresa sudafricana de bebidas de aloe vera, y era autor de un libro sobre la inversión ética. Una de sus áreas principales de experiencia era Curazao, que en las décadas de los setenta y los ochenta surgió como un importante centro *offshore*. La isla también se hizo de cierta reputación por ser un punto de transbordo de drogas de Sudamérica que se dirigían a Estados Unidos, y un refugio donde se podía acumular dinero mal habido, lo cual con regularidad provocaba que Curazao apareciera en la lista de los "Países más importantes de lavado de dinero" del Departamento de Estado de Estados Unidos.

La empresa de Knipping ayudaba a fondos de cobertura y a otras firmas financieras a dirigir sus negocios cotidianos como, por ejemplo, calcular el valor de las inversiones o eliminar los obstáculos para el intercambio. Sin embargo, al igual que muchas empresas fiduciarias de menor escala, Amicorp hacía un poco de todo, y eso incluía administrar pequeños fondos de inversión en Curazao, los cuales con frecuencia eran usados por los asiáticos adinerados para mover dinero de manera discreta.

En la reunión Yeo explicó que BSI necesitaba la ayuda de Amicorp para establecer una estructura de fondo de inversión para el fondo malayo 1MDB, y después de eso Pinto se puso a trabajar.

La primera transacción fue por 100 millones de dólares y fue de una cuenta de BSI controlada por 1MDB hacia un fondo mutualista en Curazao administrado por Amicorp. Sin embargo, éste no era un típico fondo mutualista como aquellos en los que un gerente reúne dinero de inversionistas de baja envergadura y luego usa el dinero para comprar acciones y bonos. Por supuesto, la entidad Enterprise Emerging Markets Fund recibía dinero de varios inversionistas, pero la estructura enmascaraba una importante diferencia con los fondos mutualistas comunes y corrientes: también estaba constituida por portafolios segregados que tomaban dinero solamente de un cliente antes de "invertir" en otro activo.

Ésta era una forma sencilla de lavar el dinero de un cliente a través de algo que parecía un fondo mutualista. En otras palabras, el dinero que salía del otro lado parecía una transferencia emitida desde un fondo mutualista. Eso fue exactamente lo que sucedió con los 100 millones que Enterprise Emerging Markets Fund envió con premura a una empresa fantasma controlada por Fat Eric, el asociado de Low que con mayor frecuencia empezó a fungir como testaferro para las muchas compañías del malayo. Yeo nunca aclaró cuál era la razón para realizar la transferencia. Tampoco era claro por qué un fondo estatal como 1MDB tendría que usar estructuras financieras secretas como su firma, pero Pinto no husmeó porque BSI había respondido por 1MDB. Kevin Swampillai, jefe de Yeo, lo explicó así: "Con estos fondos sólo había una apariencia de cumplimiento". En los siguientes dos años Amicorp establecería 1500 millones de estructuras como ésta para 1MDB, para Low y para su familia.

Aunque cuestionable, era una manera legal de disfrazar los flujos financieros. En las primeras etapas Low se había conformado con enviar dinero directamente de Good Star a sus cuentas estadounidenses de los bufetes de abogados como Shearman & Stearling o, más recientemente, a su cuenta en BSI. Sin embargo, la cobertura mediática que se hizo a sus parrandas y las dificultades de los departamentos de cumplimiento empezaron a causarle más paranoia.

Con el uso de un paso intermedio como el fondo en Curazao, Low esperaba cubrir cualquier huella que hubiera dejado.

Yeo cumplió y Low empezó a confiar en él. A medida que el banquero se fue internando más y más en la órbita de Low, su amor propio y su valoración de sus propias habilidades crecieron, lo cual lo llevó a expresar cierto desdén por los banqueros de BSI que no lidiaban directamente con clientes poderosos como él. Al igual que el mismo BSI, Yeo demostró tener una disposición adecuada para Jho Low, quien muy pronto volvería a recurrir al joven banquero.

El fondo 1MDB todavía tenía que justificar los 1 800 millones de dólares que aseguraba haberle prestado a PetroSaudi. Como Low y sus cómplices habían tomado la mayor parte de este dinero, ahora necesitaban que Yeo les ayudara a desaparecer la deuda. Tiempo antes, los ejecutivos del fondo habían tratado de conseguir que Tim Leissner de Goldman encontrara un banco que valuara los buques de expropiación petrolífera, que eran prácticamente el único activo que PetroSaudi adquirió con el dinero de 1MDB, a un precio inflado de 1 000 millones de dólares. La idea era que 1MDB se apropiara de esos activos y que, a cambio, depreciara la deuda. Aunque no conocía todos los detalles, Leissner logró que el banco de inversión estadounidense Lazard les echara un vistazo a los buques, pero el banco no pudo hacer una valoración suficientemente alta para que el plan funcionara.

En lugar de seguir con ese esquema, Yeo se puso a trabajar en una enrevesada serie de transacciones que en realidad eran puros trucos financieros. Básicamente, 1MDB cambiaría una buena porción de su deuda por una participación en una subsidiaria de PetroSaudi que era poseedora de los buques de extracción petrolífera, a pesar de que no valían en absoluto los 1 800 millones que se le debían a 1MDB. Luego Yeo hizo arreglos para que el fondo le vendiera esa participación a Bridge Partners International, controlada por un financiero de Hong Kong llamado Lobo Lee.

Lee era triatleta de larga distancia, estaba en la mediana edad, pero se mantenía en forma practicando el ciclismo en los terrenos montañosos de Hong Kong. Era solamente otro de los muchos gerentes de fondos aficionados del Caribe, Hong Kong, Bangkok y Singapur que creaban estructuras arcanas a cambio de una comisión, y que no cuestionaban la necesidad de entidades tan complejas. El hecho de ignorar los términos completos los convertía en los engranajes que permitían que la máquina de lavado de dinero siguiera funcionando.

En lugar de pagar en efectivo, Bridge Partners estableció un fondo de inversión en las Islas Caimán y dio unidades de 1MDB en el fondo como retorno por la participación. Este fondo, llamado Bridge Global, sólo tenía un cliente, que era 1MDB, y ni siquiera se había registrado con las autoridades en las Islas Caimán para obtener un permiso para hacer inversiones. Como por arte de magia, de pronto 1MDB afirmó en sus estados financieros que la inversión de Bridge Global valía 2300 millones, es decir, una ganancia de 500 millones sobre el dinero que le prestó a PetroSaudi. El fondo 1MDB estableció una nueva subsidiaria llamada Brazen Sky, la cual abrió una cuenta bancaria con BSI para que conservara las unidades. No era más que una fachada, ya que no había efectivo ahí, sólo unidades del fondo que, supuestamente, eran las ganancias obtenidas por vender una participación en dos buques de extracción petrolífera que casi no valían nada.

En los documentos, sin embargo, 1MDB podía afirmar que había obtenido ganancias, y Low hizo lo necesario para que los auditores los aprobaran. Presionado por los contadores de KPMG, Yeo creó la ilusión de que las unidades del fondo Bridge Global estaban respaldadas con efectivo. La ingeniería financiera le ayudó a disfrazar la verdad y KPMG continuó con su auditoría. No obstante, no eliminó el problema y, para su desgracia, los contadores de la firma no se dejarían embaucar tan fácilmente al año siguiente.

Seguramente Yeo sabía que lo que estaba haciendo BSI era inapropiado, así que diseñó un esquema con su jefe, Kevin Swampillai, para beneficiarse. El fondo 1MDB accedió a pagar cuatro millones anuales a Bridge Global y 12 millones a BSI por ayudar a establecer el acuerdo de las Islas Caimán, sin embargo, Yeo estaba dirigiendo el proceso y Lobo Lee no conocía todos los detalles, así que Yeo persuadió al gerente hongkonés del fondo de que llegaran a un acuerdo de 500 mil, y de esa manera Yeo y Swampillai se llevaron millones de dólares a sus cuentas personales.

Esta cantidad que en apariencia era colosal y ahora estaba en la cuenta en BSI de la empresa Brazen Sky perteneciente a 1MDB, preocupó a Hanspeter Brunner, director ejecutivo del banco en la región. De pronto, la sucursal de BSI en Singapur parecía tener miles de millones de dólares en depósitos nuevos, y Bruner temía que la Autoridad Monetaria de Singapur, es decir el banco central de Singapur, solicitara una explicación. Después de un periodo de rápido crecimiento de su industria bancaria privada, este Estado-nación tuvo que enfrentar la presión de esforzarse más para impedir el lavado de dinero.

La industria bancaria privada de Singapur estaba floreciendo. Manejaba un billón de dólares en activos que, aunque sólo equivalía a un tercio del total de Suiza, lo seguía haciendo uno de los centros *offshore* más grandes del planeta. La ciudad-Estado ya tenía cierta reputación y se le conocía como un lugar donde los indonesios, chinos y malayos corruptos escondían su dinero. Ahora estaba atrayendo a más clientes europeos y estadounidenses que trataban de escapar del creciente escrutinio de los reguladores occidentales, quienes estaban hartos de la evasión fiscal. El Grupo de Acción Financiera (Financial Action Task Force), la entidad con base en París que establecía los estándares contra el lavado de dinero, había señalado recientemente a Singapur por no procesar más casos de dinero sucio.

Tiempo después Brunner organizó una reunión con el banco central de Singapur. En ella ofreció una presentación sobre Brazen Sky y los otros negocios del banco relacionados con 1MDB, pero no dio detalles, sólo hizo una revisión somera y enfatizó que se trataba del negocio de un fondo oficial del gobierno malayo.

La protección de Brunner sobre BSI le costaría caro a Low e incluso pondría en peligro la existencia del banco, pero al menos por el momento, el malayo había superado otra complicación y empezaba a prepararse para la siguiente fase de su plan. En esta ocasión, Tim Leissner de Goldman no se quedaría fuera.

25
Goldman y el jeque (el segundo gran golpe)

ABU DABI, EMIRATOS ÁRABES UNIDOS,
MARZO DE 2012

A principios de marzo Tim Leissner voló a Abu Dabi, el húmedo emirato en el golfo Pérsico. Ahí sostendría una peculiar reunión con una de las personas más acaudaladas del mundo: el jeque Mansour Bin Zayed. Como uno de los 19 hijos del fundador de los Emiratos Árabes Unidos, el jefe tenía un valor estimado de 40 mil millones de dólares, y tal vez era mejor conocido por ser poseedor del Club de Futbol Manchester City. La generación de sus bisabuelos nació sin un centavo, y se dedicó a la cosecha de dátiles, a criar camellos y pescar perlas, pero el petróleo descubierto a finales de los cincuenta les cambió la vida.

Conseguir una cita para reunirse con el jeque Mansour y sentarse a conversar con él era algo casi imposible, incluso para los inversionistas de mayor calibre. El poder del jeque no se derivaba solamente de su fortuna personal, sino también de su papel como presidente de International Petroleum Investment Company, un fondo soberano de inversión de 70 mil millones de dólares. IPIC, una empresa financiada por enormes cantidades de deuda, recientemente se había vuelto una fuerza de inversión global, y durante la crisis financiera incluso llegó a tener una participación en Barclays Bank del Reino Unido.

A los banqueros de Wall Street con frecuencia se les veía husmeando en busca de tratos en IPIC, la cual estaba en el proceso de construir unas modernas oficinas estilo futurista: una serie de rascacielos tan delgados como fichas de dominó, uno más corto que el siguiente, y con vista panorámica de la principal isla de Abu Dabi y de la expansión del golfo Pérsico. Sin embargo, muy pocos conocían al jeque Mansour.

Leissner se encontraba entre los pocos elegidos gracias a la recién descubierta cercanía con Khadem Al Qubaisi, un asistente del jeque. En unos cuantos días el banquero de Goldman estaría presumiéndoles a sus colegas en Asia su incomparable acceso en Medio Oriente, pero tuvo cuidado de no exagerar el papel de Low en la gestión para que esto fuera posible. En ese momento necesitaba que el jeque aceptara hacer un trato que le cambiaría la vida. Estaba a punto de ganar el meganegocio de 1MDB para el que llevaba años construyendo los cimientos.

En su reunión con el jeque, Leissner estuvo acompañado de Low, quien también tuvo que viajar al emirato. Después de intercambiar halagos, los presentes se pusieron a discutir los puntos principales del trato. El banco de Wall Street se preparaba para vender un total de 3 500 millones en bonos para el fondo 1MDB con el objetivo de financiar la compra de centrales eléctricas a carbón en Malasia y el extranjero. El plan era que 1MDB empacara en una sola empresa estas instalaciones y algunas otras plantas nuevas, y que se ofrecieran las acciones en una oferta pública inicial en la bolsa de valores de Malasia. El listado le podría hacer ganar a 1MDB aproximadamente 5 mil millones de dólares porque, puestas bajo una misma entidad, las plantas eléctricas valdrían mucho más.

El problema era que 1MDB nunca había emitido un bono en dólares estadounidenses para inversionistas internacionales y no tenía calificación de crédito. Por esta razón Goldman sugirió que se le pidiera a IPIC —una entidad soberana con una calificación de crédito sólida—, que garantizara la emisión. Esto apaciguaría a los inversionistas porque los haría sentir confiados y pensar que 1MDB podría pagar la deuda sin importar las circunstancias. A cambio de su garantía, IPIC adquiriría los derechos para comprar, a un precio favorable, una participación en la empresa eléctrica listada.

Éste era el plan más reciente de Low para 1MDB, una manera para que el fondo entrara al negocio de la generación de energía, hiciera algo de dinero y, con suerte, cubriera las deudas con documentos. Sin embargo, había muchas peculiaridades en el plan. ¿Por qué un fondo estatal malayo buscaría la garantía de un fondo similar en otro país? ¿Por qué el gobierno de Malasia no simplemente ofreció una garantía soberana por la deuda? Efectivamente, a los colegas de Leissner de las oficinas de Goldman para Medio Oriente en Dubái, quienes con frecuencia hacían negocios con IPIC, les parecía que la idea era absurda, y se negaron a involucrarse. Incluso el propio director financiero de IPIC hizo preguntas sobre por qué la empresa se tendría que arriesgar por los negocios de otro fondo que, por cierto, no tenía antecedentes. Sin embargo, valieron más las opiniones de sus superiores.

El jeque, un juvenil individuo de 41 años con una sonrisa con la que mostraba todos los dientes, tomó la decisión final en IPIC. Después de que Leissner y Low hicieron sus presentaciones, el jeque Mansour dio la autorización para continuar. Posiblemente la propuesta de que IPIC garantizara los bonos del fondo malayo parecía extraña, pero era un constructo artificial cuyo único objetivo era generar una excusa para desviar más de 1 000 millones de dólares de 1MDB.

Low armó el plan con Al Qubaisi, quien también era director administrativo de IPIC. Se conocieron gracias a la apuesta fallida por Claridge's; luego Low intervino como corredor en un trato para que Aabar, subsidiaria de IPIC, comprara un banco malasio. Ese trato le hizo perder dinero a Al Qubaisi, pero ahora Low lo compensaría en exceso, y la garantía de IPIC sería el eje del plan.

Al Qubaisi era un hombre de 40 años que usaba el cabello peinado hacia atrás con gel y tenía el aspecto físico de un fisiculturista porque pasaba dos horas diarias levantando pesas. Sin duda, resultaba impactante. Gracias a un matrimonio realizado en una generación previa, la familia Al Qubaisi ahora pertenecía a la familia gobernante Al Nahyan, y este lazo siempre le había ayudado en su carrera. En 2007, después de trabajar para Abu Dabi Investment Authority, el fondo soberano de inversión más conocido e importante, Al Qubaisi fue nombrado director administrativo de IPIC. Sin embargo, su verdadera fuerza radicaba en que era el confiable negociador del jeque Mansour.

Al Qubaisi tenía algo más que lo volvía atractivo: se le conocía por ser un hombre que aceptaba sobornos en los tratos, cosa que lo había hecho increíblemente rico. Low había gastado cientos de millones de dólares en fiestas, mansiones e inversiones trofeo como el hotel L'Ermitage, sin mencionar los pagos secretos a sus cómplices. No obstante, deseaba aún más riqueza. No estaba feliz de llevarse una pizca de tratos inmobiliarios de bajo perfil. Quería convertirse en un verdadero magnate. *El lobo de Wall Street* estaba programada para empezar a filmarse en la segunda mitad de 2012 y Low todavía no tenía solucionado el financiamiento. Necesitaba más efectivo y sintió que Al Qubaisi podría proporcionárselo… a cambio de algo.

Gracias a su relación con el jeque Mansour, Al Qubaisi era uno de los hombres más poderosos del emirato. Incluso en los Emiratos Árabes Unidos, un lugar donde se acostumbraba lo llamativo y ostentoso, a los banqueros les parecía que Al Qubaisi era un individuo cuyo egocentrismo no tenía comparación. Viajaba con un séquito de guardias de seguridad egipcios, y sus iniciales, KAQ, aparecían en sus puros, portavasos, cajas de pañuelos e incluso en su colección de automóviles de lujo cuyo valor ascendía a decenas de millones de euros, y que guardaba en una bodega en Ginebra o en sus villas del sur de Francia.

En Abu Dabi, Al Qubaisi usaba la túnica y el tocado emiratí tradicional. Tenía una casa familiar que en realidad era una villa que no dejaba de expandirse, donde vivían su esposa y sus cuatro hijos. Sin embargo, como muchos emiratíes ricos, en el extranjero llevaba otro tipo de vida. En su villa en la Riviera Francesa tenía Bugattis y Ferraris estacionados en el exterior, organizaba fiestas con modelos y tenía una esposa marroquí más joven en París. Cuando estaba fuera de su país cambiaba el atuendo tradicional emiratí por camisetas entalladas, entre las que tenía una con un montaje de imágenes de Tony Montana, el personaje principal de la película *Cara cortada* de 1983, interpretado por Al Pacino. En una ocasión un ejecutivo se presentó en la mansión en Francia de Al Qubaisi para hablar de negocios, y cuando éste abrió la puerta con un diminuto traje de baño, al fondo alcanzó a ver a mujeres en bikini.

El jeque supervisaba IPIC y le gustaba tener la última palabra respecto a los tratos importantes, como este negocio que se comenzaba a formar con 1MDB. No obstante, también le delegaba una cantidad increíble de poder a Al Qubaisi, quien tenía la capacidad de darles luz verde a adquisiciones sin necesidad de obtener la aprobación del consejo directivo. Con una sola de sus anchas y puntiagudas firmas, podía autorizar un negocio multimillonario por parte del fondo.

"Khadem era el único hombre del mundo al que le podías llamar para proponerle un trato de 10 mil millones de dólares y te decía 'ajá' o 'nop'. Se creía Dios", dijo un financiero.

A cambio de todo este poder, Al Qubaisi se aseguraba de que el jeque Mansour continuara recibiendo un flujo de fondos que le permitiera pagar un estilo de vida que exigía gastos extensos: salarios para docenas de empleados, el costo de mantener casas, barcos, automóviles y aviones en todo el mundo. IPIC había sido fundada en 1984 para invertir en empresas relacionadas con el petróleo, pero con Al Qubaisi al mando, tanto el fondo como Aabar Investment, su subsidiaria, se involucraron en una racha de despilfarro. De esta racha destaca la colaboración con Qatar para realizar el famoso rescate de Barclays en 2008, intervención con la que se evitó que el gobierno asumiera el control del banco. No obstante, también gastó en la adquisición de participaciones minoritarias en Daimler-Benz,

UniCredit, Virgin Galactic y otras empresas, tratos que en general tuvieron una gran importancia.

Los límites entre IPIC, que era un fondo estatal, y el imperio personal de negocios del jeque, no siempre se podían distinguir con facilidad. En el caso de la adquisición de Barclays, por ejemplo, los reguladores británicos creyeron que el jeque Mansour estaba poniendo el dinero, cuando en realidad los fondos venían de IPIC. A pesar de que no invirtió dinero propio, Barclays le emitió garantía al jeque como parte del trato, lo cual le permitió comprar acciones del banco a un precio bajo. Más adelante obtuvo una ganancia de más de 1 000 millones de dólares sin haber arriesgado sus propios fondos en absoluto.

Los libros contables de Aabar contenían una maraña de transacciones en las que había involucradas empresas vinculadas con el jeque Mansour. Estas transacciones involucraban terrenos y préstamos por miles de millones de dólares. Además de su empleo de día, Al Qubaisi supervisaba estos negocios privados, y su privilegiada posición cercana a la familia Al Nahyan, le daba carta blanca para llevar agua a su molino. En una demanda de 2009 presentada en Estados Unidos, dos hombres de negocios declararon que Al Qubaisi había solicitado 300 millones de dólares en sobornos durante una puja fallida para asumir el control de la cadena hotelera Four Seasons. Los demandantes, sin embargo, retiraron la demanda más adelante.

Detrás de esa apariencia intrépida, Al Qubaisi tenía un problema. A diferencia de ADIA, que podía depender de pagos salidos de las ganancias petroleras del Estado, a IPIC la impulsaba principalmente la deuda. Para 2012 tenía 19 mil millones de dólares en préstamos, y solamente la propiedad del 100% del gobierno de Abu Dabi garantizaba que a su deuda se le otorgaran calificaciones crediticias con grado de inversión. De hecho, la imagen del fondo como inversionista de importancia era en parte una ilusión. Después de la crisis, cuando Al Qubaisi vio la oportunidad de comprar participación en grandes empresas occidentales, recurrió a Wall Street para conseguir financiamiento.

Goldman Sachs, Morgan Stanley y otros, obtuvieron inmensas ganancias arreglando derivados que financiaran a IPIC —una empresa que en realidad era solamente otro fondo soberano de inversión superficial de un mercado emergente—, y con esto ayudaban a reparar las economías y los mercados apagados en Occidente. Sin embargo, a Al Qubaisi se le dificultaba cada vez más recaudar dinero de Wall Street. En 2011 el gobernante *de facto* de los Emiratos Árabes Unidos, Mohammed Bin Zayed, hermano del jeque Mansour, había ordenado que todas las emisiones de deuda pasaran por una autoridad central para evitar que se repitiera la crisis de deuda de Dubái, en la que las entidades estatales pidieron prestado de más y luego tuvieron que ser rescatadas por el gobierno de los emiratos por unos 20 mil millones de dólares. Mientras buscaba nuevas maneras de mantener el flujo de dinero, Al Qubaisi entró en contacto con Jho Low, quien presumía que podía firmar tratos multimillonarios que involucraban al fondo 1MDB.

Al igual que Al Qubaisi, Low era un hombre joven e irresponsable que, a través de sus relaciones con gente que en verdad era poderosa, llegó a controlar miles de millones de dólares. Low negoció la inversión de Aabar en RHB, el banco malayo que había perdido dinero, sin embargo, su propuesta más reciente compensaría de sobra la debacle. IPIC estuvo de acuerdo en garantizar los bonos de 1MDB, y Goldman se dispuso a arreglar la emisión.

26
La estafa al Estado

NUEVA YORK, MARZO DE 2012

Las oficinas centrales a nivel mundial de Goldman se ubicaban en 200 West Street, en el centro de Manhattan. Era un rascacielos de 44 pisos en el río Hudson, el cual fue terminado después de la crisis financiera. Ahí se encontraban los banqueros de alto nivel de Goldman, preocupados por un negocio en la lejana Malasia. Esta negociación poco convencional, sin embargo, tenía un poderoso defensor: el presidente Gary Cohn.

Cohn, un hombre calvo con cráneo puntiagudo y surcos que le atravesaban la frente, era un banquero de 52 años y tenía una presencia formidable. Era agresivo y directo; su personalidad se había forjado en los pisos de intercambio de Goldman, donde inició su carrera junto con Lloyd Blankfein. Cuando su amigo ascendió a director ejecutivo, Cohn asumió el puesto número dos y continuó siendo un teniente leal que ayudó a defender la apuesta previa a la crisis que hizo la empresa en contra del mercado inmobiliario. Ahora que la actividad económica occidental se había apagado, Cohn encabezaba una fuerte labor para hacer más tratos con fondos soberanos de inversión en mercados emergentes. Esto lo llevó a apoyar de lleno una lucrativa línea de negocios que Leissner y Andrea Vella estaban desarrollando en Malasia.

Cohn había establecido una unidad especial de división cruzada para ganar dinero de los fondos soberanos de inversión, coinvirtiendo con ellos en tratos con capital privado, desarrollando estrategias de cobertura, o simplemente recaudando capital. En el interior de Goldman, a esta línea de negocios se le conocía coloquialmente como "monetización del Estado", y tenía un enfoque importante dentro del banco. Cohn empezó a viajar con regularidad al Sudeste Asiático, donde tenía reuniones de alto nivel para hablar de coinversiones con el poderoso fondo de inversión Temasek Holdings de Singapur. En buena medida, el banquero veía a 1MDB desde esta misma perspectiva a pesar de que el fondo casi no tenía similitudes con Temasek, que era una entidad dirigida profesionalmente.

El respaldo de una personalidad dominante y poderosa como la de Cohn les otorgaba una protección importante a los involucrados en el negocio 1MDB, y sofocaba las voces de quienes no se sentían cómodos con el plan de recaudar miles de millones de dólares para el fondo. David Ryan, presidente de Goldman en Asia, se encontraba entre quienes instaban a los otros a ser precavidos. Ryan visitó al personal de 1MDB en Malasia y salió de ahí preocupado por el plan de asumir tanta deuda, y por la inexperiencia de los administradores, quienes nunca supervisaron inversiones multimillonarias antes.

El trato en potencia se fue abriendo paso a través de los cinco comités de Goldman que revisaban el riesgo financiero y legal. Uno de los principales puntos de debate era el papel de Jho Low, ya que el hecho de que no tuviera un puesto específico, intrigaba a los ejecutivos. El banco le había negado a Low la apertura de una cuenta bancaria privada en Suiza, por lo que no podía participar formalmente en un trato importante que lo involucrara. El 27 de marzo un ejecutivo de Goldman les envió a sus colegas un correo electrónico en el que reconocía a Low como un "Operador o intermediario de 1MDB en Malasia". Sin embargo, en las conversaciones con el personal de Goldman que realizó más o menos por ese mismo tiempo, Leissner negó que el malayo estuviera involucrado en el trato. Este tipo de intermediarios eran considerados un gran riesgo para los bancos estadounidenses por la posibilidad de que estuvieran recibiendo sobornos, lo cual violaba la Ley de Prácticas Corruptas en el Extranjero y eso podía conducir a una multa importante.

No obstante, Leissner, quien viajó con Low para conocer al jeque Mansour, debe haber estado plenamente consciente de que el malayo era quien dirigía el espectáculo. En aquel tiempo, el banquero alemán solía viajar por todo el mundo para encontrarse con Low, sin importar si estaba en Kuala Lumpur, Hong Kong o Suiza. El plan del malayo era que 1MDB vendiera los bonos rápidamente y en secreto, a través de una colocación privada. Por lo general, la mayoría de las empresas que emiten bonos prefiere hacerlo a través de una emisión pública en la que el banco que arregla el trato sondea a una gran gama de inversionistas. Por medio de este proceso llamado construcción del libro, los bancos que tienen acceso a una red grande de inversionistas pueden reducir el costo de fondos de una empresa. En cambio, los inversionistas en una colocación privada, que suelen ser grandes instituciones como los fondos de pensión o los de cobertura, exigen más rendimientos. La ventaja es que las empresas pueden reunir más dinero y sin que las grandes agencias como Moody's o Standard & Poor's les asignen calificaciones crediticias. El proceso también involucraba mucho menos escrutinio, justamente como le agradaba a Low.

El fondo 1MDB había acordado pagar 2700 millones de dólares por plantas eléctricas de Tanjong Energy Holdings, propiedad del multimillonario malayo Ananda Krishnan. Fue la primera de una serie de adquisiciones que planeaba hacer en el sector. Para darle al trato apariencia de autenticidad, 1MDB necesitaba un avalúo independiente de las plantas. Leissner quiso ayudar y le preguntó a Lazard si podría hacerlo. El banco estadounidense estuvo de acuerdo en echar un vistazo, pero sus banqueros hicieron cuentas y no pudieron entender por qué 1MDB estaba dispuesto a pagar 2700 millones por las plantas localizadas en Malasia, Egipto, Bangladesh, Paquistán y los Emiratos Árabes Unidos.

El trato parecía favorable para Tanjong, particularmente porque su acuerdo de la venta con el Estado malayo se acabaría pronto y eso le daría al gobierno la oportunidad de conseguir un precio de ganga. Lazard creía que todo el trato tenía un hedor a corrupción política. En Malasia era común que el gobierno les diera a las empresas tratos a cambio de sobornos y financiamiento político, y eso fue lo que Lazard pensó que estaba sucediendo, así que se retiró.

Al quedarse sin opciones, Goldman se convirtió en asesor de 1MDB para la compra, y le ayudó al fondo a recaudar el capital. El banco ofreció un rango de avalúo que justificó que 1MDB pagara 2 700 millones por las plantas.

Leissner fue más encantador que nunca cuando trató de persuadir a los miembros del consejo directivo de 1MDB de que aceptaran los términos de Goldman para vender los bonos. Tan sólo unas semanas después de la reunión de Leissner en Abu Dabi, los miembros del consejo se sentaron con una expresión de escepticismo frente al banquero de Goldman en una sala de las oficinas en el centro de Kuala Lumpur. El banco estaba preparando el lanzamiento de lo que, a nivel internacional, llamó Proyecto Magnolia: un plan para vender 1 750 millones de dólares en bonos a 10 años para el fondo 1MDB. No obstante, algunos de los miembros del consejo estaban preocupados por lo que les había informado Leissner: probablemente Goldman ganaría 190 millones gracias a su participación en el trato, u 11% del valor de los bonos. Era una suma escandalosa, era incluso más de lo que ganó en la transacción Sarawak el año anterior, y estaba por encima del millón de dólares que normalmente se cobraba por un trabajo de ese tipo.

El banquero defendió y justificó la ganancia de Goldman diciendo que 1MDB obtendría enormes rendimientos en una futura oferta pública inicial de las plantas eléctricas, sin tener que poner absolutamente un centavo propio.

"Miren sus cifras, no las nuestras", dijo en tono lisonjero.

En colaboración con Andrea Vella, el ejecutivo de Goldman que lideraba los negocios de deuda y finanzas estructuradas en la región, Leissner arregló otra emisión del bono de Sarawak. Como en la ocasión anterior, primero la mesa de operaciones de PFI compraría toda la emisión con su enorme capital, y luego encontraría inversionistas. Eso significaba que Goldman estaría corriendo todo el riesgo y que 1MDB recibiría el dinero rápidamente. A pesar de que todavía había algunas preguntas, al final, el consejo directivo formado principalmente por gente leal a Najib, sirvió solamente para dar su aprobación, y decidió no hacer nada realmente para evitar que el plan continuara avanzando.

Pero incluso en Goldman había algunos banqueros, entre ellos David Ryan, que consideraban que las ganancias probables del banco eran excesivas. Alex Turnbull, cuyo padre más tarde llegaría a ser el primer ministro de Australia, era un banquero de Goldman avecindado en Hong Kong. En el fondo, también tenía inquietudes. Turnbull no estaba involucrado en el trato, pero sabía cómo funcionaban los mercados de bonos, y por eso les envió un correo electrónico a sus colegas expresando su incredulidad respecto a las ganancias de Goldman. El correo de Turnbull condujo a una reprimenda por parte del departamento de cumplimiento de Goldman, y su jefe le dijo que si quería ascender de puesto alguna vez, lo mejor sería que se mantuviera callado. Turnbull dejó el banco casi dos años después por razones que no tuvieron que ver con 1MDB.

En el fondo, Leissner, con el apoyo de Vella, defendía los rendimientos con la justificación de que eran proporcionales al riesgo que Goldman estaba corriendo al comprar los 1750 millones en bonos. El fondo 1MDB estaba pagando la mayor parte de los honorarios de Goldman por medio de la compra de los bonos con descuento, y el banco ganaría dinero si encontrara inversionistas dispuestos a pagar un precio mayor. No obstante, el valor nominal, es decir, el precio sin descuento, seguía siendo suficientemente alto para producirle un 6% anual a cualquier inversionista, lo que, en vista de la garantía de IPIC, se consideraba un rendimiento alto, y en aquella época en que las tasas en las economías occidentales y en Japón se cernían sobre cero, también representaba una propuesta invitante. De hecho, Goldman ya había programado fondos mutualistas en Corea del Sur, China y Filipinas para comprar los bonos. La venta se manejó con discreción, y a un empleado de Goldman se le dijo que mantuviera toda la correspondencia sobre el bono fuera del correo electrónico. Si llegaba a saberse que Goldman ya tenía compradores, las ganancias no parecerían justificadas.

También había otra razón por la que Goldman no necesitaba preocuparse. De acuerdo con la propuesta, un documento que redactaron los banqueros de Goldman para darles a los inversionistas detalles sobre el bono, Tanjong, el vendedor de las plantas eléctricas, ya había aceptado abonarse una porción "significativa" de la oferta. El fondo 1MDB le pagó a Tanjong un precio favorable por sus activos, y ahora la misma empresa estaba obteniendo bonos con un rendimiento atractivo. A cambio, las empresas vinculadas a Ananda Krishnan en secreto, hicieron donaciones por 170 millones de dólares a la rama de caridad de 1MDB. Poco después el fondo se vio forzado a "alterar" o desgravar en sus libros 400 millones del valor de las plantas, porque había admitido un sobrepago. Lazard estaba en lo correcto cuando desconfió del elevado avalúo que se le hizo a los activos de Tanjong, pero Goldman no entendió lo que estaba sucediendo.

Los comités internos del banco establecidos para detectar fraudes no hicieron bien su trabajo. Quienes argumentaban a favor del trato citaban el visto bueno del gobierno de Malasia y el papel del primer ministro Najib en 1MDB. Sin embargo, había otra razón tácita para permitir que esto sucediera: las ganancias harían que éste fuera uno de los días mejores pagados del año para Goldman.

Tan sólo algunos años después del colapso inmobiliario y de las promesas que se hicieron respecto a mantener un comportamiento más recto, los administradores de Goldman volvieron a fallar en mantener los principios. Toda la noción de "monetizar el Estado" —en países sin ley ni inversionistas sofisticados—, implicaba arriesgarse a que el costo lo pagaran los contribuyentes de entornos pobres, en beneficio de Wall Street. Goldman ya se había involucrado en una mala situación con la Autoridad Libia de Inversión. Ahora parecía que, en Malasia, el banco le estaba cobrando de más a un cliente cuya disposición a pagar un precio mayor al valor, resultaba ilógica.

En resumen, se soslayó toda una serie de señales de alerta, desde el involucramiento de Jho Low, hasta la peculiar decisión de obtener una garantía de un fondo de otro país, y la disposición de 1MDB a pagar de más por las plantas eléctricas.

En mayo, Tim Leissner llegó tarde a una comida en un restaurante chino en el ION Orchard de Singapur, un centro comercial futurista que lucía como si hubiera sido diseñado por un suplente de Frank Gehry. Cuando entró, el alemán vio a los otros invitados sentados alrededor de una mesa circular de banquete. El grupo incluía ejecutivos de 1MDB, a Jho Low, Roger Ng (el banquero de Goldman), Yak Yew Chee de BSI y oficiales de cumplimiento del banco suizo. A Leissner le molestaba estar ahí, así que les dijo a los comensales que no podría quedarse mucho tiempo. No era una reunión oficial y, además, el banquero de pronto se dio cuenta de que no debió haber ido.

Low reunió a los asistentes para tratar de sortear un obstáculo. El plan era que el 21 de mayo de 2012 Goldman depositara las ganancias del bono de 1750 millones en la cuenta bancaria de la subsidiaria energética de 1MDB. Un día después, 576 millones de esa cantidad se moverían a la cuenta bancaria en BSI de una empresa de las Islas Vírgenes británicas llamada Aabar Investments Ltd.

Sin embargo, el propio departamento de BSI quería saber por qué 1MDB planeaba transferirle una suma así de grande a un banco tan pequeño. Leissner estaba ahí para suavizar las cosas, pero se veía nervioso. Después de una conversación general sobre el bono, el banquero alemán se disculpó y se fue. No obstante, los directores de alto nivel de BSI, entre ellos Yak, aprovecharon su presencia en la reunión y el involucramiento de Goldman para disipar la inquietud del departamento de cumplimiento porque, después de todo, era un representante de alto nivel del mejor banco de Wall Street.

La gente del departamento de cumplimiento tenía buenas razones para estar preocupada. Se suponía que Aabar Investments Ltd. debía verse como Aabar Investments PJS, una subsidiaria de IPIC. Tiempo después 1MDB argumentaría en sus estados financieros auditados que la transferencia de 576 millones era parte de un pago para compensar al fondo de Abu Dabi por su garantía del bono.

Sin embargo, ésta era una empresa imitadora que se había establecido dos meses antes, y los directores de la Aabar falsa eran Al Qubaisi y Al Husseiny, presidente y director ejecutivo del fondo real, respectivamente. Era como si el director ejecutivo de General Electric u otra empresa estadounidense con acciones de primer nivel estableciera una empresa falsa que se viera como GE, sólo para realizar acciones fraudulentas al margen de los libros contables y seguir disfrutando de la protección de un nombre reconocido.

Era una jugada salida directamente del manual de Jho Low. Cuando apenas comenzaba, el malayo establecía empresas similares a otras para que pareciera que tenía el respaldo de los fondos soberanos de inversión de Medio Oriente. En esta ocasión las apuestas eran mucho más altas. Se trataba de una treta diseñada por Jho Low y Al Qubaisi para hacer más dinero gracias a 1MDB.

Con el objetivo de tener un nivel más alto de seguridad, Low y Qubaisi hicieron arreglos para que el dinero volara a través del Falcon Private Bank de Suiza, el cual le había comprado Aabar a un conglomerado de seguros estadounidense llamado AIG. Cuando AIG tuvo problemas durante la crisis financiera, Al Qubaisi se apoderó rápidamente de ella y le cambió el nombre a Falcon Bank en honor a la famosa ave de presa del golfo. Estados Unidos estaba presionando a Suiza para que restringiera el lavado de dinero, pero Al Qubaisi tenía control sobre su propio banco suizo. Por esta razón, los banqueros de Falcon no lanzaron alertas a pesar de haber identificado colosales flujos de dinero que normalmente habrían hecho saltar a los departamentos de cumplimiento.

Cinco meses después Goldman lanzó Project Maximus y compró 1750 millones más en bonos para financiar la adquisición de plantas eléctricas por parte de 1MDB, al conglomerado malayo de casinos y plantaciones Genting Group. Una vez más, el fondo pagó un precio alto, y al igual que Tanjong, Genting hizo pagos a la subsidiaria de caridad vinculada con Najib. En esta ocasión desaparecieron 790.3 millones que ingresaron a la Aabar falsa.

David Ryan, presidente de operaciones en Asia de Goldman, señaló que se debería bajar la tarifa del segundo bono, dado lo sencillo que había sido vender la primera ronda. No obstante, los ejecutivos de mayor nivel, entre ellos Gary Cohn, se impusieron. Mientras Goldman estuvo trabajando en el trato, Ryan permaneció francamente marginado; el banco trajo a un banquero veterano llamado Mark Schwartz, quien era defensor del negocio 1MDB, y como ocupaba el puesto de presidente en Asia, estaba por encima de Ryan. Goldman obtuvo 114 millones, poco menos de lo que sacó en el primer trato. Aun así, era una tremenda cantidad de dinero caído del cielo.

En 2012 a Leissner se le pagó un salario y bonos por más de 10 millones de dólares para que trajera el negocio, lo que lo convirtió en uno de los empleados mejor remunerados del banco. El banquero llevaba tres años circulando alrededor de Low con la esperanza de recibir beneficios importantes. Se había esforzado muchísimo en ayudarlo a encontrar banqueros que le hicieran avalúos, e incluso lo visitó en la clínica suiza, pero sabía que debía reconocer el papel secreto que ocupaba en el fondo. No obstante, hasta la fecha no se aclara cuánto sabía respecto al fraude. ¿Leissner sospechaba que Low estaba robando de la caja? Con esa enorme cantidad de dinero en juego, tal vez se convenció de que la situación era normal. ¿Acaso no había siempre negociadores desagradables en los tratos de negocios asiáticos? Al fin y al cabo, ¿no era Asia simplemente un pantano de corrupción?

En octubre hicieron socio a Toby Watson, director del buró PFI de Goldman en Asia. También fue un buen año para Blankfein, director ejecutivo de Goldman, a quien le pagaron 21 millones de dólares, una cantidad que, aunque se alejaba mucho del récord que alcanzó en 2007 con los 68 millones que obtuvo antes de la crisis, seguía siendo un salario increíble. Blankfein había desarrollado para Goldman otras líneas de negocios con las que se ganaron 7500 millones de dólares ese año, sin embargo, los desarrollos en Malasia significaban una gran ganancia estratégica para el director ejecutivo. Leissner no quería anunciar a tambor batiente las ganancias, así que actuó como si los bonos fueran un asunto secreto. De hecho, cuando un colega de mayor nivel de Goldman que pertenecía a la misma región empezó a circular internamente la información sobre las ganancias, Leissner le solicitó irritado que fuera discreto.

El colega dijo: "En verdad se sentía que uno no debía atraer la atención al tema".

Jho Low ejecutó su segundo gran golpe. A diferencia de la primera fase que llevó a cabo en 2009 con PetroSaudi como socio, esta vez el malayo desarrolló su plan con lujo de detalle. Tres años antes había tratado de realizar un trato importante con un fondo soberano de inversión, se puso en el camino de varios flujos de dinero e incluso tal vez ganó comisiones como corredor. Las cosas se movieron con rapidez y los cómplices vieron su oportunidad de tomar el dinero.

En esta ocasión, Low preparó los cimientos cuidadosamente. En lugar de elegir una empresa saudita desconocida como socia, involucró a IPIC, uno de los fondos soberanos más grandes del planeta. Al Qubaisi era un individuo infinitamente más poderoso que el príncipe Turki, quien en realidad sólo era un séptimo hijo haragán del rey saudita. Tiempo atrás, en 2009, las justificaciones de Low respecto a los flujos monetarios variaban mucho, como si las estuviera inventando en el momento. El malayo también corrió un gran riesgo al enviar el dinero a la empresa que estableció en las Seychelles. En esta ocasión, en cambio, él y Al Qubaisi tuvieron mucha más precaución y enviaron el dinero a una empresa parecida a un fondo soberano de Abu Dabi, la cual estaba bajo el control de Al Qubaisi.

Esta vez, sólo unos cuantos infiltrados estuvieron al tanto de la situación y se enteraron de que el dinero se dispersó desde la empresa parecida a Aabar hacia un pequeño grupo de beneficiarios vinculados al trato. En total se desviaron 1 400 millones de dólares, y de ahí salió el capital necesario para hacer *El lobo de Wall Street*, para pagarles a los votantes malayos y para financiar fiestas y rachas de apuestas increíblemente más exuberantes.

Al Qubaisi recibió una gran recompensa por el papel que desempeñó. Poco después de que 1MDB juntó su segundo bono y los fondos fluyeron hacia la imitadora de Aabar, un flujo de dinero que al final sumaría más de 400 millones, se movió a una cuenta en el banco Edmond de Rothschild en Luxemburgo, la cual era controlada por Vasco Investment Services, la empresa de Al Qubaisi. Desde ahí Al Qubaisi compraría mansiones en ambas costas de Estados Unidos, pero también se aseguró de que su patrón, el jeque Mansour, estuviera bien atendido.

Cuando los bonos de Goldman se juntaron, los ingenieros de la firma constructora de botes Lürssen, en Bremen, Alemania, estaban dándole los últimos toques al *Topaz*, el yate del jeque Mansour. El *Topaz* medía 146 metros de longitud, costaba más de 500 millones de dólares y era como un enorme hotel flotante con dos pistas para helicópteros y ocho cubiertas. Al Qubaisi manejó el financiamiento para el *Topaz* a través de un préstamo fuerte de Deutsche Bank, el cual exigía pagos de 6.4 millones de euros al mes: una cantidad considerable. Uno de los primeros pagos que Al Qubaisi hizo desde Vasco tras recibir dinero de 1MDB fue una transferencia de 6.4 millones de euros a Deutsche Bank. Era un pago para cubrir el préstamo del *Topaz*. Más adelante pagaría un total de 166 millones con fondos de Vasco.

A finales de abril, mientras Goldman preparaba la primera emisión del bono de 1MDB, cerca de 100 mil protestantes en contra de la corrupción inundaron las calles de Kuala Lumpur. Desde el cielo, el centro de la ciudad se veía abarrotado de gente vestida con camisetas amarillas, el color que eligieron los manifestantes. El enojo entre la gente común de la clase media como los maestros, los empleados, abogados y estudiantes, llevaba algún tiempo creciendo y acumulándose.

Los manifestantes empuñaban carteles con consignas en contra de la corrupción; algunos pedían una reforma electoral y otros tenían caricaturas de Rosmah, quien se había convertido en el símbolo del régimen cleptocrático del primer ministro Najib. ¿Cómo pagó por sus joyas? La gente quería saber.

La oleada de manifestantes trató de abrirse paso hacia Independence Square, una zona de prados en el centro de la ciudad, pero la policía antimotines le bloqueó el paso. Luego, en la tarde, cuando los manifestantes presionaron para avanzar, las fuerzas de seguridad los recibieron con gas pimienta y camiones hidrantes.

De pronto un oficial de policía lanzó su vehículo hacia un grupo de gente e hirió a dos manifestantes. La multitud reaccionó con violencia, sacó al oficial arrastrándolo, volteó el vehículo y luego rompió las ventanas. En las siguientes horas, muchas personas resultaron lastimadas, algunas incluso de gravedad. Así se dibujaron las líneas de batalla para las elecciones que tendrían lugar el año siguiente.

Los manifestantes no sabían nada de lo que Low había hecho en 1MDB, pero la corrupción en Malasia ya estaba carcomiendo la fibra social del país con sucesos como la compra de votos en tiempos electorales por parte de la UMNO, el partido gobernante, o los comunes pagos con doble intención que realizaban las empresas para obtener contratos con el gobierno. Mientras los malayos de la clase media lidiaban con los salarios estancados, la élite de Malasia acumulaba todavía una riqueza mayor, y eso sólo alimentaba más el descontento.

En 2006 un grupo de políticos de la oposición, abogados y activistas anticorrupción, inició un movimiento llamado Bersih, palabra malaya que significa "limpio". El grupo buscaba que se realizaran reformas para asegurar elecciones limpias. En 2007 y 2011 los manifestantes Bersih se vistieron con camisetas amarillas, se lanzaron a las calles y tuvieron enfrentamientos con la policía. Eso, sin embargo, no cambió nada porque la protesta se realizó solamente como un último intento por garantizar la limpieza de las elecciones que se celebrarían a mediados de 2013.

Los organizadores esperaban que esa demostración, que también fue la protesta democrática más grande en la historia de Malasia, sirviera para forzar al gobierno a escuchar, pero sólo terminó en rencor y división.

Las cosas, sin embargo, eran mucho peores de lo que la gente creía. Low llevó sus chanchullos a nuevos niveles, y con eso puso en riesgo la estabilidad económica de todo el país. La deuda del fondo 1MDB alcanzaba la impresionante cifra de 7 mil millones, y tenía muy pocos activos que justificaran los colosales préstamos que había solicitado. La mayor parte del dinero había sido desviada y el fondo llegó a colapsar con una deuda neta de 30 millones de dólares en su último año fiscal. No obstante, todos estos detalles se mantenían en secreto. Incluso conseguir una copia de los reportes financieros del fondo era difícil.

El primer ministro Najib había imaginado que el fondo 1MDB serviría para generar empleos, y que le ayudaría a realizar gastos políticos ilegales que le permitirían aumentar su popularidad entre los ciudadanos malayos. Pero en lugar de eso se convirtió en una fosa séptica de marrullerías. Su popularidad empezó a decaer, así que decidió apostarle aún más a la confianza que le tenía a Low, por lo que respaldó la decisión del fondo de asumir todavía más deuda con tal de ganar las elecciones que se avecinaban. Sus acciones, naturalmente, lanzaron a 1MDB hacia una espiral mortal aún más profunda.

Low esperaba que la Oferta Pública Inicial, planeada para los activos energéticos de 1MDB, estabilizara el fondo y ocultara los cada vez más comunes robos, pero era una estrategia arriesgada, por decir lo menos. El malayo, sin embargo, no se preocupaba mucho por el futuro. Finalmente, sólo era dinero del gobierno, y él todavía contaba con la confianza de Najib, quien tenía el poder para eliminar la deuda de los libros.

Desde otra perspectiva, Low había repuesto su inventario de capital, y ahora tenía el poder de artillería para insistir e impulsar un imperio en Hollywood. Estaba a punto de entrar al periodo más intenso de su joven vida.

Tercera parte

IMPERIO

27
Cuando convirtió
a Busta en su perra

Cuando Jho Low vio el helicóptero acercarse a la plataforma de aterrizaje enclavada en la proa del superyate *Serene* de 134 metros de longitud, estaba de muy buen humor. Estaba a punto de volar a Mónaco con su gran séquito de mujeres para realizar una excursión de compras. Necesitaba calmar sus nervios antes de regresar a hacerse cargo de su fiesta más importante hasta ese momento. El joven de 31 años tenía razones para celebrar: su nueva empresa, un conglomerado hongkonés llamado Jynwel Capital, acababa de adquirir una participación en EMI Music Publishing. Y en ese momento, entre las estrellas hacedoras de éxitos musicales de la empresa se encontraban Kanye West, Beyoncé, Usher, Alicia Keys y Pharrell Williams. Por si el éxito de la adquisición de EMI fuera poca cosa, Red Granite, la productora fílmica fundada por Low, Riza Aziz y Joey McFarland, estaba a punto de empezar a filmar *El lobo de Wall Street*. Low, a quien alguna vez le negaron en Suiza la posibilidad de abrir una cuenta bancaria personal en Goldman, ahora podía afirmar que era un magnate del entretenimiento, y claro, quería que todo el mundo se enterara.

El *Serene* tenía 15 camarotes para invitados y una tripulación de docenas de integrantes. Era un palacio flotante de placer y su atracción principal era el enorme jacuzzi y el bar en la cubierta superior. Entre otras cosas, tenía sauna, una alberca parcialmente cubierta, un salón con piano de cola y una escalera de caracol de mármol que conectaba los distintos niveles. Cuando estaba anclado, las cubiertas con brazos hidráulicos se abrían hacia el mar y les permitían a los pasajeros disfrutar de sus comidas al aire libre.

Low necesitaba el telón de fondo más suntuoso posible para la fiesta de esa noche, y como siempre, Noah Tepperberg y Jason Strauss estaban dispuestos a complacerlo. Los propietarios del centro nocturno Marquee se hicieron cargo de todos los detalles. Para cuando terminó su construcción en 2011, este yate de 330 millones de dólares era el noveno más grande del mundo. Le pertenecía al multimillonario ruso Yuri Shefler, propietario, entre otros negocios, de la vodka Stoli. Tepperberg y Strauss también trajeron en avión a modelos de Estados Unidos para fungir como las glamorosas anfitrionas que Low exigía en todas sus fiestas. Danny Abeckaser, el actor y promotor de clubes, trajo a un grupo de conocidos entre los que se encontraba Leonardo DiCaprio, quien se estaba preparando para empezar a filmar *El lobo de Wall Street* el mes siguiente. DiCaprio era conocido por ser un actor de método, se decía que habitaba la mente de sus personajes incluso cuando no estaba en el set. La costumbre que tenía de celebrar y parrandear en grande, llevaba años ocupando las primeras páginas de los tabloides, por lo que se puede suponer que no le costó trabajo encarnar a Jordan Belfort mientras se preparaba para su siguiente gran papel. Y como Jho Low seguía pagando los excesos como ya lo había hecho desde varios años atrás, la vida y el arte empezaron a fusionarse incluso antes de que diera inicio la filmación de la película.

Mientras Low y su séquito compraban en Mónaco, Tepperberg y Strauss se aseguraban de que todo estuviera en su lugar. Los trabajadores estaban dándole los últimos toques al escenario del barco para las actuaciones de esa noche. La lista de invitados incluía a algunas de las estrellas del pop más reconocidas del mundo como Kanye

West, Rihanna, Chris Brown y Ludacris, pero también a actores y miembros de las familias reales de Medio Oriente.

La adquisición de EMI por 2200 millones de dólares se cerró el mes anterior, y fue dirigida por Sony Music Holdings, los testamentarios de Michael Jackson y el gigante estadounidense de capital privado Blackstone Group. Jynwel Capital, la empresa de Low, invirtió junto con Mubadala, el fondo de Abu Dabi dirigido por Khaldoon Al Mubarak. Su participación, de apenas poco más de 100 millones de dólares, representaba por mucho su trato con mayor apariencia de legitimidad hasta ese momento. Low fundó Jynwel con Szen, su hermano, y les dijo a los financieros que se trataba de su "oficina familiar" que estaba invirtiendo los miles de millones de su bisabuelo. Sus socios en el trato de EMI lo creyeron todo.

En realidad, la participación de Low se financió con los bonos de 1MDB que Goldman vendió para el fondo. Low usó un viejo truco para ocultar el origen del dinero, hizo que Fat Eric, su socio, estableciera una empresa fantasma *offshore* llamada Blackstone Asia Real Estate Partners. La empresa estaba diseñada para parecer una subsidiaria legítima de Blackstone Group, pero en realidad la controlaba Fat Eric, quien trabajaba para Low. En los documentos oficiales parecería que Fat Eric era propietario de muchísimas empresas y activos fantasma, lo que le permitiría a Low mantener en secreto su involucramiento.

Para ese momento, el malayo había sacado más de 1 000 millones de dólares del dinero de 1MDB generado por los bonos que vendió Goldman Sachs. Con ayuda del director administrativo de IPIC, Khadem Al Qubaisi, Low logró garantizar el control del efectivo que estaba estacionado en una empresa fantasma que parecía subsidiaria de IPIC. Se suponía que el dinero compensaría a IPIC por garantizar los bonos de 1MDB, pero ahora Low estaba haciendo con él lo que se le daba la gana. Mientras buscaba una manera de financiar su participación en EMI, Low hizo arreglos para que cientos de millones de dólares se movieran a una cuenta que tenía la empresa parecida a Blackstone en el banco Standard Chartered. Para ocultar el rastro, buena parte del dinero fluyó a través de fondos administrados por Amicorp en Curazao. Low tomó del dinero que estaba en la cuenta de la falsa Blackstone para financiar la participación de Jynwel en EMI y para compensar a Al Qubaisi, a la consejera legal de 1MDB Jasmine Loo, y a otros.

Poco después Low se convirtió en presidente no ejecutivo de EMI Music Publishing en Asia y se unió al consejo directivo de la empresa. En un instante, el puesto en EMI le dio un respaldo profesional importante en la industria musical, el cual lo elevó y lo sacó de su estatus de simple muchachito rico y de apostador. Fue su gran jugada. Un imperio en los medios generaría ganancias para devolver el dinero a 1MDB.

En las dos primeras etapas del golpe, Low sólo había tomado aproximadamente 3 mil millones de dólares que gastó de una manera salvaje. Ahora, sin embargo, tenía como objetivo construir un negocio real con ganancias genuinas. El malayo fundó la productora fílmica Red Granite en 2010, pero *El lobo de Wall Street* la colocaría en el mapa. Low esperaba que la película, sumada al trato de EMI, sirviera para apaciguar algunas preguntas de los medios que no dejaban de atormentarlo respecto a su interés en los negocios y la fuente de su riqueza.

Cuando Low regresó en el barco con sus bolsas de compras, encontró una atmósfera animada, pero a él no dejaba de preocuparle que los reporteros de los periódicos de chismes que se desataban en Saint-Tropez durante el verano, se dieran cuenta de lo que sucedía. "Noah, necesitas manejar con cuidado a la prensa —le escribió a Tepperberg—. El jefe de Sony me envió un correo electrónico. ¡Estaba enterado de todas las actuaciones artísticas! Jajá. Espero que la prensa no se haya enterado aún."

Las estrellas empezaron a llegar al *Serene*. Kate Upton, la modelo estadounidense, hizo una entrada dramática en helicóptero. En medio de una lluvia de cohetes, Low le obsequió bolsas Hermès

Birkin con un valor de decenas de miles de dólares. El malayo les decía a sus amigos que anhelaba la compañía de mujeres hermosas, especialmente de modelos, como si validaran su importancia. En un entorno íntimo continuaba comportándose como un individuo reservado que a veces no sabía ni qué decir. No era particularmente encantador, pero le encantaba ser el centro de la atención femenina.

Su esfuerzo por mostrarse como un hombre del mundo del espectáculo tenía otra razón más práctica. Además de las estrellas, había una buena cantidad de gente de la realeza de Medio Oriente que abordó el barco para la fiesta, incluyendo un príncipe de Dubái. La gente de la realeza poseía todo el dinero del mundo, pero ni siquiera así tenía acceso al tipo de gente que Low lograba convocar, y él comprendía bien que ésa era su ventaja. Al entregarles un fragmento de Hollywood a los poderosos de Medio Oriente, lo que ganaba era prestigio para sí mismo, pero además tenía la esperanza de estarse abriendo la puerta a negocios futuros.

La fiesta tuvo su clímax con la actuación de Kanye West y continuó con furia hasta el amanecer. La estrella de rap estaba con su novia, Kim Kardashian, a quien el ejército de la prensa siguió en todo momento. Algunos reporteros de chismes se dieron cuenta de lo que sucedía en la fiesta y se enfocaron en la presencia de West y de Kardashian, así como en la de Chris Brown y Rihanna, quienes pasaron toda la noche conversando a pesar del abuso físico que él había infligido sobre ella tres años atrás. Algunos periódicos incluso reportaron por error que Brown había rentado el *Serene*. Low se mantuvo al margen de la prensa porque no podía darse el lujo de enfrentar el escrutinio sobre sus tratos que provocaría la cobertura mediática. Pero sin importar su discreción, todo en la fiesta estaba pensado para transmitir la sensación de que por fin la había hecho en grande. Low podía conformarse con la vida secreta de un poderoso multimillonario.

Cuando la fiesta empezó a menguar, la mayoría de los asistentes abandonó el barco, pero poco más de 20, entre ellos Low, su hermano Szen, DiCaprio, los dueños del club nocturno y las "chicas de las botellas", se quedaron. A las 6:00 a. m., cuando la fiesta por fin terminó, el superyate levó anclas y navegó hacia Portofino, el exclusivo centro vacacional en la isla italiana de Cerdeña.

Low siempre había sido amable con las estrellas de cine y los ídolos musicales cuando les pagaba por sus servicios, pero ahora el equilibrio del poder empezaba a cambiar. En abril de 2013, a menos de que se cumpliera un año del trato de EMI, Low estaba pasando el rato en Jungle City Studios, en Chelsea, el vecindario de Manhattan. Jay-Z, Rihanna, Nicki Minaj y muchas otras estrellas habían grabado canciones en ese lugar. Él estaba ahí para grabar su propia canción por diversión, una versión de la conmovedora balada "Void of a Legend".

Era una canción escrita por Antoniette Costa, una cantante que había empezado a salir con Joey McFarland recientemente. Low adoraba cantar pero su voz era aguda y desafinada. Antoniette y el productor del estudio tuvieron que trabajar ocho horas y usar el Auto-Tune juiciosamente para poder producir una versión aceptable de la canción.

Mientras Low estaba cantando, McFarland, Swizz Beatz y otros amigos entraban y salían de la cabina de grabación. Ya era bastante tarde cuando Busta Rhymes y Pharrell Williams, clientes de mucho tiempo atrás de Jungle City, llegaron al estudio donde estaba Low, que para ese momento ya estaba ligeramente ebrio y tratando de relajarse.

"¡Oye! —le gritó Low a Busta Rhymes, extasiado de verlo—. Ahora eres de mi propiedad. ¡Eres mi perra!"

El comentario, que el rapero debió tomar con ligereza porque era una referencia divertida al hecho de que Low había comprado EMI, fue un rotundo fracaso. Busta Rhymes, rapero, actor y productor musical regordete, se veía incómodo, pero se reprimió y no dijo nada. Mientras tanto, Pharrell trató de cubrir el penoso momento hablando de cualquier cosa. Low estaba tratando de actuar como magnate, pero resultaba desagradable. Era un impostor que, a pesar de todo su dinero, no daba realmente el ancho.

28

Toda la riqueza del mundo

Un sábado de finales de agosto, Joey McFarland estaba sentado en su silla de productor en el distrito financiero de Manhattan. El tranquilo vecindario había sido invadido por la producción de *El lobo de Wall Street*. Martin Scorsese estaba dirigiendo una escena con Leonardo DiCaprio como Jordan Belfort, y Cristin Milioti interpretando el papel de la primera esposa del defraudador. A McFarland, que estaba sentado a una cuadra del verdadero Wall Street, le costaba trabajo entender cómo había llegado ahí. Tenía menos de tres años de haber conocido a Low en Whistler y básicamente no tenía ninguna experiencia en la industria fílmica, pero ahí estaba produciendo una película con el director y el actor más reconocidos del planeta.

De toda la gente que terminó levitando en la órbita de Jho Low, McFarland fue al que más le cambio la vida. A los 40 años pasó de ser un agente de talentos de poca categoría, a trabajar como productor de cine del más alto nivel. Joey McFarland y Riza Aziz, su socio en Red Granite e hijastro del primer ministro malayo Najib Razak, no tenían ningún tipo de estudios sobre cine, y hasta ese entonces sólo habían lanzado una película llamada *Amigos con hijos*. Sin embargo, ahora se codeaban con profesionales que llevaban décadas trabajando en la industria. Para Scorsese y DiCaprio, por otra parte, estos intrusos habían llegado como por obra divina porque, no solamente controlaban una cantidad de dinero que parecía ilimitada, también les habían otorgado una libertad artística total. Cuando Scorsese quiso estrellar un verdadero Lamborghini blanco para las primeras escenas de la película —algo que sucedió en la vida de Jordan Belfort—, logró que Red Granite se hiciera cargo de la factura a pesar de que la mayoría de los productores habrían insistido en usar una réplica para ese propósito. La presencia de McFarland y Aziz en el set se toleraba porque eran los hombres que firmaban los cheques.

Tiempo atrás, en Los Ángeles, Joey McFarland vivía en un departamento de una sola recámara en West Hollywood, y como le avergonzaba habitar en un lugar así de modesto, evitaba invitar a las estrellas de cine con quienes tenía amistad. Ahora vivía con Jho Low en el penthouse del Time Warner en Nueva York, y además, se había establecido como uno de los amigos más cercanos del malayo. Se volvieron inseparables. Viajaban juntos al spa, iban a Las Vegas a apostar y también hacían viajes en Estados Unidos y Europa para ir a esquiar.

McFarland empezó a reescribir la historia de su vida y fue desapareciendo su antiguo trabajo como agente de talentos. Como le inquietaba su falta de experiencia, a los entrevistadores les decía que había estado entrando y saliendo del ámbito fílmico durante años, y que antes de eso trabajó en empresas de capital privado. Nunca mencionó el restaurante de gyros en Cincinnati. Los profesionales de la industria, incluso quienes trabajaban para Red Granite, lo consideraban un advenedizo.

A pesar de su origen humilde, McFarland se convirtió en el rostro de Red Granite. Riza era tímido y no pasaba mucho tiempo en la oficina porque prefería jugar o ver tenis mientras Joey disfrutaba de la luz de los reflectores. Low permanecía alejado del set de filmación porque le preocupaba atraer a la prensa. En un principio McFarland les dijo a los empleados de Red Granite que Low era el financiero, pero luego adoptó el hábito de decir que el dinero venía de Medio Oriente.

Low se había esforzado mucho para asegurar que esta mentira soportara el escrutinio. Red Granite Capital, la empresa de Riza Aziz, había recibido más de 200 millones de dólares de los bonos arreglados por Goldman. Al principio este dinero se movió a una empresa fantasma controlada por Al Qubaisi de IPIC, y por su empleado Mohamed Al Husseiny. Cuando inició la filmación, Al Husseiny adoptó la costumbre de pasar tiempo en las oficinas de Red Granite y de asistir a las proyecciones, como si él representara el dinero de la producción. El dinero recibido por Red Granite Capital era para financiar *El lobo de Wall Street*, y para pagar la adquisición de propiedades por parte de Riza en Los Ángeles y Nueva York, así como de Low en Londres, es decir, el conjunto de inmuebles que el malayo había adquirido dos años antes. Ante el público, los ejecutivos de Red Granite mantenían la discreción respecto al financiamiento. McFarland se negó a hablar sobre el tema con un reportero del *Hollywood Reporter*, y Riza explicó vagamente que el dinero provenía de inversionistas en Medio Oriente y Asia.

Durante la filmación Low procuró mantener su nombre alejado de la prensa y evitó visitar el set, pero continuó fortaleciendo su relación con Leonardo. En algún momento de la producción, pasó más de una semana en el Venetian de Las Vegas acompañado de tiempo en tiempo por DiCaprio, Riza y McFarland. A sus amigos les dijo que le agradaba el silencio del piso de apuestas —los celulares están prohibidos— porque le ayudaba a escapar. Por otra parte, las excursiones pagadas para ir a apostar también le ayudaron a enganchar cada vez más al actor.

Los ejecutivos de Red Granite esperaban que hubiera una colaboración a largo plazo. En el otoño de 2012 McFarland cenó con DiCaprio y con el director surcoreano Park Chan-wook en Le Bernardin, un lujoso restaurante francés en Manhattan. Ahí discutieron la posibilidad de realizar otra película. Low, Riza y McFarland también empezaron a imitar ciertos aspectos de la vida del actor. DiCaprio era un coleccionista ávido de pósteres de películas, y presentó a Riza con Ralph DeLuca, un distribuidor de artículos antiguos de la industria fílmica que trabajaba en Nueva Jersey. Así fue como los ejecutivos principales de Red Granite empezaron a usar el dinero tomado del fondo 1MDB para comprarle al distribuidor millones de dólares en artículos coleccionables. En octubre de 2012 Riza le pagó a DeLuca la asombrosa cantidad de 1.2 millones de dólares por un póster original de *Metrópolis*, la película muda de Fritz Lang de 1927, y lo colgó en su despacho personal en Red Granite.

Joey McFarland quería ir más lejos. "¿Cuál es el póster conseguible más importante en [el] mundo?", le preguntó a DeLuca en un correo electrónico. En los siguientes 18 meses, McFarland y Aziz hicieron arreglos para comprarle a DeLuca más de 70 artículos por un valor de cuatro millones de dólares, y con los pósteres cubrieron las oficinas de Red Granite y el condominio de Riza en el edificio Park Laurel de Nueva York. McFarland les enviaba a DeLuca y Riza listas de los pósteres que quería coleccionar.

"He decidido que tengo que poseer éstos. Tienen que ser así. Y ni mencionar mil más… No puedo dormir, estoy obsesionado", escribió.

"Jajajajajá, ¡¡ahora comprendes mi dolor!! Muajajajajá —$$$$", contestó Riza.

"Me estoy obsesionando con los pósteres, somos criaturas súper neurotico-obsesivas… TENEMOS QUE POSEERLOS TODOS", contestó McFarland.

A medida que DiCaprio se hizo más cercano a Low y McFarland, comenzaron incluso a ir juntos a ver mansiones. El 20 de septiembre de 2012 el actor le envió a McFarland un acuerdo de confidencialidad de su corredor en Sotheby's. El acuerdo le daba al firmante el derecho a revisar una propiedad situada en el 658 de Nimes Road, en Bel-Air, la cual estaba a la venta por la impactante cantidad de 150 millones de dólares. El propietario era un jeque saudita, y como no quería publicidad, Low usó a McFarland como frente; por eso el estadounidense terminó firmando como posible comprador.

Low y McFarland visitaron la propiedad, que era una de las más costosas en Estados Unidos. Constaba de varias casas apiñadas alrededor de un camino de acceso, se extendía en un terreno de 12 kilómetros cuadrados de tierra, tenía más de 28 habitaciones, más de 30 baños, gimnasio, spa, sala de cine y una alberca infinita con vista hacia Los Ángeles.

A pesar de que llevaba tres años de compras incesantes, Low no estaba satisfecho. Le había endilgado su mansión de Hollywood a Riza Aziz, y ahora buscaba un palacio adecuado para un multimillonario. Al igual que William Randolph Hearst, cuyo castillo en San Simeon, California, sigue siendo símbolo de los excesos de principios del siglo xx, Low anhelaba poseer la propiedad más opulenta posible.

Al final, sin embargo, no realizó la compra. Ofreció 80 millones de dólares por la propiedad, pero el jeque saudita rechazó la oferta. Aunque no muchas, había algunas cosas que ni siquiera Low podía comprar.

El 17 de noviembre de 2012 Low y Riza entraron al Monkey Bar del hotel Elysee, en el centro de Manhattan. En el Monkey Bar había sofás de cuero rojo y gabinetes que recreaban la atmósfera y la vibra del Hollywood antiguo. El lugar le pertenecía a Graydon Carter, editor de *Vanity Fair*, y era popular entre los abogados y banqueros del centro, así como entre la gente de la industria fílmica y de los medios. Mientras los meseros le entregaban a la gente copas de champaña, los ejecutivos principales de Red Granite convivían con las personalidades más importantes de Hollywood, desde DiCaprio y Daniel Day Lewis hasta Harvey Keitel y Steven Spielberg.

Los invitados estaban reunidos ahí para celebrar a Martin Scorsese, quien cumplía 70 años. Estaba inmerso en la filmación de *El lobo de Wall Street*, la cual tuvo que ser pospuesta a finales de octubre debido al huracán Sandy. Al director le dijeron que solamente asistirían algunos amigos cercanos a su celebración de cumpleaños, pero en el bar que se rentó para esa noche especial, había

120 personas. La celebración incluyó un montaje de videos breves con las metidas de pata en la filmación de las películas del director, cena de cuatro tiempos y champaña para brindar por el festejado.

Como regalo de cumpleaños Low le había enviado a Scorsese una versión en polaco del póster de la película *Cabaret*. Más adelante el director le agradeció a Low "¡los asombrosos regalos!" El "rarísimo" póster en polaco "hizo de mi septuagésimo cumpleaños algo aún más especial".

Este periodo fue la cumbre de la influencia del malayo en Hollywood. Apenas dos semanas antes había sido el anfitrión de su propia fiesta de cumpleaños, la extravagante celebración con tema circense que se describió a detalle al principio del libro, y que pasaría a formar parte de la cultura popular de Las Vegas como la fiesta privada más costosa jamás realizada. Las atracciones nocturnas incluyeron una rueda de la fortuna interior, artistas circenses y una serie de las personalidades más importantes de Hollywood, sin mencionar a Britney Spears, quien salió de un falso pastel de cumpleaños. Todos los conocidos de Low asistieron, no solamente DiCaprio, también Tim Leissner, Al Husseiny y otros de sus socios de negocios. Casi todas las personas que habían hecho algo para facilitar el triunfo de Low estaban ahí para celebrar con él. El malayo hizo los arreglos necesarios para que todos los aspectos del evento fueran pagados con los bonos de 1MDB, pero las cantidades eran abrumadoras. Por una noche de trabajo, Swizz Beatz, su amigo productor, esposo de Alicia Keys, recibió 800 mil dólares de una empresa fantasma fundada con el dinero robado.

Éste era Jho Low en su máxima expresión. La filmación de *El lobo de Wall Street* estaba a punto de completarse, él se encontraba en la cumbre de su poder y las celebraciones eran tan frecuentes que prácticamente se entrelazaban y se confundían entre sí. El 11 de noviembre, pocos días después de la fiesta de Las Vegas, Low, Aziz y McFarland le obsequiaron a DiCaprio un inolvidable regalo por su cumpleaños número 38. Había mucha agitación y emoción respecto a *El lobo de Wall Street* porque el actor realizó escenas electrizantes y las fotografías se filtraron en internet. Los productores hablaban de la posibilidad de que por fin ganara un Oscar.

Como regalo, consiguieron la estatuilla que recibió Marlon Brando en 1954 como mejor actor por *Nido de Ratas*. Era un guiño a DiCaprio que indicaba que ya era hora de que él recibiera una. Esta estatuilla había desaparecido años antes de la casa en Hollywood de Brando, y a pesar de que los estatutos de la Academia prohíben la venta de premios Oscar, éste terminó en manos de DeLuca, quien lo vendió en 600 mil dólares. A DiCaprio le intrigaba Brando, cuyas políticas progresistas lo llevaron a rechazar otro Oscar en 1973, en protesta por la representación de los nativos norteamericanos en las películas. DiCaprio también se había vuelto muy franco respecto a los temas políticos, hacía campañas a favor de los derechos sobre la tierra de los indígenas en Norteamérica por encima de los intereses corporativos, y dirigía la atención al hecho de que el calentamiento global estuviera poniendo en peligro su estilo de vida.

Ese año, en Navidad, McFarland hizo que enviaran a la casa de Scorsese y de su esposa en el Upper East Side de Manhattan un cesto de caviar de Petrossian, el favorito del director. También gastó 2245 dólares del dinero de la empresa en una botella de champaña Cristal Rosé que le obsequió durante la fiesta de clausura de *El lobo de Wall Street*, realizada en el Marquee, el club nocturno de Nueva York propiedad de Tepperberg y Strauss, de Strategic Group. A pesar del lujoso regalo que recibió, cuando Scorsese pasó junto a McFarland en el vestíbulo del edificio Time Warner, no pareció reconocerlo, y cuando repartió regalos para celebrar el cierre de la filmación, hizo lo mismo que hacía en todas sus películas: les envió llaveros a todos.

Independientemente de la dinámica personal entre ellos, incluso antes de que se terminara la filmación, Riza y McFarland empezaron a asistir con Scorsese a lecturas de *The Irishman*, un importante proyecto fílmico en el que estaba involucrado Robert De Niro, y el siguiente en la lista del director. Mientras tanto, Red Granite estaba tratando de posicionar a DiCaprio para que fuera el protagonista del *remake* de *Papillón*, el éxito de Steve McQueen en la década de los setenta.

A pesar de toda la temporada de fiestas, hacia finales de diciembre, cuando terminó la filmación, Low y DiCaprio todavía tenían deseos de seguir celebrando. Naturalmente, el malayo tenía un regalo guardado para el elenco y para otros amigos.

Un Boeing 747-400 puede albergar cerca de 600 pasajeros, pero el modelo con configuración VIP que Low rentó, además de contar con mullidos asientos reclinables, era una alternativa más espaciosa para las aproximadamente 40 personas que abordaron en Los Ángeles a finales de diciembre. Atlas Air les rentaba este tipo de aviones a equipos deportivos profesionales o a príncipes sauditas. El costo de alquilar una aeronave de este tipo rondaba las decenas de miles de dólares... *por hora*. Entre los invitados se encontraban Jamie Foxx, Kevin Connolly, Jonah Hill, Leonardo DiCaprio y una buena cantidad de modelos. En el avión, Low y McFarland se mostraron más inseparables que nunca.

El grupo se dirigía a Sydney, Australia. Ahí pasaron un par de días parrandeando en yates, apostando y comiendo. En uno de los yates, DiCaprio, con su gorra de beisbol con la visera hacia atrás, puso a prueba su talento como DJ. Mientras tanto, Jamie Foxx, que iba vestido con camisa blanca abotonada y saco negro, no dejaba de bailar. En la pista también había hermosas mujeres de vestido negro corto, paseándose. Chavayos Rattakul, un acaudalado amigo tailandés de Low, publicó en su Instagram una fotografía de las fichas en el piso de apuestas del Star, un casino con vista a la bahía Darling de Sydney. "Una buena manera de desperdiciar un millón de dólares", escribió en la descripción. En el complejo de casinos se acababa de abrir un club nocturno Marquee, propiedad de Tepperberg y Strauss; y para la celebración de Año Nuevo de sus invitados en el club, Low ordenó bañeras llenas de hielo con montones de botellas de champaña Cristal. "¡¡¡¡¡¡Es hora del show!!!!!!", escribió Swizz Beatz en Instagram.

Después de que el reloj marcó la llegada de la medianoche, el grupo regresó al Boeing 747-400 para realizar un vuelo de 15 horas a Las Vegas, y tras cruzar el huso horario internacional y de que los recogieran en limusinas extendidas, los invitados a la fiesta fueron a LAVO, un club nocturno que también era copropiedad de Tepperberg y Strauss. Todos estaban listos para otro conteo de Año Nuevo. Posiblemente para tratar de mantener activa a la gente durante algunas horas más de fiesta, el anfitrión ordenó cubetas de pollo KFC. En algún momento, Jho Low, quien vestía camisa roja, pantalones negros y zapatos deportivos, tomó un trago de champaña directamente de la botella. Alguien se puso una cabeza falsa de panda. La medianoche se acercaba por segunda vez ese día, y las modelos seguían bailando en el bar con botellas de champaña iluminadas con luces de bengala.

A la gente le encantó el pollo KFC, pero en realidad nadie estaba bebiendo la champaña: nada más la rociaban por todo el lugar como si por fin se hubieran saciado después de años. "Sólo JL puede organizar las cosas para tener dos conteos de Año Nuevo 2013", presumió Chavayos.

Jamie Foxx, quien ya llevaba tres años de conocer a Low, estaba acostumbrado a las exuberantes fiestas. Apenas dos meses antes había estado en el cumpleaños del malayo en Las Vegas, pero incluso a él le emocionaba la gratificación personal de los días recientes. Cuando habló con Jonathan Ross, anfitrión de un programa de conversación británico, le contó sobre la fiesta, pero como casi todos los que conocían bien a Low, no mencionó el nombre del malayo porque intuía que no le hacía falta la publicidad.

"Tengo un amigo, ya sabes, un amigo con algo de dinero. Nos llevó en avión a mí, a Leonardo DiCaprio, a Jonah Hill y a otros amigos. Fuimos directo a Australia. Hicimos el conteo de Año Nuevo en Australia y luego nos volvimos a trepar al avión, e hicimos el conteo en Las Vegas. ¡Es una locura! ¡Fue demencial!"

29
La mística de Oriente

Tal vez el enfoque de Low en las fiestas lo hacía parecer despreocupado, pero detrás de esa actitud se ocultaba la agitación. Apenas algunos días después de su extravagante celebración en Las Vegas se enfrentó a un obstáculo. Estaba tratando de enviar 110 millones de su cuenta en BSI en Singapur a un fideicomiso que controlaba en el Rothschild de Zúrich porque quería financiar la compra de una mansión en Oriole Drive, en la zona Bird Streets de Hollywood Hills. Después de que el jeque saudita rechazó su oferta por la propiedad Nimes, Low decidió pagar 39 millones de dólares por una casa estilo mexicano, es decir, dos veces el récord anterior de una cantidad pagada por una casa en Hollywood Hills. El moderno enclave estaba cerca de las oficinas de Red Granite en Sunset Strip, y también de la casa de Leonardo DiCaprio. Low planeaba gastar más millones en derrumbar la antigua casa y construir una mansión modernista con el color blanco como tema principal. La mansión tendría 1 700 metros cuadrados de espacio habitable, dos albercas y una pista de go-carts en el sótano.

Pero los ejecutivos del área de cumplimento del banco suizo BSI empezaron a causarle problemas... por fin. Antes de la transferencia que intentaba realizar, Low había recibido en su cuenta de BSI otra transferencia de Good Star, su empresa en las Seychelles; dinero que luego le envió a Larry, su padre. Después Larry se lo reenvió a Low de nuevo: y todo sucedió el mismo día. Al igual que con su compra del penthouse en el edificio Time Warner, el propósito de estas transacciones era hacer creer a los banqueros de Rothschild que Low había recibido el dinero de su padre. Luego, cuando metió el dinero en un fideicomiso en Rothschild, el malayo estaba tratando de que pareciera que la mansión de Bird Streets era parte de las propiedades de su familia, y que éstas habían sido protegidas para las generaciones futuras. De hecho, hizo lo mismo con muchos activos más.

El departamento de cumplimiento de BSI alcanzó a ver más allá de la pantalla. Un banquero a quien le habían asignado la tarea de erradicar el fraude en BSI, le escribió en un correo electrónico a Yak Yew Chee y a otros gerentes de alto nivel, que el frenético movimiento de dinero —de Good Star a Low, a su padre y luego de vuelta a Low—, era "nebuloso, por decir lo menos, e inaceptable desde la perspectiva de Cumplimiento". De pronto, la historia sobre la riqueza de la familia tuvo que enfrentar el escrutinio.

Low estaba decidido a encontrar la manera de engañar a los funcionarios de cumplimiento, de cuyas preocupaciones ya le había advertido Yak. El malayo comenzó a escribir con furia en la madrugada. En un correo a los administradores de BSI explicó que el dinero que quería transferir a Suiza era originalmente un regalo que le había enviado a su padre. Según Low, el dinero era un símbolo de respeto a sus mayores, valor esencial del confucianismo. "Cuando se genera buena riqueza, siempre les damos a nuestros padres las ganancias como una muestra cultural de respeto y de transmisión de la buena suerte. Es parte de nuestras costumbres y cultura." En el correo Low también explicó que, por costumbre, las personas mayores eran quienes decidían qué hacer con el obsequio.

"En este caso, mi padre lo recibe como un gesto de respeto y aprecio, y decide devolvérmelo para que yo, subsecuentemente, asigne una porción para el beneficio del fideicomiso de mi familia."

Después reprendió a los banqueros suizos por su superficialidad cultural: "Espero que esto deje claro que se trata de un delicado asunto cultural, y que si se hace de otra manera, sería un tabú y generaría mala suerte. Además, nuestra familia es muy especial respecto a las personas mayores y al aprecio que se le debe tener a la familia".

Esta imagen corrompida de la cultura china no explicaba de forma adecuada la necesidad de realizar transferencias tan sospechosas. Sin embargo, Low todavía tenía otra carta que jugarse: sabía que BSI dependía ahora de sus negocios, y que al enfrentarse a la posibilidad de perderlos, haría hasta lo imposible por mantener el dinero fluyendo. "Espero no tener que seguir explicando el mismo asunto una y otra vez porque podemos aprovechar mejor el tiempo generando riqueza para que los Activos Bajo Administración [AUM, por sus siglas en inglés] en el banco BSI aumenten, en lugar de seguir dando respuesta a preguntas a las que ya se respondió con anterioridad. Respeto y entiendo perfectamente los requerimientos de cumplimiento, pero uno no debería abrumar a sus clientes [particularmente] cuando ya han sido interrogados antes." A las 2:10 a. m. del 7 de noviembre, Low dio clic en su computadora y envió disparado el correo a varios de los principales directores de BSI en Singapur.

Es común que los bancos cuestionen a la gente ordinaria cuando realiza pequeñas transacciones de dinero, pero los multimillonarios no tienen nada de ordinario. Para este momento, Low ya era, por mucho, el cliente más importante de BSI en todo el mundo, y estaba haciendo que mucha gente del banco enriqueciera más de lo que jamás habría soñado. En las oficinas de Singapur, los banqueros se referían a él como el "Gran Jefe", y los ejecutivos de mayor nivel de BSI asistían a sus fiestas en Las Vegas y en yates. Esos mismos ejecutivos harían cualquier cosa por continuar atendiéndolo.

A pocos días de que Low enviara el correo electrónico, los ejecutivos más importantes de BSI aprobaron la transferencia de 110 millones de dólares. "Las transferencias intrafamiliares no siempre serán lógicas", escribió un banquero de alto nivel como respuesta a las preocupaciones de los funcionarios del departamento de cumplimiento.

Algunos días después, sin embargo, los banqueros de Rothschild, el banco donde terminó el dinero, solicitaron más detalles sobre el origen de tanto efectivo. Low se dio cuenta de que no podría engañarlos tan fácilmente como a los de BSI, por lo que el 20 de noviembre le escribió a Yak y le solicitó que le enviara a un banquero importante de Rotschild una carta con la que respondiera por la fuente de los fondos. El mismo Low redactó el documento en el que se enfatizaba que BSI tenía años de conocer a la familia, y que tenía "amplios procedimientos de cumplimiento". El contenido de la carta hacía parecer que el dinero venía de Larry Low, a pesar de que la fuente original de los fondos era Good Star y 1MDB.

Para ese momento, Low ya tenía a Yak completamente en el bolsillo. El banquero había empezado a abandonar a otros clientes y pasaba 90% del tiempo trabajando en la cuenta de Low, siguiéndolo por todo el mundo en aviones privados y yendo a sus fiestas en yates. Como era evidente que Yak se había hecho adicto al dinero y al estilo de vida del *jet-set*, Low podía obligarlo a hacer cualquier cosa que quisiera. Una subordinada del banquero, un tanto alarmada, le recomendó que se asegurara de que se aplicaran los procedimientos adecuados de cumplimiento.

"Si están tan asustadas, entonces no sean banqueras privadas. Los banqueros privados deben correr ciertos riesgos, si no quieren hacerlo, regresen a casa y amamanten a sus bebés", replicó iracundo.

En secreto, Yak firmó y le envió a Rothschild la carta en papel membretado y sin solicitar aprobación de sus directores ni del departamento legal como lo dictaban los procedimientos de cumplimiento del banco. La carta serviría para aplacar cualquier preocupación que tuvieran los banqueros. Al parecer, Low estaba teniendo éxito en eliminar su pasado, y con la ayuda de Yak, también estaba logrando ornamentar la historia de que había crecido como multimillonario. Sin embargo, Yak cruzó la delgada línea que en la banca privada separa lo indecoroso de lo ilegal; fue un tropiezo por el que pagaría después, y una señal de los riesgos que corría Low.

A medida que el miedo a ser detectado lo fue consumiendo, los intentos de Low por ocultarse se volvieron casi cómicos. Abrió una cuenta de Gmail bajo el nombre de Eric Tan, su socio conocido como Fat Eric, y empezó a usarla para tratar de esconder su participación en los tratos. Cuando quiso abrir una cuenta con el banco Falcon, controlado por Aabar, usó la dirección de correo de "Eric Tan" para sacar una cita con un banquero suizo en Kuala Lumpur. El banquero, director de la oficina de Falcon en Singapur, voló a la ciudad malaya para reunirse con Tan, pero en la noche Jho Low lo recogió en el vestíbulo de su hotel y lo llevó a una residencia donde le reveló su verdadera identidad. Ahí, sin embargo, le pidió que en público y en sus correos electrónicos se siguiera refiriendo a él como Eric Tan. Low empezó a usar la dirección de correo de Eric Tan para la mayor parte de su correspondencia, y a partir de ese momento, el verdadero Eric Tan sería quien abriría muchas de las empresas fantasma y cuentas bancarias como Blackstone. Eric Tan aparecía principalmente en las fiestas y para recibir sus recompensas, pero es posible que no estuviera al tanto de los riesgos que estaba corriendo en nombre del malayo.

¿Qué estaría pensando Low? Al igual que Yak, parecía que había cruzado otra línea. Más allá de las oscuras transferencias y de la falsa representación de sus tratos, ahora también llevaba a cabo negocios con un nombre falso e incluso mentía respecto a su identidad en persona. Tal vez su comportamiento habría parecido una señal de desesperación, pero era un hombre que ya había demostrado ser un superviviente. Superó los primeros desafíos que le presentaron los miembros del consejo de 1MDB en el caso de su primer golpe, la pelea con PetroSaudi, las preguntas de los auditores y la atención de los medios a su forma de celebrar. Estaba adquiriendo empresas, financiando películas y construyéndose la imagen de un hombre de negocios exitoso. Sin embargo, no había descanso porque tan sólo conseguir el dinero era ya una batalla constante, y ahora le quedaba otra deuda que pagar: tenía que conseguir que Najib fuera reelecto.

30
"681 pays estadounidenses" (el tercer gran golpe)

PENANG, MALASIA, ABRIL DE 2013

En un día sofocante en George Town, la capital de Penang, una isla en la costa noroeste de Malasia, los observadores en el distrito histórico habrían tenido la oportunidad de ver algo peculiar. Jho Low regresó a casa para ayudar en la campaña para las próximas elecciones nacionales de Malasia, y sudaba cada vez más porque iba cargando a Busta Rhymes en un palanquín. En otro palanquín, un amigo suyo se ocupaba de Swizz Beatz. Busta Rhymes vestía pantalones tipo militar, botas para el desierto y una cadena de oro. El rapero iba observando las atracciones de la ciudad natal de Low, incluyendo las arcadas de barroco eduardiano del ayuntamiento construido a principios del siglo XX. Se dirigía con su séquito a una cafetería para almorzar refrescos y fideos kway teow, comida típica de Penang: el tipo de comida común y corriente que le gustaba a Low. Para cuando llegó al almuerzo, el malayo estaba cansado, y su camisa polo azul con la leyenda "1Malasia", estaba cubierta de manchas de sudor.

Al día siguiente Busta Rhymes se presentó en concierto junto con Swizz Beatz y Redfoo del dúo musical LMFAO, en una escuela local de enseñanza del chino. Las 80 mil personas de la multitud llevaban camisetas gratuitas de 1Malasia y habían conseguido sus boletos para el espectáculo a través de una donación nominal. Low organizó y financió el concierto que se llevó a cabo solamente dos semanas antes de las elecciones generales de Malasia. No era ninguna coincidencia. El concepto de "1Malasia" era la iniciativa principal del primer ministro Najib para atraer a los malayos de todas las etnias.

"No hubo discursos políticos —dijo Low sin convicción durante una entrevista de televisión—. Evidentemente hubo un impulso tanto de los organizadores como de algunos de los artistas, por supuesto: para la unidad, la paz y la prosperidad."

Éste era el último intento de Low por tratar de sesgar las elecciones en Penang, estado que había pasado a manos de la oposición en las elecciones anteriores, y en el que se enfocaba principalmente la campaña de Najib. Recuperar el estado sería el golpe maestro del primer ministro. Low hizo arreglos para que los restaurantes locales, decorados con banderines de 1Malasia, ofrecieran comida gratuita durante semanas. El club 1Malasia Penang Welfare, establecido por él mismo, le pagó a la estrella surcoreana del pop, Psy —cuya canción "Gangnam Style" se había convertido en un sorpresivo éxito mundial—, para que diera otro concierto. El club también se apropió de un salón de fiestas y entregó cheques por cientos de miles de dólares a las organizaciones locales de caridad. Mientras tanto, el fondo 1MDB gastó 400 millones en la compra de tierra en Penang, y se comprometió a construir 10 mil casas a precios accesibles.

A pesar de los enormes gastos, Najib continuaba siendo excesivamente impopular en Penang. En el concierto de Psy, el primer ministro subió al escenario para calentar el ambiente y les preguntó a los asistentes si estaban listos para el cantante surcoreano.

"¡Sí!", le contestaron gritando. Luego el ministro les preguntó si estaban listos para que su coalición recuperara el poder del estado.

"¡No!", rugieron.

A Low le salió el tiro por la culata con su estrategia.

Najib comenzó a sentir pánico, y además, estaba haciendo el ridículo. Mientras tanto, Anwar Ibrahim, el antiguo viceprimer ministro que acababa de ser liberado tras varios años en prisión por sodomía, iba en ascenso. Anwar era un orador talentoso y dirigía una coalición de partidos de oposición; de hecho, las encuestas mostraban que podría ganar la elección del 5 de mayo. Najib estaba desesperado, y como no quería quedar en los libros de historia como el primer líder de la UMNO al que le quitaron el puesto, recurrió a Low y le pidió dinero.

Durante tres años, Najib y Rosmah, su esposa, encubrieron a Jho Low para que pudiera dirigir 1MDB, y no hicieron preguntas. Rosmah disfrutaba de sus joyas y mansiones, y su hijastro se había convertido en un magnate de la industria fílmica, pero ahora Najib necesitaba su propia fuente de efectivo para evitar la catástrofe. Low sabía que tenía que darle dinero, el problema era que buena parte del mismo estaba metido en otros proyectos. Para colmo, en febrero Anwar publicó su manifiesto electoral y una de sus promesas de campaña resultaba particularmente estresante para el malayo. El líder de la oposición quería saber cuál era el propósito de 1MDB, que hasta ese momento no contaba con gran cosa para explicar por qué tenía una deuda de 7 mil millones de dólares. Anwar prometió que, de ser electo, clausuraría el fondo.

Para asegurarse de que eso no sucediera, Low se dispuso a reunir todavía más dinero, y una vez más, pensó en Goldman Sachs para hacerlo.

El Foro Económico Mundial se realiza cada año en la villa suiza de esquí de Davos. Es un microcosmos de redes de élite con cobertura a nivel mundial que atrae a líderes de todos los países, titanes de Wall Street y directores ejecutivos de empresas enlistadas en Fortune 500. Los eventos de paneles de expertos que debaten frente al público temas con un enfoque moral, como el islam radical o el "déficit democrático", son sólo la cara pública del Foro de Davos. En otras salas, abiertas exclusivamente para algunos cuantos elegidos con pase blanco especial VIP, el más alto en la jerarquía de colores, es donde en verdad se llevan a cabo los tratos importantes.

Michael Evans era un vicepresidente de Goldman en Nueva York que se dedicaba a supervisar los "mercados de crecimiento". A finales de enero, como parte de su labor en Davos, tenía que reunirse con alguien importante: el primer ministro de Malasia. La junta de Evans era con el cliente del banquero Tim Leissner, el primer ministro Najib. Era precisamente la típica reunión que se daba en este evento de los Alpes suizos, entre un banquero de Wall Street y un líder mundial. En sus apariciones públicas en Davos, Najib se encontró en su elemento y logró fortalecer la impresión de que Malasia era un faro de la democracia en el mundo islámico y de que él mismo era un tecnócrata urbano.

"Tenemos que cuidar a los jóvenes, tenemos que darles empleos", le dijo a Fareed Zakaria de CNN durante una entrevista al margen de Davos.

Pero aquí, en la sala donde se reunió con Evans y Leissner, Najib tenía un plan completamente distinto, por lo que, después de intercambiar comentarios amables con ambos banqueros, tocó el tema del papel que Goldman había desempeñado en la venta de bonos para 1MDB en 2012, y preguntó si el banco estaría dispuesto a volver a hacerlo, y a devolver el dinero al fondo de una manera rápida y discreta, de la misma forma que lo hizo anteriormente. Los ejecutivos más importantes de Goldman, asesorados por Leissner, llevaban algún tiempo esperando hacer más negocios con 1MDB, pero la solicitud de Najib, a menos de tres meses de que el fondo hubiese extraído casi 1750 millones de dólares del mercado, era demasiado buena para ser verdad.

El primer ministro explicó que el fondo quería reunir 3 mil millones más —una suma abrumadora que para Goldman significaría otra importante ganancia económica—, y para justificar por qué quería que se actuara rápido, dijo que tenía la oportunidad de asociarse con Aabar, el fondo de Abu Dabi, para construir un nuevo centro financiero en Kuala Lumpur, el cual se llamaría Tun Razak Exchange, en honor a su padre. Según el primer ministro, tenía la esperanza de hacer de Kuala Lumpur uno de los centros bancarios más importantes de Asia. El fondo de Abu Dabi pondría otros 3 mil millones, continuó explicando.

Por supuesto, el banco estaría más que dispuesto a ayudar, contestó Evans. Y cómo no, los bancos de Wall Street envían banqueros armados con propuestas, es decir, documentos en los que se explica la estructuración, las ganancias y los inversionistas potenciales, pero en este caso, en cambio, Goldman parecía haber ganado la licitación a través de una conversación casual. Cuando David Ryan, presidente del banco en Asia, se enteró de esto, tuvo sospechas, pero una vez más, Gary Cohn y Mark Schwartz, el nuevo presidente en Asia por encima de Ryan, apoyaron la propuesta, y así fue como echaron a andar Project Catalyze.

Para marzo Goldman estaba listo para comprarle a 1MDB todo el bono de 3 mil millones, pero había un pequeño problema. El fondo quería depositar el dinero en una cuenta en un banco suizo, en BSI; pero el asesor legal de Goldman para el trato, un empleado de Linklaters que vivía en Singapur llamado Kevin Wong, señaló en un correo electrónico que era poco común usar un banco privado tan pequeño para hacer un depósito de 3 mil millones de dólares.

Al final, Goldman desestimó la preocupación de Wong porque BSI no estaba en ninguna lista negra por lavado de dinero. En una presentación que se hizo para 1MDB y para Aabar, Goldman explicó que entendía cuáles eran los objetivos clave de su cliente en el trato. Entre ellos se encontraban: "absoluta confidencialidad durante la ejecución" y "velocidad". Dicho de otra forma, sería un trato rápido y secreto, aunque nadie de 1MDB se tomó la molestia de explicar por qué eran necesarias estas condiciones. Efectivamente, el documento de Goldman para el bono incluso les hacía énfasis a los próximos inversionistas, en que la empresa del negocio conjunto de 1MDB y Aabar, ni siquiera tenía bien definido un plan de negocios.

Para ese momento Goldman ya tenía antecedentes establecidos para este tipo de transacción, así que el 19 de marzo el buró PFI en Hong Kong compró completo el bono de 3 mil millones de dólares, de la misma forma en que lo había hecho con las dos emisiones anteriores. En esta ocasión el primer ministro Najib, quien también era la cabeza del Ministerio de Finanzas, firmó una carta de respaldo para el bono, lo que quería decir que el gobierno de Malasia prometía pagar la deuda en caso de incumplimiento. Por el trabajo realizado por la firma, Goldman ganó poco menos de 300 millones de dólares. En total, en solamente 12 meses el banco había ganado casi 600 millones por vender tres bonos para el fondo 1MDB, es decir, 200 veces más los honorarios de costumbre. Naturalmente, este tipo de ganancias era demasiado improbable para pasar desapercibido.

Cuando Goldman estaba finalizando el bono en marzo de 2013, Jho Low le envió un mensaje por BlackBerry a Joanna Yu, una empleada de AmBank en Kuala Lumpur. En el mensaje le advertía que sus "681 pays estadounidenses" llegarían pronto del extranjero a una cuenta llamada "AMPRIVATE BANKING—MR". La cuenta tenía como beneficiario a Najib Razak, y los únicos enterados de su existencia eran Low y algunos ejecutivos de un banco malayo llamado AmBank. Low le ordenó a Yu informarles a sus colegas que "PM" no quería que en la transacción aparecieran ni su nombre, ni su dirección ni el número de su identificación. El malayo sabía que, en ese momento tan cercano a las elecciones, sus actos implicaban un alto nivel de riesgo.

El acceso a la cuenta "db estar restringido y rastrado para k si alguien accede a la a/c lo cpamos" [*sic*] escribió Low.

El peor escenario, añadió, era que la oposición en Malasia se enterara de esta información y la filtrara; pero para ocultar el daño de una transacción así de grande, Low y Yu hablaron sobre maneras de fragmentarla y así disminuir el impacto en el ringgit, la divisa malaya.

Algunos días después Goldman depositó las ganancias del bono de 3 mil millones en BSI, e inmediatamente fueron robados 1 200 millones a través de los fondos de Curazao hacia una empresa en las Islas Vírgenes británicas. La empresa fantasma Tanore Finance Corporation era controlada por Fat Eric. Luego, en dos transferencias independientes, se movieron 681 millones de Tanore a la cuenta secreta del primer ministro. El banco correspondiente para ambas transacciones era Wells Fargo, una institución que Jho Low usaba junto con J. P. Morgan para hacer la mayoría de sus transacciones grandes en dólares estadounidenses. Aparentemente, a Wells Fargo no le pareció extraño que hubiera una bandera roja tan flagrante como la falta del nombre del beneficiario en una transferencia, así que dejó que se realizara la transacción que, a fin de cuentas, era una diminuta gota de agua en la reserva de billones de dólares que los bancos estadounidenses correspondientes procesaban todos los días.

En 2011 Low había abierto una cuenta para Najib en AmBank con ayuda de Cheah Tek Kuang, principal ejecutivo del banco. Cheah era un hombre de sesenta y tantos años a quien Low conoció cuando regresó de Wharton, casi 10 años antes. De hecho, Low le había pedido dinero prestado a AmBank para financiar los primeros negocios de Wynton. Cuando el malayo explicó que era necesario abrir una cuenta secreta para Najib, Cheah estuvo dispuesto a complacerlo porque el malayo le había prometido oportunidades de negocios, entre ellas, la posibilidad de brindar asesoría para los planes que tenía 1MDB de hacer una oferta pública inicial de sus activos de la industria energética.

El año siguiente Low hizo arreglos para que de los bonos de las plantas eléctricas que preparó Goldman salieran 170 millones y fueran directo a la cuenta de Najib. Para evitar preguntas, Cheah y Low se aseguraron de que la cuenta estuviera marcada como una cuenta para transferencias internas del banco, lo que significa que no sería visible para el personal del departamento de cumplimiento. Australian y New Zealand Banking Group, conocido como ANZ, poseía una participación minoritaria en AmBank, lo que le daba derecho a designar a los ejecutivos y los miembros del consejo directivo. Sin embargo, los directores de ANZ no sabían de la existencia de esta cuenta secreta. A Joanna Yu, una ejecutiva de nivel intermedio de AmBank, se le asignó la tarea de recibir instrucciones de Low respecto a los envíos entrantes y los cheques que salían. Najib había usado la mayor parte de la infusión inicial para recompensar a sus compinches políticos, para adquirir joyería, y en un gasto de 56 mil dólares en Signature Exotic Cars, un distribuidor de automóviles de lujo en Kuala Lumpur, pero ahora, con las elecciones frente a él, la cuenta se volvería mucho más activa.

Dado que se trataba de un gran movimiento de efectivo, Low quería un banco "amigable" en ambos lados de la transferencia. Para no arriesgarse, Tanore Finance abrió una cuenta con el Falcon Bank en Suiza, el cual le pertenecía a Aabar y estaba bajo el control de Al Husseiny, socio de Low. También redactó acuerdos falsos de préstamos en los que se fingía que los 681 millones eran un préstamo de Tanore para la cuenta "AMPRIVATE BANKING—MR", la cual aparecía en los documentos como si le perteneciera a una empresa del Ministerio de Finanzas, y no al primer ministro. Sin embargo, cada vez era más difícil que incluso el banquero más flexible soslayara las arriesgadas maniobras de Low y su pésima manufactura de documentación de respaldo.

En las oficinas del Falcon en Zúrich, Eduardo Leemann, director ejecutivo del banco, no podía creer la apariencia poco profesional de los documentos del préstamo. Aunque Low trataba de ser cuidadoso, también tenía que apresurarse y le costaba trabajo mantener el control de sus distintos planes. El 25 de marzo, el día de la segunda transferencia, Leemann conectó a Al Husseiny a una conferencia para hablar de la preocupante transacción.

Leemann era un suizo de cincuenta y tantos años que anteriormente había sido director del negocio de banca privada de Goldman Sachs. Se unió a Falcon en los años noventa, cuando todavía se llamaba AIG Private Bank, y era un hombre acostumbrado a los enormes flujos de dinero de dudosa procedencia, pero lo que Low estaba tratando de hacer lo colocaba en una situación demasiado riesgosa y eso le aterraba.

"Mohamed, el resto de la documentación que entregó nuestro amigo en Malasia, es absolutamente ridícula. Entre tú... y yo..., esto nos va a meter a todos en problemas —dijo Leemann con voz temblorosa—. No se está haciendo de manera profesional. No hay preparación, parece trabajo de principiantes. La documentación que me están enviando es de risa loca. Entre tú y yo, Mohamed, ¡esto es una broma! Es algo que... ¿Cómo puedes enviar cientos de millones de dólares con documentación así? Ya sabes, nueve millones aquí, 20 millones allá, las hojas vienen sin firmar, es una especie de cortado y pegado... O sea, ¡es ridículo! Tienes que hablar con Jho y decirle, mira, o te... ya sabes, o nos entregas en las próximas seis horas documentación que satisfaga a mi gente, o vamos a tener un problema enorme."

El director ejecutivo de Falcon le llamó al mismo Low para hacerle llegar el mensaje: "Jho, la documentación que recibimos es de risa. No sirve", le dijo. A Leemann le preocupaba particularmente que otros bancos, en especial los bancos correspondientes en Estados Unidos, marcaran la transferencia con una bandera roja de advertencia, ya que eso alertaría a las autoridades y se darían cuenta de que algo andaba mal. Dijo que Falcon había contratado a un asesor externo para que revisara la transferencia desde una perspectiva legal. "Si cualquier otro banco hace '¡Biiiip!' y reportan esto... vamos a estar en grandes aprietos."

Low se movió con rapidez y le pidió a Al Husseiny que encontrara una solución. Cada vez tenía que depender más y más de sus amigos con altos puestos en bancos como BSI y Falcon para mantener el dinero en movimiento, y esta limitante amenazaba con hacer que el esquema se volviera inmanejable. Para ese momento ya estaba lidiando con demasiados flujos y no tenía clara la situación en la cabeza: dinero para el primer ministro, para sus tratos de negocios, para las mansiones, las fiestas y otras cosas más.

Su amiga Jasmine Loo, asesora en jefe de 1MDB, notó que estaba subiendo de peso, lo cual era una señal de estrés en el caso de Low. Él mismo les contó a otros que estaba teniendo problemas para dormir por la noche, pero continuó y fue cada vez más lejos. Era imposible detenerse. Luego, a pesar de la preocupación de Leemann, Al Husseiny, el presidente del banco, respaldó la legitimidad de la transferencia y Falcon Bank procesó el dinero.

El dinero sucio de 1MDB se convirtió en una poderosa arma para el primer ministro en las elecciones de 2013. El día de las votaciones se acercaba, y mientras tanto, Low manejaba la cuenta y desviaba cientos de millones de dólares a los aliados del primer ministro en todo el país. También bombardeaba a Joanna Yu con mensajes de BlackBerry en los que le ordenaba mover más cantidades de dinero de la cuenta de Najib a las cuentas de políticos del partido gobernante. Como a ella le frustraba y le molestaba tener que hacer cientos de cheques, empezó a referirse a Low como "Fats" (gordo) sin que él lo supiera. Parte del dinero les llegaba a los políticos a través de la cuenta privada de Nazir Razak, otro de los hermanos del primer ministro, y presidente del banco CIMB. La avalancha de efectivo representó una enorme ventaja para Najib sobre una oposición que no contaba con acceso a ese tipo de respaldo económico.

El 5 de mayo, día de la elección, Najib evitó el desastre aferrándose al poder con un margen increíblemente diminuto. Low volvió a cumplirle al primer ministro, y éste estaba agradecido, sin embargo, fue una victoria pírrica. La coalición del gobierno no pudo recuperar Penang, y además, también perdió el voto nacional popular. Najib sólo se mantuvo en el poder debido a las reglas electorales que les reservan más curules parlamentarias a las áreas rurales dominadas por malayos. Los sofisticados votantes urbanos, que en muchos casos eran chinos malayos, apoyaron copiosamente a la oposición porque estaban hartos de las políticas financieras. Anwar Ibrahim declaró que hubo fraude electoral, pero el sistema estaba sesgado en su contra.

El patrón de Low seguía en el poder, pero en el horizonte se veía otra dificultad. Najib mantuvo su cargo y Low evitó que un nuevo gobierno hostil diseccionara el negocio de 1MDB, pero los desenfrenados gastos en las elecciones y las peculiares ganancias de Goldman empezaban a captar la atención de los periodistas. *The Edge*, un periódico semanal de Malasia en inglés, ya había formulado preguntas sobre las inversiones de 1MDB en PetroSaudi, e incluso mencionó la abrupta e inexplicada renuncia en diciembre de 2009 del presidente del fondo. No obstante, los periodistas de *The Edge* nunca pudieron presentar evidencia sólida de que se hubiera cometido algún delito, así que mejor se enfocaron en otras historias.

Tong Kooi Ong, el dueño del periódico, era un multimillonario que se había hecho de enemigos debido a su cercanía con Anwar Ibrahim, candidato de la oposición, y en esta ocasión solicitó que se volviera a investigar la situación para reportarla. En el verano *The Edge* publicó la investigación mas detallada que había realizado sobre 1MDB hasta el momento. En un artículo de 2 mil palabras, el periódico explicó que 1MDB había reunido más de 10 mil millones de dólares, pero sólo había invertido en plantas eléctricas. También ofreció un recuento escéptico de cómo el fondo había declarado que, milagrosamente, su inversión de 1 800 millones en PetroSaudi se convirtió en un depósito en un fondo de las Islas Caimán por valor de 2 300 millones. El artículo señalaba el papel de Low en el establecimiento del fondo predecesor de 1MDB, pero no volvía a mencionarlo.

Los periodistas internacionales también habían empezado a escuchar sobre las colosales ganancias de Goldman, principalmente de boca de ciertos banqueros de inversión del Sudeste Asiático, a quienes en muchos casos ya estaban regañando sus jefes en Londres y Nueva York por no participar en el negocio del siglo. Incluso Gary Cohn, presidente de Goldman, presumió los honorarios en Nueva York durante alguna reuniones con periodistas.

Por la época de las elecciones, *The Wall Street Journal* publicó un artículo intitulado GOLDMAN RECIBE RECOMPENSA POR APUESTA EN

MALASIA, en el que los reporteros Alex Frangos y Matt Wirz describían con detalle la forma en que Goldman había generado 200 millones recaudando bonos para el gobierno de Sarawak y para 1MDB. En realidad la cantidad era tres veces mayor, pero el artículo sirvió para dar a conocer la inusualmente alta recompensa de Goldman. Un vocero de Goldman defendió su papel en el trato diciendo que los clientes buscaron al banco por su habilidad para "ofrecer complejas soluciones financieras" no disponibles en los "mercados públicos".

Luego, en agosto, un semanario de negocios llamado *Focus Malaysia* publicó un artículo de portada intitulado "Just Who Is Jho Low?" (¿Y quién es Jho Low precisamente?). El artículo mencionaba la influencia de Low en los fondos de Abu Dabi y cuestionaba sus tratos, incluyendo la compra de EMI. También sugería que el dinero podría haberse originado con 1MDB, aunque no ofrecía pruebas. Quienes trabajaban en el fondo hicieron todo lo que pudieron para mantener a los medios confundidos. "En lo que se refiere a 1MDB, Jho Low no desempeña ningún papel", fue la cita que *Focus Malaysia* publicó de Shahrol Halmi, el director ejecutivo.

Los reporteros estaban mordisqueando los bordes. ¿Se sentiría alarmado Low? En absoluto. Los últimos 3 mil millones no solamente habían sido para Najib y los políticos. Cientos de millones de dólares también fluyeron a las cuentas de Low, así que el malayo salió a celebrar la victoria electoral de su patrón con la compra de una colección de arte digna de un multimillonario de Hollywood.

31
Arte que nadie puede ver

Low se estremecía de nervios, y su corazón palpitaba con rapidez cuando sujetó el teléfono. "Treinta y siete punto cinco", musitó con un suspiro.

Del otro lado de la línea estaba Loïc Gouzer, un especialista en arte contemporáneo de Christie's, la casa de subastas británica de 250 años de antigüedad. Gouzer estaba parado al borde de la sala de subastas de Christie's en Nueva York: un espacio de techos altos en la Plaza Rockefeller. Entre él y el rematador había acaudalados coleccionistas y espectadores que habían venido por esta venta de arte contemporáneo y de la posguerra, y ahora observaban el desarrollo de la subasta desde las apretadas hileras de asientos.

Gouzer le hizo una señal al rematador para indicarle una oferta de 37.5 millones. El rematador rió entre dientes.

"¿Funcionará esta vez?", dijo.

Low acababa de aumentar su oferta con un millón de dólares, es decir, una cifra mayor a los incrementos previos de 500 mil, que en el mundo de las subastas se conocen como "oferta de salto", y es un intento para ahuyentar a un rival.

En la pared lateral de la sala estaba colgada la obra por la que se libraba la guerra de subastas: *Dustheads*, de Jean-Michel Basquiat.

Era una obra de 1982 en la que se veían dos figuras con ojos grandes que evocaban las máscaras tribales africanas. El cuadro de casi dos metros de altura, creado con rojo y verde profundos en acrílico, óleo en barra, esmalte atomizado y pintura metálica sobre el lienzo, era una de las obras más deseadas de Basquiat. El artista, que anteriormente fue grafitero en Brooklyn, murió en 1988 a los 27 años, lo cual limitó el suministro de sus obras. Los precios de los Basquiat no habían dejado de aumentar de manera constante.

Otro ofertante anónimo en el teléfono aumentó su oferta con 500 mil dólares. El agresivo salto de Low no sirvió para ahuyentarlo. Las cantidades seguían subiendo mientas los ofertantes trataban de superarse: 38 millones, 39, 40, 41, 41.5, 42, 42.5. Low respiró hondo y lanzó otra oferta de salto: 43.5 millones. Gouzer le hizo una señal al rematador y hubo una pausa. En la otra línea telefónica no hubo respuesta.

"Creo que funcionó —dijo el rematador al dejar caer el martillo que produjo un golpe seco—. Vendido por 43 millones 500 mil."

Ya con el bono del comprador, es decir, la comisión que cobra Christie's, la cifra aumentó a 48.8 millones, un precio récord para una pintura de Basquiat.

La sala privada de Christie's, desde donde Low estaba ofertando, estalló en júbilo. Leonardo DiCaprio, Swizz Beatz, Joe McFarland y otros felicitaron al malayo por ganar la guerra de ofertas.

Diez días después de las elecciones malayas, Low celebró la victoria de Najib con la compra de uno de los cuadros más costosos del mundo. Fue un momento de victoria y soberbia suprema. Después de las votaciones hizo arreglos para abrir una cuenta en Christie's a nombre de Tanore, la empresa fantasma que para ese momento había recibido 1200 millones del último bono de Goldman. Estaba decidido a formar una colección de arte de talla mundial.

Excepto por Low, nadie sabía cuánto había tomado en los últimos cuatro años, e incluso él se sentía presionado para mantenerse en la cima: más de 1500 millones de la fase de PetroSaudi en 2009; 1400 millones de los primeros dos bonos de Goldman en 2012; y ahora, más de 1200 millones más. Por si eso fuera poco, también desaparecieron más de 1000 millones en préstamos del fondo de pensiones para los funcionarios de Malasia que habían sido enviados a una unidad de 1MDB llamada SRC International. En total, más de 5 mil millones de dólares en fondos. Era uno de los fraudes financieros más grandes de todos los tiempos y todavía no llegaba a su fin. Se habían despilfarrado más de 1000 millones; 1000 millones más terminaron en propiedades y negocios, y más de 1000 millones se usaron para pagarles al primer ministro y a otros cómplices.

Para resolver este demencial robo, Jho Low le apostó a una oferta pública inicial de las plantas eléctricas de 1MDB que creyó que produciría miles de millones. Sin embargo, no meditó suficiente tiempo el desenlace del juego. Bernie Madoff, por ejemplo, le apostó a la idea de que siempre encontraría nuevos inversionistas para su esquema piramidal que duró más de cuatro décadas, pero su fraude, como muchos ejemplos anteriores, colapsó cuando ya no pudo atraer a los nuevos incautos cuyo dinero necesitaba para pagarles sus "ganancias" a los otros inversionistas.

Low creía que los fondos del gobierno eran ilimitados y que simplemente podría seguir gastando. A diferencia de los individuos comunes, los líderes estatales podían perdonar las deudas de sus propias administraciones. Low le había prometido a Patrick Mahony, director de inversiones de PetroSaudi, que Najib eventualmente estaría de acuerdo en borrar los cientos de millones de dólares. Cuando las organizaciones corruptas se apoderan del sistema, ya sea en Rusia, China o Malasia, sus miembros se envalentonan; y no son criminales comunes y corrientes, son una élite a la que el privilegio protege del alcance normal de la justicia.

El padre del primer ministro Najib, quien también fue líder en otra era, había visualizado a Malasia como una orgullosa democracia, pero el éxito de la estratagema de Low destacaba lo mucho que la nación se había desviado de ese sueño. Las mentes más brillantes del país se iban cada vez más porque preferían vivir en Nueva York o Londres que seguir luchando y sufriendo en Malasia. Era el tipo de fuga de cerebros que mermó el crecimiento de países como India e Indonesia, cuyos ciudadanos más ambiciosos se dieron por vencidos con su problemático país natal y buscaron una vida mejor en otro lugar.

Sin saberlo, las instituciones financieras occidentales, de Goldman a los auditores y a los bancos privados, le ayudaron a Jho Low a salirse con la suya y a empobrecer a Malasia. Mientras él amasaba su colección de arte, no le preocupó el 60% de hogares malayos que vivían con menos de 1 600 dólares al mes. El fondo 1MDB había acumulado 10 mil millones de dólares en deuda, los cuales les pesarían a las generaciones futuras. El primer ministro Najib presumía que el país alcanzaría los estándares del mundo desarrollado para 2020, pero los líderes malayos, concentrados en enriquecerse a sí mismos, no lo estaban logrando. La nación malaya estaba atrapada en la trampa de los ingresos medios con su ingreso nacional de 10 mil dólares por persona, es decir, una quinta parte del nivel en Estados Unidos. Ya no era un país pobre, pero tampoco era rico. En tiempos pasados, Japón, Corea del Sur, Singapur y Taiwán alcanzaron el estatus de países del mundo desarrollado. Ahora, sin embargo, la corrupción desenfrenada condenaba a la mediocridad tanto a Malasia como a Brasil, Rusia y varios países más, mientras que la élite y quienes le servían, continuaban prosperando.

Low no sólo se llevó el Basquiat, también compró dos obras de Alexander Calder por más de ocho millones. Esa noche se rompieron récords en Christie's gracias a las ventas por 495 millones de dólares; fue una de las capturas económicas más grandes en la historia de las subastas. De acuerdo con la European Fine Art Foundation, ese año las ventas del mercado de arte mundial llegaron a los 47 mil millones de euros, un salto de 150% en relación con la década anterior. El creciente costo de las obras plásticas, al igual que el de los bienes raíces en el Upper East Side de Manhattan o en el vecindario de Knightsbridge en Londres, se debía en parte al valor inherente de la pintura o la residencia sumado a un suministro limitado. Sin embargo, también era un reflejo de la cantidad de dinero sucio que fluía en el mercado, y lo que sucedió esa noche en Christie's fue un ejemplo evidente del problema, aunque la casa de subastas no estuviera al tanto de ello.

Low anhelaba poseer arte para aumentar su prestigio cultural, para poder contarle sobre su nuevo Basquiat a Swizz Beatz, quien también era un coleccionista ávido. Sin embargo, no mostraba las obras ni las apreciaba. El arte tenía una ventaja por encima de los otros bienes: era difícil de rastrear y podía convertirse en efectivo en un instante, por eso ahora Low necesitaba un lugar secreto y seguro para albergar su nueva colección.

En Ginebra hay siete bodegas blancas hundidas justamente al sur del centro de la ciudad. No es la parte antigua donde los bancos como Pictet y Julius Baer tienen oficinas con vista al lago, sino un área industrial que no está muy lejos en automóvil. Las bodegas lucen como otro edificio anodino más, afuera hay camionetas estacionadas, y para cualquiera que pase por ahí, podrían parecer el depósito de una empresa importante de logística, excepto por el hecho de que este complejo tiene escáneres de iris y está más custodiado que cualquier bodega normal. Es el Geneva Freeport, una bodega para que la superélite almacene posesiones como lingotes de oro, botellas de vino raro y, más recientemente, obras de arte.

Freeport ha tenido una larga historia en el comercio mundial porque es un lugar donde los comerciantes depositan temporalmente mercancías y otros bienes sin incurrir en los impuestos locales. Las autoridades estuvieron dispuestas a renunciar al cobro de ingresos a cambio de impulsar la actividad económica y las inversiones. El Geneva Freeport le pertenece en mayor parte al estado de Ginebra y nació en el siglo XIX como una parada libre de obligaciones fiscales para el grano, la madera y otros insumos. Con el paso del tiempo, la gente adinerada empezó a usar las bodegas para introducir o sacar oro u otras posesiones de Suiza, y tiempo después comenzó a depositar los artículos por periodos más prolongados. Como no había límites legales para los periodos de almacenamiento, los ricos podían usar Freeport para guardar sus posesiones de manera indefinida y así mantenerlas fuera del alcance de las autoridades fiscales de sus países de origen.

Para 2013 el Ministerio de Finanzas de Suiza estimó el valor de los bienes en el interior en más de 100 mil millones de francos suizos y señaló que entre los bienes había 1.2 millones de obras de arte y tres millones de botellas de vino. Si se hubieran abierto al público en general, las bodegas se habrían convertido en el museo más importante del mundo, ya que en su interior hay más obras que en el Louvre o en el Prado. Freeport no solamente ofrecía beneficios fiscales, también era un lugar discreto, y las autoridades no hacían muchas preguntas respecto al origen de los artículos en el interior. Era el paraíso de quienes lavaban dinero. Tal vez Low se enteró de la existencia de Geneva Freeport gracias a Al Qubaisi, quien tenía ahí automóviles como un Bugatti Veyron y un Pagani Huayra.

En la primera etapa de su estratagema Low se concentró en mansiones, hoteles, fiestas y juergas de apuestas. Como en Estados Unidos los agentes inmobiliarios no tenían que revelar el nombre de los compradores que usaban dinero en efectivo, el malayo se había podido ocultar detrás de un muro de empresas fantasma, pero todavía quedaba la propiedad física que era inamovible en tiempos de crisis, y a él lo asolaba la irritante preocupación de que alguien se enterara de que era propietario del penthouse en Time Warner o de la mansión de Bird Streets en West Hollywood. Poco antes, en los sitios de internet de bienes raíces en Estados Unidos, apareció la noticia de que Riza Aziz había comprado un departamento en el edificio Park Laurel, pero la nota mencionaba erróneamente a los vendedores como banqueros de Rothschild involucrados en la transacción. De esa forma Low continuó evitando que su nombre apareciera en los medios. Con las ganancias del bono de 2013, también había comprado una participación accionaria en empresas como EMI y Viceroy Hotels; incluso adquirió una marca británica de lencería llamada Myla que, al parecer, era la favorita de Rosmah. Sin embargo, era claro que estos bienes no se podrían liquidar con facilidad.

Incluso los bancos privados suizos dejaron de ser el reducto del secretismo que alguna vez fueron. En 2013 el Departamento de Justicia de Estados Unidos lanzó un programa que les permitía a los bancos suizos evitar las acusaciones criminales si estaban dispuestos a decir la verdad respecto a que incitaban a los ciudadanos estadounidenses a evadir al fisco. Low sentía que cada vez se hacía más difícil usar los bancos porque incluso BSI, que poco después comenzaría a cooperar con el Departamento de Justicia en todo lo relacionado con sus clientes estadounidenses, había empezado a cuestionar sus transferencias. Además, a partir de ese momento sería muy difícil volver a depender de Leemann del banco Falcon. Cuando la atención en 1MDB se intensificó, Low empezó a buscar el activo perfecto: algo movible e ilocalizable.

El mercado del arte coincidía con sus necesidades. El Grupo de Acción Financiera (Financial Action Task Force), veía el mundo del arte como algo muy semejante al comercio de joyería, como uno de los últimos grandes mercados financieros no regulados en el mundo. Sus distribuidores, que iban de pequeños subastadores en Nueva York, Hong Kong o Ginebra, a los gigantes mundiales como Sotheby's y Christie's, no tenían obligación legal de revelar la identidad de sus clientes, y a veces incluso ni siquiera sabían quién era el propietario beneficiario detrás de las empresas fantasma anónimas que compraban los Monet o los Rothko. La discreción de los bancos suizos había sido mermada, pero Geneva Freeport no tenía que enlistar a sus clientes. En 2010 Yves Bouvier, un suizo dueño de una bodega de arte involucrado en Geneva Freeport, abrió una fortaleza similar para los ricos en Singapur, cerca del aeropuerto de Changi. *The New York Times* les llamó a estos depósitos las "Islas Caimán del mundo del arte".

De vez en cuando se abría una grieta en la armadura del secretismo, como sucedió en 2013, cuando durante una inspección de rutina en Geneva Freeport los oficiales aduanales suizos confiscaron nueve artículos robados de Libia, Siria y Yemen que iban de bajorrelieves de la era del Imperio romano, a estatuas griegas. Sin embargo, el mundo del arte y estos depósitos arropados por la discreción le ofrecían a Jho Low un santuario.

A menudo Low y McFarland asistían a subastas en Nueva York. Rentaban palcos privados, es decir, cuartos aislados con vista al piso principal de subastas desde donde podían observar sin ser vistos y hacer ofertas telefónicas anónimas. En la pedante Christie's, fundada en Londres en el siglo XVIII, los empleados miraban por encima del hombro a los nuevos ricos a pesar de que la casa de subastas se quedaba con su dinero al final, y en ese contexto, Low y su grupo eran considerados unos advenedizos. McFarland a veces pujaba por Tanore. Así adquirió un Mark Ryden por 714 mil dólares y un Ed Ruscha por 367 mil. Los ejecutivos de Christie's veían a Low y a Tanore como entidades intercambiables y creían que el joven malayo estaba formando una colección corporativa. Sin embargo, Low trataba de deslindarse de estas adquisiciones, al menos en papel. En una ocasión usó la cuenta de Gmail de Eric Tan para reservar un palco privado para que 12 invitados pudieran observar una subasta.

"Más vale que se vea como el Caesar Palace [*sic*] ahí dentro —le escribió un empleado a un colega refiriéndose a palco—. Para el cliente, el palco es casi más importante que las obras de arte."

Esa noche Low compró un van Gogh por 5.5 millones de dólares: *La Maison de Vincent à Arles*. Los pagos anteriores de la empresa que se le habían hecho a Christie's desde la cuenta en Falcon Bank siempre pasaron, pero en esta ocasión el departamento de cumplimiento de Falcon protestó por las enormes cantidades en compras de arte que había estado haciendo Tanore. Entonces Low, usando nuevamente la dirección de correo electrónico de Eric Tan, tuvo que disculparse con Christie's por la demora para pagar el van Gogh, y al final tuvo que sacar el dinero de otro lugar.

En total, entre mayo y septiembre de 2013, Low compró 137 millones de dólares en obras de arte a través de Tanore, pero también había adquirido más por otros canales, como sucedió en el caso del van Gogh, y de obras de Lichtenstein, Picasso y Warhol. Para finales de ese año poseía obras de arte por un valor que se calcula en 330 millones. Todo lo almacenó en el Geneva Freeport y luego se dedicó a cubrir la evidencia de cómo lo había financiado. Para hacer eso redactó una serie de cartas, supuestamente escritas por Eric Tan, en las que se ofrecía a sí mismo, como un regalo, las obras de arte compradas por Tanore.

En las cartas, "Tan" decía que le daba las obras a Low por la "generosidad, apoyo y confianza que has tenido para mí a lo largo de nuestra amistad, especialmente en los periodos difíciles de mi vida". En un acto absurdo, todas las cartas terminaban con una cláusula que decía que el regalo "no debería ser interpretado en ningún caso un acto de corrupción". Low mostraba señales de descuido, era risible que alguien entregara 100 millones de dólares en obras de arte nada más porque sí. McFarland también recibió un cuadro de "Tan", la obra menos costosa de Mark Ryden. Sin embargo, nadie podía disfrutar de estos testamentos de la creatividad humana porque estaban encerrados en las bóvedas con control de humedad de Geneva Freeport.

Ahora Low tenía cientos de millones de dólares en un lugar muy seguro, pero todavía quedaba un activo todavía más portátil que el arte: la joyería. Para mantener a Rosmah feliz, y tal vez incluso para atraer a una mujer famosa y conservar su nuevo estatus, Low se embarcó en una racha desenfrenada de compras de joyería.

32
Joyeros y banqueros

A BORDO DEL *M/S TOPAZ*, RIVIERA FRANCESA,
JULIO DE 2013

A bordo del *Topaz*, el superyate del jeque Mansour que se encontraba anclado en la Riviera Francesa, los invitados disfrutaban de un ambiente celebratorio. La construcción del barco de más de 500 millones de dólares —el valor de cinco aviones de combate F-35—, había durado cuatro años, pero ahora era el telón de fondo perfecto para que Najib celebrara su reciente victoria electoral. Sentado en una herradura formada con sillas desplegadas en uno de los camarotes de lujo del yate, el primer ministro hablaba de negocios con el jeque Mohammed, príncipe coronado de Abu Dabi, quien también era hermano del jeque Mansour.

Low ayudó a concertar la reunión a principios de julio de 2013. En el grupo también se encontraban Tim Leissner y Michael Evans, el vicepresidente de Goldman que se reunió con Najib en Davos. Najib estaba animadísimo y no dejaba de hablar. El dinero que Low puso a su disposición lo mantuvo de forma segura en el poder, y ahora Abu Dabi se preparaba para verter recursos en un centro financiero que llevaría el nombre de la familia Razak y que Goldman pretendía apoyar. El primer ministro se dirigió a Evans y a Leissner, los ensalzó con vehemencia por el papel que habían desempeñado hasta entonces y luego les prometió que esa sería solamente la punta del *iceberg*.

"¿Ven ustedes otros banqueros en este barco?", preguntó Najib en tono de broma.

Después de la reunión, Najib y Rosmah ofrecieron una cena privada en Saint-Tropez para unas ocho personas. La mayoría de los invitados venía de Malasia y de Medio Oriente. Como siempre, Jamie Foxx, que para entonces era buen amigo de Low, estaba disponible para tocar el piano y cantar.

No obstante, faltaba un banquero de Goldman: David Ryan, el presidente del banco en Asia que había presentado varias preguntas sobre el negocio del bono de 1MDB y que se retiró ese mismo mes a los 43 años, renunciando así a una carrera estelar en el banco. Ryan tuvo razón al cuestionar el negocio de 1MDB, pero nadie escuchó sus advertencias.

El *Topaz*, ese mismo barco en el que se encontraban los banqueros, había sido financiado en parte por la primera serie de bonos que vendió Goldman, y ahora Low acababa de gastar 3.5 millones de euros en rentarlo una semana con dinero que sacó de los bonos más recientes de 1MDB. Con el papel que desempeñó durante las elecciones, Low pagó la deuda que tenía con Najib, y el primer ministro estaba contento de ver que su benefactor seguía llevando una oleada de miembros de la realeza árabe directamente a su puerta. El malayo, sin embargo, tenía que pensar en Rosmah. Ya había convertido a su hijo en productor de Hollywood y a ella le consiguió una mansión de ensueño en el vecindario de Belgravia en Londres, pero quedaba una posesión que la mujer anhelaba por encima de todas las demás: diamantes.

Ese verano, mientras el *Topaz* navegaba sin prisa a lo largo de la costa de Francia, la famosa joyera estadounidense Lorraine Schwartz voló a Mónaco y luego Low la llevó apresuradamente al yate. A lo largo de los años el malayo le había comprado joyería, y eso le permitió llegar a conocerla bien. A sus amigos sólo les decía que iba a ver a "Lorraine", pero en esta ocasión, su orden sería de una magnitud distinta.

Low le había hablado muy bien a Rosmah de Lorraine Schwartz y la impresionó con la fuerza de sus contactos. La carrera de Schwartz floreció en los años 2000 a partir de que Halle Berry usó una de sus piezas de joyería en la alfombra roja y de que a sus leales clientes se sumó toda una serie de estrellas de Hollywood. En junio de 2013 Low le envió un mensaje de texto con una solicitud muy específica, le dijo que necesitaba urgentemente un "diamante rosa de 18 quilates en forma de corazón, de color vívido o casi vívido, en un collar de diamantes". A principios de julio Lorraine encontró la pieza perfecta y Low pensó en enviar a Al Husseiny a recogerlo para inspeccionarlo, pero al final Lorraine viajó a Francia sin conocer la identidad del cliente.

Cuando la joyera abordó el yate, Low la condujo a un camarote y la presentó con un grupo de personas entre las que se encontraban Al Husseiny, Rosmah Mansor y una de sus amigas malayas. Poco después se estaban pasando el esplendoroso diamante y quedándose sin aliento por su belleza. En el mundo del comercio de diamantes, el adjetivo "vívido" se refiere al nivel más alto de intensidad de color. El diamante parecía ocultar una luz que resplandecía desde el interior. Los presentes discutieron distintos diseños para el collar que llevaría el diamante que en realidad era de 22 quilates, es decir, aun más exquisito que el que Low solicitó. Los presentes estuvieron de acuerdo: una cadena de diamantes más pequeños enlazados sería perfecta para Rosmah.

Dos meses después, a finales de septiembre, el avión Bombardier de Low sobrevoló en círculo el aeropuerto Teterboro de Nueva Jersey, el lugar favorito de aterrizaje de los multimillonarios que deseaban llegar pronto a Manhattan. El avión aterrizó y Low desembarcó con Riza Aziz, Fat Eric y Joey McFarland. Llevaban un tiempo apostando y parrandeando en Las Vegas, pero Low tenía que ir a Nueva York para reunirse con Rosmah. Su esposo estaba en la ciudad para asistir a la Asamblea General de las Naciones

Unidas. A Najib le encantaba codearse con los líderes del mundo y rara vez se perdía la oportunidad de asistir a una cumbre o de dar un discurso sobre su Global Movement of Moderates (Movimiento Global de los Moderados). En este viaje, el primer ministro insistió en sostener una reunión con Lloyd Blankfein, director ejecutivo de Goldman. El banco estaba feliz de poder complacer a uno de sus principales clientes.

A Rosmah le preocupaban más sus joyas. Algunas semanas antes Low le había enviado a Lorraine Schwartz, a través de la cuenta de Gmail Eric Tan, el correo en que solicitaba que le mostrara el collar a la primera dama cuando estuviera en Nueva York. Le pidió a Lorraine que la factura saliera a nombre de Blackrock Commodities (Global), empresa fantasma cuyo dueño nominal era Tan, y que había sido creada para que se pareciera a Blackrock, la empresa estadounidense de inversión. Low también le llegó a decir a la gente que el nombre de la empresa venía de "Black" (negro), por el corazón de Rosmah, y "rock" (piedra), porque le encantaban los diamantes. El malayo le informó a Lorraine Schwartz la importancia de que todo se mantuviera en secreto.

"Por favor, como ya te indiqué en muchas ocasiones, no menciones el nombre del señor Low en correos electrónicos porque él sólo presenta a los involucrados, ¡no es el comprador! ¡C discreta!" [*sic*], le escribió Low a la asistente de Lorraine a través de la cuenta de Gmail de Eric Tan.

Después de las elecciones Najib transfirió 620 millones de dólares de vuelta a Tanore, y parte de ese dinero terminó en una cuenta que tenía Blackrock en el banco DBS de Singapur. Para justificar las entradas de dinero de decenas de millones de dólares, Low usó la cuenta de correo de Tan para decirle a la gente del departamento de cumplimiento de DBS que Blackrock era un comprador de joyería al mayoreo. Los interrogatorios del departamento de cumplimiento de DBS demoraron el pago de Lorraine Schwartz, pero como de costumbre, al final Low convenció a los banqueros de que se apresuraran, y la transferencia se realizó. El precio del collar fue de 27.3

millones, lo cual lo hace una de las piezas de joyería más costosas del mundo.

El collar todavía no estaba listo, pero Rosmah ansiaba ver los diseños. La pareja estaba acostumbrada a hospedarse en el Mandarin Oriental de Columbus Circle, frente a Central Park. El penthouse de Low en el edificio Time Warner era básicamente parte del hotel porque estaba ubicado arriba de las habitaciones de los huéspedes. Esto le permitía ir fácilmente a la suite del mandatario y su esposa sin llamar la atención de los medios. El 28 de septiembre fue a visitarlos a su habitación. Ahí, la joyera le mostró a su cliente varios diseños de cómo luciría el collar. Rosmah los aprobó. Ésta fue la serie más grande de diamantes que Low compró para Rosmah, pero no la última.

Mientras ella se preocupaba por la joyería, el primer ministro buscaba más inversiones, pero finalmente volvió a recurrir a Goldman. En una sala de juntas del Mandarin Oriental, Najib le ofreció un discurso de ventas sobre Malasia a un grupo de clientes de alto nivel reunidos por Blankfein. Malasia era tan importante para Goldman, que Blankfein hizo que algunos de los nombres más importantes del ámbito financiero de Estados Unidos asistieran a la reunión. Najib, que todavía se encontraba abrumado por la emoción postelectoral, alabó la economía malaya. Entre los asistentes se encontraban John Paulson, propietario de un fondo de cobertura que se embolsó 4 mil millones de dólares con la permuta de incumplimientos crediticios durante la crisis; y David Bonderman, fundador de la empresa de capital privado TPG Capital. Asimismo, después de estudiar en Georgetown, Nooryana, la hija de Najib se unió a TPG en Londres, y ahora trabajaba para ellos en Hong Kong.

Leissner había seguido a Najib y a Rosmah por todo el mundo en un esfuerzo por garantizar que seguía teniendo bloqueados los negocios en Malasia para su banco porque las ganancias de Goldman también despertaron a otros bancos europeos y de Wall Street que ahora estaban tratando de involucrarse. La vida de Leissner fue cambiando a medida que se volvió más rico y que su prestigio aumentó dentro de Goldman. Por otra parte, después de salir con una serie de mujeres ordinarias, ahora tenía una novia estelar.

Tiempo atrás, en marzo de 2013, emocionado por el triunfo del bono más reciente de Goldman, Leissner abordó un vuelo de Cathay Pacific de Hong Kong a Kuala Lumpur para asistir a la carrera de Fórmula 1 de la ciudad. El moderno circuito Sepang fue inaugurado a finales de los años noventa cerca de Putrajaya, y era un símbolo del surgimiento de Malasia como un país moderno que había ganado el derecho a ser el anfitrión de un Gran Premio. Al igual que la carrera de Singapur, el evento era una excusa para que las clases adineradas de los alrededores del Sudeste Asiático se reunieran, hicieran negocios y celebraran.

En el avión Leissner estaba sentado en *business class* junto a una glamorosa mujer varios años más joven que él cuya apariencia lo dejó atónito. La mujer medía 1.80, tenía largo cabello negro, pómulos pronunciados y labios carnosos. Le parecía conocida. Era Kimora Lee Simmons, una personalidad de televisión que anteriormente fue modelo estadounidense. Después del despegue la mujer empezó a apilar su bolso y su ropa en el asiento vacío de en medio que la separaba de Leissner. Ambos pasajeros eran viajeros frecuentes y Cathay les había prometido a ambos espacio adicional. Leissner se quejó con ella y eso dio inicio a una acalorada discusión.

Simmons era bien conocida en Estados Unidos por su *reality show* llamado *Kimora: Life in the Fab Lane*. El programa mostraba sus esfuerzos para construir un negocio de modas al mismo tiempo que cuidaba de sus hijas con su exesposo Russell Simmons, fundador de Def Jam Recordings. El altercado comenzó con furia, pero luego se tornó ardiente y Leissner y Kimora Simmons se enamoraron. Ambos eran extrovertidos en extremo y adoraban hablar. Para cuando terminó el vuelo de cuatro horas, el banquero de Goldman le propuso matrimonio a la estrella: el tipo de gesto que le gustaba tener con las mujeres.

No se casaron de inmediato, pero Leissner empezó a llevarla con él en sus viajes de negocios, y así ella también se pudo acercar a Najib y a Rosmah. En Asia, el tiempo que uno pasa en persona con alguien es crucial para el éxito de los negocios, por lo que después de las elecciones Leissner empezó a perseguir al primer ministro, del sur de Francia a Estados Unidos. Antes de verlo en Nueva York, había acompañado a Najib y a Rosmah en una visita a San Francisco. Fueron a un evento para inaugurar la oficina de Khazanah, el principal fondo soberano de inversión de Malasia. No fue nada especial, sólo un ejercicio común de relaciones públicas, sin embargo, la presencia de Kimora hizo las cosas un poco más interesantes.

La discreción no era su fuerte. Tenía cientos de miles de seguidores en redes sociales, por lo que vivía bajo la mirada de la opinión pública. Estando en Malasia publicó en Instagram una fotografía del lanzamiento de Khazanah. En la foto aparecía con un vestido rojo con hombros descubiertos y acompañada de Rosmah, quien vestía una blusa verde estilo malayo.

"En #SanFrancisco con mi amiga Datin Sri Rosmah", publicó para sus seguidores, haciendo uso del título honorífico malayo.

Era obvio que ésa no era la primera vez que se reunían. Kimora publicó otra foto de ella misma con Leissner y con Najib. Ambos vestían camisa blanca desabotonada y saco. Leissner, que ahora tenía la cabeza rapada y el rostro más delgado, miraba agudamente hacia la cámara mientras Najib sonreía. La fotografía del banquero de Goldman con el primer ministro era bastante extraña.

Leissner se casó con Kimora a finales de 2013, más o menos nueve meses después de que la conoció. Muchos de los ejecutivos de Goldman a los que les gustaba mantenerse alejados de los reflectores y que incluso evitaban las redes sociales, se horrorizaron cuando el romance entre el banquero alemán y la celebridad televisiva propició que ambos empezaran a aparecer en la revista *People*. El banco estaba enamorado de las ganancias que tenía gracias a Malasia, pero no necesitaba esa publicidad.

Algunos banqueros de Goldman, dirigidos por Leissner, dependían de Low. El deseo del malayo de seguir haciendo negocios para construir su imperio los tenía emocionados por la posibilidad que representaba de hacer incluso más tratos. Jynwel, la empresa de Low, tenía una participación minoritaria en EMI Music Publishing, pero ahora él quería dirigir una adquisición de más importancia y convertirse en un inversionista verdaderamente famoso. Lo mejor de todo era que un gran trato de negocios podría generar ganancias para cimentar su estratagema.

33
Negocio de buena fe

Jho Low y Steven Witkoff, un desarrollador inmobiliario de Nueva York, se reunieron para celebrar en un restaurante desde donde era posible observar la zona sur de Central Park. Los comensales podían ver el famoso Plaza Hotel, y cerca de ahí, el Helmsley Park Lane Hotel, un edificio de 47 pisos de principios de los setenta con apariencia cansada. Los herederos de Harry Helmsley, el legendario barón de los bienes raíces en Nueva York, habían estado subastando propiedades desde su muerte en 1997, seguida por la de su esposa 10 años después. El Park Lane era la joya de la corona.

El hotel tenía vistas a Central Park y era un candidato estupendo para volver a ser desarrollado. Después de una acalorada guerra de ofertas por la propiedad, Witkoff y Low salieron victoriosos gracias a la oferta de 654 millones de dólares que hicieron en 2013. El malayo afianzó el trato porque estuvo de acuerdo en financiar un enganche de 100 millones de dólares, es decir, más del doble de lo que normalmente se paga en una transacción como ésta. Los dos individuos se dispusieron a cenar y, mientras tanto, hablaron de sus planes para derrumbar el edificio y reemplazarlo con una "torre multimillonaria" como las que no dejaban de aparecer por todo Nueva York, una ciudad inundada de dinero del extranjero.

Después de la crisis financiera los desarrolladores neoyorquinos como Witkoff empezaron a tener cada vez más participaciones minoritarias en proyectos. Para esto dependían de socios extranjeros muy acaudalados que les permitían cubrir la mayoría de los costos de financiamiento. Después de la participación de Jynwel en la adquisición de EMI Music Publishing, Low empezó a buscar un trato en que su empresa pudiera dirigir para adornar todavía más la historia de que su familia había tenido dinero desde siempre. El malayo se enteró del interés que tenía Witkoff en el Park Lane gracias a Marty Edelman, uno de los abogados de bienes raíces más importantes en Estados Unidos, y le pidió que le presentara al desarrollador.

Edelman, de abundante cabello blanco y rizado, estudió en Princeton y Columbia antes de pasar más de 30 años practicando la abogacía en Nueva York. Recientemente había trabajado en Paul Hastings, un bufete estadounidense de abogados de clase alta. Era un individuo agradable que hablaba con rapidez y era conocido por trabajar todo el tiempo y porque entablaba relaciones personales con sus clientes. A lo largo de los años hizo contactos en Medio Oriente debido a los múltiples tratos de negocios que ahí realizó. Edelman llegó a ser asesor de Mubadala, y el príncipe coronado Mohammed de Abu Dabi con frecuencia lo consultaba cuando quería llevar a cabo negocios inmobiliarios más allá de sus fronteras. El abogado incluso a veces opinaba sobre asuntos de Estado. Los ejecutivos de Mubadala presentaron a Low con Edelman, y éste organizó una reunión con Witkoff.

Una vez más, Low aprovechó sus poderosos contactos, y, gracias a eso, Witkoff lo vio como la gran cosa. Claro, el hecho de que aparentemente tuviera recursos infinitos no hizo daño. Low estuvo de acuerdo en financiar 85% del trato, mientras que el grupo inversionista de Witkoff asumiría una participación accionaria de 15%. En respuesta a un correo electrónico en el que un ejecutivo de Witkoff le solicitó detalles sobre sus fuentes de financiamiento, Low respondió: "Low Family Capital, construida por nuestros bisabuelos. Ahora vamos por la tercera generación". Otro ejecutivo de Witkoff le dijo a Wells Fargo, el banco que prestaría el dinero para el proyecto, que el capital de Low "provenía de un fideicomiso familiar".

En los meses siguientes el grupo Witkoff discutió la manera en que desarrollaría el Park Lane. Debido a las leyes de zonificación de Nueva York, una parte del hotel original necesitaba ser incorporada a la nueva estructura. Los inversionistas contrataron a los arquitectos suizos Herzog & de Meuron, quienes visualizaron una torre de casi 300 metros de altura con una fachada ondulante y un podio elevado. Los bocetos de los arquitectos mostraban el elegante edificio que se planeaba que estaría terminado para 2020, y que sobresaldría entre sus vecinos de Central Park South. Low estaba emocionado. Sugirió añadir albercas al aire libre en las plataformas exteriores de los cinco penthouses que los socios esperaban vender por más de 100 millones de dólares cada uno.

El trato para el Park Lane se cerró en noviembre de 2013 y Low cubrió su inversión inicial de 200 millones con dinero tomado del bono más reciente de Goldman, el cual envió en un vertiginoso viaje a través de empresas fantasma, cuentas bancarias de miembros de la familia y cuentas de fideicomisos de bufetes de abogados en Estados Unidos. Low estaba camino a desarrollar una propiedad de alto nivel que le ayudaría a hacerse de un nombre, pero al mismo tiempo estaba jugando desde otro ángulo.

Hasta ese momento el malayo había considerado que los tratos corporativos eran una manera de añadirle credibilidad a la historia de la riqueza de su familia, pero tal vez no vio las cosas desde el ángulo adecuado. En lugar de usar las adquisiciones corporativas como el destino final del dinero robado, tal vez podría usarlas como una manera de mover el dinero hacia otros lugares. Una vez que comprara un activo importante y lo vendiera, el dinero estaría seguro porque sería la respetable ganancia de un trato de negocios, y el Park Lane le ofrecía una forma de mover cientos de millones de dólares de una sola vez.

En diciembre Low acordó venderle a Mubadala un interés minoritario en el proyecto por 135 millones. La mayoría de las ganancias de esta venta terminó en las cuentas privadas del BSI en Singapur de Low, de su hermano Szen y de Larry, su padre. Ahí estaban las ganancias de la venta de la participación en uno de los desarrollos inmobiliarios más ambiciosos de Nueva York, y con suerte, ya habrían dejado atrás toda traza de sus vínculos con el bono de 3 mil millones de Goldman.

Low todavía necesitaba recompensar al embajador Otaiba por el trato más reciente en Abu Dabi. Era lo menos que esperaba éste por haber puesto a Low en contacto con toda esa gente importante. En diciembre, en una reunión con Awartani, socio de negocios de Otaiba, Low prometió enviarles a ambos el dinero para finales de año. Luego se dispuso a lavar las ganancias de la venta de su participación accionaria a Mubadala, por medio de otra adquisición corporativa, y por supuesto, Goldman estaría involucrado.

Low había estado fortaleciendo sus vínculos con Goldman y llegó a conocer a Hazem Shawki, el director de banca de inversión en Dubái, quien tuvo que escuchar los discursos de ventas del malayo. Uno de ellos se basaba en un plan para que Low asumiera el control de Coastal Energy, una empresa de Houston controlada por el legendario petrolero tejano Oscar Wyatt Jr.

Low, asesorado informalmente por Goldman, se acercó a Coastal en 2012 para proponerles una adquisición, pero la gente de la empresa no creyó que pudiera conseguir el dinero y le dijo que buscara un socio más grande. Ahora, armado con el dinero de la venta del Park Lane, regresó con, ni más ni menos, IPIC, el fondo de Abu Dabi controlado por Khadem Al Qubaisi, quien había ayudado a sacar dinero de los primeros bonos de 1MDB vendidos por Goldman. La unidad energética española de IPIC, Compañía Española de Petróleos, SAU o Cepsa, acordó asociarse con una empresa fantasma controlada por Low para hacer una oferta de 2 200 millones de dólares por Coastal.

Antes de que se pudiera llegar a un acuerdo con la empresa energética estadounidense, el departamento de cumplimiento de

Goldman les dijo a sus banqueros que dejaran de trabajar con Low y con su entidad involucrada en el negocio, y citó una vez más las preocupaciones respecto al origen de su riqueza. Era la misma razón por la que el banco privado de Goldman había rechazado la solicitud de Low para abrir una cuenta algunos años antes. Como resultado, Goldman empezó a asesorar a Cepsa, la unidad de IPIC, a pesar de que sus banqueros estaban enterados de que Low seguía involucrado. Tiempo después, Wyatt Jr. accedió a vender, y Low invirtió 50 millones en el trato. Cepsa financió el resto del precio de compra. Una semana después, Cepsa transfirió 350 millones a la empresa fantasma de Low para, supuestamente, comprar la participación accionaria de Low en la sociedad. En cuestión de días ganó 600% sobre su dinero.

Shawki, el banquero de Goldman que ahora trabajaba con IPIC, les dijo a los ejecutivos del fondo de Abu Dabi que el pago a Low era para recompensarlo por conseguir el trato de Coastal. Pero Shawki no sabía que, en realidad, sólo era corrupción y que el botín lo compartirían Low y Al Qubaisi. En público, Goldman negó estar al tanto de cualquier acuerdo entre Cepsa y la empresa fantasma de Low.

El malayo usó parte de las ganancias para comprar unas oficinas en el distrito Mayfair de Londres, las cuales se convirtieron en la matriz de Myla, su marca de lencería. Si alguien llegaba a preguntar algo, Low podría decir que el dinero había salido de la venta de su participación en Coastal Energy, adquirida después de que se deshizo de sus acciones en el Park Lane Hotel.

Sus planes de construir un imperio corporativo iban por buen camino. Nadie sabía la verdad respecto a él: ni los más importantes desarrolladores inmobiliarios de Nueva York, ni los banqueros ni los abogados. Low y Al Qubaisi siguieron actuando como si el dinero de las empresas que manejaban fuera de su propiedad pero, ya cerca del cierre del trato del Park Lane, surgió un imprevisto que amenazó con dar fin abruptamente a su estratagema.

34
140 gigabytes

Desde que dejó PetroSaudi en 2011, Xavier Justo había tratado de sacarse el servidor de la cabeza. Viajó por el Sudeste Asiático con su novia Laura, una mujer franco-suiza con quien después se casó en una playa recóndita. Ahora la pareja estaba desarrollando una villa de lujo en la isla vacacional tailandesa Koh Samui, a una corta distancia en avión de Bangkok. La espaciosa casa principal y las villas de los huéspedes estaban enclavadas en una ladera adosada, y más abajo, había una alberca profesional y una cancha de tenis. La propiedad estaba rodeada de palmeras. Era la isla soñada de Justo, un lugar perfecto para empezar una nueva vida, pero sus planes de hacer un negocio de consultoría no dieron fruto.

A medida que los costos de construcción de la villa se fueron acumulando, Justo se acordó del dinero que PetroSaudi le prometió, pero que nunca le pagó, y entonces decidió jugar su carta.

Justo llevaba dos años acumulando resentimiento por el agravio sufrido. El antiguo empleado de PetroSaudi se sentía amargado por la forma en que su otrora amigo, Tarek Obaid, lo había echado de la empresa sin pagarle lo que él deseaba. Peor aún, Justo se enteró por amigos mutuos que Obaid había estado hablando mal de él en el pueblo natal de ambos en Ginebra.

En el otoño de 2013 Justo contactó a Patrick Mahony, director de inversión de PetroSaudi. Le envió un correo electrónico informándole que tenía información dañina, que de hecho tenía una copia de un servidor de computadora de PetroSaudi. El servidor era un cofre del tesoro de 140 gigabytes con casi 500 mil correos electrónicos y documentos de la empresa. Su contenido describía la manera en que Low, Mahony y Obaid habían trabajado para sacar dinero de 1MDB, e incluso había correos en los que los ejecutivos principales de PetroSaudi hablaban de cómo rellenarían el hueco. Justo guardó dos años el servidor, por miedo a las consecuencias de hacer público el contenido, pero había empezado a perder la paciencia, así que organizó una cita con Mahony en Bangkok para negociar.

Mientras esperaba sentado en el hotel Shangri-La de Bangkok, esperando que Mahony apareciera, Justo meditó sobre el peligroso acto que estaba a punto de cometer. El hotel estaba en la ribera del agitado río Chao Phraya. Sus palmeras y la alberca tipo laguna le brindaban una atmósfera de centro vacacional y lo convertían en un oasis en medio del bullicio de la caótica capital tailandesa. Cuando por fin apareció Mahony, a Xavier Justo casi se le detuvo el corazón.

El exempleado de PetroSaudi empezó a relatar que se sintió timado por la empresa, ya que ésta había acordado pagarle millones de francos suizos por su despido, pero luego disminuyó la cifra de forma dramática. Ahora quería 2.5 millones porque creía que eso era lo que le debían. Mahony se mostró tranquilo ante las exigencias de Justo y le dijo que no había evidencia de que hubiera habido malos manejos. PetroSaudi no le pagaría un centavo. Se despidieron sin llegar a un acuerdo, pero luego Justo bombardeó a Mahony con correos para tratar de hacerlo pagar.

"La versión oficial ofrece un panorama muy lindo, pero la realidad es que hubo comisiones, comisiones, comisiones", le escribió en un correo electrónico.

Durante cuatro años Mahony había evitado cualquier culetazo debido al negocio; tal vez creía que el involucramiento del primer ministro Najib y de un príncipe saudita lo protegería. Es posible que se sintiera inquieto por el imprevisto, pero todavía creía que era intocable. En un correo electrónico le envió una oscura amenaza a su antiguo amigo y colega.

"Lo que más me preocupa es la manera en que veo que terminará esta situación: con tu destrucción."

En lugar de calmar a Justo, la amenaza lo envalentonó y lo instó a buscar un comprador adecuado para su cofre del tesoro informático. Nadie le vino a la mente de inmediato, pero mientras pensaba en qué hacer, una antigua periodista británica que tenía vínculos con Malasia empezó a interesarse en Jho Low. Muy pronto sus caminos se cruzarían.

En diciembre de 2013 Clare Rewcastle-Brown se sentó a la mesa del comedor de su departamento en el cuarto piso de un edificio en el centro de Londres. Comenzó a teclear en su MacBook Pro; estaba preparando un artículo para su blog, *Sarawak Report*. Clare nació en el estado malayo de Sarawak en 1959, era hija de una enfermera y de un joven oficial de la policía británica. Pasó la mayor parte de su infancia jugando en la selva y nadando en el agua tibia del mar, y acompañaba a su madre cuando ésta visitaba distintos pueblos para trabajar como partera. A finales de los años sesenta regresó al Reino Unido para estudiar en un internado, y con el tiempo consiguió un empleo como reportera de BBC World Service, pero no se había olvidado de Sarawak. En 2010 dio inicio al blog *Sarawak Report* como un intento por responsabilizar al ministro Taib Mahmud de la destrucción ambiental y la corrupción en su estado.

Clare Rewcastle-Brown ahora tenía 54 años, cabello largo oscuro y fleco. Estaba casada con el hermano del anterior primer ministro británico Gordon Brown, y aunque tenía vínculos con el *establishment* británico, creía firmemente que los políticos debían responder por sus actos. Cuando Taib declaró que *Sarawak Report* era parte de una conspiración para volver a colonizar su estado, ella se deleitó en burlarse en su blog de la poderosa figura política, sin miedo a hacerse de enemigos encumbrados. Sin embargo, su historia más reciente no era sobre Sarawak.

Semanas antes Clare empezó a escuchar de fuentes en Malasia rumores sobre Red Granite, la empresa fílmica dirigida por Riza Aziz, el hijastro de Najib. Poca gente de la élite de Malasia creía esa historia de que el financiamiento venía de Medio Oriente, y además, Clare había escuchado en Kuala Lumpur chismes respecto a que algunas entidades gubernamentales podrían haber financiado a la empresa productora. Intrigada, la periodista viajó a Los Ángeles para reunir más información de Red Granite. Durante sus investigaciones encontró una demanda presentada en el verano en Los Ángeles por los productores de la película *Una pareja de idiotas*, la comedia de 1994 protagonizada por Jim Carrey y Jeff Daniels.

Red Granite compró los derechos para la secuela, *Una pareja de idiotas 2*, pero tuvo que sacar a los productores de la película original. En julio de 2013 la empresa productora presentó una demanda que buscaba excluir a los productores Steve Stabler y Brad Krevoy e impedir que se involucraran en la película, pero ellos contrademandaron argumentando que tenían derechos contractuales para involucrarse en cualquier secuela. Red Granite acababa de llegar a un acuerdo con Alexandra Milchan, una productora que los demandó porque la sacaron de *El lobo de Wall Street*, y ahora la empresa estaba envuelta otra vez en un problema legal.

En la demanda, Stabler y Krevoy declararon que "el mal comportamiento y la arrogancia de McFarland y Aziz harían que Red Granite colapsara y ardiera". Ambos ejecutivos carecían de experiencia para producir películas exitosas, continuaba la demanda, y a pesar de que aparentemente Red Granite contaba con "dinero de la familia" de Aziz, la empresa no tendría éxito si dependía exclusivamente de los recursos económicos. Luego los productores se fueron a casa haciendo un resumen de los muchos rumores que la gente había hecho correr en Hollywood sobre el par de advenedizos y a sus espaldas.

La experiencia de los ejecutivos de Red Granite "en la producción fílmica durante el tiempo que llevan en esta industria, consiste en sus juegos en los clubes nocturnos con Paris Hilton y en hacer reservaciones para cenar en restaurantes de moda de Nueva York y Los Ángeles". El año siguiente ambas partes retiraron sus demandas porque llegaron a un acuerdo que incluía créditos en la película para Stabler y Krevoy como productores ejecutivos.

Desde la perspectiva de Clare Rewcastle-Brown, algo andaba mal. Esto parecía más que una simple riña entre un montón de productores de películas. La periodista empezó a peinar las entrevistas que Riza y Joey McFarland les habían dado a *Hollywood Reporter* y a *Los Angeles Times*. Red Granite empezó a atraer la atención en el Festival de Cannes de 2011, y sobre todo ahora que se acercaba la premier de *El lobo de Wall Street* el día de Navidad de 2013, pero Riza y McFarland no hablaron mucho sobre sus finanzas. Mencionaron vagamente que el dinero venía de Medio Oriente y de Asia, pero se negaron a ser más específicos. En una entrevista Riza dijo que él "había metido dinero propio".

A Clare Rewcastle-Brown no le parecía lógico. ¿Cómo era posible que un exbanquero junior, hijastro del primer ministro, tuviera suficiente capital para lanzar una empresa de producción fílmica? Era un misterio que le interesaba resolver.

35
La acusación de Leo
en Wall Street

El 17 de diciembre fue una noche ventosa, con temperaturas bajo cero y una ráfaga de nieve. Los invitados paseaban afuera del teatro Ziegfeld, en Fifty-Fourth Street, en el centro de Manhattan; esperaban el inicio de la premier de *El lobo de Wall Street*. En la alfombra roja, McFarland y Aziz posaron con DiCaprio, Margot Robbie y Jonah Hill. McFarland estaba como pez en el agua, presumiendo su traje gris Brioni en su cuenta de Instagram. Low vestía un traje azul marino con corbata color bermellón. A pesar de todos sus esfuerzos por mantenerse alejado de los reflectores, no le quedó otra opción más que asistir. Tenía que estar ahí para celebrar su extraordinario logro.

En tan sólo unos años Low había dejado de ser un financiero malayo de bajo nivel para financiar eficazmente una de las películas más onerosas del año basada en la vida de un estafador. De la misma manera en que Belfort disfrutó por algún tiempo del fruto de su estratagema, Low sabía que no podía perderse esa noche. Quería compartir su éxito con la gente más cercana a él y con los socios de negocios a los que anhelaba impresionar. La lista de invitados del malayo incluía miembros de la familia, su novia Jesselynn Chuan Teik Ying (sentada junto a su madre), Jasmine Loo de 1MDB, Swizz Beatz, Khadem Al Qubaisi de IPIC, Steve Witkoff y Martin Edelman.

Low posó con los fundadores de Red Granite en la alfombra roja, pero no tomó parte en las fotografías con el elenco. No obstante, se le tomaron fotografías con DiCaprio paseando por ahí antes de la proyección. Seguían siendo amigos cercanos. Un mes antes Low asistió a la fiesta de cumpleaños 39 de la estrella en el TAO Downtown, en el distrito Chelsea de Nueva York; y esa noche McFarland logró aparecer en la Página Seis de *The New York Post* por ordenar una botella tras otra de champaña. Las fiestas de Low y la presencia de DiCaprio ahora formaban parte de las leyendas de Hollywood e incluso fueron mencionadas en la banda sonora de la película *22 Jump Street*. En la letra del himno de la fiesta, "Check My Steezo", se escucha:

Jho Low! I see you Jho Low! / Got Leo at my party taking
Shots never solo / Grade-A chorizo followed by sea-bass
Miso Miso, / Me so loco...

(¡Jho Low! ¡Te veo Jho Low! / Tengo a Leo en mi fiesta
bebiendo
Shots nunca solo / Chorizo de primer nivel seguido de róbalo
Miso Miso, / Yo tan loco...)

Low y los ejecutivos principales de Red Granite habían cultivado asiduamente la amistad de DiCaprio y esperaban que protagonizara *Papillón*, y si no esa película, entonces cualquiera de las otras que pensaban producir en el futuro. Algunas semanas después de la premier de *El lobo de Wall Street*, Low, fingiendo ser Eric Tan, le envió a la joven estrella un cuadro de Pablo Picasso con valor de 3.3 millones como regalo tardío de cumpleaños. Era una pintura al óleo, *Nature Morte au crâne de Taureau*, e iba acompañada de una nota escrita a mano que decía: "Querido Leonardo DiCaprio, ¡feliz cumpleaños tardío! Este regalo es para ti". Luego Low le dijo a una galería suiza que iba a almacenar un Basquiat de 9.2 millones de dólares para transferirle la propiedad a DiCaprio. Se trataba del collage intitulado *Red Man One*. La orden, escrita en una carta que también iba firmada por DiCaprio, deslindaba al actor de "cualquier responsabilidad resultante directa o indirectamente de esta obra de arte". DiCaprio también recibió de Low una fotografía de Diane Arbus con un valor de 750 mil dólares.

En privado el actor estaba feliz de aceptar estos regalos, pero en la alfombra roja se mostraba con un ánimo más filosófico. Algunos críticos de la película, incluyendo miembros de la Academia votantes que abrumaron a Scorsese con preguntas en una proyección oficial previa a la ceremonia de los Oscar, se quejaron de que le otorgara al fraude de Jordan Belfort un aura de glamour, y de que fuera más probable que engendrara comportamientos ilícitos a que sirviera como moraleja. DiCaprio tenía preparada una réplica.

"Ésta es una acusación para todo Wall Street, pero es una acusación para algo que forma parte de nuestra cultura, esta incesante necesidad de consumir y esta incesante necesidad de poseer más y más riqueza sin tomar en cuenta absolutamente a nadie más que a uno mismo", le dijo a un entrevistador.

Dos días después de la premier de *El lobo de Wall Street*, Clare Rewcastle-Brown desembuchó en una publicación intitulada "Wall Street Greed / Malaysian Money—EXPOSE!" (Codicia de Wall Street / Dinero malayo—¡DENUNCIA!). Esta mezcla de especulación y reportaje aderezada con guarniciones ásperas y encabezados de tabloide, era típica de la periodista. El artículo se reducía a una enorme pregunta: ¿Quién había pagado por la película? Clare tenía mucha habilidad para reunir entrevistas y fotografías en internet, y para señalar inconsistencias. De esa forma señaló que, sospechosamente, Riza y McFarland se negaban a dar detalles sobre el financiamiento de Red Granite. Su artículo se enlazaba con una historia que había aparecido en un sitio de internet estadounidense de bienes raíces sobre la compra del departamento del edificio Park Laurel que efectuó Riza por 33.5 millones de dólares. ¿De dónde venía el dinero?

Quizá Jho Low, a quien la periodista describía como un amigo cercano de Rosmah y de Riza, dio el dinero, especulaba en su artículo.

El poco conocido financiero malayo estuvo en la alfombra roja en la premier y parecía ser cercano a DiCaprio, ya que también asistió a su fiesta de cumpleaños en el TAO Downtown. El artículo de Rewcastle-Brown estaba acompañado de fotografías de Low con Paris Hilton en Saint-Tropez; sosteniendo una botella de champaña en un club nocturno, y en la premier de *El lobo de Wall Street*, y era el escrutinio más intenso de sus actividades hasta ese momento. La periodista tenía una buena cantidad de seguidores en Malasia y se estaba acercando a la verdad. La publicación terminaba con una aguda observación:

> Muchos se preguntarán si el vínculo con los jugadores políticos más importantes de Malasia y la amistad con el hijastro del primer ministro explicaría el fácil acceso de Jho Low a ingresos para inversión o si en realidad será un hombre que les sirve de pantalla a otros.

El artículo fue demasiado para Red Granite. Sus abogados enviaron de inmediato una carta exigiendo a la periodista que se retractara y se disculpara, pero ella la ignoró. La carta decía que en la película no había dinero malayo. Talentos del calibre de Scorsese y DiCaprio, continuaba, jamás se habrían involucrado si el financiamiento hubiera tenido orígenes sucios.

36
La Oficina Oval

Leonardo DiCaprio entró discretamente al restaurante Four Seasons en Fifty-Second Street, en el centro de Manhattan, y caminó hasta un salón privado. Desde finales de los años cincuenta el restaurante había atendido a la élite de negocios de la ciudad a tal punto que en los setenta la revista *Esquire* acuñó el término "*power lunch*" (almuerzo de poder) para referirse a las reuniones sostenidas por abogados, banqueros y ejecutivos del ámbito de la publicidad, acompañadas de filetes en el Grill Room, un salón con sofás de piel y paredes con paneles de madera. Jordan Belfort también llegó a comer ahí; y DiCaprio y Margot Robbie, quien encarnaba a la segunda esposa de Belfort, filmaron en el Pool Room una escena de *El lobo de Wall Street*, bajo los árboles interiores cerca de la fuente.

La noche anterior, después de la premier de la película en el teatro Ziegfeld, DiCaprio se fue al *after-party* en el Roseland Ballroom, una pista de hielo convertida que también estaba en Fifty-Second Street. Lo acompañó su "manada de lobos": amigos como Orlando Bloom y Tobey Maguire. La agenda del actor estaba repleta pero a la mañana siguiente fue al Four Seasons para reunirse con miembros de la Academia, el grupo de 6 mil miembros de actores retirados, directores y otros profesionales de la industria fílmica que votan por los ganadores del Oscar cada año.

Iba retrasado para tomar un avión y realmente no tenía tiempo para el almuerzo organizado por Paramount Pictures, distribuidora de la película. Scorsese ya iba camino al aeropuerto y no llegaría al evento, pero la presencia de DiCaprio era fundamental. El actor caminó por el salón saludando a los miembros de la Academia. El acto de estrechar la mano de alguien superficialmente era parte esencial de las relaciones públicas. La Academia estaba dominada por hombres blancos mayores, y varios de ellos habían tratado a la película con hostilidad debido a su alegre representación del sexo y las drogas. Diez minutos después Leonardo DiCaprio se disculpó y salió discretamente, lo que confundió a varios de los asistentes, ya que también dejó sola a Margot Robbie para que animara el evento con bromas sobre las incómodas escenas de sexo entre ella y el actor.

Después de años en el negocio, DiCaprio se había acostumbrado a la común oleada de eventos que le siguen al lanzamiento de una película importante, y además, la siguiente reunión en su agenda era más atractiva. Afuera del Four Seasons lo esperaba un automóvil que lo llevaría al aeropuerto para volar a Washington, D. C., donde le entregaría un DVD de la película al presidente Barack Obama.

Como de costumbre, la temperatura en Washington era ligeramente más cálida que la de Nueva York y no había nada de nieve, sin embargo, cuando el actor atravesó la seguridad de la Casa Blanca, lo hizo envuelto en un abrigo oscuro y con gorra. Lo acompañaba un pequeño grupo de personas entre las que estaban Scorsese, Riza Aziz y Norashman Najib, hijo del primer ministro de Malasia. Frank White Jr., uno de los recaudadores de fondos más importantes de Obama, los escoltó para ver al presidente. White tenía pómulos pronunciados y sonreía con facilidad. Era empresario y amasó su fortuna proveyéndole apoyo para la tecnología de la información al gobierno de Estados Unidos, lo cual incluía a la comunidad de inteligencia.

En las elecciones de 2008 reunió más de 10 millones como "empaquetador", es decir, un simpatizante que recauda pequeñas contribuciones individuales y las entrega a una campaña. Para 2012 White ya era vicepresidente de la campaña de reelección del presidente. Nació y fue criado en Chicago; estudió en la Universidad de Illinois y también tenía vínculos familiares con la Casa Blanca, ya que su hermana estaba casada con el primo de Michelle Obama. Asimismo, asistía con regularidad a las cenas de Estado y estaba profundamente involucrado con Jho Low.

Durante la campaña de 2008, White conoció a Prakazrel Samuel Michél, mejor conocido como Pras, antiguo integrante de la banda de hip-hop de los noventa, Fugees; y a Shomik Dutta, quien había trabajado como banquero de inversión en Morgan Stanley. Después de estar en los Fugees y de tener una breve carrera como solista —"Ghetto Supastar (That is What You Are)"—, Pras estaba tratando de reinventarse a sí mismo como hombre de negocios. Llevaba mucho tiempo formando parte de la escena de las fiestas en Hollywood y en alguna ocasión escuchó a un promotor de clubes nocturnos hablar de ciertos eventos organizados por un malayo. Para 2012 ya asistía con regularidad a las fiestas de Low. Al igual que DiCaprio y Scorsese, Pras vio los miles de millones de dólares del malayo como una oportunidad, y poco después ya eran bastante cercanos. Pras empezó a contarle a su nuevo amigo sobre Frank White, un operador político al que había conocido durante la campaña, y Low quedó fascinado.

El malayo se movió con rapidez y buscó la manera de beneficiarse gracias a una conexión con White. ¿Podría aprovechar este nuevo contacto para adquirir influencia en Estados Unidos de la forma que lo había hecho con Otaiba en Abu Dabi y con el príncipe Turki en Arabia Saudita? A juzgar por las apariencias, la ambición de Low era tan ingenua que resultaba irrisoria. Sin embargo, en ese momento los contactos malayos eran atractivos para algunas personas en Washington. Desde que dejó su puesto, Obama insistió en ser amigo de Najib para fortalecer la influencia de Estados Unidos en Asia, estrategia que formaba del prestigioso pivote del presidente hacia el Sudeste Asiático. Algunas personas de la Casa Blanca y del Departamento de Estado, así como diplomáticos retirados entre los que se encontraban servidores antiguos como John Malott, otrora embajador de Estados Unidos en Kuala Lumpur, habían señalado la necesidad de ser precavidos respecto a Najib y a las tendencias cada vez más antidemocráticas que mostraba.

En 2013, después de perder el voto de los chinos malayos y los indios malayos, el primer ministro se enfocó en consolidar su base malaya. A pesar de sus promesas iniciales de que no lo haría, Najib y su gobierno usaron una ley de la era colonial para sublevaciones y con ella procesaron a líderes de la oposición, estudiantes y críticos académicos.

Sin embargo, la Casa Blanca, y en especial el asesor adjunto de Seguridad Nacional Ben Rhodes, se aferraron a la visión de Najib como un primer ministro que sería agente del cambio, en especial debido al cabildeo constante de Jamaluddin Jarjis, un antiguo embajador de Malasia en Washington que ahora era enviado especial para Estados Unidos. Jamaluddin era un político importante de la UMNO y también era uno de los amigos más cercanos de Najib. Fue arquitecto de los esfuerzos para fortalecer los lazos entre Estados Unidos y Malasia, e instó con vehemencia al personal de Obama a que organizara una visita oficial del presidente a Malasia. Su hija fue quien hizo una pasantía en Goldman Sachs en Singapur y luego tuvo un romance con Tim Leissner.

Para construir su vínculo con la Casa Blanca, Low se involucró en las labores para reelegir a Obama para un segundo periodo de cuatro años. Pras Michél sería su conducto. En 2012 el malayo envió 20 millones desde una empresa *offshore* que controlaba a dos empresas propiedad de Pras. El dinero era, ostensiblemente, un "obsequio", pero el músico usó una de estas empresas para hacer una donación de 1.2 millones a un Súper PAC (Political Action Committee) llamado Black Men Vote, el cual apoyaba la campaña de Obama. Fue un acto riesgoso para Pras porque donar dinero a un candidato a nombre de otra persona es una violación a las leyes federales de financiamiento de campañas. Más adelante un abogado de Pras diría que el músico fue víctima de una "historia falsa".

Low también llegó a un acuerdo para que Frank White buscara proyectos y actuara como porrista para Malasia en la administración de Obama. El pago que recibió por ese trabajo fue más que generoso. En 2012 Low hizo arreglos para sacar 10 millones de dólares de 1MDB y enviárselos a White a través de MB Consulting, una empresa controlada por Mohamed Al Husseiny de Aabar.

A cambio, White se puso a trabajar. En octubre de 2012 concertó una reunión entre Obama y los dirigentes de Red Granite. Joey McFarland publicó en Instagram una fotografía de él mismo estrechando manos con el presidente Obama en la casa del mismo White. En noviembre, cuando el presidente ganó la reelección, Low quiso celebrar con una visita a la Casa Blanca. Más adelante, ese mismo mes, White hizo arreglos para que Low asistiera a la fiesta de fin de año del presidente. Tiempo después, el malayo les enseñó a sus amigos una fotografía de él con Obama y con la primera dama. En otra ocasión, sin embargo, el personal de seguridad de la Casa Blanca se negó a recibir a Low cuando se presentó en la puerta. Al parecer, el gobierno estadounidense tenía cada vez más razones para mantenerse al margen de ese individuo malayo de pasado misterioso.

Low no se dio por vencido, al contrario, dobló la apuesta en White porque esperaba que asociarse con él le sirviera para influir en las políticas de la Casa Blanca. En mayo de 2013 White estableció DuSable Capital Management en Washington, junto con Pras y Dutta, el banquero que también había trabajado anteriormente como asistente especial en la residencia oficial. Poco después el fondo le dijo a la Comisión de Bolsa y Valores de Estados Unidos que planeaba recaudar 500 millones para invertir en energía renovable y proyectos de infraestructura. El plan era que Aabar pusiera la mayor parte del capital y que White también invirtiera una pequeña cantidad. DuSable se registró como empresa cabildera de 1MDB, y, para finales de ese año, White ya estaba organizando otra visita a la Casa Blanca, pero en esta ocasión, con el grupo de Leonardo DiCaprio.

Efectivamente, DiCaprio y Scorsese le entregaron al presidente Obama una copia en DVD de *El lobo de Wall Street*, pero la visita no recibió mucha publicidad porque la administración no deseaba que la vieran influyendo de manera indebida en la próxima carrera por los Oscar. *El lobo de Wall Street* era considerada un rival exterior de *El club de los desahuciados, 12 años de esclavitud* y *Gravedad*. El famoso director y el actor fueron vistos más tarde ese día tomando té en el Hotel W, justo frente a la salida a Fifteenth Street de la Casa Blanca, pero ninguno de ellos mencionó la reunión con Obama durante el bombardeo de entrevistas que le sucedió al lanzamiento público de la película algunos días después, precisamente el día de Navidad.

Entre el lanzamiento y la ceremonia de los Oscar a principios de marzo, Low realizó su tradicional viaje de fin de año para ir a esquiar con sus amigos y familiares. Este año el destino fue Aspen, Colorado. Entre los invitados del malayo se encontraban Alicia Keys, Swizz Beatz, Joey McFarland y su novia Antoniette Costa. La ciudad estaba repleta de celebridades. Leonardo DiCaprio, Tobey Maguire, Nicole Scherzinger y su novio Lewis Hamilton, el campeón mundial de Formula 1, asistieron a algunas de las reuniones de Low.

En una cena, la actriz Dakota Johnson, hija de Melanie Griffith y Don Johnson, se sentó junto a Low y él pensó que se trataba de una simple desconocida. Ahora que fraternizaba con estrellas de mayor calibre, no tenía tiempo para ella.

"Comió y ni siquiera dio las gracias al terminar", se quejó el malayo con sus amigos.

En algún momento se encontró a Paris Hilton, quien también estaba en Aspen. Aunque ahora la veía menos que en 2010, seguían siendo amigos, así que fueron juntos a comer pizza.

Esa semana, las conversaciones en el St. Regis Aspen Resort se centraron en *El lobo de Wall Street*, y en si DiCaprio por fin ganaría un Oscar. Low, quien pasó tiempo practicando con su *snowboard*, tenía buenas razones para estar contento.

La película fue extremadamente lucrativa en taquilla y obtuvo ganancias por más de 400 millones de dólares a nivel mundial, cuatro veces más su costo de producción. A pesar de su constante tendencia a cometer fraudes, empezaba a mostrar habilidades como inversionista. Viceroy Hotel Group, del cual ahora poseía media acción, creció y se hizo de una buena reputación como cadena de hoteles boutique de cinco estrellas. Su participación de 13% en EMI Music Publishing también tuvo éxito cuando la industria musical a nivel global se recuperó gracias a las ventas digitales a través de los servicios de *streaming*. *El lobo de Wall Street* era su inversión más exitosa hasta la fecha, y Red Granite tenía en desarrollo una larga lista de películas prometedoras. Low le apostaba a que la empresa se convirtiera en una de las productoras más importantes de Hollywood y generara montones de dinero para devolver a 1MDB.

La temporada de los premios se acercó y la expectativa general era que le fuera bien a *El lobo de Wall Street*. En enero DiCaprio ganó un Golden Globe por su papel como Jordan Belfort y en su discurso de aceptación aprovechó para agradecer a "Joey, Riz y Jho" por arriesgarse con el proyecto. De hecho, también en los créditos finales de la película aparece un agradecimiento a Jho Low. Sin embargo, el gran premio se le volvió a ir de las manos al actor. En la ceremonia de los Oscar a mediados de marzo, la estatuilla para el mejor actor le fue entregada a Matthew McConaughey por *El club de los desahuciados*. Fue una noche terrible para *El lobo de Wall Street* que, a pesar de contar con cinco nominaciones, no se llevó ningún premio. Low y Riza estaban sentados detrás de Bono y The Edge de U2 en el Dolby Theatre, y sintieron que la noche fue un poco aburrida.

Para terminar de arruinar la celebración de los Oscar, la película ni siquiera se proyectaría en Malasia porque para cumplir con las leyes locales de moralidad, las autoridades malayas exigían más de 90 cortes, y Scorsese, Red Granite y Paramount Pictures, distribuidora de la película, decidieron en unanimidad que no valía la pena realizarlos.

No había problema. Dentro de poco llegaría a Malasia un producto de importación aún mayor.

El 27 de abril de 2014 Obama llegó a ser el primer presidente estadounidense en visitar Malasia en cinco décadas. La icónica imagen de la visita fue una *selfie* que se tomó Najib con Obama. El presidente se inclinó con una gran sonrisa, y Najib no sabía bien adónde mirar cuando sonó la cámara. "Mi *selfie* con el presidente Obama", tuiteó el primer ministro minutos después. Meses antes el mundo se había vuelto loco por la *selfie* que tomó Ellen DeGeneres en la ceremonia de los Oscar con Bradley Cooper, Meryl Streep, Brad Pitt y otras estrellas.

Era el momento de que Najib brillara en el escenario mundial. Los líderes pasaron la mañana en la Mezquita Nacional donde estaba enterrado el padre de Najib, y el primer ministro aprovechó la visita para enfatizar su especial relación con Obama. Los presidentes estadounidenses evitaron a Malasia por años debido a la estridente retórica antioccidental del anterior primer ministro Mahathir y al sesgo autoritario del país. Ahora, Obama por fin estaba en Malasia como parte de un viaje que también incluía a aliados como Japón, Corea del Sur y Filipinas.

Ben Rhodes, su asesor adjunto de Seguridad Nacional, quien también lo acompañó en el viaje, dijo que Malasia era un "Estado pivote" en la región, término en clave que quería decir que era un país bastión contra China. En meses recientes Beijing había adoptado una política militarista respecto al cumplimiento de sus exigencias territoriales en todo el mar de la China Meridional.

El presidente Obama, ansioso por equilibrar esta agresión, prometió en una declaración conjunta con Najib que ayudaría en el entrenamiento y equipamiento de la armada malaya. La declaración también enfatizó el apoyo de ambos líderes a la vibrante sociedad civil. No obstante, para algunos funcionarios del Departamento de Estado que desaconsejaron la visita dado que el gobierno de Najib estaba ocupado encerrando a líderes de la oposición, la promesa resultaba irrisoria.

Mientras Obama viajaba por Malasia, Low les presumía a sus contactos que había jugado un papel esencial en el acercamiento con Estados Unidos. Precisamente algunos días antes de que llegara Obama, 1MDB firmó un trato multimillonario con DuSable Capital, la empresa de Frank White, para desarrollar una planta de energía solar en Malasia. Los directores del fondo 1MDB le presentaron el trato al consejo directivo y lo describieron falsamente como una colaboración "de gobierno a gobierno", a pesar de que DuSable era una entidad privada.

Low esperaba que Obama y Najib destacaran el plan de la empresa conjunta durante la visita del presidente, pero como pudo darse cuenta, con Estados Unidos no era tan sencillo manipular y programar los eventos como con Medio Oriente. Para empezar, no tenía una figura de nivel embajador como era el caso de Otaiba, quien siempre estuvo a su disposición. Sólo tenía a Frank White, quien a pesar de estar cerca de Obama, era nada más un hombre de negocios y recaudador de fondos. Pocos meses después el trato de la planta de energía solar se vino abajo, y con el tiempo 1MDB tuvo que pagar 79 millones para comprar la participación de DuSable en el negocio conjunto. White sacó una fortuna de la nada. Más adelante diría que el plan era "tratar de ofrecer energía renovable en Malasia, generar empleos en Estados Unidos y obtener ahí mismo apoyo para Malasia", y que en ese tiempo no tenía conocimiento de que 1MDB fuera "víctima de robo".

La visita del presidente Obama a Malasia terminó siendo una gran desilusión, pero aunque las cosas no salieron como se planearon, Low podía reconfortarse en otros aspectos. En semanas recientes había empezado a salir con una de las mujeres más asombrosas del mundo.

37

El tamaño sí importa

El restaurante New Wonjo en Thirty-Second Street estaba en el barrio coreano, bajo la sombra del edificio Empire State. Era un lugar que permanecía abierto las 24 horas, siete días de la semana. Tenía menús cubiertos de plástico en las ventanas y auténtica comida asiática. Era exactamente el tipo de lugar al que le gustaba ir a Jho Low después de parrandear hasta la madrugada. Esa noche estaba cómodamente sentado en una mesa con Joey McFarland y otros amigos. Afuera hacía frío, el "vórtice polar" había traído consigo temperaturas que se desplomaron en Año Nuevo. Los amigos estaban comiendo barbacoa coreana y sopa tras una noche de karaoke, y de pronto, la supermodelo australiana Miranda Kerr entró al local.

Venía de un evento formal y llevaba un vestido de noche que desentonaba con la atmósfera de un lugar común y corriente para comer como el New Wonjo. La modelo de 31 años de edad tenía suaves rizos de cabello castaño, ojos azules iridiscentes y hoyuelos en las mejillas que la hacían reconocible al instante. Su elegante vestimenta destacaba en medio de la sencillez del restaurante. Como venía a ver a un amigo que formaba parte del grupo de Low, se sentó en la mesa con ellos. Poco después, la modelo estaba sumergida en una conversación con Jho Low sobre KORA Organics, su línea para el cuidado de la piel.

A medida que se hizo evidente que Low era un inversionista de alto nivel, incluso multimillonario, con participación en EMI y en el Park Lane, y con vínculos con un estudio de Hollywood, Miranda empezó a hacerle más preguntas sobre cómo desarrollar KORA, ya que recientemente había asumido el control de la empresa, que antes estaba en manos de su madre. Con la acumulación de poder, y tal vez debido al estrés, Low fue perdiendo el encanto y amabilidad que antes tenía. De hecho, empezó a mostrar una desagradable faceta de arrogancia. En las sesiones recientes de apuestas en Las Vegas, señaló la cintura de la modelo británica Roxy Horner y le dijo que tenía que bajar de peso. La chica se sintió ofendida, pero Low descubrió que, como él estaba pagando, no tenía por qué preocuparse. Kerr, sin embargo, era distinta, y cuando mencionó su deseo de hacer crecer KORA, el malayo tuvo la delicadeza de alabar su agudeza financiera.

Kerr creció al borde del desierto australiano, en un anquilosante pueblo llamado Gunnedah, pero en algún momento dejó ese mundo atrás. Tras ganar un concurso de modelaje australiano a los 13 años, se mudó a Estados Unidos y ahí se convirtió en modelo de Victoria's Secret. En 2013 ganó siete millones de dólares, lo que la colocó en el segundo lugar de la lista de las modelos mejor pagadas del mundo, debajo solamente de Gisele Bündchen. Las ofertas para que promoviera productos continuaron apilándose, de H&M y Swarovski a Unilever.

Sin embargo, las ganancias de una supermodelo no son suficientes para echar a andar un negocio importante, y por eso Miranda estaba interesada en lo que Low podía ofrecerle. Se había cansado de modelar y estaba tratando de transformarse en empresaria. A la mañana siguiente le envió un paquete de productos KORA a su departamento en el edificio Time Warner.

La tumultuosa vida personal de la modelo era como alimento para los tabloides. Poco antes, en octubre, se había divorciado del actor Orlando Bloom, con quien tenía un hijo de tres años. En Gunnedah, sus padres le dieron una entrevista a la televisión australiana en la que se quejaron de que su hija los había olvidado, y dijeron que necesitaba regresar a casa para aprender a ordeñar vacas y montar a caballo. En los primeros meses de 2014 Miranda Kerr pasó una buena temporada en Nueva York, y casi cada vez que salía de casa, un paparazzi la fotografiaba. A pesar del escrutinio, sin embargo, logró ocultar su inesperado y floreciente romance con Low.

El 2 de febrero el malayo la invitó a ver el Super Bowl XLVIII en el estadio MetLife en Nueva Jersey. Era la primera vez que la modelo asistía a este evento al que también fueron Riza Aziz y Joey McFarland. La modelo Kate Upton y la actriz Katie Holmes estaban en otro palco, pero pasaron a saludar. Las columnas de chismes de los periódicos mencionaron que Miranda fue para ver a los Halcones Marinos de Seattle vencer a los Broncos de Denver, y así lograr la más grande derrota sorpresiva en la historia del futbol americano moderno. La presencia de Low, sin embargo, pasó desapercibida.

En los días siguientes Low se dedicó a cortejar a Miranda de la única manera que sabía hacerlo. Le envió un mensaje de texto a Lorraine Schwartz diciéndole que quería un collar con un diamante en forma de corazón que costara entre uno y dos millones de dólares, e hizo énfasis en que "el [t]amaño sí importa". Low le obsequió a la modelo el collar de diamantes de 1.3 millones de dólares con las iniciales "MK" grabadas. Fue un regalo de Día de San Valentín y lo financió con dinero lavado a través de los tratos de Park Lane y Coastal Energy.

Incluso a sus amigos cercanos Low les decía que sólo estaba "ayudando" a Miranda; y para mantener la relación en secreto, la pareja salía acompañada de Kristal Fox, la agente de la modelo. Algunas semanas después, sin embargo, en una fiesta por el cumpleaños 31 de Miranda, fue difícil soslayar las intenciones románticas de Low, quien contrató un lugar en Chelsea Piers, Nueva York, para ofrecer una fiesta con la década de los noventa como tema. El malayo trajo en avión a Salt-N-Pepa, Mark Morrison y Vanilla Ice para que cantaran, y como de costumbre, Jamie Foxx estuvo presente para actuar como maestro de ceremonias. Leonardo DiCaprio, Orlando Bloom y Swizz Beatz estuvieron entre un grupo de invitados de aproximadamente 100 personas.

Para ese fin de semana de festividades, Low hizo arreglos para que el *Topaz*, el yate del jeque Mansour, estuviera anclado en el río Hudson, y ordenó que lo adornaran con una configuración especial de luces al estilo glamour de Miami, y con cientos de globos. Después de la fiesta, un helicóptero llevó a Low, a Miranda y a sus amigos australianos a Atlantic City para seguir apostando en las mesas de bacará. Fue como en los viejos tiempos, cuando Low estudiaba en Wharton. La diferencia era que ahora viajaba en helicóptero, no en limusina, y que ya no le importaba si Ivanka Trump aceptaba su invitación o no.

Al mismo tiempo que cortejaba a Miranda Kerr, Low también tenía que mantener saciada a Rosmah Mansor, razón por la que en enero de 2014 le envió un mensaje de texto a Lorraine Schwartz para averiguar si estaba en Los Ángeles. La joyera estaba en la ciudad y se apresuró a llegar al hotel Bel-Air cargada con luminiscentes brazaletes y collares de diamantes. Llegó manejando en su auto al hotel, un exclusivo centro estilo misión española al que les agradaba ir a varias estrellas de Hollywood. El complejo contaba con 4 mil metros cuadrados de jardines en el corazón de Beverly Hills. Rosmah se registró en una elegante suite con alfombras gruesas, y después de cenar con Low y Lorraine Schwartz, los invitó a subir.

Lorraine desplegó sus joyas sobre una mesa y Rosmah empezó a elegir algunos artículos. Señaló un brazalete de oro blanco de 18 quilates salpicado de diamantes y Lorraine lo separó. Costaba 52 mil dólares, pero la primera dama apenas estaba comenzando. Con la agilidad de una compradora profesional, eligió 27 brazaletes y collares. En estos círculos de élite nadie habla del dinero, así que, después de algunos meses, la factura simplemente llegó a Blackrock, la empresa de Jho Low. Era por un total de 1.3 millones, una racha de compras bastante moderada para los estándares de Rosmah. Low se hizo cargo de la factura de las joyas y también de sus gastos en el hotel Bel-Air, que ascendieron a 300 mil dólares por la semana que pasó ahí.

Entre abril de 2013 y septiembre de 2014 Low usó la cuenta de Blackrock para comprar 200 millones de dólares en joyería de todo el mundo: Las Vegas, Nueva York, Hong Kong, Dubái. Además de ser más portátiles que las obras de arte, los diamantes eran extremadamente difíciles de rastrear. En un reporte de 2013, el Grupo de Acción Financiera (Financial Action Task Force) advirtió que los criminales que lavaban dinero y los terroristas usaban la industria de los diamantes como un conducto para obtener dinero ilícito. En Estados Unidos, los minoristas como Lorraine Schwartz y los distribuidores de piedras en crudo o piedras cortadas no tenían ninguna obligación legal de averiguar los antecedentes de sus compradores. Aún mejor, las joyas podían ser transportadas sin tener que transferir dinero a través de instituciones financieras.

Pero no toda la joyería era para personalidades como Rosmah. En una ocasión Low estaba en Las Vegas y se dio cuenta de que era cumpleaños de una joven modelo asiático-canadiense, parte de su grupo de amigos. Camino a la cena, Low se metió espontáneamente a una tienda Cartier y salió con un reloj de 80 mil dólares que le entregó sin mayor aspaviento como un regalo de último minuto. No obstante, Rosmah era a quien el malayo cubría con los diamantes más grandes. Imelda Marcos tenía su colección de zapatos que constaba de por lo menos 1 220 pares que tuvo que dejar cuando ella y su esposo fueron expulsados de Filipinas en 1986 por la "Revolución del Poder del Pueblo". Rosmah llegaría a ser conocida por sus bolsos Birkin y sus joyas: los cientos de millones de dólares en anillos, collares y pendientes ordenados en cajones fabricados expresamente para albergarlos, en su residencia de Kuala Lumpur.

Visto desde el exterior, Low parecía estar acumulando prestigio, y por eso ya no tenía que colocarse entre gente formidable como la que conoce el secreto de cómo funciona realmente el mundo. Se había convertido en una de esas personas por derecho propio. Salía con una supermodelo, hacía tratos de negocios, y el primer ministro malayo y su esposa eran cada vez más cercanos a él. La gente que pasaba tiempo con Low, en el Super Bowl o durante alguna cena, seguía chismeando respecto a su dinero. Algunos tenían la vaga noción de que estaba vinculado con el primer ministro de Malasia, y les resultaba lógico que en un país lejano como Asia, ese tipo de relación pudiera representar ventajas económicas.

No obstante, cualquiera que hubiera prestado atención habría notado un altísimo grado de inquietud en la frenética agenda de Low, la cual lo hacía viajar por todo el mundo sin parar. Cada vez que sacaba su teléfono y se disculpaba en una cena o una fiesta por tener que tomarse un momento, él era el único que veía los obstáculos que se apilaban en su bandeja de correo electrónico y que amenazaban con hacer colapsar su gran fraude.

38

Perdiendo el control

KUALA LUMPUR, MALASIA, MARZO DE 2014

El consejo directivo de 1MDB empezó su reunión de la tarde recitando los primeros siete versos del Corán, conocidos como el Al-Fatiha. La plegaria era por la tripulación y los pasajeros del vuelo MH370 de Malaysia Airlines, un Boeing 777-200 que se perdió a principios de marzo en el mar de la China Meridional. El avión en el que viajaban 239 personas, entre tripulación y pasajeros, iba volando de Kuala Lumpur a Beijing, pero una hora después del despegue el piloto dejó de hacer contacto con los oficiales de control aéreo y, algunos minutos después, desapareció de las pantallas de los radares de aviación civil.

En las siguientes semanas los medios oficiales de Beijing maltrataron a Malasia por realizar una búsqueda caótica que se enfocó primeramente en el mar de la China Meridional, al norte de Malasia, antes de que un radar militar mostrara que la aeronave se había perdido sobre el mar de Andamán, al oeste del país. La imposibilidad de encontrar los restos del avión sumada a los caóticos reportes diarios, hizo destacar la incompetencia del gobierno malayo, lo cual fue una gran vergüenza para Najib.

El consejo directivo entonó los versos islámicos, pero la conversación regresó rápidamente a otro asunto importante en la agenda.

Tan Theng Hooi, socio administrativo en Malasia de Deloitte Touche, había sido invitado para hablar en la reunión. Traía noticias desagradables. Tan sólo algunas semanas antes Deloitte había sido nombrado tercer auditor de 1MDB, y la administración del fondo estaba ejerciendo una gran presión para que se llevara a cabo rápidamente la firma de las cuentas del año al 31 de marzo de 2013, la cual había sido retrasada por meses.

Pero justo cuando Deloitte revisaba minuciosamente las cuentas, las oficinas regionales de la empresa para el Sudeste Asiático, en Singapur, empezaron a recibir una gran cantidad de correos electrónicos y cartas que alegaban un fraude en los reportes financieros de 1MDB. De acuerdo con Tan, las quejas tenían que ver con varios aspectos que iban desde las afirmaciones de que había 2 300 millones de dólares invertidos en un fondo desconocido en las Islas Caimán, hasta un sobrepago por unas plantas de energía eléctrica, pasando, claro, por la disparidad entre la colosal deuda y los poquísimos activos. Tan, que era un contador con 30 años de experiencia, se veía ansioso de deshacerse del problema.

"Estas acusaciones no son nuevas, pero a Deloitte no se le han presentado evidencias que las respalden. Es por esta razón que Deloitte no pudo seguir investigando el asunto", les explicó a los miembros del consejo.

Una de las cartas era de Tony Pua, un político de la oposición de cuarenta y tantos que llevaba algunos años siguiendo discretamente el asunto de 1MDB. A diferencia de muchos políticos, Pua tenía un conocimiento profundo del ámbito de los negocios; varios años atrás había fundado una empresa de tecnología que vendió en 2008, cuando se introdujo en la política, y el año siguiente ganó una curul en un pueblo satélite de Kuala Lumpur. Pua era un hombre sumamente inteligente, estudió filosofía, política y economía en la Universidad de Oxford; incomodaba a los políticos oportunistas de la UMNO que no estaban acostumbrados a sus incisivos cuestionamientos y a su dominio de los conceptos financieros. Era un hombre chino malayo de cabello canoso y erizado, con facilidad de palabra y contestatario. Naturalmente, les desagradaba a todos los miembros del partido gobernante.

En 2010 el tema de 1MDB lo intrigó a partir de que KPMG escribió un "énfasis temático" respecto a la inversión que había hecho el fondo en PetroSaudi. Para la mayoría de la gente, estos términos arcanos no querían decir nada, pero Pua sabía que significaban que los contadores estaban preocupados por 1MDB. Como ocupaba un lugar en el Comité de Contadores Públicos del Parlamento, entidad encargada de supervisar los gastos del Estado, empezó a insistir en que el comité investigara, pero el presidente, político de la UMNO, le dio largas. Para 2014, sin embargo, *The Edge* ya había publicado artículos que señalaban al sospechoso fondo de inversión de las Islas Caimán, y eso le dio más solidez a sus quejas.

1MDB despidió a la empresa auditora KPMG en enero porque no pudo confirmar que los 2 300 millones de dólares que el fondo malayo aseguraba tener en las Islas Caimán, realmente valiera eso, o que siquiera existiera. Tiempo atrás, en 2012, el fondo 1MDB le había vendido a una empresa controlada por el financiero hongkonés Lobo Lee, la participación accionaria que tenía en una subsidiaria de PetroSaudi, poseedora de los dos buques de expropiación petrolífera. En lugar de dinero en efectivo, 1MDB recibió el pago de 2 300 millones en "unidades" de un fondo de creación reciente en las Islas Caimán. Era una transacción ficticia que tenía como objetivo cubrir el dinero que Low y sus cómplices habían sustraído de 1MDB en 2009.

Yeo Jiawei de BSI engañó a KPMG y les hizo creer que la inversión de las Islas Caimán estaba respaldada con efectivo, y no con las sospechosas "unidades"; pero a la empresa auditora simplemente le pareció que la transacción no parecía legítima. Como los auditores se negaron a autorizar las cuentas, los despidieron, de la misma forma que 1MDB despidió antes a Ernst & Young. La firma Deloitte, sin embargo, estaba ansiosa por establecerse en Malasia, así que firmó sin dudar.

La remoción de KPMG era un obstáculo para Low. Necesitaba que algún auditor autorizara y sellara rápidamente las cuentas de

1MDB. El fondo tenía una deuda de 10 mil millones de dólares, y sólo contaba con 20 millones en efectivo; estaba en verdaderos aprietos y cada mes sufría hemorragias de decenas de millones de dólares. Sin embargo, el malayo tenía un plan. La unidad energética de 1MDB planeaba enlistar sus acciones en la bolsa de valores de Malasia, y con suerte, algunos importantes inversionistas institucionales de nivel internacional querrían comprarlas de inmediato porque el panorama económico asiático seguía luciendo más prometedor que el de Occidente. De ser así, la oferta pública inicial (OPI) les produciría 5 mil millones de dólares o más.

Era una visión muy optimista, pero esencial para que la estratagema continuara en pie y para que le siguiera proveyendo a Low el dinero que necesitaba desesperadamente para ocultar las pérdidas del fondo. Bancos importantes como Goldman Sachs y Deutsche alimentaron ese optimismo diciéndole a 1MDB que los inversionistas del mundo tendrían muchos deseos de adquirir las acciones, pero naturalmente era porque querían ganarse la oportunidad de asesorar al fondo en la oferta pública inicial. Low tenía la idea de que incluso una cantidad menor a los 5 mil millones sería suficiente para cubrir los huecos financieros y detener el escrutinio a 1MDB, pero primero Deloitte tenía que autorizar las cuentas retrasadas.

Al igual que la gente de KPMG, Tan, de Deloitte, estaba preocupado por la contabilidad de la inversión en las Islas Caimán. Para solucionar esta situación, Low recurrió de nuevo a Mohamed Al Husseiny y le pidió que Aabar garantizara ese dinero *offshore*. Esto significaba que el fondo de Abu Dabi cubriría la cantidad independientemente de cualquier cosa. Esto debió ser una señal de peligro para Deloitte tomando en cuenta las cartas que había recibido en las que se alegaba un fraude financiero en 1MDB, y ni mencionar el hecho de que para ese momento el fondo ya había dado fin a su relación laboral con dos empresas auditoras importantes. Sin embargo, parece que un pedazo de papel de Aabar fue suficientemente bueno para que Tan se quedara tranquilo respecto a la inversión.

Se supone que los auditores son independientes, pero Tan le ofreció a 1MDB la ayuda de Deloitte para dirigir sus relaciones con los medios. Dado que el fondo prácticamente no tenía negocios y además lo abrumaban los colosales préstamos que había pedido, lo único que podía hacer para evitar pérdidas financieras era revaluar su portafolio terrestre y registrar las ganancias en los libros contables como ya lo había hecho en 2010. De esta manera el fondo esperaba poder demostrar una ganancia de 260 millones.

Tan no solamente apoyó el movimiento contable, también se ofreció a explicarlo al público para evitar que surgiera algún artículo negativo en los medios. De hecho, Deloitte fue de tanta ayuda que Tan preguntó si su empresa sería seleccionada para auditar a las muchas subsidiarias de 1MDB, incluyendo la unidad energética que se estaba preparando para una oferta pública inicial. El consejo directivo confirmó la solicitud de Tan de inmediato, y Lodin Kamaruddin, presidente del consejo y cercano colaborador de Najib, dijo que quería que "el profesionalismo y la objetividad" de Deloitte quedaran documentados.

A pesar de todo, el consejo seguía insistiendo en que los administradores de 1MDB repatriaran el dinero de las Islas Caimán para ayudar a reducir la deuda del fondo y para mostrarle al periódico *The Edge* y a otros detractores que se equivocaban. Pero solamente Low y tal vez algunos otros socios como Al Husseiny y Yeo sabían la verdad: en las Islas Caimán no había nada de dinero.

Una madrugada de mayo, ya cerca del amanecer, Jho Low le hizo una petición inusual al personal de un salón privado de apuestas del Palazzo, en Las Vegas Strip. Estaba ebrio y se sentía como pez en el agua, así que pidió una sandía. Algunos de los presentes apiñados alrededor de la mesa de bacará, entre ellos muchas modelos, no conocían al individuo bajito y regordete que estaba haciendo apuestas de 200 mil dólares en cada ocasión. Según los rumores, había financiado *El lobo de Wall Street*, una película sobre la que todos hablaban, pero parecía un tipo inestable. Estaba en una racha de mala suerte. Llevaba perdiendo un rato, y cuando el personal del Palazzo apareció con una sandía traída de la cocina, Low la midió y la hizo rodar sobre la mesa, supuestamente para atraer la buena suerte. Las cartas salieron volando, y de todas formas las pérdidas continuaron acumulándose. El malayo, que no dejaba de beber whisky Johnnie Walker Blue Label, empezó a gritarles de nuevo a los empleados.

"Camisetas rojas —le dijo al empleado que lo estaba atendiendo específicamente—. Todos necesitan camisetas rojas."

El personal obedeció de inmediato, y él y otros trajeron al salón camisetas turísticas rojas del Palazzo para unas 20 personas, incluidos Joey McFarland y Riza Aziz.

"Mi amigo ni siquiera quería observar —dijo una joven que asistió esa noche. De pronto vio sobre la mesa una cantidad similar a todo el dinero que ganaría en su vida, el pago completo de la universidad, su automóvil, su casa, todo. Y lo vio ser ganado y ser perdido."

Era típico de Low. En otra ocasión en que también se emborrachó, dejó caer al suelo 50 mil dólares en fichas del casino, las cuales recuperó gracias a que un amigo quedó estupefacto en cuanto notó la pérdida.

La noche de apuestas en el Palazzo terminó al amanecer y Low le entregó al personal del casino una propina de un millón de dólares, una de las más generosas recibidas jamás en ese establecimiento.

En abril, Ho Kay Tat escribió en *The Edge* una escandalosa columna en la que le exigía a 1MDB dar el nombre del administrador del fondo que tenía bajo su cuidado los 2300 millones en las Islas Caimán para que trajera el dinero a casa. Luego, en mayo, un periódico de Singapur que citaba fuentes internas mencionó que el administrador del fondo era la empresa Bridge Global, con base en Hong Kong. Poco después, Lobo Lee borró del sitio de internet de Bridge

Global estos detalles, empezando por su nombre, pero el periódico notó este sospechoso comportamiento. Low estaba furioso porque creía que hubo una fuga de información en BSI, así que le ordenó al banco averiguar la fuente. El primero del que sospecharon fue Kevin Swampillai, jefe de Yeo. Low trató de expulsarlo de todas las cuentas relacionadas con 1MDB, pero Swampillai dijo no estar involucrado y se negó a salirse.

En el verano Low se la pasó dando tumbos de fiesta en fiesta por la noche, y durante el día, despotricando contra los anónimos "infiltrados". Desde que lo embargó la paranoia respecto al Judas entre los miembros de su equipo, la fachada de su despreocupado parrandeo empezó a desmoronarse.

Por esa misma época persuadió a Yeo Jiawei, experto en fondos de BSI, de que trabajara para él y el banquero aceptó. A partir de ese punto Low ni siquiera quiso hablar por teléfono o usar el correo electrónico para las transacciones importantes. Planeaba aprovechar la experiencia financiera de Yeo y usarlo para entregar personalmente documentos secretos en todo el mundo.

Cuando llegó la primavera, Low invitó a Yeo a ver la pelea entre Floyd Mayweather Jr. y Manny Pacquiao en la MGM Grand Garden Arena de Las Vegas, y el joven de Singapur quedó enganchado con el estilo de vida del *jet-set*. Su cercanía a Low había acrecentado su amor propio, y ahora despreciaba a los empleados de BSI que no viajaban a todos lados en avión privado. Ya había ganado millones de dólares canalizando en secreto las comisiones que 1MDB les pagaba a BSI y a Bridge Global por manejar el dinero de las Islas Caimán y otras inversiones, pero luego compró varias casas en Singapur y una más en Australia. Low lo atrajo a su círculo más cercano con la promesa de proveerle incluso más riqueza.

Yeo llegaría a embolsarse todavía más decenas de millones de dólares, pero fue a cambio de un precio muy alto porque Low se transformó en un jefe inseguro y tiránico. El banquero continuó en contacto con sus antiguos colegas de BSI, y cuando hablaba con ellos les contaba que Low tomaba llamadas en su avión privado y empezaba a gritar. Le perturbaban particularmente los detalles sobre la inversión en las Islas Caimán. A Yeo le empezó a asustar la forma de actuar de su nuevo jefe, la cual no tenía nada que ver con los amables modales que él le conocía, y un día simplemente le pareció que Low estaba perdiendo el control.

Tim Leissner se dirigió al consejo directivo de 1MDB en julio. Estaba haciendo su mayor esfuerzo por mantener a Goldman en el juego para conseguir el negocio de la oferta pública inicial. El fondo, sin embargo, corría grave peligro. En solamente dos meses había perdido 140 millones de dólares bajo el peso de un pago de intereses que ascendían a cientos de millones. Para restaurar su salud financiera necesitaba lanzar una oferta pública inicial de sus activos energéticos, y tenía que hacerlo pronto. El banquero alemán llevaba dos años defendiendo el negocio de la oferta, pero ahora se enfrentaba a un gran problema.

Como parte del trato de 2012 para adquirir las plantas eléctricas de Ananda Krishnan, 1MDB le había otorgado al multimillonario el derecho a participar en la oferta pública inicial a un precio más bajo. Ahora Leissner les estaba explicando a los miembros del consejo directivo de 1MDB que comprar de vuelta esos derechos antes de entrar al listado en la bolsa de valores le costaría al fondo cientos de millones de dólares. Algunos estaban furiosos. El trato original parecía demasiado favorable para Krishnan que, de por sí, ya había recibido precios por encima del mercado por sus activos energéticos.

Algunos miembros del consejo sabían que ciertas empresas controladas por Krishnan le habían hecho a 1MDB pagos por concepto de obras de caridad por cientos de millones de dólares. Era un fraude muy común en Malasia: el gobierno pagaba de más por un activo, los vendedores hacían contribuciones malintencionadas a la UMNO, y mientras tanto, los políticos se forraban los bolsillos. Aun así, las condiciones se veían demasiado buenas para Krishnan y su empresa, Tanjong.

"¿Goldman está trabajando para 1MDB o para Tajong?", le preguntó Ashvin Valiram, un empresario textil malayo que formaba parte del consejo, al banquero.

"Por supuesto representamos a 1MDB —contestó Leissner, tratando de aligerar el ambiente—. Pero sin este trato con Tanjong, el fondo no será capaz de llevar a cabo la oferta pública inicial."

Los vínculos entre Goldman y 1MDB empezaban a quebrarse finalmente. Tiempo antes, ese mismo año, 1MDB había convencido a varios bancos de que le prestaran más dinero ofreciéndoles desempeñar un papel importante en la OPI. El fondo garantizó un préstamo de 250 millones de dólares de un consorcio dirigido por Deutsche Bank, cuyo nuevo director nacional, Yusof Yaacob, había trabajado anteriormente en Goldman. Por fin, otro banco tenía oportunidad de echarle un vistazo al negocio.

La gente de Goldman, preocupada por los artículos negativos y el enfoque de *The Wall Street Journal* en sus colosales ganancias, empezó a distanciarse del fondo y ya no quiso involucrarse en nuevos préstamos. Leissner se puso furioso cuando 1MDB eligió a Deutsche y a Maybank para dirigir la oferta pública, labor que resultaría bastante lucrativa para ambas instituciones financieras. Entonces recurrió a Jho Low para asegurarse de que Goldman estaría involucrado, y al final, 1MDB nombró a su banco como asesor de la oferta.

En esa coyuntura, Leissner se manejaba sin supervisión, viajaba por todo el mundo y pasaba temporadas largas en Estados Unidos con su nueva esposa, Kimora Lee Simmons. A través de una empresa de responsabilidad limitada, en el verano el banquero dio un enganche de 19 millones por una propiedad en el Upper East Side de Nueva York. Era un departamento de cinco habitaciones y 430 metros cuadrados en el Marquand, un edificio estilo Beaux Arts de 1913, a tiro de piedra de Central Park. No obstante, Leissner pasaba casi la misma cantidad de tiempo viajando a Asia, o en Los Ángeles, en la mansión de Beverly Hills de Kimora Simmons. El año siguiente, una empresa de las Islas Vírgenes británicas que Leissner controlaba adquirió el *Sai Ram*, un yate de 51 metros con seis camarotes y un valor de 20 millones de dólares.

Durante muchos años Leissner le guardó resentimiento a Goldman por no ascenderlo a un puesto regional debido a su reputación de vaquero capaz de desobedecer las reglas internas para concretar tratos. En junio, sin embargo, el banco le otorgó el puesto de presidente para el Sudeste Asiático porque estaba produciendo demasiado dinero para ellos y les dio temor que se fuera a trabajar a otro banco y que se llevara consigo sus contactos de la región. Poco después, ese mismo año, Lloyd Blankfein, ansioso de que Goldman continuara fortaleciendo su presencia en los mercados emergentes, señaló a Leissner y a Andrea Vella como los modelos a seguir.

"Miren lo que lograron Tim y Andrea en Malasia —dijo Blankfein durante una reunión en Nueva York sobre cómo construir negocios en mercados emergentes, en lugar de en el cada vez más regulado territorio de Estados Unidos—. Tenemos que hacer más eso."

Durante las secuelas de la crisis hipotecaria, Blankfein, Cohn y otros líderes de Goldman prometieron privilegiar a sus clientes, y con frecuencia predicaron que su banco tenía una dirección ética. Sin embargo, Goldman había hecho cientos de millones de dólares y 1MDB era un desastre a costa de la gente de Malasia. No sólo eso, también se hicieron de la vista gorda ante las irregularidades y permitieron el tipo de corrupción a nivel industrial en el que en el pasado habían incurrido vulgares dictadores como Ferdinand Marcos de Filipinas y Sani Abacha de Nigeria, quien enviaba camiones a robar dinero del banco central. El robo en Malasia era simplemente una manera más sofisticada de tomar dinero y se llevaba a cabo en las narices de Goldman Sachs.

Leissner no era el único interesado en los barcos. A pesar de que el fraude de Low empezaba a revelarse, el malayo iba a hacer su más grande adquisición hasta entonces. Había un activo que todavía no poseía, un megayate. Oceanco, una empresa constructora de yates personalizados, empezó el año anterior a construirle un velero de poco más de 90 metros que incluía plataforma de aterrizaje para helicópteros, gimnasio, sauna y sala de vapor. No igualaría al *Topaz*, pero seguía siendo uno de los yates más lujosos del mundo. Además, con él Low se evitaría la ignominia de volver a rentar el del jeque Mansour o los de otros magnates.

En la primavera, cuando los constructores le estaban dando los últimos toques al yate en el astillero de Alblasserdam, cerca de Rotterdam, Low bombardeó a Oceanco con exigencias para asegurarse de que todo estuviera en su lugar. Así como curaba sus fiestas con presentaciones artísticas, alimentos y bebidas elegidas de la manera más escrupulosa posible, también quería que su barco fuera perfecto.

"Para el camarote del propietario, tal vez sería recomendable que consiguieran la asesoría experta de los especialistas de Tempur, que son de la más alta calidad y precio y tienen la mayoría de las funciones en colchones", escribió Low en un correo electrónico.

Todos esos años que pasó en Penang, el malayo pidió prestado un barco y fingió que era de la familia. Ahora, este yate fortalecería la noción mítica de que era un multimillonario asiático poco conocido, y le permitiría seguir atrayendo a Miranda Kerr, pero tal vez había otra razón para adquirirlo: el yate podría moverse a cualquier lugar en caso de emergencia.

Ahora, claro, sólo necesitaba 250 millones de dólares para pagarle a Oceanco, pero tenía tantos compromisos financieros más, que empezó a sentirse inquieto. Se suponía que el reciente préstamo de Deutsche Bank a 1MDB facilitaría las cosas para la oferta pública inicial de los activos energéticos de 1MDB. En 2012 los administradores del fondo le otorgaron a Aabar, el fondo de Abu Dabi, opciones para comprar acciones económicas en la oferta, pero lo hicieron sin conocimiento del consejo directivo. Se suponía que era un premio por la garantía de bonos de 1MDB que logró su matriz IPIC, es decir, la recompensa que se le había prometido al jeque Mansour dos años antes.

Antes de enlistarse en la bolsa de valores, los administradores de 1MDB afirmaron que necesitaban comprar de vuelta las opciones de Aabar por cientos de millones de dólares, y Deutsche proveyó el dinero. Por supuesto, el director ejecutivo Mohamed Al Husseiny y el presidente Khadem Al Qubaisi eran cómplices. Las opciones eran otro truco para que Low pudiera mover dinero. En cuanto 1MDB le puso las manos encima al préstamo de Deutsche Bank, los administradores del fondo enviaron el dinero a la empresa imitadora de Aabar. Era el mismo vehículo que habían usado Low y Al Qubaisi para desviar fondos en 2012.

En esa etapa crítica, el malayo bien pudo aprovechar ese dinero para rellenar los huecos financieros, en particular el dinero no existente en las Islas Caimán. Pero en lugar de hacerlo, tomó todos esos recursos para pagar el superyate que le fue entregado en el verano. En esa etapa tardía, con los políticos y los periodistas reclamando que el dinero de las Islas Caimán regresara a Malasia, era irracional exacerbar el daño financiero hecho al fondo.

Al parecer, después de años de salirse con la suya, a Low le era imposible ver el peligro que enfrentaba. La primera fiesta en el yate, que incluyó un pastel en forma de dragón que proveyó Oceanco, fue la celebración veraniega de cumpleaños de May-Lin, la hermana del malayo. Low bautizó a su nuevo yate con el nombre *Equanimity*, palabra que significa calma y compostura, particularmente en una situación difícil.

Cuarta parte

LA HOGUERA
DE LOS SECRETOS

39
"Si no hay dinero, no hay trato"

Clare Rewcastle-Brown, fundadora y directora del blog *Sarawak Report*, miró al otro lado del vestíbulo del hotel Plaza Athénée en el centro de Bangkok. Buscaba a un hombre suizo de cuarenta y tantos años, del que, aparte de esos detalles mínimos, sólo conocía el nombre y título: Xavier Justo, exempleado de PetroSaudi. La periodista se quedó asombrada cuando un hombre bronceado de figura muscular se acercó y se presentó como Justo. El encuentro fue capaz de poner nerviosa incluso a una mujer como Clare, acostumbrada a ahondar en escándalos. La reunión tuvo lugar en 2014 y había sido arreglada por un intermediario; por eso Clare esperaba a un hombre bajito y calvo de lentes. En cuanto lo conoció, sin embargo, fue evidente que Justo también estaba muy ansioso. Definitivamente no tenía el aspecto de alguien que estaba a punto de hacer daño.

"La gente con la que estamos lidiando es despiadada y poderosa", dijo Justo.

El suizo estaba tratando de hacer las cosas de una forma alternativa para obtener el dinero que creía merecer: buscando a otra persona dispuesta a pagar por los documentos que tomó de Petro-Saudi.

Su vínculo con Clare Rewcastle-Brown se produjo fortuitamente. Después de salir de PetroSaudi en 2011, Justo viajó a Singapur para asistir a la carrera nocturna de Fórmula 1. Se suponía que ahí se encontraría con Tarek Obaid, director ejecutivo de PetroSaudi para negociar respecto a los archivos, pero el que alguna vez fue su amigo, no se presentó. El viaje, sin embargo, resultó fructífero en otros sentidos, ya que por suerte conoció a personas cercanas a Mahathir, el antiguo primer ministro malayo, y les dio su tarjeta de presentación.

Pasaron más de dos años y no sucedió nada, pero luego, en el verano de 2014, esa gente puso en contacto a Justo con Clare, quien ya estaba investigando y tratando de averiguar más sobre 1MDB para su blog. Estaba ansiosa por conseguir una fuente con información sobre PetroSaudi, alguien que le ayudara a descifrar lo que había sucedido en el fondo. Antes de conocerse en persona, Justo ya le había enviado a la periodista una muestra de su material. Era un simple trozo de papel con el encabezado: "Miles de documentos relacionados con el trato (correos electrónicos, faxes y transcripciones)" y detalles de lo que contenía el servidor. Era precisamente la ayuda que necesitaba para probar sus sospechas respecto a 1MDB y Jho Low. Algunas semanas después viajó a Bangkok para reunirse con el ejecutivo.

La información del servidor ya estaba lista en un disco duro portátil. En ella se detallaba la fase de la estratagema correspondiente a PetroSaudi. Pero hubo una condición: Clare tenía que pagar dos millones de dólares por la información. El suizo justificó la petición explicándole que era simplemente dinero que PetroSaudi le debía. Ella, por su parte, era miembro del *establishment* británico y tenía un cuñado que había sido primer ministro, pero a diferencia de lo que sucedía en Malasia, eso no le daba acceso a millones de dólares.

Justo insistió: "Si no hay dinero, no hay trato".

La periodista estaba ansiosa por echarle las manos encima a los documentos, así que se puso a buscar a alguien que pudiera pagar. Le tomó siete meses encontrar un benefactor.

Seguramente Low se enteró de las exigencias económicas de Justo a través de los ejecutivos de PetroSaudi, pero no sabía nada sobre esta peligrosa reunión entre Justo y la periodista. ¿Habría hecho algo de haberse enterado? Porque era como si no tomara en serio al exempleado. Fácilmente habría podido hacer arreglos para que se le pagaran algunos míseros millones de dólares, pero no parecía interesado en los detalles de su fraude. Estaba demasiado distraído con su nueva novia para enfocarse en la mundana tarea de asegurarse de que no se filtrara información crucial.

Miranda Kerr vestía falda y blusa verdes con estampados florales morados. Bajó del automóvil en Múnich y caminó hacia una sucursal de Escada mientras un grupo de fotógrafos le tomaban fotografías. Era 29 de julio de 2014, un cálido día de verano bávaro. Estaba ahí para lanzar Joyful, la nueva línea de perfumes para la marca alemana de productos de moda de lujo. Se suponía que la esencia evocaba sencillez, tal vez por eso el maquillaje de la modelo era ligero y su cabello castaño caía de forma natural sobre sus hombros. Mientras las modelos y las personalidades televisivas bebían champaña y platicaban, alrededor de la estrella se desarrollaba una ráfaga de actividad como la que siempre la esperaba cuando viajaba.

"Cosas sencillas que me hacen feliz como, ya sabes, un ramo fresco de flores o ver el amanecer o el atardecer", le dijo a un entrevistador.

Sin embargo, en las últimas semanas su vida no había tenido nada de sencilla. La revista británica HELLO!, del *Daily Mail*, y muchas otras publicaciones especulaban sobre el naciente romance entre la modelo y James Packer, el multimillonario apostador australiano. En julio los periódicos australianos notaron que Kerr había estado a bordo del superyate de Packer, el *Arctic P*, frente a la costa de Chipre. Citaron "fuentes interiores" que dijeron que, más que un romance, lo que estaba tratando de hacer era conseguir que el magnate invirtiera en KORA Organics. Sus inversionistas actuales tenían una participación de 25% y eran los hijos gemelos de Rene Rivkin, un corredor de bolsa australiano que estuvo en prisión por utilizar información privilegiada y luego se suicidó. Sin embargo, la modelo tenía ambiciones mayores para su empresa, la cual se especializaba en cosméticos orgánicos y necesitaba una fuerte inyección de capital.

La especulación se enfocó en el multimillonario equivocado. Para cuando Kerr terminó su trabajo en Múnich, Jho Low ya había hecho arreglos para que un avión privado la recogiera y la llevara a Nápoles, Italia. Llevaba un mes planeando este viaje e incluso contrató un servicio de conserjería de lujo para coreografiar cada suceso. Les ordenó a los capitanes británicos y estadounidenses que piloteaban el *Equanimity*, su nuevo yate, que navegaran a las aguas que rodeaban Italia. El yate y sus interiores de inspiración asiática, construidos con madera, bambú, mármol y hoja de oro, le ayudaban a Low a destacar entre los simplemente acaudalados. Podía albergar a 26 huéspedes, pero tenía más literas para los 28 miembros de la tripulación, lo cual garantizaba una proporción empleados/invitados suficiente; sólo operarlo costaría millones de dólares al año. Este viaje, sin embargo, sería mucho más íntimo a pesar de que Miranda Kerr, como de costumbre, iba acompañada por Kristal Fox, su publicista.

Los multimillonarios son la realeza de nuestros días, y como un Luis XIV de los tiempos modernos, Low florecía cuando era el centro de la formalidad orquestada y todos sus caprichos eran satisfechos de inmediato por el personal del yate, los banqueros privados o los comerciantes de obras de arte. Algunos días antes el malayo recibió de Lorraine Schwartz un juego de joyería que incluía aretes de diamantes, un collar, un brazalete y un anillo. Algunas semanas antes le había enviado a la joyera una fotografía de Miranda usando joyería de Tiffany's para darle una idea del gusto de su gusto en joyas. Los siguientes 10 días el barco navegó alrededor de Italia y hacia las islas griegas de Corfú, y Low le fue dando a Miranda las distintas piezas del juego de joyería durante elaboradas cenas.

Sin embargo, ya le costaba trabajo pagar toda esa opulencia. Aunque unos 5 mil millones habían salido de 1MDB, su fraude tenía tantos tentáculos, tantos pagos para cómplices y socios de negocios, además de la necesidad de mantener su estilo de vida multimillonario, que con frecuencia tenía que apresurarse para conseguir más dinero. Recientemente había contratado a la empresa estadounidense de relaciones públicas Edelman para que le ayudara a contrarrestar el creciente número de artículos de prensa negativos escritos sobre él. Tiempo después contrataría a Schillings, la agencia británica de consultoría especializada en reputación. Los servicios de Edelman, por cierto, le costaban hasta 100 mil dólares dependiendo del mes.

Las facturas se fueron acumulando y Low tuvo que dejar de hacer pagos, incluyendo facturas legales y los salarios de la tripulación del *Equanimity*, lo cual lo forzó a usar su amplia colección de arte como colateral cuando le solicitó un préstamo a Sotheby's Financial.

Para pagar la factura por dos millones de dólares de la joyería más reciente de Miranda, volvió a saquear el fondo. Era un cliente tan importante que Lorraine Schwartz le permitió pagar algunos meses después del viaje a Corfú, pero tendría que enviarle el dinero para septiembre. Tomando en cuenta cuánto había sustraído de 1MDB, parecería lógico que hubiera cubierto esta cantidad relativamente modesta sacando dinero guardado en algún lugar del mundo, pero en lugar de eso, al malayo lo embargó la sensación de que tenía que sustraer lo más posible de 1MDB, tal vez porque creía que la oferta pública inicial en puerta impediría que el edificio colapsara.

En mayo ya había conseguido dinero a través de un préstamo de Deutsche Bank a 1MDB; se trataba de un flujo en una etapa tardía de la estratagema que pudo servir para sanear las finanzas del fondo, pero Low prefirió invertirlo en el *Equanimity*. Luego se enfocó en tratar de sacar 725 millones más en préstamos de Deutsche, aparentemente por la misma razón: antes de la oferta pública inicial, 1MDB necesitaba pagarle a Aabar para cancelar todavía más opciones que le permitieran hacerse de una participación en el listado.

Debido a las ganancias que Goldman había obtenido gracias a 1MDB, Deutsche Bank tenía deseos de participar, pero no podía hacerlo solo. Para convocar e involucrar a otros bancos de Medio

Oriente, Low le escribió al embajador Otaiba el 10 de septiembre de 2014 a través de la cuenta de correo electrónico de Gmail a nombre de Eric Tan. Le solicitó que usara su influencia en Abu Dabi para atraer a otros prestamistas. El embajador lo complació puntualmente y le escribió al director administrativo de First Gulf Bank, el cual, junto con Abu Dhabi Commercial Bank y un prestamista kuwaití, se aliaron a un consorcio dirigido por Deutsche Bank. Goldman echó un vistazo para ver si participaría, pero al final, después de varios años de olvido, en el banco surgieron preguntas respecto al comportamiento del fondo, y sus dirigentes prefirieron retirarse. 1MDB ofreció su inversión de 2 300 millones de dólares en las Islas Caimán como colateral para el préstamo, pero los banqueros de Goldman presionaron a los ejecutivos del fondo para que demostraran que el dinero existía, y éstos no pudieron hacerlo. Lo único que presentaron fue una garantía del fondo Aabar de Abu Dabi.

Para ayudar con el proceso, Mohamed Al Husseiny, director ejecutivo de Aabar, instó a los empleados de Deutsche Bank a desembolsar rápidamente este nuevo préstamo. Terence Geh, un ejecutivo financiero de 1MDB socio de Low, también presionó a Deutsche Bank. Les pidió que se apuraran porque el primer ministro Najib deseaba recibir el dinero de inmediato.

Luego 1MDB le solicitó a Deutsche Bank que enviara la primera parte del préstamo de 725 millones directamente a Aabar. Era una solicitud extraña porque, normalmente, por razones de cumplimiento, los bancos envían las cantidades así de grandes directamente al prestatario. Sin embargo, Deutsche se quedó satisfecho con el aparente involucramiento de este fondo de Abu Dabi. Los perpetradores lograron engañar al banco. El receptor del dinero era la empresa imitadora de Aabar establecida por Al Husseiny y con cuenta en el UBS Bank en Singapur. Dos días después, más de 100 millones de dólares fueron desviados a una empresa fantasma controlada por Fat Eric.

Lo que sucedió más tarde evidenció la necesidad de Low de seguir hurtando de la caja: sencillamente había demasiadas personas a las que se les tenía que pagar por sus servicios. La empresa fantasma envió 13 millones a la cuenta en BSI Singapur de Densmore, una empresa en las Islas Vírgenes británicas controlada por Otaiba. Al parecer, se trataba de una recompensa por usar su posición como embajador para lograr que los bancos de Medio Oriente se sumaran. Khadem Al Qubaisi, jefe de Al Husseiny, obtuvo 15 millones.

Y Low, por supuesto, también se llevó su tajada. Le envió algo de dinero a Lorraine Schwartz. Algunos meses después le compraría más joyería a Miranda Kerr: un pendiente de diamantes de 3.8 millones que se sumó al gran total de ocho millones de dólares que pagó por el afecto de la supermodelo.

Mahathir Mohamad tenía 89 años, era el antiguo ministro de Malasia pero continuaba siendo una figura importante en la UMNO, el partido gobernante. En septiembre de 2014 recibió una carpeta de información filtrada que incluía correos electrónicos de 1MDB que mostraban que Jho Low estaba involucrado en las decisiones de inversión. Tras años de especulación respecto a su papel en el fondo, por fin salían pruebas a la luz. Mahathir todavía tenía poder en la UMNO, por lo que empezó a involucrarse en tratos secretos para forzar al primer ministro Najib a renunciar, con este desastre como justificación. Mahathir escribió en su blog que la enorme deuda del fondo amenazaba con sumergir a Malasia en una crisis como la de Argentina, y éste no era un comentario en un periódico como *The Edge*, sino la expresión de la inquietud que le causaba 1MDB a una de las personalidades más poderosas del país.

Hasta ese momento los periodistas sólo habían podido especular sobre Low y la fuente de su riqueza. Para contrarrestar los artículos, Edelman, la empresa de relaciones públicas, hizo una declaración en la que negaba que su cliente hubiera recibido "asistencia" del gobierno malayo, sin embargo, ya había empezado a filtrarse información sólida del atribulado fondo soberano de inversión. Clare Rewcastle-Brown, quien también obtuvo los correos electrónicos, publicó en *Sarawak Report* un artículo intitulado "Los gastos de Jho Low y los recursos de desarrollo de Malasia", en el que cuestionaba por qué el fondo mintió respecto al papel secreto que desempeñaba el malayo.

"Los malayos tienen derecho a pensar que, en gran medida, ellos son quienes han pagado los niveles récord de gastos de Low en varios lugares para multimillonarios."

Estos sucesos desataron el pánico en las oficinas de Deloitte en Kuala Lumpur. Sus auditores se estaban apresurando a autorizar las cuentas para el año fiscal a marzo de 2014, que bajo las leyes de Malasia, supuestamente tenían que ser enviadas para finales de septiembre. El fondo nunca había manejado este asunto antes, pero ahora era esencial que enviaran la información oportunamente para que, hacia finales de año, pudieran empezar a preparar la oferta pública inicial.

Preocupados por su reputación, los auditores de Deloitte exigieron la repatriación inmediata de los 2 300 millones en el fondo de las Islas Caimán; y el consejo directivo de 1MDB, aparentemente bajo la creencia de que en verdad había dinero ahí, insistió en la petición de que los administradores obedecieran. Desde la primera vez que sustrajo dinero de 1MDB, Low confió en que la magia contable haría desaparecer su problema, pero éste continuó ahí como una piedra en su zapato, y además, tuvo que soportar el paso de tres empresas auditoras. Anteriormente, siempre continuó robando más y gastando como loco porque, al parecer, daba por hecho que siempre podría cubrir sus hurtos con nuevos trucos sobre la marcha. Pero ahora que su desesperación iba en aumento, llegó a una cruda epifanía: tendría que renunciar a algunos fondos reales. El problema era que no tenía 2 300 millones de dólares a su disposición. Tendría que encontrar otro mecanismo, que para colmo sería el más irresponsable hasta entonces.

En busca de una salida, el malayo recurrió a Yeo Jiawei, anterior especialista de fondos de BSI. ¿Cómo podrían convertir unos cuantos cientos de millones de dólares —lo que quedaba del dinero de

Deutsche Bank que no fue usado para comprar joyería y otras cosas—, en 2300? Este tipo de alquimia estaba fuera de las manos incluso de Low, pero como los trucos de contabilidad habían funcionado durante años para ocultar sus robos de 1MDB, ¿por qué no llevar a cabo un último acto monumental de prestidigitación para engañar a Deloitte y al consejo directivo? Yeo tuvo una idea, y para ponerla en práctica recurrió a Amicorp, la empresa financiera con base en Singapur que administraba los fondos en Curazao. Para fingir que 1MDB estaba trayendo el dinero a casa, Yeo desarrollo un complejo y enrevesado flujo de pagos.

Era el plan más demencial hasta ese momento y sonaba tan extravagante que no parecía ni siquiera viable. La idea era transferir una porción del dinero del préstamo más reciente de Deutsche Bank al fondo de las Islas Caimán. De ahí, 1MDB lo "pagaría", pero de inmediato lo enviaría en una serie de vehículos *offshore* preparados por Amicorp, hasta que los recursos terminaran de vuelta en el fondo de las Islas Caimán. De ahí, 1MDB podría volver a "pagarlo". ¡Era el *mismo* dinero dando vueltas! Los perpetradores enviaron una parte de unos cuantos cientos de millones de dólares a través de este ciclo, y luego repitieron el proceso cinco veces más haciendo parecer como si 1MDB hubiera pagado 1500 millones de su inversión no existente de las Islas Caimán.

Satisfecha con la idea de que el dinero regresaría, Deloitte autorizó las cuentas de 1MDB a principios de noviembre. La empresa auditora no detectó el complejo movimiento de efectivo. El fondo perdió más de 200 millones de dólares, lo cual no sería muy atractivo para los inversionistas durante la oferta pública inicial pero, al parecer, apaciguó a sus detractores. 1MDB hizo una declaración anunciando la liquidación de la mitad del dinero en las Islas Caimán. Parecía que Low había logrado un milagro; tal vez la oferta todavía podría realizarse, pero aún quedaba un problema por resolver.

Deutsche Bank notó que algo no andaba bien, así que arrinconó a Low. Algunos banqueros del banco sospechaban de la inversión en las Islas Caimán, la cual había sido presentada como colateral para su préstamo. Lo que el banco alemán no sabía, era que, de haber solicitado que le devolvieran el dinero, el fondo de inversión no habría podido hacerlo.

El malayo necesitaba algo de buena publicidad, y como muchos hombres de negocios de mala reputación, recurrió a la filantropía para mejorar rápidamente su imagen: un acto de creciente desesperación.

40
El generoso Jho

En cuanto Alicia Keys y Swizz Beatz, su esposo, lo presentaron, Low se levantó de su asiento y se dirigió al atril en Cipriani Wall Street. Acto seguido se escuchó un ferviente aplauso para el malayo, quien estaba siendo homenajeado en uno de los eventos más destacados del calendario social. El Angel Ball se llevaba a cabo una vez al año y lo organizaba Denise Rich, una cantautora y *socialité* cuya hija, Gabrielle, había muerto de cáncer. El baile atraía a estrellas de Hollywood, músicos y titanes de los negocios; y lograba recaudar millones para luchar contra esta enfermedad. Algunos meses antes, Rich le llamó a Low por teléfono para informarle que el 19 de octubre sería homenajeado en el baile como el "Ángel Gabrielle" de ese año.

Low, que llevaba corbata negra, subió al escenario la noche de la gala, y cuando los aplausos menguaron, hizo una pausa para mirar alrededor. El salón donde se llevó a cabo el banquete alguna vez albergó a la bolsa de valores de Nueva York, por lo que sus pilares griegos y sus altos techos centrados alrededor de un imponente domo Wedgwood, rezumaban poder y estatus. El malayo vio a muchas personas que conocía bien y a las que consideraba parte de su grupo de amigos.

Estaba, por ejemplo, la misma Denise Rich. Muchos años antes, su exesposo, Marc Rich, voló a Suiza después de que se le imputaran cargos federales por evasión de impuestos, pero tiempo después el presidente Bill Clinton le otorgó el perdón. Cerca de ahí estaba el embajador Otaiba con su esposa, quienes también estaban siendo homenajeados como "Ángeles de inspiración" por su labor filantrópica. Sentado frente a la pareja estaba Jamie Foxx, quien actuaría más tarde esa misma noche, al igual que Alicia Keys y Ludacris. Asimismo, estaban presentes Lorraine Schwartz, Paris Hilton y Richie Akiva, propietario de 1Oak, club nocturno de Nueva York que Low frecuentaba.

El malayo empezó contando que en febrero de 2012 se sometió en Suiza a la primera revisión médica completa de su vida, y el doctor le dijo que podría estar en la segunda etapa de cáncer de pulmón.

"Sentí que mi mundo se desmoronaba —dijo el defraudador con aire rígido, como tratando de asegurarse de contar bien la historia—. Fue uno de los momentos que me cambiarían la vida y no sabía qué hacer."

Low relató que llamó a su amigo Al Husseiny, a quien al mismo tiempo le hizo un gesto porque se encontraba entre los asistentes. Comentó que Husseiny lo había puesto en contacto con un doctor del MD Anderson Cancer Center de la Universidad de Texas, uno de los mejores hospitales para tratar la enfermedad. Tras seis meses de análisis y estudios, los doctores le dijeron que sólo era una infección. Este alivio del cáncer cambió su perspectiva de la vida, explicó, por lo que poco después, ese mismo año, decidió establecer Jynwel Foundation para hacer de la caridad una parte más importante de su existencia. El año siguiente, en octubre de 2013, se comprometió a donar 50 millones a MD Anderson para financiar el trabajo que el centro realizaba para diagnosticar mejor el cáncer a través del ingreso de información del paciente en una supercomputadora Watson de IBM.

Aquí estaba Low en su máxima expresión, captado por la cámara conduciéndose como lo había hecho su vida entera, como el máximo cuentacuentos que mezclaba la realidad con medias verdades, todo con el objetivo de distraer a los otros e impedirles observar con más cuidado. Lo que decías ser, eso eras, así de fácil y sencillo. Es probable que a Low le haya preocupado morir de cáncer, pero al final sólo usó su discurso para entretejer otra ficción sobre sus orígenes.

Algunas personas del público gruñeron para sí cuando vieron que el discurso seguía y seguía, pero Low necesitaba aprovechar cada minuto de este momento. Volvió a relatar la vieja historia de su abuelo, quien había llegado a Malasia en los años sesenta y pudo amasar una fortuna. La diferencia era que esta vez le contó la historia a un público que incluía a luminarias de los ámbitos de los negocios y el entretenimiento de Nueva York. Según Low, su abuelo dio inicio a la tradición de la filantropía ayudando a comunidades de toda Asia, incluyendo a los "huérfanos". Su abuelo había muerto recientemente, también de cáncer, lo que según él, lo inspiró a donar a MD Anderson.

"Todo lo que él representaba, me inspira día a día", dijo el malayo.

Su abuelo murió y Low indudablemente lo amaba, pero nunca fue tan acaudalado ni se comportó como el filántropo que su nieto describió. Ni siquiera él mismo era tan piadoso; Jynwel Foundation hizo muy poco en 2012 mientras Low estuvo ocupado saqueando el fondo 1MDB, incluso durante la época que estuvo asustado porque creyó que tenía cáncer. Si bien es cierto que Jynwel Foundation se comprometió a entregar 100 millones a varias caridades, en realidad nada más dio una fracción de esa cantidad, y sus actividades sólo repuntaron a finales de 2013 y luego se incrementaron mucho más en 2014, cuando los artículos negativos sobre Low en los medios comenzaron a transformarse en una gran dificultad.

Para cambiar su historia, Edelman le recomendó a Low publicitar su labor filantrópica que incluía compromisos de donación por decenas de millones de dólares a Pristine Seas de National Geographic y a la labor que estaba realizando Naciones Unidas para evitar que su servicio noticioso fuera cancelado. El malayo incluso planeaba donar a su *alma mater*. Le solicitó a un arquitecto que realizara los planos de un nuevo edificio en Wharton, el cual se llamaría Jynwel Institute for Sustainable Business (Instituto Jynwel para Negocios Sostenibles). El malayo planeaba hacer un compromiso de 150 millones para construir y operar el instituto durante 30 años, un generoso gesto que recordaba la magnificencia de un Rockefeller o un Carnegie.

Parecía que Low había logrado manejar la situación. Deloitte autorizó las cuentas de 1MDB; y ahora él contaba con la oferta pública inicial entre sus cartas y con el prometedor brillo que le otorgaría el recibir un importante premio filantrópico. Hizo arreglos para que Jynwel hiciera un vistoso video corporativo en el que Thomas Kaplan, un hombre de negocios estadounidense con una empresa financiera en Nueva York en la que Jynwel había invertido 150 millones, alabara a Low por cumplir sus promesas siempre. También hubo apariciones especiales de Szen Low, Alicia Keys y un ejecutivo de alto nivel de Mubadala.

"¿Cómo cuantifica el lujo e inspira sinergias que producen valor para todos al mismo tiempo que genera confianza y lealtad para toda la vida? —pregunta un narrador sin aliento durante el video filmado en Abu Dabi, Nueva York y el Caribe—. La base, para Jynwel, es la calidad dinámica, una emocionante creación de valor, y la confianza y la lealtad. Nada por debajo de eso."

Low incluso comenzó pláticas para lo que habría sido su trato corporativo más grande hasta entonces: una apuesta euromultimillonaria junto con Mubadala para comprarle Reebok, la empresa de artículos deportivos con base en Boston, a Adidas. Esta adquisición, a la que en Jynwel llamaban Project Turbocharged, consolidaría el nombre del malayo como inversionista legítimo del más alto nivel. Swizz Beatz, quien desempeñaba un papel creativo en Reebok, también estaba involucrado en el trato. Low viajó a Boston para las negociaciones y se hospedó en el Four Seasons de la ciudad.

El malayo también conoció a Tom Ford, el diseñador estadounidense de modas que crea los trajes para James Bond, e inició pláticas con él porque quería adquirir una participación accionaria de 25% en su empresa. Eran tratos del más alto nivel que tenían como objetivo acallar los cada vez más ruidosos rumores sobre su pasado.

Pero desafortunadamente para Low, no habría tiempo para finalizar las negociaciones. En casa, en Malasia, las cuentas secretas del primer ministro Najib empezaban por fin a provocar malestar, y eso forzó a Low a correr para impedir que un metiche banco australiano se interpusiera en su camino.

41
Sacos de dinero

A principios de diciembre, Joanna Yu, la empleada de AmBank que dirigía las cuentas secretas del primer ministro Najib, entró en pánico.

"Días muy estresantes. ANZ dirige el banco —le dijo en un mensaje de texto a Jho Low, refiriéndose al banco australiano que tenía una participación accionaria en AmBank—. Necesitamos cerrar las cuentas lo antes posible por favor", le imploró.

Low respondió: "Okey", pero parecía distraído. A medida que transcurrió el mes y las cuentas no se cerraron, Yu se empezó a preocupar cada vez más. En una serie de mensajes le explicó al defraudador lo peligroso de la situación.

Cheah Tek Kuang, el director ejecutivo que había encubierto el proyecto, acababa de dejar su puesto para asumir un papel como asesor; y Ashok Ramamurthy, el nuevo jefe designado por ANZ, se enteró de los negocios secretos de Najib.

Para ese momento el primer ministro ya tenía varias cuentas en AmBank que Ramamurthy había estado observando. A finales de 2014 el nuevo director ejecutivo se irritó al detectar una serie de enormes pagos en efectivo a las cuentas de Najib. En los últimos meses el primer ministro se había ido quedando corto de fondos porque les tuvo que pagar a otros políticos para recompensarlos. Y mientras tanto, Low, desesperado por evitar que las cuentas se sobregiraran y atrajeran la atención del departamento de cumplimiento, hizo arreglos para que un socio suyo hiciera depósitos en efectivo de último minuto, los cuales realizaba llevando sacos de dinero en efectivo a alguna de las sucursales de AmBank.

Esta decisión fue un tremendo error de juicio. En cuanto Joanna Yu lo notó, se alarmó y le suplicó a Low que se detuviera, pero él no la escuchó y continuó enviando a su socio a las sucursales de AmBank con sacos de dinero. Literalmente llevaba fajos de billetes en bolsas. Los depósitos sumaron un total de solamente 1.4 millones, pero entregar el dinero de esta forma en el mostrador activó las alertas de AmBank en contra del lavado de dinero y Ramamurthy se vio forzado a entrar en acción. El director ejecutivo alertó al consejo de AmBank y al Bank Negara Malaysia, el banco central. Low enfureció.

"Esto es confidencial", contestó, y le ordenó a Yu que le dijera a Cheah Tek Kuang que le prohibiera a Ramamurthy seguir cometiendo indiscreciones.

Pero era demasiado tarde, le contestó ella. Los miembros del consejo de ANZ ya estaban informados sobre la cuenta, y Cheah, al ver que algo malo sucedería, se retiró del banco a finales de diciembre.

En las oficinas centrales de ANZ en Melbourne, Australia, desde donde es posible ver los antiguos muelles de la ciudad, los ejecutivos se inquietaron por lo que acababan de descubrir. Lo sucedido era un desastre de relaciones públicas en potencia para ANZ, principal socio accionario del banco. Ramamurthy llevaba más de 20 años con el banco Australiano, y Shayne Elliott, quien era director financiero de ANZ y uno de los banqueros más importantes de Australia, incluso formaba parte del consejo directivo de AmBank.

El banco quería aprovechar el crecimiento de Malasia de la misma forma que lo hicieron muchos bancos extranjeros comerciales para particulares que se expandieron en los mercados emergentes durante ese periodo. ANZ, sin embargo, no tenía idea de lo que había sucedido con uno de los bancos que se suponía que debía controlar. No era solamente una cuestión relacionada con las cuentas de Najib: AmBank también le había estado prestando a 1MDB, y las historias del fondo que aparecieron en los medios noticiosos empezaron a poner nerviosos a los ejecutivos del banco australiano. Para limitar el posible daño, el consejo directivo le ordenó a AmBank que detuviera de inmediato todo el trabajo que estuviera realizando para la oferta pública inicial que organizaba en colaboración con Deutsche y Maybank.

Las revelaciones en los medios también pusieron a Bank Negara Malaysia en un dilema. Este banco central supervisaba el sistema financiero del país y no dio a conocer uno de los fraudes financieros más importantes del mundo. En 2011 Cheah le había informado a Zeti Akhtar Aziz —la mujer de 67 años de edad que fungía como gobernadora de Bank Negara— sobre el asunto de la cuenta del primer ministro. Cheah le dijo que Najib estaba esperando entradas por cientos de millones de dólares de donaciones políticas de Arabia Saudita, cuento elaborado por Low para explicar el torrente de efectivo.

Sin embargo, eso fue lo último que supo Zeti Akhtar al respecto. Era una situación delicada porque involucraba al primer ministro, pero de todas formas la gobernadora ordenó una revisión interna de sus cuentas. Zeti había estado al mando de Bank Negara Malaysia por más de 10 años, era considerada una de las banqueras centrales más hábiles de Asia y, como este rumor era una amenaza para su reputación, estaba decidida a llegar al fondo del asunto.

El estrés aumentó y Yu trató de cambiar de banco porque no quería enfrentar el escrutinio de ANZ y del banco central. Mientras tanto, Najib, protegido por su burbuja y rodeado de aduladores entre los que destacaba Low sobre todo, era el único que no sabía que la situación era cada vez más complicada, y por lo tanto, ordenó que sus cuentas continuaran abiertas. El primer ministro necesitaba mantener feliz a su esposa.

Justo antes de Navidad, Najib viajó en el avión privado del gobierno malayo a Honolulu, la capital de Hawái. Lo acompañaron Rosmah y su típico séquito de parásitos y guardaespaldas. Días después, la pareja entró a una tienda de Chanel en el lujoso Ala Moana Center de Honolulu. La primera dama examinó las joyas y los bolsos en exhibición. Low le había dado joyas de Lorraine Schwartz por 27.3 millones, pero para las compras más mundanas que sólo exigían unos cuantos cientos de dólares, Rosmah usaba las tarjetas de crédito de Najib.

Tras elegir los artículos que quería de la tienda Chanel, Rosmah le indicó a Najib que pagara. El primer ministro sacó de inmediato su tarjeta de crédito platino con límite de un millón de dólares y se la entregó al cajero. Momentos después, un nervioso empleado de Chanel le informó al mandatario que la transacción no podía realizarse. Molesto, Najib sacó su celular y le envió un mensaje a Low. La tarjeta de crédito se alimentaba de sus cuentas en AmBank, las cuales estaban financiadas con el dinero de 1MDB.

"Mis tarjetas platino no pasan, Jho. ¿Puedes llamar a AmBank Visa y Mastercard de inmediato?", escribió.

Low le envió un mensaje a Joanna Yu, quien le aseguró que el límite del primer ministro seguía siendo un millón de dólares. Después de una incómoda espera en la tienda Chanel, la terminal de tarjetas de crédito por fin respondió y se les realizó un cargo a los ciudadanos malayos por otros 130 625 dólares, costo de la frivolidad de Rosmah. Era nada más una gota en el mar de su despilfarro. Meses antes, Najib había usado su tarjeta de crédito en la isla italiana de Cerdeña para comprarle a su mujer joyas por 750 mil euros.

Desde 2008 Rosmah había gastado por lo menos seis millones de dólares —con las tarjetas de crédito de su esposo, pero también con otras a su nombre— en una ronda incesante de compras que realizó en lugares que iban desde Rodeo Drive en Beverly Hills, hasta Saks Fifth Avenue, pasando por Harrods en Knightsbridge. En lo personal, realmente no le desagradaba usar los aviones del gobierno para viajar e ir de compras, pero después de que las protestas anticorrupción de 2012 se enfocaron en sus gastos, la primera dama tuvo que lanzar una campaña de relaciones públicas para mejorar su imagen. Su riqueza, explicó, era producto del hábito del ahorro que había tenido toda la vida.

"He comprado algo de joyería y ropa con mi propio dinero. ¿Cuál es el problema?", escribió en una autobiografía.

Sin embargo, no sería tan sencillo engañar a los malayos.

"Dijo que había ahorrado ese dinero desde que era niña, pero eso es imposible", dijo Anis Syafiqah Mohd Yusof, una estudiante de 24 años de la Universidad de Malasia, organizadora de una pequeña protesta contra la corrupción: solamente una de las muchas que se llevaron a cabo en ese periodo.

En las publicaciones de los blogs, los malayos comunes se burlaban de la primera familia por su extravagante estilo de vida. En un sitio se recolectaban fotografías de Rosmah con distintos bolsos Birkin. Quienes protestaban lo hacían a pesar de un gran riesgo personal que incluso implicaba pasar tiempo en la cárcel, pero la insultante corrupción del régimen había rebasado los límites de lo que mucha gente era capaz de soportar en silencio.

Mientras Rosmah iba de compras, Najib se ocupó de otros negocios en Hawái. Dos días después, en la víspera de Navidad, el primer ministro se reunió con el presidente Obama para jugar golf. Najib, sin saber los problemas que enfrentaba Low en ese momento, vio la oportunidad de jugar con el presidente y mostrarlo como un triunfo, como una señal más de su creciente poder y estatura en el escenario mundial. Era un honor otorgado a pocos: Obama jugaba golf con el primer ministro británico David Cameron y con el vicepresidente Joe Biden, pero muy pocos líderes extranjeros habían tenido la oportunidad de ser invitados a hacerlo.

Para enfatizar su apoyo al primer ministro malayo, Obama decidió jugar en el campo de golf Kaneohe Klipper, no muy lejos de donde vacacionaba con su familia. A pesar de las protestas contra Najib, el presidente estadounidense continuaba viéndolo como uno de los mejores aliados de Estados Unidos en Asia. Sin embargo, la ronda de golf terminó en un tono anticlimático.

En el *green* 18, Obama hizo su primer golpe corto. Cuando la golpeó, fue obvio que la pelota se movía hacia la izquierda del hoyo. El presidente se movió para empujar la pelota hacia el hoyo, pero la levantó antes de volver a fallar. Entonces el primer ministro Najib se acercó, pero también falló el segundo golpe suave. Obama lo consoló con una palmada en el hombro, y luego ambos líderes se dirigieron a la casa club.

Para diciembre, los ejecutivos de Deutsche Bank estaban muy irritados. Tenían el sueño de reproducir las ganancias obtenidas por Goldman, pero en lugar de eso, ahora se daban cuenta de que 1MDB ocultaba algo. Deutsche le había prestado cientos de millones de dólares al fondo que, como parte de los acuerdos de los préstamos, estaba obligado a entregarle información financiera. Sin embargo, Terence Geh, ejecutivo financiero del fondo, se negaba a cooperar. El banco había solicitado particularmente detalles de la inversión en las Islas Caimán, la cual fue presentada como garantía colateral para los préstamos.

Supuestamente, el dinero lo tenía Brazen Sky, la filial de 1MDB, y estaba en una cuenta de BSI en Singapur, pero Geh se negaba a entregar información y se escudaba con la protección a la privacidad del gobierno. Si Deutsche se llegaba a enterar de que no había dinero ahí, pediría que le devolvieran sus préstamos y eso sumergiría a 1MDB en una peligrosa situación financiera que afectaría la oferta pública inicial que Deutsche estaba ayudando a organizar. Los miembros del consejo directivo de 1MDB también estaban nerviosos. En diciembre recibieron en las oficinas una visita de la policía porque un político de la UMNO cercano a Mahathir se quejó de un posible fraude en el fondo. La policía se fue sin exigir documentos, pero la redada asustó a uno de los miembros del consejo, quien se quejó en voz alta y dijo que todos podrían ser procesados por abuso de confianza.

Deutsche Bank no se creía las excusas de Geh, y un día antes de Navidad de 2014, Low tuvo que actuar drásticamente y ordenarles a los ejecutivos de mayor nivel del fondo que destruyeran todos los documentos que había en las oficinas centrales de 1MDB en Kuala Lumpur. El malayo era una presencia fantasma en el fondo y rara vez estaba en las oficinas, pero ejercía su poder a través de ejecutivos que cumplían su voluntad sin cuestionarlo. La mayoría de los inteligentes empleados egresados de universidades de la Ivy League ya había abandonado el fondo en medio de rumores e inquietud sobre Low, pero los que se quedaron le eran leales.

La exigencia de borrar los datos de un fondo soberano de inversión multimillonario apestaba a desesperación. A los empleados de menor nivel se les dijo que llevaran sus laptops y celulares al departamento de informática, donde el personal los formateó y borró toda la información. También se destruyó todo lo que había en el ordenador central del fondo. Para justificarse, los ejecutivos le dijeron al personal que 1MDB había sido pirateado —que así había obtenido los correos electrónicos *Sarawak Report*—, y que ésa era la única manera de garantizar la seguridad.

Pero eran actos irracionales. Una empresa que enfrenta una amenaza de pirateo puede simplemente desconectar sus servidores. Poco después, los servidores físicos desaparecieron también. Era un intento por borrar la historia, y una señal de que Low se estaba quedando sin opciones. Durante años prosperó gracias a su cercanía al primer ministro Najib, quien le permitió dirigir 1MDB en secreto; y con el paso del tiempo desarrolló una tolerancia inhumana al riesgo. Lo malo era que rara vez pensaba en el futuro, no tenía un plan de contingencia ni idea de cómo salir de ese desastre, y naturalmente, ahora estaba sumido en el pánico.

Sus desafortunadas maniobras no funcionaron porque había copias de los documentos en muchos lugares, y eso le impedía cubrir todos los rastros de la existencia del fondo. Justo, por ejemplo, tenía acceso a algunas de las copias más importantes. Deutsche Bank continuó exigiendo los documentos y Geh finalmente se vio forzado a alterar las cuentas de 1MDB y los estados financieros de Brazen Sky en BSI para hacer parecer que el dinero seguía ahí.

En una reunión realizada el 25 de noviembre de 2014 el presidente del fondo 1MDB, Lodin Wok Kamaruddin, quien estaba en contacto con Najib, le informó al consejo directivo que no quedaba otra opción más que vender todos los activos y desacelerar las operaciones lo antes posible. Tan sólo los costos de interés ascendían a más de 800 millones de dólares al año y el fondo estaba cerca de no poder pagar. Ahora la oferta pública inicial se veía más como un sueño imposible, y para colmo, antes de que pudieran desacelerar y desaparecer el fondo, Xavier Justo jaló el gatillo.

42
La denuncia

Ho Kay Tat entró con pasos largos al soleado atrio del Fullerton Hotel en Singapur. Lo acompañaba su jefe, Tong Kooi Ong, presidente de Edge Media Group. A principios del siglo XX el imponente edificio neoclásico de granito gris albergó a la Oficina Postal Central de la desordenada colonia, pero ahora era un conocido hotel de cinco estrellas en la boca del río Singapur y descansaba bajo la sombra de los rascacielos de vidrio y acero del distrito financiero.

Cuando los dos hombres entraron al Fullerton, Clare Rewcastle-Brown se acercó y les informó que su contacto los esperaba en el vestíbulo. Ya les había dicho que tenía una fuente con información sobre 1MDB, pero ellos esperaban conocer a un malayo. Quedaron asombrados cuando Clare los condujo hasta Justo, el alto y encantador hombre suizo sentado en una cómoda silla. Era casi mediodía y mientras bebían café, Justo les enseñó una muestra de los correos electrónicos de PetroSaudi y repitió que tenía la intención de cobrar dos millones de dólares.

"Primero necesitamos verificar la autenticidad de los correos electrónicos", contestó Ho.

Aunque Clare Rewcastle-Brown se negó a pagarle a Justo, desde que lo conoció empezó a buscar a alguien que pudiera proveer el dinero. Tong, editor de *The Edge*, era una opción evidente. Desde que fundó el periódico, 20 años antes, había logrado reunir un equipo de 350 personas y hacerse de una reputación impecable como el único propietario verdaderamente independiente de un diario en Malasia. Tong estuvo de acuerdo en conocer a Justo y trajo consigo a dos expertos en informática independientes para verificar la información.

Esa tarde el grupo volvió a reunirse en una sala de juntas del Fullerton, donde los expertos en informática revisaron cuidadosamente el disco duro de Justo y pasaron varias horas escudriñando los cientos de correos electrónicos y documentos. Los expertos buscaban evidencias de manipulación, por lo que revisaron los metadatos ocultos entre los archivos para verificar si alguien había realizado cambios después de las fechas de creación.

Los usuarios de computadoras dejan una "huella digital", y aunque no podían estar cien por ciento seguros, los expertos llegaron a la conclusión de que, en su opinión, los archivos no habían sido alterados. Entonces los presentes hablaron de cómo pagarle a Justo. No quería efectivo y, al mismo tiempo, le preocupaba que una transferencia fuerte a su cuenta le causara complicaciones con los ejecutivos de cumplimiento del banco. Cuando se fue estuvo de acuerdo en buscar la manera de recibir el dinero más adelante, pero de todas formas les entregó el disco duro.

"Confío en ustedes", les dijo.

Así fue como Clare Rewcastle-Brown y Ho Kay Tat le echaron la mano encima a las grandes primicias periodísticas de sus respectivas carreras.

Pero antes de que les diera tiempo de revisar los cientos de miles de documentos que Justo les proveyó, el 8 de febrero de 2015 *The New York Times* publicó un artículo de portada de Jho Low. El artículo formaba parte de una serie sobre dinero extranjero sospechoso en el edificio Time Warner, detallaba su acumulación de inmuebles en Estados Unidos y lo retrataba como un recaudador de la familia del primer ministro que compraba departamentos y mansiones que luego le pasaba a Riza Aziz. El artículo señalaba la forma en que la historia de Low había ido cambiando, y cómo dejó de ser el "conserje" de sus amigos ricos, para convertirse en un multimillonario que afirmaba invertir el dinero de su familia. El *Times* también hizo énfasis en que, tiempo atrás, los ejecutivos principales de Red Granite presentaron a Low como inversionista, pero ahora habían empezado a mencionar a Al Husseiny. Finalmente, el artículo mencionaba la afición de Rosmah a la joyería costosa.

"Ni el dinero gastado en viajes, ni las compras de joyería ni los supuestos contenidos de las cajas de seguridad son algo inusual para una persona con la posición, las responsabilidades y los bienes, producto del legado familiar, del primer ministro", expresó la oficina de Najib en una declaración para el *Times*.

El artículo del periódico se propagó por todo Malasia y llegó a los medios noticiosos que Najib no podía controlar. La declaración de la oficina del primer ministro fue la gota que derramó el vaso para los cuatro hermanos de Najib, quienes llevaban años quejándose en el círculo familiar del despilfarro de Rosmah. La primera dama era cada vez más inalcanzable, era una especie de María Antonieta que recientemente se había quejado en una reunión pública de los 400 dólares que le costaba pintarse el cabello, una cifra equivalente a lo que algunos malayos ganaban en un mes. Los hermanos decidieron publicar una peculiar declaración para contrarrestar la noción de que su padre, el primer ministro Abdul Razak, había sustraído dinero mientras ocupó su cargo.

"Discrepamos con cualquier persona que manche su recuerdo sin importar el motivo", escribieron los hermanos como una indirecta ligeramente velada a Najib y Rosmah.

Sin embargo, era demasiado tarde para salvar el nombre de la familia.

A principios de marzo, Clare Rewcastle-Brown estuvo lista para publicar. El 28 de febrero, después de años de sospechas respecto a

1MDB y Jho Low, pudo publicar su artículo intitulado "El golpe del siglo", el cual levantaba el velo de los primeros tiempos de las operaciones del fondo. El artículo mostraba con pruebas documentales la manera en que Low había sacado dinero de 1MDB a través de Good Star. Era la primera vez que alguien detallaba el proceso con el que Low robó del fondo en 2009. La periodista incluyó los documentos en su artículo para darle más peso. Un correo electrónico mostraba a Shahrol Halmi, director ejecutivo, presionando a Deutsche Bank para que enviara dinero a Good Star; otro documento nombraba a Seet Li Lin como ejecutiva de inversión de Good Star, la sospechosa empresa en las islas Seychelles, y la vinculaba con Low. También había acuerdos para que Good Star le pagara decenas de millones de dólares a Tarek Obaid. Clare le había dado a la veta principal. Días después, *The Edge* daría seguimiento con su propia primicia de investigación.

Las noticias del aparente robo de Low provocaron una guerra civil en el interior de la UMNO. Una facción dirigida por Mahathir le solicitó abiertamente a Najib que renunciara. Algunos políticos de mayor nivel incluso hicieron arreglos para intervenir el teléfono del primer ministro y lo escucharon discutiendo con Jho Low un plan para culpar de toda la corrupción a los socios de Medio Oriente de 1MDB. Najib le ordenó a Low que abandonara el país y mantuviera un perfil bajo hasta que las cosas se calmaran. En público, el primer ministro negó toda actividad ilícita en 1MDB, pero de todas maneras ordenó que el gobierno realizara en el fondo una investigación oficial dirigida por el Departamento Nacional de Auditoría, una institución encargada de revisar las finanzas del Estado. El Comité de Cuentas Públicas del Parlamento, dirigido por un político de la UMNO, empezó a exigir respuestas. El comité le ordenó a Low comparecer, pero nadie sabía dónde estaba.

Seguramente Low esperó durante años que esto sucediera. ¿Cómo creer que podía robar tanto dinero, revelar partes de su estratagema al primer ministro, a un príncipe saudita, a los banqueros malayos y al director de un fondo soberano de inversión de Abu

Dabi, y al mismo tiempo guardar para sí el contorno completo de su audacia?

En los días que le siguieron a la primicia de *Sarawak Report*, Low actuó como si se hubiera estado fortaleciendo todo el tiempo para enfrentar esa situación. Hay mucha gente que, de haber sido sorprendida en actividades mucho menos ilegales, se habría derrumbado y habría admitido todo. Najib incluso les mencionó a algunos miembros de la familia su posible renuncia, pero Low, en cambio, estaba preparado para luchar. Por supuesto, era un instinto de supervivencia, pero tal vez después de años de inventar historias, le costaba trabajo percibir la línea que separaba la verdad de la falsedad. Tal vez realmente creía que estaba beneficiando a Malasia, construyendo lazos con gobiernos extranjeros y elevando el perfil del país.

Cuando las noticias fueron dadas a conocer, el malayo estaba viajando por el mundo en su avión, pero de inmediato bombardeó a sus socios con mensajes. A Khaldoon Al Mubarak, director ejecutivo de Mubadala, le dijo que el gobierno de Malasia no había encontrado evidencia de delito, que los reportes se basaban en correos electrónicos de PetroSaudi "fabricados". "Esperábamos que estos meses fueran ruidosos y que salieran rumores y desinformación de ciertas oficinas políticas", le escribió Low a Al Mubarak, y le envió copia oculta a su aliado, el embajador Otaiba, para mostrarle que estaba tratando de mantener la situación bajo control.

"Por favor nota que la denuncia de '*Sarawak Report*' es sensacionalista y está repleta de insinuaciones y acusaciones sin base", le dijo a Joanna Yu de AmBank en un mensaje de texto. Pero ella no respondió porque estaba demasiado ocupada cerrando las cuentas de Najib. Finalmente, el primer ministro tuvo que ceder ante la presión del consejo directivo de AmBank y la constante escasez de fondos. Yu empezaba a darse cuenta del alcance del problema en que estaba metida. Naturalmente, sabía que era ilegal mantener una cuenta secreta aunque fuera manejada por el primer ministro, y que también era incorrecto timar al banco central y al consejo directivo, sin embargo, estaba muy lejos de imaginar la escala del fraude de Low.

Algunos días después de los últimos mensajes que el malayo le envió a Yu, la policía malaya hizo una redada en AmBank. Se movieron por las oficinas del banco en un rascacielos cercano a las Torres Petronas en Kuala Lumpur y pidieron que les indicaran dónde estaba el escritorio de Yu. Una vez ahí, le exigieron a la banquera que entregara su computadora y sus teléfonos. Ella obedeció de inmediato, pero en el banco no había otros ejecutivos de nivel superior que pudieran responder a las preguntas de la policía. Cheah Tek Kuang, su antiguo jefe, se jubiló algunos meses antes; y Ashok Ramamurthy había renunciado a su puesto de director ejecutivo de AmBank apresuradamente a principios de marzo para regresar a ANZ, aunque poco después abandonó el banco de manera definitiva.

Después de la publicación del artículo de *Sarawak Report*, las agencias de refuerzo para la aplicación de la ley se sintieron suficientemente envalentonadas actuar, por lo que establecieron un cuerpo especial para investigar el asunto 1MDB. Dicho cuerpo estaba conformado por Bank Negara, la Policía Nacional y la Comisión Malaya Anticorrupción, así como por el procurador general, máxima autoridad fiscal.

La evidencia que la policía recolectó de las cuentas de Najib, entre la que se encontraban los mensajes telefónicos de Yu y Low, ofrecía un panorama extraordinario. En las siguientes semanas los funcionarios de Bank Negara Malaysia, bajo el control de su gobernadora, Zeti Akhtar Aziz, peinaron los documentos recuperados en la redada y descubrieron algo asombroso: entre 2011 y 2014 el primer ministro había recibido más de 1 000 millones de dólares en sus *cuentas personales*. Los pagos más grandes, que sumaban 681 millones, procedían de una empresa desconocida llamada Tanore, la cual tenía una cuenta en Falcon Bank, en Singapur. Debido a la controversial naturaleza de este descubrimiento, el cuerpo especial decidió no dar a conocer la información al público por el momento.

El artículo de *Sarawak Report* no mencionaba las cuentas de Najib y el banco central todavía no tenía evidencia de que el primer ministro hubiera recibido dinero del fondo 1MDB, sin embargo, lanzó una red de investigación con un espectro mucho más amplio. Bank Negara le solicitó a la policía de Singapur información sobre las cuentas de Jho Low. La oficina de reportes de transacciones sospechosas respondió el 13 de marzo diciendo que en una cuenta empresarial de Jho Low en BSI, Singapur, se habían recibido 500 millones de Good Star entre 2011 y 2013. Era la empresa mencionada en *Sarawak Report*, y al parecer revelaba otro eslabón en el flujo monetario, pero no conectaba a 1MDB con el primer ministro.

A pesar de todo, las investigaciones llevaban inercia, por lo que Singapur, que normalmente no deseaba alterar el equilibrio de su lucrativo ámbito de la banca financiera, empezó a indagar.

"Si se transfirió dinero, producto de actividades ilícitas a Singapur, nos gustaría considerar que se perpetró un delito", le respondió Chua Jia Leng, directora de la oficina de reportes de transacciones sospechosas, a Bank Negara.

Las autoridades de Malasia y el extranjero se estaban acercando. Mientras Low y Najib trataban de contener el colapso, otra personalidad importante quedó en peligro: Khadem Al Qubaisi de IPIC.

43
Nalgas en hilo dental

Tel Aviv, Israel, abril de 2015

Detrás de un edificio de oficinas en Tel Aviv, las llamas de una hoguera improvisada derretían el plástico de varias memorias USB. Dos hombres observaban de pie por encima del fuego. Uno de ellos, Mohamed Al Husseiny, director ejecutivo del fondo Aabar de Abu Dabi, estaba ahí para asegurarse de que el contenido de los artefactos fuera incinerado. Al Husseiny, quien había ayudado a Low a sustraer dinero de los bonos de 1MDB arreglados por Goldman, observó los trozos achicharrados de papel salir despedidos de un montículo de documentos en llamas y flotar hacia el cielo. Ahí había fotografías y archivos secretos que amenazaban con desmoronar la carrera de su jefe, Khadem Al Qubaisi. Los documentos los había sustraído el francoargelino Racem Haoues de la casa y la oficina de Al Qubaisi en Francia. Haoues era uno de los muchos enemigos que Al Qubaisi hizo a lo largo de varios años de realizar tratos corruptos.

Haoues trabajó por mucho tiempo para Al Qubaisi como un mayordomo engrandecido. Se hacía cargo de arreglar la obtención de automóviles y aviones; de hacer reservaciones y, ocasionalmente, también llevaba mensajes entre su jefe y gente que hacía pagos discretos. Era remunerado de manera generosa, pero seguramente cada vez sintió más envidia al ver a Al Qubaisi y a subordinados como

Al Husseiny llenarse los bolsillos con cientos de millones de dólares en sobornos. En un momento de magnificencia, Al Qubaisi le dijo que le daría un "hueso". Se refería a una participación accionaria en una fuerte jugada inmobiliaria en España, pero luego no cumplió su palabra. Poco después, a principios de 2015, Al Qubaisi lo despidió, pero él ya tenía una póliza de seguro: llevaba algún tiempo guardando una gran cantidad de información comprometedora de su antiguo jefe.

Entre los documentos había estados financieros de Al Qubaisi, detalles de sus distintas propiedades en Francia y pagos del *Topaz*, el yate del jeque Mansour. Haoues le hizo llegar algunos de los documentos a Clare Rewcastle-Brown, quien los publicó en un artículo a finales de marzo de 2015, sólo algunas semanas después de su denuncia sobre Jho Low. El artículo describía la forma en que una empresa de Luxemburgo, propiedad de Al Qubaisi, había recibido en febrero de 2013, 20 millones de dólares de Good Star, la empresa fantasma de Low. Iba acompañado de fotografías del director administrativo de IPIC parrandeando por todo el mundo. En una de ellas se le veía bailando en un club mientras una modelo *topless* retozaba en una copa de coctel gigante. En otra, estaba besándose con una mujer en un sofá, detrás de unas pipas shisha. Otras fotografías lo mostraban en clubes usando camisetas con imágenes lascivas, entre las que destacaba la que tenía una imagen cercana de las nalgas de una mujer con tanga de hilo dental. Para los acaudalados residentes del golfo era común no usar la modesta vestimenta árabe cuando estaban en Occidente, pero esas fotografías de parrandas obscenas eran totalmente inaceptables, y lo fueron más en cuanto las difundió la prensa.

Haoues solamente le había dado a Clare una mínima parte de toda la información que tenía. De acuerdo con una demanda que fue presentada y luego retirada, Haoues decidió quitarle dinero a Al Qubaisi a través de un intermediario y le advirtió que, si no pagaba, el material saldría a la luz. Todo lo que había en relación con el tema de los negocios del jeque Mansour era extremadamente delicado.

Al Husseiny actuó en representación de su jefe y ayudó a transferirle 30 millones de euros a Haoues a cambio de que destruyera los documentos. Después de que se hizo el pago, Al Husseiny viajó a Tel Aviv, y ahí él y un intermediario de Haoues hicieron la fogata.

Al Qubaisi pensó que con eso estaba evitando cualquier problema posterior. Es posible que debido al respaldo continuo del jeque Mansour haya llegado a creer que era intocable y que tenía más poder que nunca. El año anterior, Al Qubaisi había puesto a trabajar sus 500 millones de dólares de 1MDB. Compró un penthouse en la Torre Walker de Nueva York por 51 millones, y dos mansiones en Los Ángeles que en total sumaban 46 millones, y gracias a su puesto de presidente de Hakkasan Group, un imperio de clubes nocturnos propiedad del jeque Mansour, llegó a ser uno de los hombres de negocios más poderosos de Las Vegas.

Por la misma época que se presentó la amenaza de chantaje de Haoues, Al Qubaisi inauguró el club nocturno Omnia en el Caesars Palace. Omnia, cuyo nombre en latín significaba "la suma de todas las cosas", era el club nocturno más costoso jamás construido. Costaba más de 100 millones de dólares y podía albergar a 3 500 personas. El reino de Al Qubaisi incluía un candelabro cinético de casi nueve toneladas que emitía luz y se cernía como platillo volador sobre la pista de baile principal; modernísimos exhibidores de cristal liquido; "palcos de opera" con vista hacia abajo, a la parte central del club; y una terraza externa con vista al Strip. La noche de la inauguración en marzo de 2015 incluyó la presentación del DJ superestrella Calvin Harris (a quien se le pagaban cientos de miles de dólares por cada noche); y Justin Bieber celebró su cumpleaños número 21 en el club, ese fin de semana de festividades repletas de estrellas.

A pesar de todo, el optimismo de Al Qubaisi era inadecuado. El jeque Mohammed Bin Zayed Al Nahyan, príncipe coronado y gobernante de Abu Dabi, había decidido actuar porque los manejos de su hermano, el jeque Mansour, supervisados por Al Qubaisi, habían llegado demasiado lejos. El príncipe coronado ordenó investigar con discreción a este último, por lo que, mientras su hermano seguía completamente ajeno a la situación, los investigadores acumularon suficiente evidencia de delitos financieros para mostrar a Al Qubaisi como un hombre que se había vuelto demasiado poderoso y que les faltó el respeto a los miembros de la realeza para quienes trabajaba.

El 22 de abril de 2015 Al Qubaisi fue expulsado de IPIC por medio de un decreto presidencial que no incluía explicación alguna. Algunos meses después, Al Husseiny, su subordinado, fue expulsado de Aabar, la subsidiaria de IPIC. En ese momento Al Qubaisi estaba en España haciendo negocios y al principio se despreocupó porque supuso que el cambio era un asunto temporal y decidió asistir en la noche a un partido de futbol entre el Real Madrid y el Atlético de Madrid. No se dio cuenta de lo serio de su situación: el jeque Mohammed estaba limpiando la casa. Aunque en el golfo las familias reales estaban protegidas, Al Qubaisi corría peligro.

La caída de Al Qubaisi representó para Low la desaparición de uno de sus cómplices más cercanos. No es muy claro qué tanto profundizaron los gobernantes de Abu Dabi en la investigación, ya que seguramente no querían avergonzar al jeque Mansour, pero Low se dio cuenta de que las expulsiones eran peligrosas para él, y decidió actuar de inmediato.

Menos de una semana después de que la cuchilla cayera sobre Al Qubaisi, Low voló en avión privado a Abu Dabi para realizar un ejercicio de control de daños. Una vez que Al Qubaisi estuvo fuera del asunto, Low trató de colocar los cimientos para culpar a su antiguo socio; pensó que si toda la historia sobre el dinero robado a través de IPIC llegaba a salir a la luz, Al Qubaisi podría asumir la responsabilidad porque de todas maneras se encontraba vencido. Low se había asegurado de que su nombre no apareciera en los documentos, pero las firmas de Al Husseiny y Al Qubaisi estaban por todos lados.

"Se perdieron recursos y se rumora que soy amigo de Al Qubaisi. Pero si parte del dinero de 1MDB enviado no aparece en las cuentas de IPIC, será un problema interno de esta empresa", le dijo Low en una junta a Shaher Awartani, socio de negocios del embajador Otaiba.

En otra reunión con Suhail Al Mazrouei, nuevo director de IPIC y ministro de energía de Abu Dabi, Low se describió como un salvador capaz de trazar el camino para salir de los escombros que Al Qubaisi dejó detrás de sí. Para ese momento la nueva administración de IPIC ya había revisado los estados financieros y empezaba a ver que faltaban miles de millones de dólares que debió recibir como colateral para garantizar los bonos de 1MDB. Era una situación alarmante, el fondo de Abu Dabi estaba enganchado con 3 500 millones de dólares en bonos que 1MDB vendió y no parecía ser capaz de pagar.

El fondo malayo estaba al borde de incumplir su deuda. Deutsche Bank finalmente cobró consciencia de los problemas con el colateral de las Islas Caimán y exigió que se le pagara anticipadamente el total de 1 000 millones de dólares en préstamos. Low ofreció una solución: IPIC pondría los 1 000 millones para evitar el incumplimiento, y a cambio, el Ministerio de Finanzas de Malasia, dirigido por Najib, estaría de acuerdo en garantizar que se le pagara completamente a IPIC con efectivo y activos. No quedaba claro cómo conseguiría el fondo esa cantidad de dinero, ya que entre todas las malas noticias, la oferta pública inicial estaba detenida; pero al nuevo líder de IPIC no le quedaba otra opción más que aceptar. Al Qubaisi parecía estar involucrado, y por lo mismo estaba ansioso por mantener el escándalo al margen. Luego de hablar con Najib, el ministro Al Mazrouei aceptó, y poco después ambas partes firmaron un acuerdo formal.

Low tenía en Abu Dabi otros problemas que empezaban a emerger. Al embajador Otaiba le preocupaba la solicitud de información que recibió por parte de BSI. Mientras las autoridades de Singapur reforzaban su investigación, BSI se vio forzado a auditar de manera muy visible todas las cuentas relacionadas con 1MDB y Jho Low. El banco era un caos. En la primavera, Hanspeter Brunner, presidente de BSI en Asia, mandó de vacaciones sin paga a Yak Yew Chee, gerente de relaciones de Low.

A cambio de su bono, el director del departamento de cumplimiento en Lugano trató de sacarle a Yak una declaración firmada que dijera que no había recibido ninguna "gratificación" al tratar con 1MDB y con Low. Yak no estaba dispuesto a que lo señalaran y lo convirtieran en chivo expiatorio, así que huyó a la China rural para aguardar su momento, pero poco después el estrés le causó depresión. El departamento de cumplimiento del banco empezó a investigar todos los negocios relacionados con Low, y eso los llevó a contactar a Otaiba y a Awartani, ya que Densmore, su empresa fantasma, tenía una cuenta en BSI.

"Deberías cerrar tus cuentas. El banco está demasiado bajo los reflectores. Yo ya trasladé la mayor parte de mis activos importantes y voy a cerrar pronto las cuentas que me quedan", le recomendó Low a Awartani en su reunión.

Luego se dispuso a reclutar a gente que le ayudara. Le dijo a Awartani que quería comprar su propio banco para estacionar su dinero, el de sus amigos y la familia. Ya tenía el candidato perfecto: un afiliado de Amicorp Bank en Barbados. Low había usado a Amicorp para realizar muchas transacciones, y el banco estaba en el bloque de subastas por 15 millones. Sin embargo, él necesitaba una pantalla y por eso le interesaba saber si Equalis Capital, una empresa financiera con base en Dubái y controlada por Otaiba y Awartani, estaría dispuesta a adquirir el banco. Awartani, de por sí alarmado por los sucesos de los últimos meses, evadió el asunto.

Entonces Low pasó algunas de sus cuentas al banco Amicorp. También buscó otros lugares donde guardar su dinero. Nuevamente recurrió a Tim Leissner en busca de ayuda. El banquero alemán de Goldman estaba dispuesto a ayudarle. En junio de 2015 le escribió una carta de referencia a Banque Havilland, un pequeño pero ilustre banco privado de Luxemburgo. Para ese momento muy pocos bancos tratarían con Low, pero la carta que escribió Leissner declarando falsamente que Goldman había realizado las investigaciones correspondientes sobre la riqueza de la familia de Low, le abrió las puertas. Esta decisión sellaría el destino del banquero.

Low estaba haciendo lo necesario para terminar con el escrutinio de 1MDB y para ocultar sus propios activos, pero esta estrategia gradual no le serviría porque era demasiado reactiva. Necesitaba ser más agresivo y lanzarle un disparo de advertencia a cualquiera que tuviera intención de molestarlo.

44
El fuerte Najib

Era una brumosa y cálida tarde tropical de finales de junio y Xavier Justo se relajaba en su villa de la isla Koh Samui. De pronto entraron oficiales armados de la policía tailandesa, lo tiraron al suelo y le amarraron las manos con esposas de plástico tan fuertes que le hicieron sangrar las muñecas. Una vez que se aseguraron de someter bien al sospechoso, registraron su oficina y sacaron las computadoras y los documentos en carretillas. Xavier fue enviado en avión a Bangkok, y ahí un convoy de camionetas lo llevó hasta una celda al otro lado de la ciudad.

Dos días después, Xavier Justo todavía llevaba su ropa de playa: una camiseta Hugo Boss gris, pantaloncillos color crema y chanclas. Lo hicieron desfilar frente a los medios de Bangkok, y mientras el jefe de la Policía Real de Tailandia revisaba los detalles del caso, él seguía con las muñecas esposadas. Junto a él había cinco oficiales de comando con lentes oscuros y ametralladoras. En una mesa estaban las computadoras que habían sacado de su residencia. Era el tipo de montaje dramático que las autoridades les reservaban a los cabecillas de los cárteles, no a alguien que solamente estaba acusado de intento de soborno y extorsión.

Mientras esperaba su juicio, a Xavier Justo lo encerraron en una cárcel de Bangkok con otros 50 prisioneros. El hedor de la orina y la falta de espacio, e incluso de un colchón, le impidieron dormir, por eso se sintió aliviado cuando Paul Finnigan, un antiguo detective de policía británico que tenía su propia firma de consultoría, le hizo una visita.

Finnigan trabajaba con PetroSaudi, pero le dijo a Xavier que era un oficial de policía que investigaba el caso y le ofreció un trato: declararse culpable de los cargos y salir de la cárcel antes de Navidad. También le prometió que Tarek Obaid lo ayudaría, pero sólo si cooperaba. De acuerdo con una demanda que levantó Xavier más adelante, algunos días después llegó Mahony a su celda y le hizo promesas similares. Bajo la presión de esta difícil situación, y sin un representante legal asignado, Xavier firmó una "confesión" de 22 páginas en la que se disculpaba con PetroSaudi por robar documentos y por negociar su venta a *The Edge*.

Ésta era la fase uno de un plan para desacreditar a Xavier Justo, generar sospechas sobre la autenticidad de los correos electrónicos y culpar a la oposición política de Malasia de darle lata al primer ministro. Rosmah dijo que se trataba de "una prueba impuesta por Alá" e instó a Najib a luchar y a no renunciar tan fácilmente.

"Hemos sido víctimas de un crimen sumamente lamentable que, por desgracia, se politizó en Malasia", señaló PetroSaudi en una declaración.

El día después del arresto, en *The New Straits Times*, un periódico en inglés propiedad del partido gobernante UMNO, se publicó un artículo en el que se citaba a un vocero sin nombre de Protection Group International, la empresa de ciberseguridad e inteligencia corporativa con base en Londres, diciendo que había revisado los correos electrónicos firmados y encontró evidencias de manipulación.

Esta empresa, propiedad de un antiguo oficial naval de la Marina Real británica, fue contratada por PetroSaudi, pero sólo llevó a cabo la revisión de algunos documentos disponibles en el sitio de internet de *Sarawak Report*. Sin embargo, su revisión privada para Petro-Saudi ahora estaba siendo utilizada como discurso del portavoz de la UMNO. Sólo Najib y otros políticos de alto rango podían decirle al *New Straits Times* qué escribir. Después de la publicación, Low le envió rápidamente el artículo a Khaldoon Al Mubarak de Mubadala, el fondo soberano de inversión de Abu Dabi, para hacerles creer a sus aliados del golfo que los correos electrónicos de PetroSaudi eran falsos.

Un mes después, Xavier Justo seguía pudriéndose en la cárcel en espera de su juicio, pero repentinamente apareció un periodista de Singapur para hacerle una entrevista. El reportero le envió las preguntas con anticipación y Finnigan le dio al acusado respuestas prefabricadas. Justo le dijo al periodista que *The Edge* no cumplió su promesa de pagarle, e hizo una nueva declaración. Dijo que en una reunión en Singapur con Clare Rewcastle-Brown y los ejecutivos principales del periódico *The Edge* los compradores habían mencionado que planeaban modificar los documentos que él les proveyó.

Xavier Justo reiteró su declaración en otra reunión con oficiales de policía de Malasia, y dio respuestas escritas por Mahony y Finnigan, quienes le dijeron que tenía que culpar a Rewcastle-Brown para ayudarle al primer ministro de Malasia, y que debía evitar a toda costa mencionar el nombre de Jho Low. Desde la publicación de los artículos de *The Edge*, la policía de Malasia detuvo a Ho Kay Tat y a otros cuatro empleados bajo cargos de la Ley de Sublevaciones, pero luego los dejó ir en un evidente acto de intimidación. La administración de Najib también había promulgado recientemente una nueva ley en el contexto de los esfuerzos para frenar el terrorismo, pero permitía que los sospechosos fueran retenidos de forma indefinida.

No surgió ninguna evidencia que respaldara las acusaciones de manipulación. Justo estaba bajo la enorme presión de Mahony y de otros que le exigían respaldar su versión de los hechos. Ho respondió con una nota en la portada de *The Edge*, en la cual negaba que el periódico le hubiera pagado a alguien o que hubiera alterado los documentos. Asimismo, escribió que el periódico tenía la "obligación pública de encontrar y reportar la verdad".

Hasta ese momento el primer ministro Najib se había mantenido fuera de los altercados, pero la situación estaba a punto de cambiar. El cuerpo especial dirigido por Bank Negara y la Comisión Malaya Anticorrupción estaban revisando miles de transacciones financieras en las cuentas del primer ministro. Los pagos más fuertes, es decir, los 681 millones de Tanore, seguían siendo un misterio, y los investigadores todavía no tenían idea de quien controlaba la empresa o de por qué le había pagado ese dinero a Najib. Ni siquiera los gobiernos podían ver con facilidad a través del velo de la confidencialidad *offshore*; y en la firma de servicios corporativos Trident Trust, que estableció Tanore en las Islas Vírgenes británicas, sólo sabían que el último propietario beneficiario era Eric Tan, y no Jho Low.

Los investigadores, sin embargo, habían rastreado una cantidad mucho menor de 14 millones de dólares que fluyó de 1MDB a una de las cuentas del primer ministro. La Comisión Malaya Anticorrupción, cuyo trabajo consistía en armar casos importantes para que el procurador general los procesara, creía que este pago menor justificaba de manera suficiente los cargos delictivos. Solamente había un problema: algunos miembros del cuerpo especial, en particular la Policía Nacional, no deseaban seguir adelante y levantar cargos contra un primer ministro que aún ocupaba su puesto. La única opción era filtrar los documentos que detallaban las transacciones financieras de Najib.

Mientras el cuerpo especial buscaba un candidato, nosotros publicamos un artículo de portada en *The Wall Street Journal*, el cual era el más detallado hasta la fecha respecto a la manera en que Najib usó 1MDB de manera ilegal. El artículo captó la atención de un intermediario del cuerpo especial. Algunos días después una fuente malaya se reunió en Londres con Simon Clark, reportero de *The Journal*, para confirmar la veracidad de los documentos que el intermediario entregó algunas horas después. *Sarawak Report* también los recibió. Los documentos, que en realidad eran copias de transferencias bancarias a las cuentas de Najib y diagramas producidos por el cuerpo especial donde se mostraba cómo había fluido el dinero, causaron polémica.

Bajo el título de LOS INVESTIGADORES CREEN QUE EL DINERO FLUYÓ A LAS CUENTAS DEL LÍDER MALAYO NAJIB DE ACUERDO CON RASTREO A 1MDB, el 2 de julio *The Journal* reportó la manera en que el cuerpo especial había rastreado el dinero que entró a las cuentas de Najib a través de entidades vinculadas con 1MDB.

Tras meses de conjeturas respecto a la participación del primer ministro, y de sus fervientes negaciones de conducta ilícita, la información del artículo desplegado en las páginas de uno de los periódicos más conocidos del mundo propició un punto de inflexión. El artículo en internet de *The Journal* fue uno de los más leídos del año y juntó más de un cuarto de millón de visitas no repetidas. Ahora la historia de 1MDB tenía un público a nivel mundial. Algunos días después reportamos que Singapur estaba investigando los pagos hechos a Jho Low.

Sí, a *The Edge* le revocaron su licencia para publicar, pero ahora Najib tendría que enfrentarse con *The Journal*, una organización cuya capacidad para operar no dependía de la buena voluntad del mandatario de Malasia. Ahora que tenía pocas opciones, el primer ministro se dio cuenta de que ésta era una lucha por la supervivencia política y se puso a la altura. En menos de una semana *The Journal* recibió una carta de los abogados de Najib en la que se le exigía al periódico que aclarara su posición respecto al artículo si no deseaba enfrentar una demanda. Los abogados de *The Journal* respondieron que el periódico respaldaba su artículo. Najib también usó Facebook para hacer parecer que los alegatos eran obra de Mahathir Mohamad, el antiguo líder, quien había intensificado sus llamados al primer ministro para que renunciara por el asunto 1MDB.

"Permítanme ser claro: nunca he sustraído fondos para mi beneficio personal como lo alegan mis oponentes políticos —dijo en una publicación de Facebook—. Ahora es evidente que los falsos alegatos como éste son parte de una campaña de sabotaje político concertada para derrocar a un primer ministro elegido democráticamente."

El artículo de *The Journal* instó al cuerpo especial malayo a actuar. Los miembros del grupo compartieron con el periódico más documentos protegidos con contraseña de los que habían obtenido en su investigación. La contraseña de muchos de los archivos era "SaveMalaysia" (Salva a Malasia).

El 24 de julio el procurador general Abdul Gani Patail le informó al jefe de policía de Malasia que estaba redactando los cargos criminales en contra del primer ministro. El procurador se estaba preparando para llevarle al juez el documento conocido en Malasia como "registro de retención". Sería el primer paso para tratar de arrestar al primer ministro. El documento, en donde se exponían los cargos en contra de Najib, señalaba que los pagos eran ilegales de acuerdo con la sección 17 (a) de la Ley de la Comisión Malaya Anticorrupción de 2009, una cláusula que prohibía dar o recibir sobornos, y que implicaba una estancia máxima en prisión de 20 años.

El espacio de Najib para moverse empezaba a hacerse más estrecho. Incluso el primer ministro sustituto Muhyiddin Yassin empezó a dar discursos en los que citaba a *The Wall Street Journal* y se exigía una investigación transparente en 1MDB. Sin embargo, el jefe de la policía que supuestamente era parte del cuerpo especial, decidió cambiar de lado al último momento y le informó a Najib de su inminente arresto.

En el extranjero se consideraba que el primer ministro era un demócrata y un hombre encantador. Apenas algunos meses antes había dado un discurso en Malvern, el internado en Inglaterra donde estudió. En el discurso les agradeció a sus maestros por inculcarle "decencia, disciplina y perseverancia". Luego dijo que un político necesitaba por lo menos dos de estas características, y su broma hizo reír al público. A nadie le pareció que Najib fuera decidido o despiadado, pero ahora que temía terminar en la cárcel, se hizo patente una faceta más dura y aguda. En un punto de crisis como ése, lo único que importaba era el poder bruto.

El 27 de julio de 2015, tres días después de que Najib se enteró de los cargos que se le imputaban, entró apresuradamente al salón de fiestas del hotel Hilton de Kuala Lumpur en donde se llevaba a cabo una cena para celebrar el Eid-al-Fitr, un festival sagrado islámico. Miles de personas, la crema y la nata de la sociedad malaya, se reunieron ahí para el evento; la conversación giraba alrededor de la creciente crisis política. La mayoría de los invitados se convertiría dentro de poco en parte de la historia política del país. El primer ministro apareció vestido al estilo malayo con una camisa de seda color púrpura, y tomó su lugar en una mesa reservada para los invitados VIP. Estrechó manos con muchos de los políticos de la UMNO que querían que se fuera. Sólo el primer ministro sabía el tipo de furia que estaba a punto de desencadenar entre quienes no le eran leales.

A la mañana siguiente de la cena en el Hilton, el procurador general Abdul Gani Patail llegó a su oficina y descubrió que la entrada estaba bloqueada por personal y miembros del cuerpo de seguridad de la oficina del primer ministro. Alguien le informó a Abdul Gani que ya no tenía trabajo y que ni siquiera podía entrar a recoger documentos. Una hora después, Najib reemplazó al presidente de la Rama Especial de la Policía, quien había sido fundamental en la investigación de las cuentas del primer ministro. Ese mismo día, más tarde, hubo un incendio en las oficinas de la policía, el cuál destruyó montones de documentos.

Najib despidió al viceprimer ministro Muhyiddin y a cuatro miembros más del gabinete, y suspendió la investigación de 1MDB realizada por el Comité de Cuentas Públicas. El primer ministro quería intimidar a otros críticos, incluso de los medios. El ministro de Asuntos Interiores suspendió las licencias de publicación de *The Edge* por tres meses más argumentando que su reporte sobre 1MDB podría conducir al desorden público. Najib acababa de consolidar su control en el poder con una brutal limpieza interna.

Días después el primer ministro británico David Cameron voló a Malasia para asistir a una visita oficial. Acababa de dar un discurso en Singapur sobre la necesidad de que Gran Bretaña impidiera que el dinero corrupto fluyera al mercado inmobiliario londinense, en el que los mayores compradores eran los malayos. En privado, presionó a Najib respecto a las acusaciones de corrupción y los antecedentes de Malasia en recursos humanos. El regaño de Cameron enfureció a Najib e hizo que su romance con las democracias occidentales llegara a su fin.

Mientras Najib batallaba por mantenerse en el poder, Jho Low se veía forzado a cancelar su participación en una expedición de National Geographic que incluiría a Leonardo DiCaprio, quien se encontraba filmando *Before the Flood*, su documental sobre el calentamiento global. Justo cuando estaba a punto de partir, *The Journal* publicó artículos sobre las cuentas de Najib y sobre la investigación que le estaba haciendo Singapur.

Low envió a sus padres en su lugar para lidiar con el colapso. DiCaprio, una modelo de Victoria's Secret que lo acompañaba, los padres de Low y un grupo de científicos de National Geographic pasaron tres días volando en helicóptero sobre la placa de hielo en Groenlandia que se estaba replegando, y filmando osos polares. Después, el actor anunció que su fundación donaría 15 millones de dólares a organizaciones ambientales incluyendo National Geographic, a quienes también financiaba Low.

Para agosto, cuando la caída del primer ministro se encontraba en pleno despliegue, Low sintió suficiente confianza para volar en avión privado y helicóptero, y así alcanzar al *Equanimity* en los mares que rodeaban Groenlandia. Durante una semana se mantuvo en silencio y oculto, visitó el campo de investigación científica de National Geographic y asombró a la gente que trataba de mantenerse al tanto de lo que estaba sucediendo.

"Literalmente viajó al fin del mundo y se desconectó por completo", dijo un contacto de Medio Oriente.

Tal vez se sentía confiado porque creía que ya había pasado lo peor. Quizá necesitaba mostrarle a la gente que lo rodeaba que las cosas no habían cambiado en absoluto, y por eso se aferró a su imagen como filántropo. Cuando regresó, le escribió despreocupadamente a otro contacto: "Me disculpo por mi respuesta tardía. He estado en una expedición de conservación en el Ártico y tenía cobertura limitada".

O tal vez el viaje fue como una sesión de apuestas en un casino: un breve descanso para evitar a la gente que le llamaba y le exigía respuestas. También denotó otras señales de confianza y parecía cada vez más preocupado de que Najib lo quemara vivo. En el verano le dijo a un miembro del consejo directivo de 1MDB: "Si me sacrifican, provocaré una explosión nuclear. Yo sólo estaba siguiendo las instrucciones del jefe". Cuando la crisis se exacerbó, el primer ministro le advirtió a Low que permaneciera fuera del país, y él mismo mantuvo un perfil bajo en Bangkok, la capital de Tailandia; y en Shanghái, capital financiera de China, donde usaba las residencias del Peninsula Hotel para hospedarse. Excepto por sus contactos más cercanos, nadie sabía que también había obtenido un nuevo pasaporte de la diminuta federación isleña San Cristóbal y Nieves.

En agosto, el procurador general de Suiza anunció que había ordenado una investigación criminal en 1MDB y que congeló varias cuentas que tenían millones de dólares. Ahora que muchas de sus cuentas en Singapur y Suiza estaban canceladas, Low se encontró marginado en los rincones más lejanos del sistema financiero mundial y se vio forzado a depender más de las transacciones en baht, divisa de Tailandia, y en yuanes chinos.

Los lazos entre Low y Najib permanecieron en su lugar, pero empezaron a desgastarse porque ahora todas las partes estaban cuidándose la espalda y desconfiaban de aquellos de quienes habían sido cómplices durante años. Cuando un contacto le preguntó a Low respecto a todo el dinero que parecía faltar, él de inmediato culpó a Rosmah.

"Es una ávida compradora de joyería, gasta millones en eso. ¿De dónde salen esos recursos?", preguntó.

El 29 de agosto de 2015 alrededor de 100 mil malayos, de los cuales muchos eran jóvenes profesionales urbanos, se arremolinaron en el centro de Kuala Lumpur. Todos llevaban camisetas amarillas con el eslogan "Bersih", palabra que en malayo significaba "limpio", y marcharon por las calles protestando por la evidente masa de corrupción en el centro del gobierno que cada vez crecía más. El ministro de Asuntos Interiores ya había prohibido las camisetas amarillas desde que se llevaron a cabo las últimas protestas, y declaró que eran una amenaza a la seguridad nacional, pero los manifestantes no prestaron atención.

Un manifestante cargó una efigie de Najib en una jaula; otros mostraron fotografías preguntando cuántos distintos productos cotidianos —como pollo KFC, arroz, chocolate caliente— podría comprar una familia promedio con 681 millones, monto de la transferencia más grande realizada a las cuentas de Najib; y una popular caricatura de Rosmah, representada con un enorme peinado y signos de dólares en lugar de ojos.

Asimismo, hubo protestas Bersih en otras ciudades, y también algunos malayos que vivían en el extranjero se manifestaron. En Kuala Lumpur mucha gente se manifestó todo el fin de semana y durmió en las calles. Mahathir Mohamad, el antiguo primer ministro, fue al mitin vestido con un traje tipo safari y volvió a exigir que Najib renunciara. Algunos de los manifestantes, como los maestros de escuela o los empleados, sólo estaban cansados de la cleptocracia en que se había convertido Malasia. A otros les preocupaba que el Estado se estuviera volviendo autoritario, ya que el gobierno había comenzado a cerrar periódicos y a detener a cualquiera que amenazara el poder que ostentaba el partido gobernante. También existía el miedo de que la colosal deuda en que 1MDB había incurrido pesara sobre Malasia por muchos años y que drenara fondos que podrían invertirse en la educación y el bienestar social.

"Cuando actúas en contra de los medios parece que tienes algo que esconder", dijo Sheila Krishna, una taxista de Kuala Lumpur.

Pero ahora que Najib se sentía fuerte, no toleraría ningún tipo de oposición. Recientemente una corte federal había enviado de vuelta a la cárcel bajo el cargo de sodomía a Anwar Ibrahim, el popular líder de la oposición, lo cual propició críticas de Estados Unidos y de grupos de derechos humanos. Un par de semanas después de las protestas Bersih, los manifestantes "camisa roja" a favor del gobierno tomaron las calles, pero algunos participantes admitieron haber recibido pequeñas sumas de dinero para asistir. En los meses siguientes los camisas rojas, entre quienes había muchos malayos étnicos con apariencia agresiva y pañoletas en la cabeza, interrumpieron las manifestaciones en contra del gobierno y atacaron a los activistas.

"Los malayos también podemos demostrar que aún somos capaces de levantarnos", dijo Najib en un apasionado discurso en el que alabó a los manifestantes de camisa roja.

Pero aún quedaban destellos de esperanza. El juez de un tribunal superior decretó que la suspensión de la licencia de publicación de *The Edge* era ilegal, y los reporteros del periódico empezaron a responsabilizar a Najib de nuevo. En los meses siguientes algunos manifestantes volvieron a las calles, pero el nuevo autoritarismo de Najib había asustado a muchos.

Un giro mortal podría amedrentar y acallar incluso a los malayos más valientes.

Quinta parte

LA
DETERMINACIÓN
DEL CAPITÁN

45
El fiscal en el barril de petróleo

Justo después del amanecer del 4 de septiembre, un indio malayo adicto al trabajo se subió a un Proton Perdana sedán para ir como todos los días a la oficina de la Comisión Malaya Anticorrupción en Putrajaya, aproximadamente a una hora en automóvil del complejo de departamentos en el norte de Kuala Lumpur donde vivía. Su nombre era Kevin Morais y nunca llegó a su destino.

Desde que Najib aplicó medidas enérgicas algunas semanas antes, Morais había ido enfureciendo más y más. Era un hombre de 59 años con mechones de pelo negro y un aire demacrado y cansado. Estudió derecho en Londres en los años ochenta y luego regresó a Malasia, donde ascendió hasta el puesto de fiscal público suplente en la oficina del procurador general. En Malasia había muchísimos casos de corrupción y con frecuencia Morais tenía que trabajar los fines de semana, por lo que tenía los párpados pesados y bolsas oscuras debajo de los ojos.

De acuerdo con quienes lo conocían, algunos meses antes el fiscal había empezado a comportarse de forma extraña. Estaba nervioso por un caso que involucraba a Rosmah y al primer ministro, según le informó a un hermano suyo que vivía en Estados Unidos. Como tenía miedo de que su línea telefónica estuviera intervenida, a menudo hablaba con él en malayalam, un dialecto del sur de la India. Sonaba asustado y se quejaba del estrés que le provocaba su empleo. No entró en detalles sobre su labor, pero dijo que lo habían asignado temporalmente a la Comisión Malaya Anticorrupción. Estaba trabajando en los flujos monetarios que iban de 1MDB a las cuentas del primer ministro Najib, y ayudó a redactar los cargos delictivos en su contra.

Después de que Najib removió de su cargo al procurador general Abdul Gani Patail, Morais empezó a sentirse inquieto respecto a su puesto. Incluso comenzó a preocuparse por su seguridad. Algunos días después, un infiltrado anónimo le envió por correo electrónico a Clare Rewcastle-Brown, de *Sarawak Report*, una copia del borrador de los cargos que había estado preparando la oficina del procurador general. Cuando la periodista publicó su artículo en el que aclaraba por qué Najib había despedido a Abdul Gani de una forma tan agresiva, en la oficina del procurador y en la Comisión Malaya Anticorrupción comenzó una cacería de brujas para encontrar la fuente de la información filtrada. La policía arrestó a dos funcionarios de la comisión y a un fiscal de la oficina del procurador general, y luego emitió una orden de arresto para Clare Rewcastle-Brown, pero ella estaba a salvo en el Reino Unido.

El arresto de los fiscales provocó pánico en la oficina del procurador general que ahora estaba controlada por gente leal a Najib. Los funcionarios de la Comisión Malaya Anticorrupción, asustados, tuvieron que someterse y emitieron una declaración que decía que el dinero que Najib recibió era una "donación" de Medio Oriente, pero todo era una mentira para proteger al primer ministro. Morais estaba inquieto por la importancia de su participación, así que se fue varios días a Inglaterra, donde tenía un departamento en un pueblo cercano a Londres. Habló con su hermano respecto a retirarse de su trabajo en el gobierno e incluso visitó a un abogado para poner en orden su testamento.

Poco después la policía dejó en libertad a los abogados detenidos y Morais regresó a Malasia y trabajó en otras cosas. Ese día de septiembre que manejó a la oficina, el fiscal trató de enfocarse en su caso más reciente, el cual involucraba a un patólogo del ejército malayo acusado de realizar un fraude con compras médicas. A unos minutos del complejo de departamentos donde vivía, el conductor de un camión Mitsubishi Triton se colocó detrás del automóvil del funcionario público. El camión lo siguió por un rato y luego aceleró y embistió al automóvil a medio camino. Los pasajeros descendieron del camión, sacaron a Morais a rastras del automóvil, lo ataron en el vehículo y se fueron a toda velocidad.

En la siguiente hora los atacantes asesinaron a Morais, probablemente lo estrangularon. Después ataron su cuerpo en un saco como los que se usan para almacenar productos agrícolas. Pusieron el saco en un barril de petróleo y lo llenaron con concreto líquido antes de arrojarlo en una tierra baldía pantanosa cerca de una escuela. Luego los criminales incendiaron el automóvil del fiscal, le borraron los números de serie y lo abandonaron en una plantación de aceite de palma.

Como Morais no llegó a la oficina, sus colegas y familiares alertaron a la policía preocupados. Gracias al uso del video de una cámara de seguridad con la que localizaron el Mitsubishi Triton, poco menos de dos semanas después, los oficiales de policía hicieron varios arrestos y encontraron el pantano donde estaba el cuerpo del fiscal. Era un panorama macabro: el cuerpo estaba enroscado en posición fetal, encapsulado en concreto como fósil y con la corbata al cuello. La policía arrestó a siete personas, entre ellas al patólogo del ejército malayo, quien fue acusado de ser cómplice del asesinato.

Para la familia de Morais, la historia oficial de su muerte no era lógica. El hermano estaba convencido de que el fiscal había filtrado el borrador de los cargos en contra del primer ministro Najib, y que alguien se había enterado. Contactó a Clare Rewcastle-Brown, quien le dijo que no conocía a la fuente, pero que ésta había enviado los documentos desde la dirección de correo electrónico jibby@anonymousspeech.com. Jibby era el nombre de un amigo cercano de la familia de Morais, pero los críticos del primer ministro Najib también usaban la palabra "Jibby" como un apodo peyorativo para éste. El remitente seguía siendo un misterio.

El asesinato fue espeluznante para los empleados de la Comisión Malaya Anticorrupción. Todos temían por sus vidas, pero algunos valientes fiscales se arriesgaron mucho de manera personal y siguieron buscando la manera de que Najib pagara por sus fechorías. Es posible que el primer ministro pareciera estar seguro, pero su poder tenía un límite. Él no lo sabía, pero a un mar de distancia, su caso había llegado a Estados Unidos, a los escritorios de varios agentes especiales en el FBI.

46
El agente especial Bill McMurry

Nueva York, febrero de 2015

Para el agente especial William "Bill" McMurry, el artículo sobre la riqueza de Najib llegó en un momento muy oportuno. McMurry era un agente veterano del FBI y acababan de nombrarlo director de un nuevo escuadrón internacional anticorrupción en Nueva York. Su equipo estaba en busca de un caso de alto nivel. El cabello rubio y lacio del agente, y sus ojos azules, le daban la apariencia de un surfista de mediana edad de California, aunque en realidad era de Nueva Jersey y había pasado años luchando contra el crimen internacional en unas oficinas del FBI en un edificio federal en Manhattan.

Su más grande triunfo hasta la fecha era la resolución del caso de Sister Ping, una personalidad del bajo mundo de Chinatown que fue enviada a la cárcel en 2006 para cubrir una condena de 35 años por el papel que desempeñaba en una empresa de tráfico de personas. Después de que se publicó en *The New York Times* el artículo sobre las adquisiciones inmobiliarias de Jho Low, el equipo de McMurry se dio a la tarea de revisar los detalles, y por supuesto, la cobertura de *The Wall Street Journal* respecto a las cuentas de Najib, hizo que el caso adquiriera prioridad de inmediato.

Aunque también había unidades en Washington y Los Ángeles, los escuadrones federales intensificaron los esfuerzos del

Departamento de Justicia de Estados Unidos y del FBI mismo en contra de las cleptocracias: gobiernos extranjeros que iban de Rusia a Nigeria y Venezuela, dominados por funcionarios corruptos que robaban de los erarios nacionales para enriquecerse de manera personal. Pero no era simple altruismo, durante décadas, a Estados Unidos le había preocupado que la corrupción socavara el capitalismo de mercado libre, y que les dificultara a las empresas estadounidenses competir a nivel internacional. Por otra parte, también estaba el miedo de que la cleptocracia, palabra derivada del griego que significa "gobierno de ladrones", condujera a un orden mundial menos estable en el que estados fallidos como Afganistán y Siria albergaran a terroristas.

"La corrupción genera una falta de confianza en el gobierno. La falta de confianza en el gobierno conduce a Estados fallidos, y los Estados fallidos llevan al terror y a problemas de seguridad nacional", así fue como lo explicó el agente especial Jeffrey Sallet, jefe de la Unidad de Corrupción Pública del FBI, cuando anunció la formación de los escuadrones internacionales anticorrupción.

Los líderes y funcionarios corruptos del extranjero tenían un talón de Aquiles: dependían del sistema financiero de Estados Unidos para transferir efectivo y les gustaba adquirir bienes raíces en Nueva York, Los Ángeles y Miami. En 2010 el Departamento de Justicia estableció la Kleptocracy Asset Recovery Initiative (Iniciativa de Recuperación de Bienes de la Cleptocracia) para coordinar la labor de los investigadores del FBI y de los fiscales para recuperar los bienes de Estados Unidos y de otros países del mundo, robados por funcionarios corruptos extranjeros. Si los cleptócratas ya no estaban en su cargo, Washington transfería lo recuperado de vuelta a su país de origen. En 2014 el Departamento de Justicia supervisó el decomiso de más de 480 millones de dólares en ingresos de la corrupción que había guardado el otrora dictador nigeriano Sani Abacha en cuentas bancarias de todo el mundo.

El equipo de McMurry debe haberse dado cuenta casi de inmediato que la estratagema de 1MDB era de una magnitud completamente inusitada. En primer lugar, Low era un descarado: aunque sus técnicas de lavado de dinero eran sofisticadas, fueron ejecutadas a través de bancos importantes y, por lo tanto, habían dejado un rastro sólido. Era más fácil lidiar con esto que con los paquistaníes que lavaban dinero, porque a menudo se escondían durante años y hacían desaparecer sus fondos a través de *hawala*, la red informal de lavado de dinero. En segundo lugar, estaba la escala: el asunto 1MDB se perfilaba como el fraude financiero más grande de todos los tiempos.

En el terreno estaba Robert Heuchling, un agente especial del FBI de 34 años que trabajaba para McMurry. Heuchling estaba tratando de entender la complejidad de este abrumador caso. Era delgado pero con complexión atlética, y tenía ojos azules. Estudió periodismo en Northwestern University antes de unirse a la Infantería de Marina de Estados Unidos, y llevaba cinco años trabajando para el FBI. McMurry lo nombró líder de la investigación del caso, el cual era el más denso en su corta carrera. Justin McNair, un agente con experiencia en contabilidad forense, también formaba parte del grupo. Los agentes empezaron a tener avances gracias a la colaboración con un equipo de fiscales federales, al acceso a la información del sistema financiero de Estados Unidos, y a la cooperación de las agencias para la aplicación de la ley en Suiza y Singapur con la que contaron.

A pesar de todo, había un problema, los casos de lavado de dinero tienen jurisdicciones múltiples por naturaleza, lo que hace que tome mucho tiempo investigarlos. Cuando los fiscales extienden sus investigaciones de casos internacionales, dependen de lo que se conoce como Mutual Legal Assistance Treaties: tratados de asistencia legal mutua que permiten compartir entre las distintas agencias de aplicación de la ley, información como documentos, declaraciones juradas y similares. En 2006 Estados Unidos firmó un pacto de este tipo con Malasia, y también tenía un acuerdo similar con Suiza, pero la administración de Najib se negó a cooperar.

Al principio el primer ministro expresó de forma privada su confianza en que los países occidentales no realizarían investigaciones en

1MDB y le apostó a que el estatus de Malasia como aliado de Estados Unidos amortiguaría cualquier intromisión en lo que él consideraba un problema doméstico. Sin embargo, muy pronto fue evidente que las investigaciones extranjeras no se detendrían. En una reunión de fiscales públicos en Zúrich el procurador general Mohamed Apandi Ali, el leal funcionario al que Najib le había dado ese puesto, instó a Michael Lauber, su contraparte suiza, a abandonar la investigación. Lauber se negó a hacerlo.

La administración de Najib también trató de utilizar los canales diplomáticos para que el FBI dejara de indagar, pero no tuvo suerte, por lo que el primer ministro le dio instrucciones a su procurador general de que no cooperara con las investigaciones extranjeras, y los investigadores se quedaron sin acceso a documentos bancarios malayos fundamentales.

Los investigadores en Abu Dabi, lugar donde el escándalo amenazaba con exponer las pésimas prácticas de negocios del jeque Mansour, también querían evitar a toda costa que salieran los trapitos sucios al sol. Una cosa era correr con discreción a Al Qubaisi de su puesto, pero lanzar una investigación en estado avanzado que pudiera avergonzar a una personalidad importante de la realeza, era algo completamente distinto.

Los amplios alcances de la estratagema se habían difundido en las páginas de *Sarawak Report* y *The Wall Street Journal*, pero sólo se explicó con detalle el primer golpe que inició en 2009 por los 1500 millones de dólares salidos de 1MDB. *The Journal* se enfocó en la manera precisa en que se le pagó al primer ministro Najib en 2013, y el rastro que dejó el dinero condujo a Abu Dabi.

A Jho Low le inquietaron las preguntas que *The Journal* le envió al primer ministro. Como nos enfocamos en los flujos de dinero, descubrimos las discrepancias entre los reportes financieros de 1MDB y los de IPIC. El fondo de Abu Dabi garantizó 3500 millones de dólares en bonos de 1MDB vendidos por Goldman Sachs en 2012, y a cambio, los estados financieros del fondo malayo mostraban que había transferido 1 400 millones a IPIC como "colateral". El colateral fue considerado en las cuentas de 1MDB como "depósito no corriente", lo que significaba que sería pagado por IPIC en el futuro, pero que en ese momento no estaba disponible en efectivo. Esto nos pareció extraño porque, ¿para qué emitir bonos y luego pagarle casi la mitad de las ganancias en "colateral" al garante de los bonos? Sin embargo, lo que encontramos después acrecentó el misterio: en los reportes financieros de IPIC no se mencionaba que el dinero se hubiese recibido.

Por esa época trabajamos en una importante fuente infiltrada. Internamente le llamábamos "la Fuente Malaya" (Malaysian Source o MS, por sus siglas en inglés). Era una persona que tenía conocimiento profundo del mecanismo de todos los aspectos que llegaron a conocerse. Sin embargo, como era alguien involucrado de manera personal, tenía motivos para confundirnos. MS le entregó a *The Journal* documentos de transferencias bancarias que parecían mostrar que, efectivamente, los 1 400 millones habían pasado de 1MDB a Aabar, la subsidiaria de IPIC. Por supuesto, esperaba que nosotros aceptáramos esta información sin cuestionarla y que siguiéramos con la investigación.

Sin embargo, los documentos mostraban que el dinero había sido enviado a Aabar Investments Ltd., la empresa fantasma de las Islas Vírgenes británicas fundada para hacerse pasar por la original y controlada por Al Qubaisi y Al Husseiny. Por esta razón revisamos las bases de datos de empresas *offshore* y les mostramos esta información a fuentes del gobierno en Abu Dabi, las cuales confirmaron que IPIC y Aabar no controlaban formalmente esta empresa. Aunque las autoridades de Abu Dabi no querían avergonzar al jeque Mansour, para los nuevos administradores de IPIC fue evidente que Al Qubaisi no podía tener toda la culpa. El golfo Pérsico sospechó entonces de Jho Low y empezó a investigar el asunto.

MS trató de confundirnos, pero no lo logró porque, finalmente, le entregó a *The Journal* la primicia sobre la creación y la existencia de esta empresa fantasma imitadora: uno de los métodos características de Jho Low para sustraer dinero. Así pues, le escribimos a Najib y le preguntamos por qué IPIC no había recibido el dinero que 1MDB juraba haber enviado, y en nuestra solicitud citamos a los investigadores de Abu Dabi. El fraude de PetroSaudi fue expuesto por completo, y ahora Low temía que se diera a conocer otra parte importante de su plan: la sustracción de dinero de los bonos de las plantas energéticas en 2012. Por supuesto, actuó con rapidez para ocultar la verdad. Recurrió al embajador Otaiba y a Al Mubarak de Mubadala, y trabajó para parar en seco el artículo de *The Journal*.

A Low le preocupaba en especial que hubiéramos descubierto que los "investigadores" de Abu Dabi no encontraron rastro del dinero. Estaba empezando a perder el control de la situación y le inquietaba nuestra capacidad para comunicarnos con los funcionarios de Abu Dabi. En un correo que envió utilizando un seudónimo, les pidió a Otaiba y a Al Mubarak lo mismo que nosotros le habíamos solicitado al primer ministro Najib, pero también incluyó su propia petición.

"El lado malayo está extremadamente preocupado y quiere asegurarse de que la estrategia [sea] consistente y coordinada", escribió.

A continuación señaló que Najib estaba muy interesado en asegurarse de que Abu Dabi no investigara de manera formal el dinero perdido. Los emiratos debían apegarse a la historia que se había acordado. Se culparía a Al Qubaisi, y ya existía un trato para que Abu Dabi cubriera los 3 500 millones de dólares en bonos que Malasia le pagaría más adelante al golfo Pérsico con dinero u otros activos.

"Nota: Ya hay suficientes reseñas sobre 1MDB realizadas por varios reguladores. Nos preocupa que una más por parte del equipo de investigación de Abu Dabi les abra a los detractores otra vía innecesaria de ataques", escribió Low.

El nuevo director del fondo 1MDB era Arul Kanda, un elegante financiero de cuarenta y tantos años que antes trabajó en un banco de Abu Dabi y conocía a Jho Low, pero ni él ni el primer ministro respondieron al principio a los cuestionamientos de *The Journal*. Después de que el periódico hiciera su reporte respecto al dinero extraviado de Abu Dabi, sin embargo, el fondo reaccionó de forma agresiva. Arul Kanda, quien en la preparatoria fue campeón de debate, respondió a los artículos de *The Journal* con agudas diatribas en las que aseguraba que el periódico era parte de una gran conspiración política en contra de Najib.

"La incapacidad para respaldar con claridad muestra la naturaleza superficial de sus afirmaciones y despliega serias dudas respecto a si los editores de *The Wall Street Journal* creen, o no, la débil historia que sus reporteros armaron improvisadamente", argumentó 1MDB en una de sus declaraciones.

Los extranjeros que trabajaban como estrategas de relaciones públicas para la oficina del primer ministro y para 1MDB adoptaron un tono similar. Paul Stadlen, un joven británico que trabajaba para Najib en el área de comunicaciones, jugó un papel vital en una estrategia implementada para desacreditar nuestros artículos.

"El *WSJ* continúa reportando como hechos, mentiras respaldadas por fuentes anónimas —dijo Stadlen en una declaración—. Son una desgracia para el periodismo."

Arif Shah, un hombre que trabajaba para 1MDB y que estaba en una temporada sabática de la agencia británica de relaciones públicas Brunswick Group, nos acusó de adoptar una postura en la política malaya, pero no presentó ninguna evidencia.

"Cuestiono la veracidad de sus fuentes, sus intenciones y los documentos que proveen. A ustedes les pregunto: ¿creen que están siendo usados para ayudar a destituir al primer ministro malayo?", escribió en un correo electrónico.

The Journal calculó que en ese tiempo, sumado al dinero sustraído a través de Good Star, también desaparecieron por lo menos 3 mil millones de 1MDB. En la oficina del primer ministro hubo una discusión respecto a qué hacer con nuestra cobertura. Sus amenazas de demandarnos no estaban teniendo el efecto deseado, y de hecho, *The Journal* siguió investigando a mayor profundidad y encontró montones de documentos que iban de minutas del consejo directivo de 1MDB al borrador del reporte del fondo del Departamento Nacional de Auditoría, y a copias de chats de BlackBerry entre Jho Low y cómplices como Joanne Yu de AmBank.

Algunos de estos documentos provenían de MS, quien quería mostrar que el fraude contaba con el respaldo de Najib, Rosmah y Al Qubaisi; otros fueron provistos por funcionarios públicos malayos y políticos frustrados, así como por funcionarios de Abu Dabi y otras fuentes.

Los artículos de *The Journal* mostraban que Najib fue una figura central en la toma de decisiones en 1MDB, y describían en detalle la manera en que Jho Low dirigía la operación. Para acallar nuestros reportes, el primer ministro necesitaba asustarnos.

A las 3 a. m. de un día de finales de noviembre de 2015 el teléfono despertó a Tom Wright mientras dormía en el hotel Shangri-La de Kuala Lumpur. Era Bradley Hope, colega y amigo escritor; llamaba desde las oficinas de *The Wall Street Journal* en el centro de Manhattan. Apenas algunos minutos antes Hope había recibido una llamada de MS —la fuente malaya— quien tenía noticias alarmantes: la oficina de Najib estaba a punto de enviar a la policía a su hotel para que lo arrestara.

The Journal estaba investigando el papel de Jho Low en las elecciones de 2013, y Wright había volado la noche anterior de Penang a Kuala Lumpur. Cuando estuvo en el lugar de origen de Low, dejó su tarjeta de presentación de *The Journal*, junto con su número de celular, en las casas y las oficinas de los socios del malayo. Uno de ellos lo alertó, y luego Low habló con el primer ministro Najib. MS le dijo a Hope que el gobierno había rastreado a Wright hasta el Shangri-La, un hotel tipo centro vacacional cerca de las Torres Petronas.

MS, fingiendo preocupación, le informó al periodista que la policía lo arrestaría pronto en el Shangri-La. Era una amenaza disfrazada de advertencia, por lo que *The Journal* decidió dar fin al viaje de investigación. Después de que MS lo despertara en la madrugada, Wright esperó el amanecer para abandonar el país. Evitó el aeropuerto internacional de Kuala Lumpur y viajó en taxi hasta la frontera entre Singapur y Malasia.

En el cruce fronterizo Wright tuvo miedo de que lo detuvieran, pero no tuvo problemas para pasar caminando a Singapur. ¿Acaso MS engañó a Hope a propósito, con la esperanza de escabullirse de nuestras investigaciones sobre el fraude? O tal vez, al enterarse de que Wright dejó el Shangri-La, ¿Najib decidió que había hecho lo suficiente para arruinar nuestra cobertura?

A pesar de todo, *The Journal* tenía lo que necesitaba, y en diciembre publicó un artículo detallado sobre el papel que jugó el dinero de 1MDB en las elecciones de 2013, particularmente en Penang. Incluso algunos políticos del partido gobernante estuvieron dispuestos a hablar para la realización del artículo. Era obvio que Low no era nada popular en su estado de origen.

Debido a que en Malasia no se había realizado una investigación creíble, el gobierno y 1MDB podían decir lo que quisieran respecto a la cobertura de *The Journal*. Sin embargo, Najib no pudo detener la oleada de investigaciones realizadas en Estados Unidos, Singapur y Suiza, y cuando éstas se extendieron, los asociados de Low entraron en pánico.

En octubre, mientras *The Journal* investigaba las actividades de Low, Patrick Mahony, el director de inversiones de PetroSaudi, habló por teléfono con Laura Justo. Laura estaba furiosa y quería que dejaran en libertad a su esposo, quien estaba en una cárcel de Tailandia. En agosto un juez de la corte criminal del sur de Bangkok había sentenciado a Xavier Justo a tres años en prisión por chantajear a PetroSaudi, y ahora languidecía en una fría y húmeda celda con otras 25 personas.

El juicio y la sentencia solamente duraron cinco minutos, pero Laura creía que Mahony podría mover algunas palancas para sacarlo. Desde su perspectiva, Justo había jugado un papel al firmar una "confesión" y al decirle a un periodista de Singapur, sin evidencia, que *The Edge* y *Sarawak Report* habían planeado alterar los documentos del servidor de PetroSaudi. Laura estaba sola con su bebé y, naturalmente, insistió en que Mahony hiciera algo, pero él quería más.

"La única manera en que puedes probar que estás lista para ser parte del equipo es ir con los medios y demostrar que estás dispuesta a denunciar a todos los que están conspirando contra él", le dijo Mahony.

En realidad quería que Laura dijera que Clare Rewcastle-Brown trabajaba contra PetroSaudi.

"¿Pero hay alguna garantía de que saldrá antes de la cárcel?", preguntó Laura Justo.

"Puedes ayudar o no —contestó Mahony groseramente y en un tono tenso—. Lo lamento por ti, pero yo también estoy hundido en la mierda. Todos estamos atascados en mierda. Incluso el primer ministro de un país está hasta el cuello. ¿Y quién nos metió en todo esto? No se te olvide. No te puedo garantizar nada."

"Para ti sólo es una cuestión de dinero, pero en nuestro caso, es algo que tiene que ver con nuestra vida, nuestra familia, con todo", respondió Laura.

"No es sólo una cuestión de dinero, Laura, es mi futuro, es mi vida también —interrumpió Mahony—. Jamás podré volver a hacer negocios en ningún lado por esto, ¿de acuerdo?"

"Pero eso es sólo trabajo, dinero. Estoy segura de que tienes suficiente, así que, ¿cuál es el problema? Aquí estamos hablando de la vida de alguien que está encerrado en un agujero."

"Pero, Laura, confiscaron todos mis bienes. No tengo nada en este momento. ¿Qué crees? ¿Que estoy en miel sobre hojuelas? ¿Que no estoy pagando por este asunto? Tuve que pedir dinero prestado por todos lados para pagar mis facturas, para pagar la escuela de mis hijos, ¿entiendes? Así es mi vida en este momento."

Al mes siguiente, Justo seguía en la cárcel, y Mahony le dijo a Laura que los problemas se estaban acumulando debido a las investigaciones realizadas en Suiza y Estados Unidos respecto a 1MDB. Para entender lo que había sucedido, los investigadores revisaron a profundidad una enorme cantidad de material: documentos de transferencias bancarias, registros inmobiliarios, registros de empresas fantasma y montañas de correos electrónicos.

No tenían acceso a Jho Low ni a ninguna persona de su círculo cercano, pero estaban entrevistando a gente alrededor de los sucesos, y con eso iban armando el panorama general. Mahony le dijo a Laura que los investigadores suizos no tenían nada, que todo era un teatro. Sin embargo, ella ya había dejado de creer en sus promesas sobre liberar a su esposo. En enero de 2016 Laura contactó al embajador de Suiza en Bangkok, y algunas semanas después les envió a las autoridades suizas y al FBI una carpeta en la que detallaba lo que había salido a la luz. El archivo incluía grabaciones secretas que ella misma había hecho de sus conversaciones con Patrick Mahony.

A pesar de sus muestras de valentía, era evidente que Mahony estaba abrumado. *The Journal* reportó que el FBI estaba investigando formalmente a 1MDB y a Najib Razak. Dentro de poco Mahony recibiría un citatorio de las autoridades estadounidenses para presentarse a declarar. El primer ministro Najib y Riza Aziz se temieron lo peor, así que contrataron al bufete Boies, Schiller & Flexner, fundado por el reconocido abogado estadounidense David Boies. Para representar a sus nuevos clientes, el bufete eligió a un joven y rudo abogado llamado Matthew Schwartz.

Schwartz sabía algo respecto a crímenes financieros, ya que en un trabajo anterior fue miembro principal del equipo de expertos que tuvo éxito en procesar a Bernie Madoff.

Mahony era presa del pánico y Najib se preparó para lo peor. Mientras tanto, Low hacía todo lo que podía para mantener las apariencias, lo cual significaba seguir parrandeando con sus amigos famosos.

47
Fiesta durante el escape

Mientras la presión aumentaba, el *Equanimity* navegaba en el Paso del Noroeste, la famosa ruta cubierta de *icebergs* que atraviesa el mar Ártico y conecta el norte del Atlántico con el océano Pacífico. Durante años, el hielo del Ártico hizo que la navegación fuera prácticamente imposible, pero los cambios climáticos abrieron el canal, y el *Equanimity*, con su casco de acero diseñado para soportar el contacto con el hielo, era una de las poquísimas embarcaciones privadas de élite que podían realizar esta travesía. Cuando apareció en el norte del Pacífico, alrededor de Alaska, el piloto estableció el curso hacia la costa del Sur de Corea. Era principios de noviembre y Low había hecho arreglos para que algunos amigos y celebridades volaran a Seúl antes de ser llevados al barco donde sería la fiesta para celebrar su cumpleaños 34.

A pesar de todo lo que estaba sucediendo, el deseo de Low de ser el centro de atención en un evento y de otorgar favores no había disminuido. De hecho, la gente a su alrededor veía que tenía muchas más ganas de llevar a cabo sus inmaculadamente organizadas fiestas. El tema de este evento era el "compañerismo". Las celebridades invitadas subastaron artículos para recaudar dinero para Naciones

Unidas y luego todos cantaron "We Are the World". Los invitados bebieron vinos de la más alta calidad, champaña, la bebida espirituosa soju de Corea, y un tequila Patrón sabor expresso. El menú incluyó caviar Beluga, sopa de langosta y pasta con trufas.

Uno de los salones del yate fue transformado en un "jardín de rosas". Las paredes fueron cubiertas con rosas rosadas sin hojas. Los invitados llevaban vestidos y esmoquin, y entre ellos se encontraban Jamie Fox y Swizz Beatz. Ésta no era cualquier fiesta secreta en la que a los invitados se les pedía dejar sus celulares en la entrada; de hecho, Low también quería burlarse de las acusaciones en su contra para hacer parecer que toda esa falsedad se le resbalaba como jabón. En algún momento incluso se presentó un carrusel de diapositivas con artículos sobre Low publicados en los medios.

Sin embargo, hubo un detalle más que ni siquiera los mejores organizadores de fiestas del mundo habrían logrado: el video que solicitó Low que se proyectara con un montaje de varios líderes del mundo como Barack Obama y Vladimir Putin, deseándole feliz cumpleaños.

El amor que la administración de Obama algún día le tuvo a Najib comenzó a enfriarse rápidamente. Más adelante, ese mismo mes, el presidente viajó a Malasia por última vez para asistir a una cumbre regional, visita que había sido programada muchísimo tiempo antes de que el escándalo de 1MDB llegara a los titulares. Después de la reunión a puerta cerrada con Najib, el presidente les dijo a los periodistas que le había expresado al primer ministro la importancia de la transparencia y de erradicar la corrupción, pero con Anwar Ibrahim pudriéndose en la cárcel y tomando en cuenta la enérgica manera en que Najib reprimía los derechos civiles en su país, sus palabras sonaron huecas.

Low siguió comportándose como si no sucediera nada. Apenas algunos meses antes el malayo les dijo a sus amigos que había ofrecido 170 millones de dólares en Christie's de Nueva York por *Las mujeres de Alger*, el cuadro de Picasso, pero que lo perdió frente a un comprador de Qatar que pagó 179 millones, lo que en ese momento fue el precio más alto pagado jamás por un cuadro en una subasta. Después de pujar por teléfono durante 11 minutos, Low se rindió. Así como sucedió con la mansión Nimes en Los Ángeles, esta venta estaba fuera del alcance de sus manos, pero lo verdaderamente increíble era que él considerara siquiera realizar tales adquisiciones tras la publicación en los medios de comunicación de los artículos sobre 1MDB.

En diciembre viajó a Courchevel, un centro vacacional para esquiar en los Alpes suizos. Iba a celebrar su ya conocida fiesta de fin de año con sus amigos más cercanos. Cuando llegó a la villa en las laderas de los Alpes, el malayo se veía tranquilo, como si ninguna de las noticias lo perturbara. Después de varios días de esquiar y de deslizarse en *snowboard*, los integrantes del grupo celebraron en la villa. Era una rutina que el malayo y sus amigos más cercanos habían llevado a cabo varias veces en las vacaciones para esquiar en el invierno, en lugares como Whistler, Aspen y Courchevel. El grupo incluía a gente como Joey McFarland, Swizz Beatz, Alicia Keys, Jasmine Loo de 1MDB, Fat Eric, y su propia novia, Jesselynn Chuan Teik Ying.

Al igual que en vacaciones anteriores, el itinerario fue planeado con meticulosidad e incluyó cenas con chefs privados, viajes en motos de nieve, masajes y bebidas. Pero la apariencia indiferente y despreocupada de Low era sólo una fachada y, de hecho, en algunos momentos del viaje incluso hubo una atmósfera siniestra. Low les confesó a algunos de sus amigos que estaba preocupado hasta de que lo asesinaran, pero nunca mencionó quién podría hacerlo. Como de costumbre, siguió viajando a todos lados con sus guardaespaldas. A Catherine Tan, su asistente personal, le solicitó que no permitiera que nadie del viaje a Courchevel publicara fotografías en Instagram, Facebook u otras redes sociales.

Sus aliados más cercanos del fraude —Eric Tan, Jasmine Loo, Yeo Jiawei, el antiguo banquero de BSI, y Seet Li Lin, que trabajaba para Jynwel—, estaban demasiado involucrados en el esquema de Low para salirse, pero la decisión que tomaron celebridades como

Swizz Beatz y Alicia Keys de continuar conviviendo con el malayo a pesar de los artículos de *The Journal* y de la investigación de la que era sujeto en Singapur, fue todavía más sorprendente.

La conversación en el viaje para esquiar y en algunos días subsecuentes en Londres giró alrededor de cómo cambiar las historias sobre Low. Al parecer, quienes se habían beneficiado de su esplendidez se negaron a aceptar hasta el final la creciente evidencia de sus fechorías. Tal vez Swizz Beatz y Alicia Keys no leían los periódicos, sólo subestimaron las historias sobre su benefactor, o quizá no les importaba si el dinero con el que se financiaba el viaje era robado.

Joey McFarland, que le debía buena parte de su carrera en Hollywood a Jho Low, defendió con vehemencia a su amigo y le dijo al séquito que las coberturas mediáticas sobre el malayo estaban sesgadas, y que eran feroces críticas políticas.

Una de esas noches de las vacaciones de invierno Joey le recomendó a Low hacerle más publicidad en Twitter a su labor filantrópica para contrarrestar los artículos negativos. Como el dinero seguía fluyendo, McFarland no parecía tener dudas, pero conforme el estrés de la situación empezó a afectar su despreocupada personalidad, se hizo mucho más irritable.

Guerra de Papás, la película más reciente de Red Granite protagonizada por Mark Wahlberg y Will Ferrell, acababa de estrenarse, así que McFarland no estaba todavía listo para renunciar al sueño de Hollywood. Las noticias sobre Low y 1MDB no habían llegado a Hollywood todavía, pero Red Granite seguía siendo una preocupación. En Instagram, Joey conservó la apariencia de un exitoso productor a pesar de que ya había señales de que estaban en problemas.

De pronto algunas estrellas empezaron a distanciarse por cuenta propia. DiCaprio, por ejemplo, decidió no aceptar el papel principal de *Papillón*, el proyecto más reciente de la empresa. *Papillón* estaba en preproducción, pero el protagonista sería Charlie Hunnam. DiCaprio ni siquiera asistió a la última fiesta en yate de Low, frente a la costa de Sur de Corea; y tampoco estuvo presente en la reciente subasta en Christie's. Asimismo, los rumores sobre la participación de Robert De Niro en la película de Red Granite, *The Irishman*, también cesaron.

El grupo de famosos amigos de Low había empezado a desintegrarse poco a poco, y aunque era una señal preocupante, el malayo tenía mayores preocupaciones que atender: la investigación del FBI estaba asustando a sus socios de negocios. Para salvar su imperio, Low recurrió a China.

48
La conexión china

Low se exilió de Malasia y se fue a vivir a su residencia en el complejo del Peninsula Hotel, pero su vida no se volvió más modesta. El hotel y las residencias estaban ubicados cerca del Bund, el viejo corazón colonial de la ciudad. Tenían restaurantes con dos estrellas Michelin, y desde las habitaciones Low podía disfrutar de vistas ininterrumpidas que iban del río Huangpu de Shanghái al modernista horizonte del otro lado.

Ahí en Shanghái, la capital financiera de China, Low luchó con fuerza por conservar el control de sus negocios. Su imperio en Estados Unidos corría peligro debido a las preguntas que estaba haciendo el FBI. Dos bancos importantes ya no querían hacer tratos con él, y Wells Fargo se negaba a seguir adelante con su préstamo para financiar la compra del Park Lane, el principal proyecto de desarrollo que Low estaba realizando cerca del Central Park de Nueva York, con el fondo de Abu Dabi —Mubadala—, y con el desarrollador estadounidense Steve Witkoff.

El proyecto no había fracasado en absoluto, pero Low tramó un plan en Shanghái. Como no estaba dispuesto a ceder, su más reciente maniobra consistía en reclutar la ayuda del Greenland Group de Shanghái, un desarrollador chino que le pertenecía al Estado. El 26 de abril

Low le envió un correo electrónico a Khaldoon Al Mubarak, director ejecutivo de Mubadala. En él describía cómo le planeaba vender su participación accionaria en el proyecto a un miembro menor de la realeza kuwaití. Este individuo era simplemente otro viejo amigo de Low: el nominado para mantener el nombre del malayo fuera de los libros contables. Luego el kuwaití le vendería parte de sus acciones al Grupo Greenland, el cual ayudaría a financiar el proyecto.

"En 2015 me he enfrentado a varios ataques mal intencionados, falsos y desinformados de la prensa que sólo generaron obstáculos para el financiamiento [del Park Lane]", le dijo a Al Mubarak, señalando, sin embargo, que resolvería el problema con este trato.

Una vez más, Low usó palancas en una entidad estatal para resolver un problema, sólo que esta vez lo hizo en China. Su capacidad para ingresar a los grandes corredores del poder y conocer al presidente de Greenland en Shanghái, le ofrecía la posibilidad lejana de salvar su proyecto, y también, de obtener en Estados Unidos el dinero que necesitaba para éste.

Como temía la inminente acción del FBI, Low dio otros pasos para vender activos a cambio de efectivo. En Abril le ordenó a Sotheby's que vendiera *Dustheads*, el cuadro de Basquiat que utilizó como garantía para un préstamo. Daniel Sundheim, administrador de un fondo de cobertura, pagó 35 millones por él, es decir, casi 14 millones menos de lo que le costó a Low tres años antes. Luego el malayo empezó a vender otras obras de arte, las cuales también liquidó con prisa. Cuando compró arte, lo hizo precisamente para este tipo de emergencia. Las casas y las empresas, sin embargo, eran más difíciles de liquidar con prisa.

Mientras el malayo trataba de rescatar su negocio del Park Lane, *The Wall Street Journal* publicó el artículo más detallado hasta ese momento sobre su participación en las cuentas secretas de Najib y su papel detrás de cámaras en 1MDB. Después de que se publicó el artículo, MS, nuestro contacto secreto involucrado en el fraude, dejó de tener comunicación con nosotros. Se dio cuenta de que no era tan sencillo influir en nuestra cobertura.

Luego *The Journal* trató de localizar a Low. Bradley Hope voló a Shanghái, donde una recepcionista del Peninsula le confirmó que Low era residente permanente del hotel. Sin embargo, cuando se presentó en la entrada a los departamentos del complejo un corpulento guardia de seguridad insistió en que nadie con el nombre de Low había vivido ahí jamás. Cuando volvió con la recepcionista, ella volvió a revisar su computadora y notó que todos los registros de la estancia de Low habían desaparecido. Entonces Hope voló a Hong Kong, donde se encontraba el *Equanimity* para ser reparado. El capitán le dijo que el propietario no estaba a bordo. Low no aparecía por ningún lugar.

Las conexiones de Low con las empresas chinas propiedad del gobierno le sirvieron de otra manera. El escándalo de 1MDB destrozó la relación de Najib con Abu Dabi y con Arabia Saudita. El procurador general había tratado de hacer pasar el dinero que Najib recibió en sus cuentas secretas, como una donación de Arabia Saudita, pero los sauditas se negaron a confirmar públicamente esta ficción a pesar de las peticiones. El ministro de relaciones exteriores del reino sólo dijo que Najib no había hecho nada malo y que sí hubo una especie de donación a Malasia, pero no se comprometió completamente con la historia falsa presentada.

Lo que necesitaba ahora el primer ministro era encontrar la forma de rellenar el agujero negro financiero de 1MDB. El fondo tenía más de 13 mil millones de dólares en deuda y necesitaba pagarle a Abu Dabi por rescatarlo, pero sus activos no valían esta cantidad de ninguna manera. En el marco de una serie de tratos, algunas empresas chinas gubernamentales tomaron la decisión de adquirir el paquete de activos de 1MDB: terrenos en Kuala Lumpur y plantas de energía. Si llegaban a completarse, estos tratos servirían para recaudar 4 mil millones de dólares, lo cual, aunque estaba demasiado lejos de servir para eliminar la deuda de 1MDB, al menos era un principio para solucionar el desastre.

Los problemas de 1MDB le ofrecieron a China la oportunidad perfecta para suplantar a Estados Unidos en Malasia, señal del declive del poder americano en la región.

No resulta sorprendente que Najib recurriera a los autoritarios gobernantes chinos y que le haya dado la espalda al presidente Obama, quien ya había perdido para entonces la fe en Malasia como un modelo de democracia islámica. Bajo el gobierno del presidente Xi Jinping, Beijing se encontraba extendiendo su influencia más allá de sus fronteras por medio de agresivos reclamos territoriales sobre ciertas islas en el Mar de la China Meridional, o también con un enfoque diplomático más suave con el que ofrecía construir elementos de infraestructura en países vecinos, como carreteras y puertos.

Najib se apresuró a cantar victoria y dijo que los tratos y la interrupción de las investigaciones malayas le habían permitido al país dejar atrás los problemas del fondo. El Departamento Nacional de Auditoría terminó su investigación en 1MDB, pero el gobierno la clasificó bajo la Ley de Secretos Oficiales con el fin de enterrar los contenidos de la misma.

El primer ministro siguió infundiéndoles miedo a sus oponentes políticos. En abril, por ejemplo, la policía arrestó a un líder de la oposición que consiguió el reporte del Departamento Nacional de Auditoría, el cual mostraba miles de millones de dólares del dinero de 1MDB que no estaban debidamente justificados. Se le sentenció a 18 meses en la cárcel por violar la Ley de Secretos Oficiales. Cuando *The Journal* hizo un reporte sobre este documento secreto, Najib amenazó al periódico con demandarlo. Un líder de las protestas Bersih también fue detenido por violar una nueva ley que supuestamente fue promulgada para luchar contra el terrorismo.

Como se intimidó a quienes participaron en las investigaciones del fondo 1MDB e incluso hubo un asesinato, la gente estaba asustada. No obstante, algunos malayos patriotas conservaron la esperanza de que las autoridades del exterior continuaran averiguando. En la Comisión Malaya Anticorrupción que recomendó el arresto del primer ministro, la orden de darle carpetazo a la investigación sólo sirvió para que la ira se acumulara.

Por todo lo anterior, un grupo de investigadores empezó a enviar información al FBI en secreto. El equipo de agentes de McMurry llevaba meses desenmarañando los flujos de dinero. Para julio de 2016 la gente del Departamento de Justicia estuvo lista para actuar y lo hizo de una manera que le permitiera tomar por sorpresa a Low, a Najib y a los otros coludidos.

49
El vaso medio lleno

Loretta Lynch, procuradora general de Estados Unidos, subió al podio y se situó frente al micrófono de la sala de conferencias de las oficinas del Departamento de Justicia en la avenida Pennsylvania de Washington, D. C. Minutos después anunció el más grande embargo de bienes realizado jamás bajo la iniciativa contra la cleptocracia (Kleptocracy Initiative). Con ayuda de la Comisión Malaya Anticorrupción y de varios funcionarios malayos que se reunieron en secreto con los investigadores del FBI, esta última institución había logrado poner en orden todos los detalles de uno de los fraudes más grandes de la historia.

Flanqueada por funcionarios de alto nivel del Departamento de Justicia y del FBI, la procuradora Lynch explicó que el gobierno de Estados Unidos quería embargar más de 1 000 millones de dólares en activos adquiridos con recursos robados de 1MDB, en el marco del caso de corrupción más grande registrado hasta entonces. Los activos iban de mansiones en Nueva York, Los Ángeles y Londres, a participaciones accionarias en EMI, un avión privado y las futuras ganancias de *El lobo de Wall Street*, por mencionar sólo unos cuantos. Para tener mayor publicidad, el Departamento de Justicia realizó la demanda de *United States v.s. The Wolf of Wall Street*, en la

Corte Distrital para el Distrito Central de California donde se localiza Hollywood.

"El Departamento de Justicia no permitirá que el sistema financiero estadounidense sea utilizado como un medio para la corrupción —advirtió la procuradora—. Los funcionarios corruptos del mundo deben saber que seremos implacables y que no les permitiremos conservar los botines de sus crímenes."

Era uno de los embargos de cleptocracia más grandes en la historia de Estados Unidos; y el equipo de Heuchling, en colaboración con fiscales del Departamento de Justicia, fue sumamente minucioso al presentar, en un documento súper claro, los vericuetos del fraude.

La demanda mencionaba a Jho Low —era la primera vez que una agencia de aplicación de la ley se refería a él de manera pública—; y también aparecían los nombres de Riza Aziz, Khadem Al Qubaisi y Mohamed Al Husseiny. En los apéndices de la demanda que aparecerían poco después, se mencionó a Tarek Obaid y al "Funcionario de PetroSaudi", referencia a Patrick Mahony. En el documento se refirieron a Tim Leissner como el "director administrativo de Goldman" y describieron todas sus interacciones con Jho Low durante la reunión con el jeque Mansour en Abu Dabi. Lo más asombroso, sin embargo, es que el primer ministro Najib Razak aparece en el documento disfrazado ligeramente como "Funcionario malayo 1" y la demanda lo describe como un pariente de Riza Aziz que tiene un puesto de alto nivel en 1MDB. Más adelante el departamento añadiría a Rosmah como la "Esposa del Funcionario malayo 1".

La alusión a Najib conmocionó a los integrantes de la comitiva del primer ministro, quienes nunca pensaron que Estados Unidos se atrevería a actuar con tal temeridad. Ésta era una demanda civil que tenía como objetivo recuperar activos, pero a partir de ese momento Jho Low evitó ir a Estados Unidos porque temía que también se hubiera dado inicio a un proceso legal. Hasta Najib se mantuvo alejado de ese país por algún tiempo, y cuando llegó el momento de asistir a una Asamblea General de Naciones Unidas en Nueva York ese mismo año, envió a un representante.

El primer ministro no se esperaba que el mazo de la justicia estadounidense golpeara tan cerca de su puerta. Todos esos años de privilegios, de jugar golf con el presidente Obama y de dar interminables discursos en Naciones Unidas, lo hacían sentir intocable. Fue muy difícil para él concebir siquiera la noción de que un sistema independiente de justicia avergonzara a un primer ministro en el cargo. Era un marcado contraste con su capacidad para simplemente darles fin a las investigaciones en su país.

En los días que le siguieron a la conferencia de prensa de la procuradora Lynch, Najib les dijo a los miembros de su familia que no estaba al tanto de la escala de los robos de Low, sin embargo, era difícil creerle. Seguramente sabía respecto a las casas en Los Ángeles, Nueva York y Londres que Low compró y luego le transfirió a Riza Aziz, aunque también es posible que no se haya dado cuenta del alcance de las acciones del defraudador. El Departamento de Justicia señaló que se habían perdido por lo menos 3 500 millones de dólares, pero en menos de un año la cifra del cálculo aumentaría 1 000 millones más. Después del anuncio de la procuradora general Lynch, el primer ministro no supo qué hacer porque no había manera de zafarse. Una semana después, en el marco de una apagada conferencia de prensa, Najib declaró que 1MDB no poseía de manera directa ninguno de los activos señalados por el Departamento de Justicia, lo que a pesar de ser técnicamente cierto, resultaba irrelevante.

The Journal reportó las demandas del Departamento de Justicia poco antes de la conferencia de prensa de la procuradora, y como los abogados de Low no habían recibido ninguna notificación, cuando leyó el artículo dio por hecho que se trataba de un gran error. Estos procedimientos legales impidieron que Low pudiera liquidar su participación accionaria en el Park Lane y que vendiera otros activos en Estados Unidos. Sus mansiones, sus obras de arte e incluso su avión Bombardier, estaban congelados. Lo único de lo que podía seguir disfrutando era del *Equanimity* que se encontraba en mar abierto, lejos del alcance de las autoridades estadounidenses. No obstante, el malayo tenía ya cientos (si no es que miles) de millones de dólares escondidos en cuentas secretas de todo el mundo que le permitieron mantenerse libre.

Visto desde afuera, es posible que Bill McMurry, el investigador que dirigió al escuadrón internacional anticorrupción con base en Nueva York, haya sentido que en ese momento podía ver el vaso medio lleno. Global Financial Integrity, un grupo anticorrupción de Washington, calculaba que tan sólo en 2012 se sustrajo un billón de dólares de economías de países en desarrollo, en especial de lugares con mala regulación como Brasil, China, India y Rusia. Sin embargo, McMurry veía el panorama con más optimismo.

Para mediados de 2016 aumentó la cooperación del FBI con agencias anticorrupción del extranjero, entre las que se encontraba un grupo de investigadores brasileños que estaban trabajando en el escándalo de Petrobras, en el que una empresa petrolera del Estado realizó pagos ilegales por más de 5 mil millones de dólares a ejecutivos y políticos. El procurador general de Brasil ya había asegurado el arresto de montones de funcionarios de Petrobras, de políticos y de gente de negocios; y a pesar de que Najib se esforzó al máximo, el Departamento de Justicia también estaba haciendo lo necesario para castigar a los involucrados en 1MDB.

"Sin duda alguna hay una fuerte tendencia global anticorrupción que antes no existía, ni siquiera hace una década o dos", dijo Mc-Murry en un seminario.

En un comunicado de prensa que se dio a conocer más adelante, el FBI incluso alabó el "tremendo valor" de la Comisión Malaya Anticorrupción al continuar su propia investigación, pero ésa fue la única manera en que esta agencia pudo agradecerle al equipo malayo por colaborar en secreto con las averiguaciones.

Los sucesos eran una especie de vaso medio lleno y medio vacío, pero, ¿acaso el sistema de revisiones y balances de los bancos no falló en la detección de las actividades ilícitas de Jho Low durante siete años debido a la codicia de los banqueros? ¿El culpable no estaba todavía libre y disfrutando de una vida cómoda en residencias de cinco estrellas en China y Tailandia, en los departamentos St. Regis en Bangkok o en su superyate atracado en Phuket? Por otra parte, la posición de Najib en Malasia parecía sólida. ¿Y qué sanciones tuvieron que enfrentar los involucrados, de Al Qubaisi a Leissner, pasando por todos los banqueros de BSI?

Lo que todavía estaba por verse era si el gobierno de Estados Unidos, Singapur, Suiza y Abu Dabi harían acusaciones o echarían a andar procesos legales contra quienes participaron en el fraude. La iniciativa contra la cleptocracia de Estados Unidos inició una demanda civil para tratar de recuperar bienes, pero para evitar realmente este tipo de fraudes internacionales se necesitaría meter a la gente a la cárcel, y no solamente darle palmaditas en la mano y confiscarle bienes.

50
Crimen de cuello blanco

En el otoño de 2015 los ejecutivos del departamento de cumplimiento revisaron a fondo la cuenta oficial de correo electrónico de Goldman perteneciente a Tim Leissner. Después de que el escándalo de 1MDB llegó a las páginas de *The Wall Street Journal* en julio de 2015, Goldman lanzó una investigación interna sobre sus negocios en Malasia. El banquero alemán les dijo a los ejecutivos de Goldman que realizaron las pesquisas que casi no conocía a Low, pero ellos no le creyeron y revisaron toda su comunicación.

Normalmente los banqueros de Wall Street tienen el buen juicio de no realizar negocios delicados en internet, y prefieren reunirse en persona, usar cuentas de correo privadas o enviar mensajes por celular, pero Leissner fue muy descuidado en este sentido.

A principios de 2015 el banquero redactó en una computadora personal la carta de recomendación no autorizada que le dio a Jho Low para que éste pudiera abrir una cuenta con Banque Havilland en Luxemburgo. La carta jamás debió formar parte de la investigación interna de Goldman, pero alguien del personal de la oficina de Kimora Lee Simmons envió por error el documento a la cuenta de correo electrónico de Leissner en Goldman, y los ejecutivos de cumplimiento lo descubrieron.

En las oficinas centrales de Goldman en Manhattan se desató un acalorado debate respecto a cómo debería el fondo 1MDB lidiar con el asunto, el cual se estaba convirtiendo en una debacle de relaciones públicas. Algunos ejecutivos advirtieron que no se debería usar a Leissner como chivo expiatorio. Pablo Salame, codirector de la división de valores de Goldman, rechazó la sugerencia interna de culpar exclusivamente al alemán del involucramiento del banco en el desastre.

"Goldman Sachs hizo estos tratos", les dijo Salame a sus colegas durante una discusión.

En público, Goldman Sachs se responsabilizó de sus acciones y señaló que corrió riesgos al ayudar a 1MDB a recaudar dinero y que recibió un pago justo por sus servicios. El banco también señaló que no estaba enterado del papel de Low en el fondo, y que no se podía esperar que supiera lo que 1MDB haría con el dinero.

A pesar del alto nivel del apoyo de Goldman a los negocios de 1MDB, Leissner no pudo sobrevivir a la evidencia del apoyo que le brindó en secreto a Low para abrir la cuenta en Luxemburgo. En enero de 2016 Goldman le dio al banquero un permiso para ausentarse, pero él renunció al día siguiente y abandonó formalmente el banco el siguiente mes.

En las semanas subsecuentes se le vio con frecuencia en el Club XIII, un club nocturno de estilo futurista en el distrito financiero de Hong Kong. Ahí les dijo a sus amigos que se sentía traicionado por Goldman. Con barba gris y apariencia demacrada, el banquero alemán se quejó, dijo que era injusto que lo señalaran sólo a él y argumentó que otros ejecutivos de alto nivel de Goldman en Nueva York autorizaron los tratos. Según él, a pesar de que el banco negó cosas, muchos ejecutivos habían estado al tanto del papel de Low en 1MDB, pero no manifestaron ninguna preocupación.

Andrea Vella, quien estructuró los tratos de los bonos de 1MDB, llegó a ser director del Consejo Económico Nacional del presidente Trump en enero de 2017, y se mantuvo en ese puesto poco más de un año.

Leissner, sin embargo, no se quejó en público. Todavía seguía en negociaciones con Goldman para obtener un pago diferido con un valor de varios millones de dólares. Como nunca imaginó que lo despedirían, siguió con el estilo de vida que tenía con Kimora Lee Simmons, su nueva esposa, y ahora necesitaba dinero para financiar los lujos. Por esa misma época incluso le pidió a un amigo que le prestara algunos millones de dólares. Además, los banqueros de Goldman tenían una regla que les impedía hablar de los tratos que hacían, incluso si ya no trabajaban para el banco.

Leissner trató de hacer otros negocios. De hecho había establecido Cuscaden Capital con Kimora. Cuscaden era un negocio de capital de riesgo en las Islas Vírgenes británicas. Asimismo, Cuscaden invirtió en Celsius, una empresa de bebidas energéticas en Estados Unidos, de la que Leissner se hizo copresidente. El alemán dividía su tiempo entre Hong Kong y Los Ángeles, donde él y su esposa compraron una mansión de 25 millones de dólares, en el vecindario cerrado Beverly Park. Era una propiedad de casi 2 mil metros cuadrados con un acceso flanqueado por olivos que llevaba hasta la mansión de siete habitaciones. Entre sus vecinos se encontraban Rod Stewart y Denzel Washington. A principios de 2018 Kimora publicó en Instagram fotografías en las que aparecía con su esposo en colinas para esquiar, pero el espectro del proceso legal aún pendía sobre él.

Los agentes del FBI habían empezado a revisar los pagos de cientos de miles de dólares que realizó Jasmine Loo, antigua asesora legal de 1MDB y colaboradora cercana de Low, a las cuentas personales de Leissner. El propósito de estas transferencias no era claro pero, al parecer, el banquero todavía tenía vínculos con gente cercana al malayo. En noviembre de 2017 *The Wall Street Journal* reportó que el alemán y un socio tailandés de Low habían intentado comprar a finales de 2016 un pequeño banco en la república de Mauricio, en el Océano Índico, pero al parecer, los reguladores impidieron la adquisición.

El papel de Low en el trato de Mauricio, si acaso estuvo involucrado, no era claro. Tampoco se sabía si Leissner se mantuvo en

438 | EL FRAUDE DEL SIGLO

contacto con él. Cuando las autoridades ejercieron más presión, el malayo, que antes aparecía constantemente en las fiestas de Hollywood y se comportaba como un miembro del *jet-set* internacional, desapareció del mapa. Se le llegó a ver en Bangkok y Shanghái, pero sus socios ya no podían contactarlo con la misma facilidad que en el pasado, y nadie parecía saber con certeza dónde se encontraba.

A principios de 2017 Singapur expulsó a Leissner de su industria financiera por 10 años debido a la carta que le escribió al banco de Luxemburgo para recomendar a Jho Low. Ese mismo año, más tarde, la Autoridad Regulatoria de la Industria Financiera, una entidad estadounidense, le solicitó documentos y otra información relacionada con su separación de Goldman, pero como él no respondió a los requerimientos, fue vetado de la industria de valores del país.

Luego, en agosto de 2017, el Departamento de Justicia lanzó un anuncio que cayó como bomba: estaba realizando una investigación criminal del fraude de 1MDB.

Las acciones legales que realizó con anterioridad el Departamento de Justicia, eran procedimientos civiles que tenían como objetivo lograr el embargo de activos, no poner gente tras las rejas. Las autoridades estadounidenses también levantaron una buena cantidad de demandas civiles adicionales enfocadas en una creciente lista de bienes entre los que se encontraba el *Equanimity*, las ganancias de las películas de Red Granite *Una pareja de idiotas 2* y *Guerra de papás*; los ocho millones en joyas que Low le había regalado a Miranda Kerr; y los 13 millones en obras de arte que le obsequió a Leonardo DiCaprio.

Todas estas demandas civiles, sin embargo, eran sólo una manera de preparar el evento principal: la investigación criminal. En agosto de 2017, antes de que el juez de California pudiera emitir sentencia, el Departamento de Justicia solicitó una "suspensión indefinida" de sus demandas para la recuperación de bienes, lo que le permitiría al FBI enfocarse en armar el caso. Ésta era una señal de que el gobierno estadounidense quería procesar a los individuos involucrados en el fraude, pero no deseaba mostrar lo que planeaba hacer con las demandas civiles.

Naturalmente, Jho Low era el centro de la investigación del gobierno estadounidense. No era claro si los otros involucrados como Riza Aziz, Al Qubaisi, Al Husseiny y Jasmine Loo también eran parte de las pesquisas, pero el Departamento de Justicia siguió investigando el papel de Leissner en los sucesos. A pesar de que la crisis financiera provocada por el sector inmobiliario dejó a millones de personas sin empleo e hizo que el nivel de vida disminuyera dramáticamente, en casi una década sólo uno de los banqueros de Wall Street, ejecutivo de Credit Suisse, terminó en prisión. Más de mil banqueros fueron declarados culpables por su papel en las crisis estadounidenses de ahorro y préstamos de las décadas de los ochenta y los noventa. En 2006, una corte declaró culpable de fraude a Ken Lay, antiguo director ejecutivo de Enron. Desde la crisis, sin embargo, el Departamento de Justicia evitó señalar a individuos por crímenes de cuello blanco, y prefirió llegar a acuerdos con los bancos para diferir los procesos a cambio de la aplicación de fuertes multas.

En 2016 Goldman aceptó pagar hasta 5 mil millones de dólares en un acuerdo civil con los fiscales federales de Estados Unidos para resolver las demandas provenientes de la venta de valores inmobiliarios defectuosos a inversionistas durante la crisis. Los bancos de Wall Street, entre ellos Bank of America y J. P. Morgan, pagaron en total más de 40 mil millones de dólares en acuerdos. Los críticos señalaron que Wall Street veía estas multas solamente como lo que tenían que pagar por hacer negocios, pero que no servían para cambiar los comportamientos.

Ahora el Departamento de Justicia estaba tratando de determinar si Goldman tuvo razones para creer que el dinero que recaudó para 1MDB estaba siendo usado de mala manera, lo cual podría conducir a una fuerte penalización de acuerdo con la Ley de Secreto Bancario, por posiblemente una cantidad similar a los 2 mil millones que J. P. Morgan pagó por no evitar el esquema Ponzi de Madoff.

La Reserva Federal, la Comisión de Bolsa y Valores, y el Departamento de Servicios Financieros del estado de Nueva York, también estaban examinando algunas de las acciones del banco.

A pesar de todo, sólo algunos de los observadores del escándalo estaban a la expectativa de lo que sucedería porque en el Estados Unidos del siglo XXI, los banqueros de Wall Street normalmente no terminaban en prisión.

En 2016, tras la publicación de los Panama Papers, los documentos que detallaban la manera en que los ultramillonarios usaban las empresas fantasma para ocultar la propiedad de activos, surgió un fuerte debate a nivel mundial respecto al anonimato en la compra de bienes por miles de millones de dólares. Estados Unidos estaba tomando otras medidas para impedir el lavado de dinero a través del sector de los bienes raíces. El Departamento del Tesoro lanzó un programa piloto ese mismo año para forzar a toda la gente que comprara con efectivo propiedades de lujo en Manhattan y Miami, a revelarle su identidad al gobierno de Estados Unidos. Las reglas se enfocaban en propiedades compradas por empresas fantasma que valieran más de un millón en Miami y más de tres millones en Manhattan. A las empresas de títulos de seguros involucradas en la mayoría de los tratos de bienes raíces, se les ordenó realizar la verificación de estos datos.

A más de un cuarto de todas las compras de casas realizadas en un periodo de más de seis meses se les señaló como sospechosas, lo que condujo al Departamento del Tesoro a lanzar el programa en Los Ángeles y en otras áreas urbanas. El objetivo era implementar regulaciones nuevas y permanentes. Todavía quedaban algunas lagunas como, por ejemplo, el hecho de que los abogados pudieran citar el privilegio de los clientes para no dar los nombres de los propietarios beneficiarios involucrados en las transacciones de bienes raíces, pero Estados Unidos se estaba moviendo para lidiar con este problema.

Christie's, la casa de subastas que vendió muchas de las pinturas de Low, empezó a exigir que los agentes que quisieran comprar o vender obras de arte revelaran los nombres de sus clientes. Estas reglas eran voluntarias, pero Christie's decidió actuar. Todavía no había regulaciones para detener de forma eficaz el flujo de dinero corrupto que llegaba a los clubes nocturnos, los casinos y las películas de Hollywood, pero el gobierno de Estados Unidos esperaba que la vergüenza del fiasco que fue 1MDB sirviera para hacer a los promotores de clubes nocturnos, a los directores y a los actores pensar las cosas dos veces antes de recibir dinero.

En 2017 Leonardo DiCaprio y Miranda Kerr le entregaron voluntariamente al gobierno de Estados Unidos los obsequios que habían recibido de Low. El actor incluso devolvió la estatuilla del Oscar de Marlon Brandon que no estaba incluida en las demandas. Para ese momento ya tenía su propio Oscar como Mejor Actor por la película de 2016, *El renacido*.

Kerr rompió con Low después de que empezaron a publicarse los primeros artículos sobre él a principios de 2015. En mayo de 2017 Miranda se casó con Evan Spiegel, el multimillonario fundador de Snapchat, y de esa manera cortó todos sus vínculos con el malayo.

En cuanto a Noah Tepperberg y Jason Strauss, los fundadores de Strategic Group, se puede decir que la interacción que tuvieron con Jho Low les permitió construir su negocio. En febrero de 2017 Madison Square Garden Company pagó 181 millones de dólares por una participación accionaria que le permitiría tener control sobre una nueva empresa: TAO Group. El control se extendía a todos los clubes nocturnos del grupo.

En marzo de 2018 la productora fílmica Red Granite decidió pagar 60 millones para dar fin a la labor que estaba realizando el Departamento de Justicia para embargar los derechos de las ganancias futuras de sus películas. Joey McFarland siguió apareciendo en público y en septiembre de 2017 asistió a la premier de *Papillón* en el Festival Internacional de Cine de Toronto. Desde ahí publicó en Instagram fotografías que se tomó en la alfombra roja con Charlie Hunnam, estrella protagonista del filme.

Al parecer, McFarland también continuó en contacto con algunos de sus viejos socios. En marzo de 2017 publicó en Instagram una fotografía tomada en el Batu Caves, al norte de Kuala Lumpur, capital de Malasia. Ahí era donde Riza Aziz, cofundador de Red Granite, se había estado refrescando los talones desde que el Departamento de Justicia inició la demanda para el embargo de bienes a mediados de 2016. Como Riza temía viajar de nuevo a Estados Unidos por la amenaza de un posible arresto, trató de hacer todos sus negocios en Asia con uno de los hijos de Najib.

Nadie sabía exactamente dónde estaba Low.

El 27 de marzo de 2016 Yeo Jiawei, el experto en fondos a quien Low le había encargado que ocultara los flujos monetarios, llegó a una reunión en el Swiss Club de Singapur. Se trataba de un club privado que anteriormente fue una mansión colonial británica encalada de dos pisos con persianas de color rojo brillante. Cuando Yeo atravesó las puertas del lugar y se dirigió al café en la terraza de atrás, estaba frenético.

Ahí lo esperaba Kevin Swampillai, su antiguo jefe en BSI, el hombre con quien conspiró para sustraer dinero de 1MDB. Mientras estuvieron sentados en el café contemplando los exuberantes jardines del Swiss Club, Yeo le dijo a Swampillai que la policía lo había arrestado recientemente en Singapur, pero luego lo dejó en libertad bajo fianza.

Como Yeo temía pasar tiempo en la cárcel, diseñó un plan de acción. Él y Swampillai deberían decirles a las autoridades de Singapur que el dinero de 1MDB que habían recibido en sus cuentas personales de banco, en realidad era una inversión de otro financiero, pero Swampillai no quiso comprometerse.

Ese mismo mes Yeo usó el servicio de mensajería instantánea codificada de Telegram para contactar a José Renato Carvalho Pinto de Amicorp, la empresa cuyos fondos disfrazaron los flujos del dinero de 1MDB. En el mensaje de Telegram, Yeo le dijo a Pinto que destruyera su laptop y que evitara visitar Singapur para que las autoridades no trataran de interrogarlo.

Yeo había cometido un gran error. No lo sabía pero la policía de Singapur estaba monitoreando sus movimientos y ahora las autoridades tenían evidencia de que estaba obstruyendo a la justicia. Poco después ya estaba de vuelta en la cárcel.

Al igual que en Estados Unidos, en Singapur también se embargaron bienes: 177 millones en propiedades y en el contenido de cuentas bancarias. Cerca de la mitad le pertenecía a Jho Low y a su familia. Las autoridades del país revocaron la licencia bancaria de BSI; era la primera vez en más de tres décadas que clausuraban un banco. La Autoridad Monetaria de Singapur les impuso multas a ocho bancos por permitir el lavado de dinero. El total ascendió a más de 20 millones, de los cuales BSI y Falcon pagaron la mayor parte. Coutts, Standard Chartered y otros pagaron cantidades menores que cubrieron el resto. Las penalizaciones financieras fueron insignificantes, pero Ravi Menon, director administrativo de la Autoridad Monetaria de Singapur, defendió la respuesta de esta ciudad-Estado a la calamidad.

"Cuando multas a un banco por miles de millones de dólares, en esencia estás dañando a los accionistas y a otros participantes accionarios. Las multas no afectan al consejo directivo ni a los ejecutivos de mayor nivel, y tampoco afectan a los individuos en gran medida. En mi opinión, ésa es una de las fallas del régimen actual a nivel mundial: la gente continúa cometiendo ilícitos porque no se le responsabiliza ni se le castiga de manera personal", explicó Menon.

No obstante, las sanciones criminales de Singapur difícilmente fueron severas. Después de cooperar con las autoridades, Yak Yew Chee, el banquero personal de Jho Low, fue sentenciado a pasar 18 semanas en la cárcel. Se declaró culpable de falsificación y de no haber reportado transacciones sospechosas. Le entregó al gobierno de Singapur algunos millones de dólares en bonos relacionados con 1MDB, pero le permitieron conservar varios millones más. Yeo, quien se comportó altivo y desafiante en su juicio, recibió una condena de 30 meses por sobornar a testigos; y una condena adicional de cuatro años y medio por lavado de dinero y otros cargos.

Otro grupo de tres personas conformado por un subordinado de Yak en BSI, el director de la oficina en Singapur de Falcon y un corredor de Singapur, recibió una serie de sentencias cortas de sólo algunas semanas. Los fiscales dijeron que Jho Low era de interés para ellos, pero las autoridades no tenían idea de dónde encontrarlo. El banco central de Singapur refirió a Hanspeter Brunner, quien en 2016 se había retirado como director de BSI, y a Kevin Swampillai, junto con varios ejecutivos más de BSI, para declarar frente a los fiscales y así extender la investigación. Dos meses después, sin embargo, las autoridades parecían no haber realizado ninguna acción legal en contra de ninguno de ellos.

La oficina del procurador general en Suiza también dio inicio a una investigación criminal por el asunto 1MDB. Los investigadores se enfocaron en el papel que jugaron Jho Low y Al Qubaisi, pero mencionaron que BSI también era un objetivo, y los reguladores financieros suizos le ordenaron al banco entregar más de 95 millones de francos suizos en ganancias ilegales. En 2017, después de 143 años en operación, BSI dejó de existir y sus activos se incorporaron a otro banco suizo por orden de las autoridades.

Falcon Bank, propiedad del fondo Aabar de Abu Dabi, también estaba bajo investigación por actividades ilícitas en Suiza. Al igual que Brunner, Eduardo Leeman, el director ejecutivo de Falcon que se quejó con Jho Low respecto a los cientos de millones de dólares en pagos riesgosos que de todas maneras autorizó en 2013, también se retiró en 2016. A diferencia de BSI, a Falcon se le permitió continuar operando, pero tuvo que devolver 2.5 millones de dólares en ganancias ilegales.

Mark Branson, director ejecutivo de la Autoridad Suiza de Supervisión Financiera, reguladora del sector, comentó públicamente que le preocupaba que los bancos suizos se estuvieran volviendo más vulnerables al lavado del dinero debido a que ahora tenían más clientes acaudalados provenientes de los mercados emergentes. "El lavado de dinero es un crimen que también tiene víctimas. Les permite a los criminales beneficiarse cuando violan la ley, y facilita la corrupción, así como el abuso del poder y de los privilegios", señaló Branson.

Al igual que en Estados Unidos y en Singapur, la seriedad de Suiza en el combate de los crímenes de cuello blanco dependería de los procesos legales a los que se sometiera a los banqueros suizos, no de la retórica.

51

La caída del rey Khadem

ABU DABI, EMIRATOS ÁRABES UNIDOS,
AGOSTO DE 2016

En el otoño de 2016 la policía se lanzó de lleno y detuvo a Khadem Al Qubaisi. Fue una acción inusitada en el emirato del golfo, donde el lavado de dinero de la élite rara vez llega a la vista del público en general. Al Qubaisi actuó sin límites durante años y fue una figura omnipotente que tuvo la autoridad necesaria para mover miles de millones de dólares. La clave de su invulnerabilidad fue su cercana relación con el jeque Mansour.

Las demandas del Departamento de Justicia forzaron a los Al Nahyan en el poder a actuar. El papel de Al Qubaisi en el escándalo de 1MDB salió a la luz y todo mundo lo vio, lo que también le produjo vergüenza a Abu Dabi. Alguien tenía que pagar los platos rotos. El ejercicio de Al Qubaisi en la cima del sistema financiero mundial llegó a su fin cuando lo despidieron de IPIC en 2015. Después quedó bajo custodia acompañado de Al Husseiny, el antiguo director de Aabar; y aunque las autoridades realizaron estas acciones sin grandes aspavientos y ni siquiera emitieron declaraciones públicas, los arrestos marcaron un momento raro de la confianza en el emirato. A pesar de que los bienes de los involucrados fueron congelados, a ninguno se le acusó de manera formal.

En su camino a la prisión, Al Qubaisi y Al Husseiny fueron confinados en centros de detención. Dada la cercanía de Al Qubaisi al jeque Mansour, habría sido difícil sancionarlo sin exponer los manejos interiores del Estado del golfo Pérsico, y, además, parecía poco probable que le dieran una sentencia larga en prisión. El destino de Al Husseiny, quien ni siquiera era ciudadano de Abu Dabi, era incierto.

Low había estado trabajando desde sus bases en Bangkok y Shangái para cerrar con las autoridades de Abu Dabi un trato que le permitiera barrer el fraude y esconderlo bajo la alfombra, pero con el arresto de Al Qubaisi sus esperanzas empezaron a desvanecerse rápidamente.

Ambas partes se enfrascaron en una riña respecto a quién tendría que pagar los intereses de los bonos de 1MDB garantizados por IPIC. El fondo malayo no pudo pagar, pero Abu Dabi estaba enganchado y obligado a realizar los pagos porque, de otra manera, tendría que enfrentar la insolvencia cruzada de los inversionistas en su propia deuda.

El complejo asunto de quién debía pagar el dinero que sustrajeron Low y Al Qubaisi no pudo ser resuelto. Los negociadores de Abu Dabi argumentaron que ése no era problema de ellos, pero no podían simplemente zafarse porque IPIC había garantizado 3.5 millones de dólares en bonos de 1MDB. También estaba la problemática del préstamo de emergencia de 1 000 millones que IPIC le hizo a 1MDB.

Las autoridades de Abu Dabi ejercieron acciones legales en contra de Al Qubaisi, pero ahora los gobernantes querían que toda esta vergüenza desapareciera de la noche a la mañana. IPIC tomó una cláusula de 3.5 millones, es decir, básicamente admitieron ante los inversionistas que nunca esperaron que 1MDB pagara sus deudas, y luego se fusionó con Mubadala, lo que condujo al ignominioso final de la historia de treinta y dos años de este fondo de 70 mil millones de dólares. Durante años, Goldman, Morgan Stanley y otros bancos obtuvieron enormes ganancias gracias a sus negocios con IPIC, y ahora, había dejado de existir de repente.

El imperio de Khaldoon Al Mubarak, el director ejecutivo de Mubadala que tantos tratos hizo con Jho Low, pareció crecer aún más ahora que IPIC había quedado bajo su control.

Las autoridades de Abu Dabi y de 1MDB siguieron negociando para resolver el problema de la deuda, pero no quedaba claro de qué manera obtendría el fondo malayo el dinero que debía. La esperanza de que China rescatara a Malasia parecía inadecuada. A principios de 2017 se iba a realizar un trato que le habría permitido a una empresa propiedad del Estado chino adquirir una fracción de tierra de 1MDB, pero el trato se vino abajo porque el gobierno del presidente Xi Jinping se negó a firmar el acuerdo. Al parecer, Beijing no quiso involucrarse en este embrollo a pesar de sus deseos de fortalecer la relación con Malasia.

Los esfuerzos de Low por cubrir la fase del fraude correspondiente a PetroSaudi, empezaron a fallar también. En noviembre de 2017 el príncipe Turki, cofundador de la empresa petrolera, fue detenido en un ejercicio de consolidación del poder en Arabia Saudita. Su padre, el antiguo rey, ya había fallecido, y los nuevos gobernantes arrestaron a una gran cantidad de príncipes y miembros del gabinete, aparentemente por corrupción. La caída del príncipe Turki fue otro golpe al futuro de Low.

El papel de PetroSaudi en el asunto 1MDB fue el centro de las investigaciones en Suiza. En diciembre de 2016, mientras arrestaban al príncipe Turki, Xavier Justo salía antes de lo pensado de la cárcel en Tailandia para volver a reunirse con su familia en Ginebra. Como estaba furioso por la forma en que fue tratado, presentó una queja criminal en Suiza contra Tarek Obaid, Patrick Mahony y Paul Finnigan, el antiguo funcionario de la policía británica. Obaid y Mahony seguían dirigiendo los negocios de PetroSaudi a pesar de que la empresa realizaba muy pocas operaciones reales. Obaid siguió parrandeando y en agosto de 2016 fue visto en un superyate frente a la costa de Turquía. Mahony se quedó con su familia en su casa de Londres. En mayo de 2018 el procurador general de Suiza anunció que había empezado a investigar a dos ejecutivos de PetroSaudi.

En junio de 2017 Bradley Hope recibió un intrigante mensaje en su dirección de correo electrónico de *The Wall Street Journal*. Provenía de un misterioso grupo que se hacía llamar a sí mismo Global Leaks y le ofrecía acceso a correos electrónicos pirateados de la computadora de Yousef Al Otaiba, socio de Low y embajador de Emiratos Árabes Unidos en Washington.

"Tenemos algo increíblemente explosivo y exclusivo", le prometían en el correo electrónico.

El correo fue enviado desde la dirección global-leaks@inbox.ru. El sufijo señalaba a Rusia, pero la ubicación del grupo era un misterio. Su motivación era más que evidente, Global Leaks se acercaba a varias plataformas internacionales de noticias en aquel tiempo. En sus mensajes señalaban el papel del embajador Otaiba en la política de Medio Oriente, e incluían información sobre sus intentos en junio de 2017 para aislar a Qatar, la diminuta nación del golfo Pérsico.

Pero Bradley Hope estaba interesado en un aspecto distinto de la vida del embajador, un aspecto respecto al que otros medios noticiosos no tenían ni idea: su vínculo con Jho Low. Por eso le pidió al grupo que revisaran sus archivos y que lo volvieran a contactar cuando encontraran cualquier cosa relacionada con Low o con 1MDB. La recompensa fue asombrosa.

Los correos electrónicos le proveyeron un panorama abarcador de la relación de Otaiba con Jho Low y de la forma en que el embajador se había beneficiado económicamente de 1MDB. También mostraban que Otaiba cortó de tajo su amistad con Low después de que se publicaron los artículos de *The Journal* y de *Sarawak Report*, y que el malayo intentó con desesperación de volver a ponerse en contacto con él.

El gobierno de Abu Dabi trató de desacreditar los correos señalando que a los piratas cibernéticos los respaldaban enemigos políticos de Otaiba en Medio Oriente, pero no llegó tan lejos como para declarar que los documentos hubiesen sido alterados. Otaiba mantuvo su postura y, poco después de que *The Journal* publicara en julio de 2017 un artículo sobre sus vínculos con Low, apareció en el programa de entrevistas de Charlie Rose en Estados Unidos para hablar sobre la política en Medio Oriente.

El embajador Otaiba era un superviviente.

El primer ministro Najib empezó a actuar como si 1MDB jamás hubiese existido. Disolvió el consejo directivo del fondo y lo colocó directamente bajo las órdenes del Ministerio de Finanzas que, por cierto, también dirigía él. Después de la demanda del Departamento de Justicia, la firma Deloitte Touche declaró que había renunciado como auditora y advirtió que los estados financieros de 1MDB de 2013 y 2014 —cuentas que ellos mismos habían aprobado anteriormente—, ya no eran confiables. El costo de la corrupción impactaría a generaciones de malayos.

Moody's calculaba que el gobierno quedaría enganchado con 7.5 billones de dólares que tendría que pagar por la deuda del fondo, suma equivalente a 2.5% de la economía de Malasia. Preocupados por el escándalo de 1MDB, los inversionistas extranjeros vendieron activos malayos, y en solamente algunos meses, presionaron lo suficiente a la divisa local, el ringgit, para hacerla caer 30% frente al dólar.

Aproximadamente la mitad de la deuda del fondo era en dólares, y el hecho de que el ringgit se hubiera debilitado, hacía todavía más costoso pagar en los términos de la divisa local. Se suponía que el fondo generaría nuevos empleos para los malayos, pero en lugar de eso se iba a convertir en una carga para las finanzas del Estado durante años. La mayoría de los préstamos no se tenía que pagar de inmediato sino varios años después, pero la deuda de 1MDB era una bomba de tiempo esperando estallar en el futuro.

Cualquier esperanza de que Malasia llegara algún día a ser una democracia verdaderamente liberal, se quebró para siempre. Muchos malayos, desde banqueros de alto nivel a abogados y empleados de oficinas, estaban cansados de la dirección que había tomado su país. Para colmo, la fuga de cerebros, fenómeno que empujó a muchas de las mentes más brillantes del país a irse a vivir y trabajar a Estados Unidos, Reino Unido, Singapur o Australia, no se revertería en mucho tiempo.

Rosmah se quedó con su esposo y, después de que aparecieron las demandas del Departamento de Justicia describiendo la forma en que Low le entregó artículos de joyería por un valor de casi 30 millones de dólares, se volvió incondicionalmente antioccidental. Tampoco paró el intento de utilizar la caridad para darle lustre a las imágenes de los involucrados con 1MDB. En septiembre de 2016 Rosmah iba a recibir el premio "Lead by Example" en una cena de gala que ofrecerían la Organización Educativa, Científica y Cultural de las Naciones Unidas y una organización de caridad estadounidense en el Museo Metropolitano de Nueva York. El premio sería otorgado por su trabajo para la educación infantil en Malasia, pero los organizadores cancelaron la entrega de último minuto tras ser interrogados por *The Wall Street Journal*.

Malasia se deslizó más hacia el interior de la órbita de China. Para coincidir con una visita a Beijing a finales de 2016, Najib escribió el editorial de *People's Daily*, publicación portavoz del Partido Comunista. En el texto dijo que los antiguos poderes coloniales no deberían reprender a las naciones que alguna vez explotaron. Algunas semanas después, en una cumbre Asia-Pacífico a la que también asistió el primer ministro, el presidente Obama hizo, en sus últimos días en el cargo, una alusión a Malasia que no le pasó desapercibida a su gente.

"Nuestro alcance en otros países se vuelve limitado cuando éstos deciden oprimir a su propia gente o drenar fondos de desarrollo y enviar el dinero a cuentas bancarias suizas porque son corruptos."

Efectivamente, la influencia de Estados Unidos era limitada. Al preparar su caso criminal, el Departamento de Justicia se enfocó en Jho Low, objetivo principal de sus investigaciones. Pero como el malayo estaba cómodamente escondido en Bangkok y Shanghái y tenía al *Equanimity* atracado de forma segura en aguas cercanas, parecía también estar fuera del alcance de la justicia estadounidense.

Epílogo

PHUKET, TAILANDIA, FEBRERO DE 2017

Desde el malecón que sobresalía hacia las resplandecientes aguas de Phuket, la isla sureña vacacional tailandesa, se podía ver el casco del *Equanimity* a pesar de que el capitán lo había atracado a algunas millas náuticas de la costa bordeada con palmas para evitar las miradas curiosas. Los pescadores dijeron que la tripulación había llegado recientemente a la costa para adquirir suministros. Nos llegó el rumor de que Jho Low planeaba realizar una gran fiesta en el yate a pesar de las amenazas de arresto por parte del FBI y del encarcelamiento de sus socios en Singapur.

Mientras tratábamos de ubicar al malayo se hizo evidente que no tenía ganas de llevar una vida tranquila. Desde principios de 2015 el mundo de Low se había estrechado considerablemente. Como temía que lo arrestaran si pisaba tierra en cualquier país occidental, vivía en su barco y en los departamentos con mantenimiento incluido del St. Regis en Bangkok y de Pacific Place en Hong Kong.

Tailandia, que estaba gobernado por una junta militar, era un puerto seguro para Low. Mientras tanto, China lo veía como un activo estratégico, como un peón que le daba a Beijing influencia sobre Najib. Low todavía tenía acceso a copiosas cantidades de dinero, así que llevaba una existencia cómoda aunque aislada.

Ahora que estaba casado con Jesselynn Chuan Teik Ying, y que tenía un bebé varón de dos meses, el malayo se veía forzado a mantener oculta a su familia. Forzaba a Jesselynn a quedarse durante días en el barco o en los departamentos, y sólo salían para hacer viajes de compras o para disfrutar de interminables comidas chinas en centros comerciales.

Low estaba pasándola mal con esta nueva vida simplificada. Odiaba estar solo en una habitación, incluso si nada más eran minutos, y para contar con un personal de tiempo completo de más de 40 personas en el barco, dependía de asesores de lujo. En su personal había un pediatra, nanas y cocineros. Ahora que estaba fuera del sistema bancario mundial, dependía de su esposa y de otros para poder pagar.

También había señales de estrés. Low dormía incluso menos de lo normal, sólo algunas cuantas horas por noche, y tenía que usar una máscara para lidiar con la apnea del sueño. En una salida familiar al acuario de Bangkok, corrió entre las peceras de exhibición en minutos, ansioso por volver a sus interminables llamadas telefónicas de negocios.

No había ofrecido un evento importante desde la cena del *Equanimity* en la costa de Corea del Sur, en noviembre de 2015. Pero después de una pésima temporada, empezó a recuperar la confianza. Se sintió intocable. La mejor manera de demostrar que había vuelto al juego, era con una fiesta colosal a la que asistieran artistas estadounidenses.

Para finales de 2016 Low había alcanzado un estado general de optimismo que plasmó en un mensaje de Año Nuevo para su familia y sus amigos cercanos.

"El año 2016 fue la Tormenta Perfecta, pero la calma y la resolución de nuestro capitán, quien guio a sus leales marineros que confiaron sus vidas con la mayor confianza en su guía, fue lo que permitió sobrevivir la tormenta", escribió el malayo en WeChat, la aplicación china de mensajería. No era claro si se refería a sí mismo o tal vez al primer ministro Najib, pero la intención era evidente: anunciar que estaba listo para luchar.

El grandilocuente mensaje de Low era una llamada para aquellos más cercanos a él, para socios como Seet Li Lin, quien se refugiaba en Hong Kong, y para Jasmine Loo y Casey Tang, antiguos ejecutivos de 1MDB que, al igual que él, también se vieron forzados a exiliarse de Malasia. Ahora que las autoridades nacionales estaban más cerca, Low necesitaba a sus aliados.

¿Y qué mejor manera de volver a ponerse en el mapa que con una celebración desmedida? Como no podía ir a Nueva York ni a Las Vegas, tendría que hacer que la fiesta viniera a él. Como era su costumbre, contrató un elenco de artistas que, aunque pertenecientes a un nivel ligeramente inferior al de siempre, seguían siendo notables: Nelly, Ne-Yo, Nicole Scherzinger y otros más.

Pensamos que el evento se realizaría en el *Equanimity*, pero Singapur le había embargado el avión Bombardier, y el malayo estaba decidido a impedir que su barco sufriera el mismo destino. El yate navegó hasta aguas australianas. De vez en cuando el capitán aparecía para apagar el transpondedor, con lo que hacía que el barco fuera virtualmente imposible de rastrear. Luego, hacia finales de 2016, el yate apareció en Phuket y fue atracado en la lujosa Ao Po Grand Marina, en la costa del noreste.

En febrero de 2017 visitamos la marina, pero el *Equanimity* se había ido del lugar algunos días antes. No fue lejos, sólo más adelante sobre la costa, a un lugar donde ancló alejado de la orilla. Pensamos en varias maneras de acercarnos para ver la fiesta de cerca, pero nos habían informado mal: la fiesta se llevaría a cabo en Bangkok.

La Ribera AVANI, ubicada en las orillas del río Chao Phraya de Bangkok, era un lugar peculiar para que Low ofreciera una fiesta. El hotel estaba en el extremo del río, casi una hora en automóvil del centro de la ciudad, sin embargo, el malayo tenía razones para elegir un lugar tan modesto: no quería que nadie notara el evento.

April McDaniel era una de las planificadoras del evento. Era estadounidense, había trabajado para Tepperberg y Strauss, los dueños de los clubes nocturnos, y tenía claro que era necesario ser discretos debido a los tan publicitados problemas de Low.

"Con todo lo que está sucediendo, tienen que ser cuidadosos", les dijo a algunos de los invitados April, la planificadora que, por cierto, también había echado a andar su propia empresa de organización de eventos.

Era evidente que a los cantantes realmente no les importaban los antecedentes de Low a pesar de las demandas en Estados Unidos y de las extensas coberturas periodísticas que se habían publicado en *The Journal* y otros periódicos. Para muchos de ellos se trataba solamente de otro cheque fácil de cobrar, cortesía del malayo.

Nicole Scherzinger, antigua cantante principal de Pussycat Dolls, tenía que actuar después de la cena para más de 50 invitados. Un chofer la recogió en el aeropuerto, y camino a Bangkok, donde todavía tenía cierta influencia, Low había hecho arreglos para que la policía escoltara el vehículo de la cantante a través del infame y enmarañado tráfico.

Cuando los invitados se sentaron a cenar, Low entró acompañado de Swizz Beatz, el productor que llevaba años a su lado. En el salón estaba su familia y también tailandeses acaudalados, socios chinos de negocios y algunas celebridades.

Aproximadamente a las 9:00 p. m., después de cenar, Low tomó del bar un *shot* de tequila Patrón y contempló su fiesta. Era una pálida imitación de su cumpleaños celebrado en 2012 en Las Vegas. No estaba DiCaprio y no había nombres de celebridades como Britney Spears, pero todavía podía atraer a un grupo de gente. Y por supuesto, Swizz Beatz estaba ahí para ayudarle. El productor tomó un micrófono e instó a todos a beber sus *shots* de tequila mientras el DJ subía el volumen de la música y los invitados se enfilaban a un salón adyacente decorado con el tema espacial, donde celebrarían el *after-party*.

La fiesta era, evidentemente, para celebrar el cumpleaños de Szen, el hermano mayor de Low. Jane Zhang, una famosa cantante china estaba ahí para cantar "Happy Birthday". Todo el clan Low se reunió alrededor mientras las modelos traían el pastel de cumpleaños. Luego Nicole Scherzinger subió al escenario para interpretar tres canciones. Después de ella hubo dos *sets* de una hora de los cantantes Nelly y Ne-Yo.

Como a la medianoche apareció Cyber Japan, un grupo de mujeres japonesas. Una máquina lanzó y cubrió a las artistas de espuma, y ellas se quitaron la ropa y se quedaron en bikini. Después, las modelos a las que se les pagó para asistir a la celebración saltaron a la alberca del hotel e instaron a los invitados a unírseles.

Low sonreía mientras contemplaba la escena con una copa de whisky en la mano.

Durante años, los gobernantes corruptos han estado saqueando sus países. El primer ministro Najib Razak era sólo el más reciente de una línea que se extiende hacia el pasado por décadas, hasta los líderes derrocados en la Primavera Árabe de 2011, e incluso más atrás, a Sani Abacha de Nigeria, Suharto de Indonesia, y Ferdinand Marcos de Filipinas.

Resulta tentador ver este tipo de corrupción como una enfermedad que aqueja a los países pobres donde los cleptócratas viven en esplendor a costa de poblaciones que no dejan de sufrir, pero el crimen de Jho Low es una versión moderna de esa antigua historia. De manera general, el dinero que robó no fue tomado directamente de las arcas de Malasia ni lo obtuvo gracias a inflados contratos con el gobierno. Esos recursos los solicitó 1MDB como préstamo a los mercados financieros internacionales con ayuda de Goldman Sachs.

En nuestro sistema financiero global, donde billones de dólares se mueven todos los días y fondos institucionales están en busca de su siguiente gran inversión, los fondos soberanos pueden recaudar sumas exorbitantes en un abrir y cerrar de ojos. En el caso de

1MDB, esto sucedió sin que siquiera fuera necesario un rastreo o un plan de negocios plausible. La genialidad de Low radicó en percibir que, si llegaban a detectar ganancias para sí mismos, los bancos más grandes del mundo, sus auditores y sus abogados, no le pondrían obstáculos a su estratagema. Es muy fácil desdeñar a Malasia y decir que es una fosa séptica de chanchullos, pero ése no es el punto. Nada de esto habría sucedido sin la connivencia de cientos de ejecutivos de alto nivel en Londres, Ginebra, Nueva York, Los Ángeles, Singapur, Hong Kong, Abu Dabi y todos los demás lugares. Low se extendió a ambos mundos, a Malasia y a Occidente, y supo exactamente cómo jugar con el sistema.

¿Algún día será llevado ante la justicia? En 2018 Estados Unidos continúa armando el caso criminal en contra del malayo. Mientras esperaba a ver si el Departamento de Justicia iría tras él, sacó fuerza del ejemplo de la vida de Marc Rich. Denise, la viuda de Rich, fue quien le dio a Low un importante premio filantrópico en octubre de 2014, y luego el malayo se obsesionó con su fallecido esposo.

Rich era un ciudadano estadounidense nacido en Bélgica. Se volvió multimillonario en los años setenta gracias a su negocio de comercio petrolero. En 1983, sin embargo, un gran jurado estadounidense lo encontró culpable de más de 50 cargos criminales, entre los que se encontraban evasión fiscal y comercio con Irán a pesar de las sanciones. Aunque el FBI incluyó a Rich en su lista de los más buscados, él vivió el resto de su vida en una suntuosa villa en el Lago de los Cuatro Cantones o Lago Lucerna, en Suiza. A Low eso le sonó muy bien. Cuando vio que el tiempo pasaba y el Departamento de Justicia no actuaba, se volvió más descuidado. Permitió que el *Equanimity* navegara fuera de las aguas tailandesas para dirigirse a la isla vacacional indonesia de Bali. Robert Heuchling, el agente del FBI, y su equipo, lo estaban observando. Por eso volaron a Indonesia y persuadieron a las autoridades locales de embargar el yate. De esa manera, Low perdió el control de su último activo importante comprado con recursos de 1MDB.

Pero todavía tenía una última jugada, y para ejecutarla estudió de nuevo a su héroe Marc Rich. El último día de su mandato, el 20 de enero de 2001, el presidente Bill Clinton le concedió a Rich el perdón. Fue un acto controversial que condujo a un debate sobre la naturaleza de los crímenes de cuello blanco y sobre sus víctimas, pero años después también despertaría la esperanza en la mente del malayo.

Low y Najib estaban buscando maneras de cabildear con el gobierno de Estados Unidos respecto al asunto 1MDB. Low se hizo amigo cercano de Elliott Broidy, empresario de capital de riesgo, recaudador de fondos republicano y colaborador cercano del presidente Donald Trump. La esposa de Broidy dirigía un bufete de abogados, y en 2017 Low negoció pagarle decenas de millones de dólares a cambio de un esfuerzo importante de cabildeo para que el Departamento de Justicia abandonara la investigación. No hubo señales de que esto sucedería, pero el primer ministro empezó a tener avances con el nuevo líder de Estados Unidos.

El 12 de septiembre de 2017 el presidente Trump le dio la bienvenida al primer ministro Najib en la Casa Blanca. Pero el líder de Malasia no tuvo que viajar mucho para llegar ahí, ya que estaba hospedado con toda su comitiva en el Trump International Hotel, a sólo dos cuadras de distancia. En la reunión sostenida en la Sala del Gabinete, junto a la Oficina Oval, fue obvio que el primer ministro esperaba que, una vez más, el dinero le sirviera para comprar un boleto de salida de sus problemas.

Bajo la austera mirada de George Washington y Benjamin Franklin, cuyos bustos ocupan dos nichos al fondo del salón, el primer ministro y su gran comitiva se sentaron mientras los periodistas se formaban para tratar de sacar una fotografía. Del otro lado de la gran mesa elíptica de caoba, se encontraban el presidente Trump y los miembros más importantes del Gabinete de Estados Unidos. El presidente se dirigió a Najib y mencionó la importancia del comercio.

El primer ministro vio su oportunidad y empezó a hablar de comprarle a Estados Unidos aviones Boeing y motores de avión General Electric. Era como si quisiera que Trump viera el gran y confiable aliado que podía ser Malasia, si tan sólo el Departamento de Justicia dejara de meterse en el asunto 1MDB.

Para exponer sus argumentos se apropió del lenguaje mundial de las finanzas.

"Venimos hoy con una propuesta de valor muy importante que queremos poner sobre la mesa", dijo Najib mientras los *flashes* alumbraban a ambos líderes.

Sonaba como algo que Jho Low habría dicho.

Pero ése no fue el fin de la historia ni para Najib ni para Low.

Cuando se estaban escribiendo las últimas páginas de este libro, en mayo de 2018, el primer ministro sufrió una derrota asombrosa. Con sus 92 años de edad, Mahathir Mohamad guio a una coalición de partidos opositores hacia una inesperada y aplastante victoria electoral.

A las 2:00 a. m. del 10 de mayo, momento en que se hizo evidente el cómputo final de la elección, Najib y Rosmah, rodeados de su familia y de algunos socios cercanos en su residencia privada, quedaron conmocionados. Era obvio que subestimaron la ira de la gente de Malasia.

Algunos asistentes le recomendaron a Najib no rendirse. Tal vez podría usar el dinero para atraer a los legisladores de la oposición y hacer que se le unieran. Incluso en el interior de la familia existía el temor de que Najib llamara al ejército, pero al final, la rotunda derrota del ministro evidenció que, por fin, se había quedado sin opciones.

La oposición había llegado al poder por primera vez en la historia de Malasia.

Muchos sentían que estaba llegando una nueva era, pero también se corría el riesgo de que la división y el rencor aumentaran. Mahathir había hecho campaña con la promesa de que reabriría las investigaciones de 1MDB, y de Jho Low y Najib. Sus primeros comentarios los usó para lanzar una fuerte amenaza.

"Varias personas ayudaron y se hicieron cómplices de un primer ministro al que el mundo ha señalado como un cleptócrata —dijo—. Algunas cabezas tendrán que rodar."

En los días posteriores a la elección Najib y su esposa trataron de huir hacia Indonesia en un avión privado, pero los manifestantes tomaron el aeropuerto en cuanto los oficiales de inmigración filtraron los detalles del plan de vuelo. El primer ministro Mahathir bloqueó el escape, y en los siguientes días la comisión anticorrupción interrogó a Najib, Rosmah y Riza Aziz.

La policía llevó a cabo redadas en departamentos de Kuala Lumpur propiedad de la familia de Najib, y sacaron artículos por un valor de 274 millones de dólares, entre los que se encontraron 12 mil piezas de joyería, 567 bolsos, 423 relojes y 28 millones de dólares en efectivo.

A las 2:30 p. m. del 3 de julio de 2018, exactamente tres años después de que *The Wall Street Journal* reportara los 681 millones que había recibido Najib, los funcionarios de la comisión anticorrupción arrestaron al primer ministro en su mansión de Kuala Lumpur. Al día siguiente, Najib apareció en la corte para enfrentar los cargos y les lanzó una sonrisa menguante al grupo de reporteros cuando varios oficiales de policía de alto rango lo escoltaron al cruzar la puerta. Era una notable caída para un hombre que sólo ocho semanas antes seguía operando al margen de las reglas aplicables para los malayos ordinarios.

No obstante, como Najib había sido primer ministro, le perdonaron la ignominia de usar esposas y de ponerse el traje color naranja brillante de la prisión que usualmente se ven forzados a usar los sospechosos de corrupción. El exmandatario sólo se quedó ahí inmóvil con su traje azul oscuro y su corbata café mientras escuchaba al juez leer los cargos: abuso de poder —referencia al encubrimiento brutal de Najib a mediados de 2015, y tres cargos de abuso de confianza. Cada uno de los cuatro cargos implicaba una estancia en prisión de hasta 20 años. Najib se declaró inocente y le dieron la posibilidad de salir pagando una fianza de 247 mil dólares. El juicio se programó para febrero de 2019.

Cuando este libro entró a la imprenta, Rosmah Mansor y Riza Aziz ya esperaban ser arrestados.

Aunque mantuvo la serenidad exterior, la derrota electoral fue un golpe devastador para Jho Low. Había viajado a Tailandia para la noche de las elecciones y ya estaba preparado para abrir la champaña, pero en lugar de eso tuvo que correr a una suite en el hotel Marriott de Macao, donde reunió a su familia extendida. Desde que se llevó a cabo la elección habían pasado varias horas en un estado en el que la histeria aumentaba minuto a minuto. ¿La policía perseguiría a Low?

En el grupo familiar se encontraba Jesselynn Chuan, quien para entonces ya tenía otro bebé con Low; varios socios como Fat Eric, y su madre, su padre y su hermano. Todos eran presa del pánico. Low ordenó tener precauciones especiales, en particular el uso de puertas laterales escondidas para salir de los hoteles y departamentos.

En ese momento empezó a diseñar un plan de escape. Singapur anunció que le había solicitado a Interpol una Alerta Roja para el arresto de Low en 2016. Se trataba de una garantía de arresto que ni Tailandia ni China ejercieron, pero ahora que el nuevo gobierno de Malasia emitía su propia garantía de arresto y que empezó a ejercer presión sobre Beijing para que lo enviara de vuelta para enfrentar la justicia, el Malayo supo que se encontraba en un predicamento funesto. Dos corpulentos chinos que organizaban la seguridad del malayo entraron en acción.

En Macao, los hombres que lubricaban los movimientos de Low en China estaban sentados tecleando en sus computadoras mientras otros integrantes del personal organizaban que las maletas Tumi repletas de dinero en efectivo y documentos, entraran y salieran de la suite del hotel. Los miembros de la familia de Low estaban apiñados en sus habitaciones, ayudando a empacar documentos mientras los asistentes limpiaban las superficies de los mostradores con alcohol para borrar las huellas. Las mujeres estaban sentadas en círculo, vestían prendas de Gucci y comían alimentos de McDonald's mientras revisaban su Instagram.

Después de Macao, la familia se mudó a Hong Kong, y luego a otro Marriott en la arenosa ciudad china de Shenzhen, antes de desplazarse de nuevo a Hong Kong. De pronto, dos semanas después de la elección, Low volvió a desaparecer y dejó a su familia. En los años desde que el escándalo salió a la luz pública, ya había abandonado Las Vegas, Londres y Nueva York. Ahora, su única opción era sumergirse más en el anonimato, posiblemente en algún lugar de China. Para alguien tan gregario, sin embargo, resulta inadecuado para llevar una vida subterránea. Tal vez pagó suficientes sobornos para sobrevivir un poco más en China. Tal vez Beijing consideró que Low podía ser una ficha para negociar y por eso le ofreció un refugio. Pero por si acaso, el malayo volvió al mar. Presionó a Jesselynn Chuan para que lo reencontrara en el prestigioso Royal Hong Kong Yatch Club, y para que actuara como su pantalla mientras él negociaba la compra de un yate de casi 40 metros que, evidentemente, no sería como el *Equanimity* en absoluto. La redada policiaca se acercaba, y él por fin parecía haberse quedado sin opciones.

Agradecimientos

Escribir un libro es un esfuerzo de equipo, y nosotros tenemos la fortuna de trabajar con un grupo de talentosos periodistas. En *The Wall Street Journal*, Patrick Barta, Paul Beckett y Ken Brown fueron esenciales para el éxito de este proyecto.

Lo que hizo que nos interesáramos fue la obsesión temprana que desarrolló Ken con esta historia; sus sabios consejos como editor financiero en Asia permitieron que el proyecto no se descarrilara. Desde su posición como editor de dicho continente, Paul nos dio cobertura para realizar reportajes de fondo, un lujo que no tomamos a la ligera. Su inigualable juicio noticioso y su entusiasmo por la historia nos dio ímpetu. Patrick editó con gran habilidad muchos de nuestros artículos, se aseguró de que el significado no se perdiera en una montaña de detalles, y al mismo tiempo verificó los hechos. Los tres fueron los primeros lectores de nuestro manuscrito y nos ofrecieron retroalimentación valiosa (¡y honesta!) respecto a la estructuración y el desarrollo de los personajes, e incluso señalaron los pasajes donde habíamos caído en algún lugar común. Sin ellos no habríamos terminado este libro.

Gracias a Gerard Baker, antiguo editor en jefe de *The Wall Street Journal*, y a nuestros jefes Thorold Barker, Dennis Berman, Rebecca Blumenstein, Andrew Dowell y Charles Forelle por darnos el espacio y el tiempo para realizar este proyecto. En una época en la que las noticias aparecen las 24 horas del día, el compromiso de *The Journal* a los reportajes de fondo es lo que lo coloca en un lugar aparte.

El talentoso equipo de abogados y editores de estándares de *The Wall Street Journal* se aseguraron de que tuviéramos los niveles más altos de precisión por los que se le reconoce al periódico. Nos ayudaron a darle forma a la cobertura que hicimos de un asunto extremadamente complicado y polémico. El equipo incluye a Jason Conti, Jacob Goldstein, Craig Linder, Neal Lipschutz, Karen Pensiero y Rob Rossi. El equipo editorial de la página uno, dirigido por Alex Martin y luego por Matthew Rose, incluye a Mike Allen, Dan Kelly y Mitchell Pacelle, quienes con gran habilidad le dieron forma a nuestros contenidos.

Varios compañeros reporteros también jugaron un papel significativo en la cobertura de esta historia: Justin Baer y Mia Lamar dirigieron los reportes sobre Goldman Sachs; Jake Maxwell Watts trabajó intensamente en el seguimiento de lo que sucedió en Singapur; Kelly Crow detalló las compras de obras de arte de Low; y Simon Clark jugó un papel importante en la cobertura inicial. En Los Ángeles, John Emshwiller y Ben Fritz dieron seguimiento a los ángulos de Hollywood; John Letzing cubrió las investigaciones en Suiza; y Nicolas Parasie monitoreó los sucesos en Abu Dabi. Rachel Louis Ensign y Serena Ng investigaron el arcano mundo de los fondos en cuentas fiduciarias de abogados.

La valentía y tenacidad de Celine Fernández para reportar en Malasia nos condujo a los primeros descubrimientos respecto al papel que jugó 1MDB como fondo ilegal. James Hookway y Yantoultra Ngui de la oficina de *The Journal* en el Sudeste Asiático dirigida por Patrick McDowell, cubrieron la reacción política en Malasia.

Paolo Bosonin y Tom Di Fonzo del departamento de videos de *The Journal* produjeron creativas animaciones y un documental sobre el escándalo 1MDB, las cuales mejoraron nuestra cobertura en gran medida. El departamento de arte de *The Journal*, dirigido por Jessica Yu y MinJung Kim, crearon maneras originales de darle vida al escándalo con gráficos.

Clare Rewcastle-Brown, quien dio a conocer las primeras historias sobre Jho Low en su blog *Sarawak Report*, compartió generosamente con nosotros su información y nos ayudó a entender las primeras etapas del fraude. Su sitio de internet, que estuvo repleto de documentos y capturas de pantalla de sitios de redes sociales hasta que fueron bajados, fue una importante fuente de información para nosotros.

Alex Helan, quien estaba haciendo un documental sobre Jho Low, también compartió sus fuentes, leyó cuidadosamente nuestro manuscrito y nos ofreció sensibles sugerencias sobre cómo mejorar el libro.

A nuestro editor, Paul Whitlatch de Hachette Books, le debemos toda nuestra gratitud. Su hábil primera lectura del manuscrito nos alejó de la densidad y nos llevó a la ligereza. Sigue siendo una historia compleja, pero la sensibilidad de Paul para armar una historia nos ayudó a lograr que éste fuera un trabajo más fácil de leer. Asimismo su habilidad con la pluma vigorizó la prosa. Gracias también a nuestros agentes Steve Troha y Dado Derviskadic de Folio Literary Management, por ver el potencial de este proyecto cuando solamente era una breve propuesta.

Keith Richburg, director del Centro de Periodismo y Estudios de Medios de la Universidad de Hong Kong, nos proveyó café gratis y un maravilloso espacio para trabajar en este libro, y también leyó con cuidado algunas partes del borrador. Tiernan Downes, leyó el borrador por lo menos dos veces, y Nadia Chiarina nos ofreció un hogar palaciego en Yakarta para escribir. Sue Wright y Mark Hope proveyeron valiosa retroalimentación sobre el estilo y los contenidos.

Otro grupo de gente también leyó el manuscrito o nos dio una importante guía. Entre ellos se encuentran Sylvain Besson, Luca Fasani, Alex Frangos, Liz Hoffman, Mark Hollingsworth, Deborah Kan, John Lyons, Dejan Nikolic, Andrew Peaple, Raphael Pura, Brad Reagan, Justin Scheck y Ben Wootliff. Hay muchos otros a quienes nos gustaría poder agradecerles, pero por su seguridad o porque así lo prefirieron, permanecerán en el anonimato. Gracias por su confianza.

Por último queremos agradecer a nuestras familias. Nina, la esposa de Tom; y Farah, esposa de Bradley, nos dieron retroalimentación en tiempo real sobre los capítulos del borrador y soportaron nuestra obsesión durante varios años. Sin su apoyo, no habríamos escrito este libro.